KB043194

한국교회와 사회복지

최 무 열

최무열 목사는 경남 고성 출신으로 부산장신대학교와 성결대학교를 졸업하고 장로회신학
대학 신학대학원, 숭실대 대학원에서 수학하였다. 영국에서 무어랜드 신학교(Moorelands
College)를 졸업하고 웨일즈 대학(The Oxford Centre for Mission Studies - University of
Wales)에서 "한국장로교회와 사회사업-장로교 4개 교단 사회사업의 비평적 분석 연구"라
는 제목으로 박사 학위를 받았으며 필리핀 딸락 주립대학교(The Tarlac State Univerity)에
서 명예 교육학 박사를 취득하였다. 귀국 후 장로회신학대학교 선교교육원 연구원, 영남
신학대학교 교수를 거쳐 현재 부산장신대학교에 재직중이다.

저서

『생활 속에서 만난 우리들의 하나님』(을지서적, 1997년 3월.)
『한국교회와 사회복지』(나눔의집 출판사, 1999년 6월.)
『선교학개론』(공저)(대한기독교서회, 2001.)
『선교와 디아코니아』(공저)(한들출판사, 2002.)
『깊이 있는 말씀 묵상을 위한 경건훈련 가이드』(서울: 은성출판사, 2003.)
『교회사회사업편람』(공저)(서울: 2003년 10월.)
『평화의 복음(역)』(서울: 장로교출판사, 2001년 9월.)

한국교회와 사회복지

초 판 1쇄 1999년 6월 24일
개정판 2쇄 2008년 8월 30일

지은이 최무열

펴낸곳 나눔의집 출판사
펴낸이 박정희
주 소 서울 구로구 구로3동 182-13번지
         대륭포스트타워 II 1205호
전 화 02-2082-0260
팩 스 02-2082-0263
www.ncbook.co.kr

값   17,000원
ISBN   89-5810-016-8 93330

●파본은 구입하신 곳에서 바꾸어 드립니다.

한국교회와 사회복지

최무열 지음

사회복지
전문출판 나눔의집

차례

머리말

필자는 한국교회가 아직도 성장의 달콤한 꿈에서 헤어나지 못하던 1980년대 말, 늦은 나이에 영국 유학길에 올랐다. 나는 외국의 그리스도인들을 만날 때마다 '한국교회의 성장'을 화제 삼았고 늘 그 황홀한 얘기의 주인공 자리를 차지하곤 하였다.

그러나 결코 짧지 않은 7년의 유학기간을 보내고 귀국 후 한국교회는 너무나 많은 변화와 아픔의 소용돌이 속에 고통을 당하고 있다는 사실을 알게 되었다. 각종 세미나의 주제는 '한국교회 성장의 둔화와 대책'이었고 개척교회가 들어서기가 무섭게 처분해야 한다는 안타까운 소식과 함께 교회마다 전도의 위기를 호소하곤 하였다. 교회가 당하고 있는 이러한 선교적 위기는 결국 교회가 사회문제에 대처하지 못하고 사회문제를 등진 이기적인 종교집단으로 전락하여 사회와 괴리되면서 사회로부터의 공신력을 상실한데서 그 원인을 찾아볼 수 있을 것이다.

한국교회는 지금까지 숱한 절망과 좌절 가운데서도 포기하지 않고 사회의 아픔을 함께 아파하며 치료하고 함께 고통의 삶을 나눈 아름다운 역사적 전통을 가지고 있다. 다시 말해서 민족이 고통을 당할 때마다 교회는 그리스도의 섬김의 정신으로 사회문제를 해결하는 해결자의 위치에 있었다. 한국교회는 한국민족이 겪는 사회문제의 중심에 위치하고 있었으며 공창폐지운동, 여권신장운동, 절제운동, 주마정벌운동, 농촌계몽운동, 문맹퇴치운동 등을 통하여 사회개혁을 주도하였고 한편으로는 강력한 말씀운동을 바탕으로 영적인 운동을 병행함으로써 영적, 사회적 평행선을 유지하고 있었다.

필자는 한국초기선교와 성경에 나타난 하나님의 복지를 '두 바퀴론'이라고 표현하고 싶다. 왜냐하면 한국초기선교와 성경은 공히 교회의 두 바퀴, 즉 강력한 하나님의 말씀의 역사를 중심으로 한 성령의 바퀴, 그리고 사회의 고통을 끌어안는 나눔의 바퀴가 항상 일정하게 운행을 지속하고 있음을 보여주기 때문이다. 하나님이 이스라엘 민족에 대한 복지의 관심이 하나님 사랑과 이웃사랑으로 표현되었고, 예수 그리스도의 사역이 그러하였다. 그리스도의 사역은 말씀과 섬김을 통한 의도적 나눔이었으며 초대교회가 이러한 그리스도의 삶을 구현하였다. 그리하여 능력 있는 말씀의 선포와 아낌없이 나누는 사랑의 실천을 통하여 교회는 성장에 성장을 거듭하였던 것이다.

안타깝게도 한국교회는 한때 교회성장의 분위기에 젖어 이 중요한 교회의 두 바퀴를 제대로 인식하지 못하고 한 바퀴만 강조함으로써 심각한 신앙적 불균형 상태에 직면하게 된 것이다. 만약 어느 한 바퀴의 기능만을 강조하여 균형을 이루지 못하게 될 때 수레는 결국 앞으로 나아가지 못하고 그 자리를 맴돌 뿐이며 나아가 소외된 작은 바퀴는 힘을 받아 파괴되면 전체가 자멸할 수밖에 없다.

이제 한국교회는 어느 한 면만을 강조함으로써 기능이 정지된 다른 바퀴의 기능을 회복해야 할 때이다. 제자리를 맴도는 수레가 앞으로 나아가기 위해서는 기능이 정지된 바퀴를 회복하고 정상화하는 도리밖에 없다고 볼 때 사회복지를 통한 교회의 나눔과 섬김이야말로 한국교회가 다시 한번 성장의 자리로 나아갈 수 있는 유일한 길임을 천명하면서 이 사회적 기능을 회복하기 위한 교회적 노력을 경주해야 함을 강조하는 것이다.

오늘날 교회에 대한 사회의 괴리감은 실로 심각한 수준에 이르렀고 또한 사회는 엄청나게 많은 문제들 가운데서 신음하고 있다. 만약 교회가 계속하여 이 문제들에 대하여 침묵하게 될 때 선교의 대상자인 지역사회 역시 교회를 외면할 수밖에 없는 것이다. 지역의 문제를 외면하는 교회는 21세에 살아남을 수 없음을 알아야 하며 이제 보수나 진보의 색깔 논쟁을 피하고 모두가 사회복지를 통한 봉사의 자리로 나아와야만 할 것이다.

지역사회를 섬기는 나눔의 정신이 없이 과연 지속적 교회부흥이 가능할 것인가? 결코 그렇지 않다. 분명히 말해서 한국교회는 나눔을 통한 지역사회

문제를 해결하지 않으면 그 성장의 해결책이 없다고 해도 과언이 아닐 것이다. 왜냐하면 상실된 교회의 공신력과 도덕성을 회복하는 지름길이 복음의 열정과 예수의 사랑을 구체적으로 나눔으로만 가능하기 때문이다.

한국교회가 진정으로 기억해야 할 것은 교회성장은 하나님의 은혜의 결과이며 이 축복은 하나님의 청지기로서 반드시 나눔으로 말미암아 실천화되어야 한다는 것이며, 이제 약자보호에 대한 성서적 입장은 교회의 원리가 되어야 하고 또한 한국교회의 분명한 원리가 되어야 할 것이다.

사회복지는 기독교가 낳아 기른 기독교의 사랑스런 자녀인 것이다. 그러나 지금까지는 지나치게 신학을 편애함으로써 그 기능이 정지되었을 뿐이다. 이제 교회는 사회복지를 신학의 온전한 파트너요 실천의 장으로서 이해하고 잃었던 기능을 회복해야 할 것이다. 이러한 의미에서 성서에 나타난 하나님의 복지 의도는 무엇이며, 한국교회 성장의 역사가운데서 사회복지가 어떠한 역할을 감당하였는지, 또 하나님의 복지의 관심이 한국교회의 성장에 있어서 어떻게 왜곡되었으며, 찬란한 교회성장을 자랑하는 한국교회가 21세기를 준비하면서 사회복지적인 기능을 어떻게 회복하여 하나님의 뜻을 이 땅에서 이루어 나갈 것인가를 고민하면서 이 책을 준비하였다.

희망하기는 졸저가 하나님의 말씀을 연구하는 신학도들에게, 하나님의 사랑을 실천하기 위하여 훈련하는 사회복지학도들에게, 그리고 일선에서 주의 종으로서 사역에 임하시는 목회자들에게 기독교의 사회복지를 이해하는 데 있어서 중요한 역할을 감당할 수 있기를 바란다.

부산장신대학교 연구실에서

제1장 기독교사회복지의 개념

제1절 성경의 샬롬과 디아코니아 이해

　사회복지와 사회사업이 하나의 과학적이고 체계적인 학문으로 자리 잡은 후 그 동안 사회복지 일각 특히 사회복지(사업)를 연구하는 학자들은 가능하면 사회복지의 역사와 방법론에서 기독교적인 영향력을 최소화시키거나 기독교적인 관점을 배제하려고 노력해 왔다. 이러한 이유로 말미암아 세속적 사회복지계와 기독교적 가치관과 목적으로 사업을 수행해 오고 있던 기독교계 사회사업 학자와 기관들과의 지리한 이념논쟁은 오늘날까지 끊임없이 진행되고 있다. 사실 이러한 이념적 논쟁은 사회복지의 전문성을 추구하는 일반 사회복지계나 신앙적 가치관을 가지고 통전적 회복을 이룩하려는 기독교계 양자 모두에게 아무런 도움이 되지 못하고 있다. 그리고 분명한 사실은 아무리 일반 사회복지에서 기독교적인 영향력이나 기독교적인 관점을 무시하거나 배제한다 하더라도 이것은 기초적인 학문의 지식적 바탕(knowledge base)을 부정하는 결과를 초래하는 일이기 때문에 결국은 뿌리 없는 학문이라는 비판과 함께 그 생명력을 상실할 수밖에 없다.

　오늘날의 사회복지가 성경에서 유래되었다는 사실은 아무도 부인할 수 없는 진리이기 때문에 기독교사회복지에 대하여 정의내리기 전에 소위 성경에서 말하는 복지형태가 구체적으로 어떻게 형성되었고 또 어떻게 이러한 개념이 발전되었는지를 분명하게 이해해야만 기독교사회복지에 대해서 온전한 정의를 내릴 수 있을 것이다. 이런 측면에서 먼저 모든 인간의 통전적 회복을 위하여 구성된 구약의 사회복지 형태로서의 샬롬과 신약의 사회복지 형태로서의 디아코니아에 대한 정의를 우선적으로 검토하는 것이 바람직하다고 본다.

1. 샬롬(shalom)과 디아코니아(diakonia)

샬롬이라는 용어는 구약의 핵심을 이룬다고 볼 수 있다. 일반적으로 샬롬
은 안녕(well being)으로 해석되는데, 이는 대략 5가지 뜻을 함축하고 있다.
첫째, 샬롬은 평화라는 의미로서 자신이 살고 있는 가정과 사회와 나라가 언
제나 평화롭기를 원한다는 뜻이다. 둘째, 샬롬은 평강이라는 뜻을 내포하고
있다. 이는 위에서 말한 외부적인 평화라는 의미보다는 오히려 내면적인 측
면의 평화를 의미하는 것으로서 마음의 평안과 평강을 유지하는 상태를 의미
한다. 셋째, 정의로운 사회의 기원을 의미한다. 이는 모든 백성들이 살아가는
사회가 정의로운 사회가 되어야만 개인적인 삶의 평강이 유지될 수 있다는
의미를 담고 있다. 넷째, 사회적 질서를 의미한다. 이는 국가의 질서, 가정의
질서, 공동체의 질서 전체를 총괄하는 개념으로 사용된다. 다섯째, 샬롬은 서
로 대립되거나 상충되는 것이 아니라 서로의 부족함과 결핍을 채워 줌으로서
전체적인 측면에서 온전함을 이루는 것을 뜻한다. 이러한 구약의 샬롬의 의
미를 종합해 보면 우리의 삶의 영역 전반에서 문제가 발생함에도 불구하고
국가적으로나, 사회적으로나, 공동체적으로나, 가정적으로, 그리고 개인적인
측면뿐만 아니라 심리적인 측면에서 총체적인 안녕을 누리는 일반적인 개념
으로 이해할 수 있다.

이렇게 복합적인 의미를 가진 구약의 샬롬이라는 개념과 함께 신약에서는
예수의 사역과 제자들의 사역을 총칭하여 그들의 선교적 삶을 디아코니아
(diakonia)라는 개념으로 이해하고 있다. 예수의 사역을 말씀의 전파와 구원
을 실천하는 봉사로 이해할 수 있는데 이는 예수의 전생애를 통해 수행했던
양대 과업이었다. 이런 의미에서 토렌스(Torrance)는 예수의 사역을 '말씀의
섬김'(the service of the word)과 '말씀에 응답하는 섬김'(the service of
response to the word)으로 이해하였다. 전자는 말씀과 성례전에 의한 사역
이며, 후자는 봉사에 의한 사역으로 분류하였다.[1] 이는 곧 예수께서 전한 복

---

1) Torrance T. F., "Service in Jesus Christ", in : J. J. McCord & T. H. L Parker(ed), *Service in*

음이 단순히 인간의 영혼만을 구원하는 행위가 아니라 영혼과 육체 전체에 걸쳐서 나타나는 기쁜 소식이었고 내세의 구원뿐만 아니라 현세의 가난과 억압 속에서 해방을 선포하는 통전적인 구원을 의미하는 것이다.[2] 특히 디아코니아는 예수의 선포적 삶보다는 예수의 실천적 삶을 강조하고 있다고 하지만 이 두 개념은 하나로 연결된 개념이지 분리된 개념은 아니다. 따라서 디아코니아란 인간의 생명과 복지에 본질적으로 관심하는 개념이며 구약의 샬롬이 갖는 의미와 함께 범세계적인 초월성을 지니는 개념이라고 볼 수 있다. 이런 의미에서 디아코니아는 단순한 사회사업이 아니라 구원의 행위이며, 바로 인간을 구원한다는 인간구원의 바탕과 인간의 정신과 육체를 전체적으로 구원하는 하나님의 사업을 한다는 통전적인 의미를 그 기본으로 삼고 있다고 할 수 있는 것이다.

2. 모든 복지형태의 최상위 개념으로서의 샬롬과 디아코니아

위에서 언급한 바와 같이 구약에서의 샬롬은 대단히 방대한 인간복지의 문제를 함축하고 있다. 이는 곧 국가적, 사회적, 공동체적, 가정적, 개인적, 그리고 개인의 심리적인 측면까지 포함한 총체적인 인간의 복지를 추구한다. 신약의 디아코니아 역시 내세의 구원뿐만 아니라 현세의 가난과 억압 속에서 해방을 선포하는 통전적인 구원의 형태로 이해되고 있다. 그런 의미에서 선교신학자 후켄다이크는 " '샬롬'(Shalom)을 이 땅 위에 수립하는 것이 선교의 목표라고 하였다"라고 하면서 샬롬이 인간이 추구하는 복지의 최상의 개

Christ, Chatham 1965., pp.1-16, 김은수, "기독교 사회복지의 신학적 패러다임", 『신학사상』, 한국신학연구소, 2001년 봄, 통권 제112호, p.173에서 재인용.
2) 김명용, "복음과 사회선교", 『현대교회의 사회봉사』(서울: 대한예수교장로회총회출판국, 1991), p.34.

넘임을 설명하고 있다.[3] 이에 대해서는 손인웅과 현외성도 전적으로 동의하고 있다. 손인웅은 "기독교의 사회봉사란 사회복지와 비교할 때 상당히 폭이 넓은 개념으로 이해할 수 있다. 사회봉사는 작은 도움이 필요한 한 개인에서부터 어떤 집단, 사회의 어떤 측면이나 구조에 대해서도 봉사가 가능하다. 다시 말해서 사회봉사는 전인적이고 포괄적인 서비스를 제공하는 것을 지향한다"[4]라고 주장하였고, 현외성 역시 "기독교의 사회봉사는 활동과 개입의 폭과 내용이 넓고 복잡하다. 개인차원의 문제해결과 예방은 물론 지역사회와 국가전체의 문제에 이르기까지 걸쳐 있다"라고 서술한 바 있다.[5]

3. 사회복지의 전문적 형태를 갖춘 샬롬과 디아코니아

구약의 샬롬과 신약의 디아코니아는 인간의 복지라는 측면에서 대단히 방대한 내용을 포함하고 있으며 그 구조적인 측면에서도 대단히 조직적이고 체계적이다. 다시 말해서, 성경에서 말하는 샬롬과 디아코니아는 사회구호적인 측면과 사회구조적인 측면을 동시에 포함하는 복합적 개념이라는 것에서 상당히 독특한 특성을 지녔다고 볼 수 있다. 왜냐하면 우리는 일반적으로 기독교의 복지형태는 일시적인 구호형태 또는 원시적인 자선형태를 취하는 것으로 인식하기 때문이다. 그러나 샬롬이나 디아코니아가 함축하고 있는 의미는 통속적인 자선형태나 원시적 구호형태를 초월한 구조적 · 체계적 형태를 취하고 있다. 예를 들면 필자는 완전한 사회복지적 체계로서 사회적 약자들의 기본적 생존권 보장을 위하여 제정된 출애굽의 계약법전, 빈자 및 사회적 약

---

3) 김은수, "기독교 사회복지의 신학적 패러다임", 『신학사상』(한국신학연구소, 2001년 봄, 통권 제112호), p.169.
4) 손인웅, "교회 사회복지 참여의 신학적 근거", 『교회의 사회복지 참여하고 실천하기』(서울: 대한기독교서회, 2003.), p.28.
5) 현외성, 『21세기를 향한 감리교회의 사회봉사와 사회복지』, 기독교대한감리회 사회평신도국, (평단문화사, 1977.), p.14.

자들의 경제정의를 내포한 레위기의 성결법전, 그리고 종합적 사회보장제도로서의 신명기 법전을 그 한 예로 제시하였다.[6] 여기에서 그는 이스라엘 사회에 제시된 하나님의 법전들은 철저한 사회복지적 장치로서 국가적인 차원과 종교적인 차원에서 조직적으로 이루어졌으며, 합법적이고 합리적이며 완벽한 사회안전망이었다는 측면에서 결코 원시적인 사회복지의 형태가 아니라 완전하고 발전된 형태의 사회복지이었음을 주장한다.

또 다른 예로서 미클라트(עָרֵי מִקְלָט)라고 불리는 도피성(cities of refuge)에서 전문적이며 체계적인 형태를 찾아볼 수 있다. 이는 부지 중 오살한 자를 위한 종합적인 사회보장 및 사회안전장치의 역할을 감당하였다. 흥미로운 것은 이 도피성의 원리가 이념이나 가치 그리고 방법론 면에서 정확하게 오늘날 전문적 사회복지의 형태를 취하고 있다는 사실이다. 첫째, 도피성은 수용과 박애(acceptance and philanthropy)의 의미로서 부지 중 오살한 자는 누구든지 도피성에 들어가기만 하면 생명을 보장 받을 수 있는 전적인 수용의 장이었다. 둘째, 도피성은 보호와 공급(protection and supplication)의 기능을 가지고 있었는데, 이는 도피성이 위기에 몰린 도망자들을 보호하기에 충분한 시설을 확보하고 있었다는 것이다. 또한 각각의 도피성에는 충분한 방이 마련되어 있어서 아무리 많은 사람들이 도피하더라도 수용할 수 있는 넉넉한 공간을 확보하고 있었다. 뿐만 아니라 시설면에서도 이들을 보호하기에 결코 부족하거나 불편한 점이 없이 디자인되었다. 셋째, 도피성은 접근의 용이성(easier access), 즉 이스라엘 전역 어디에서든지 32km 이내에 위치하고 있어서 부득이 도피성으로 피해 가야 할 경우 하룻길 이내에 도착할 수 있었다. 넷째, 보편성과 개방성(commonness and openness)의 의미를 내포하고 있는데 이는 유대인들뿐만 아니라 이방인들에게도 해당되는 제도로서 이방인과 나그네도 모두 이용할 수 있었다. 다섯째, 도피성의 특징적 요소 중의 하나로 자유와 해방(freedom and revelation)의 의미를 내포하고 있

---

6) 최무열, "교회사회사업의 신학적 기초", 『교회사회사업편람』(서울: 인간과 복지, 2004.), pp.39-76.

는데 이는 비록 그들이 한정된 지역 내에 거주하여 자유를 상실한 사람처럼 여겨질 수 있을지 몰라도 그것은 어디까지나 상실된 자유가 아니라 그 안에서 구원의 자유를 누릴 수 있었다. 이처럼 도피성 제도가 규율과 법으로 통제된 사회 같으나 실제적으로 인간의 기본 인권과 생명만은 철저히 보호하려는 하나님의 합리적이며 제도적인 사회보장제도요 또한 중요한 사회안전망 중 하나였다.[7]

이러한 전문성은 비단 구약에서만 나타나는 현상은 아니었다. 초대교회의 제도 역시 철저히 전문화된 복지형태를 취하고 있었다. 교회의 대 사회적 사명을 책임 있게 감당하기 위하여 봉사의 사역으로서의 집사(Deacon)제도를 두어 책임 있고 조직적으로 감당한 사실로 보아 이는 후기의 자선조직협회보다 더 월등하게 잘 조직된 형태의 사회복지 체제를 구성하고 있었던 것이다. 다시 말해서 구약의 샬롬을 효과적으로 실행하기 위해서 구호적인 측면과 구조적인 측면, 즉 양면적 접근을 시도하였고 신약의 디아코니아의 관점에서도 이러한 양면이 철저히 병행되었다.

4. 하나님 나라와 통전적 회복의 개념으로서의 샬롬과 디아코니아

샬롬과 디아코니아는 궁극적으로 하나님의 나라와 진정한 인간의 회복을 추구한다. 다시 말해서 샬롬과 디아코니아의 핵심은 결국 하나님의 나라와 하나님의 선교, 그리고 인간회복에의 귀속이라고 말할 수 있다. 이는 하나님의 나라와 하나님의 선교(Missio Dei)가 샬롬과 디아코니아의 핵심이며 이러한 개념들이 철저한 신학적 준거틀을 형성하고 있기 때문이다. 이런 의미에서 존 스토트는, "선교의 목표가 무엇이냐고 하는 구체적인 사안에 대하여 지

---

7) 최무열, "기독교 사회복지관의 통전적 모형으로서의 미클라트(도피성) 연구"(부산장신논총, 2003년 제3집), pp.161-190.

금까지 논란에 논란을 거듭하였다. 그러나 마침내 1980년 이후 선교의 목표를 하나님 나라인 샬롬의 건설로 하자는 데 의견을 같이 하였다"고 하였다.[8] 그렇다. 샬롬과 디아코니아가 궁극적으로 추구하는 것이 곧 하나님의 나라의 건설과 회복이다. 그렇다면 하나님의 나라란 무엇을 의미하는가? 그것은 곧 위에서 언급한 하나님의 평화와 평강, 정의, 질서, 화해가 존재하는 세상, 죄로 말미암아 철저하게 상실된 인간의 존엄성을 다시 한번 하나님의 형상으로 지음 받은 인간으로 회복되는 일련의 재창조(recreation)이며, 영혼과 육체의 구원뿐만 아니라 내세 및 현세의 가난과 억압 속에서 해방을 선포하는 통전적인 구원을 이루려는 회복이 아니겠는가?

결국 하나님의 나라의 회복은 정치적, 제도적, 개인적, 그리고 심리적인 모든 측면에서 하나님의 형상을 회복하는 것을 의미한다. 그러나 하나님의 형상의 회복이란 정치적인 면보다는 인간 존엄성 회복이라는 측면을 더 강조하고 있는 듯하다. '하나님의 형상' 대로 창조되었다는 의미는 사회복지적인 면에서 몇 가지 중요한 사안을 포함하고 있다. '하나님의 형상' 이란 고대 근동 지방에서 왕을 상징하는 말로서 인간이 지상에 존재하는 모든 생물 중에 최고의 존엄을 가진 것임을 뜻한다.[9] 따라서 '하나님의 형상' 대로 지음을 받았다는 것은 최고의 존엄자라는 의미를 가지는 것으로 샬롬과 디아코니아는 끊임없이 하나님의 나라와 인간회복이라는 관점에서 이 인간 존엄의 문제에 집중하고 있다. 그러나 인간회복과 치유라 함은 단순히 육체적 질병에 대한 의료적 행위를 의미하는 것이 아니라 인간의 근본적인 모든 삶의 모든 부분의 회복, 즉 인간의 총체적 회복을 의미한다고 보아야 할 것이다. 이렇게 인간이 육체적으로나 정서적 그리고 정신적인 측면에서 하나님의 형상을 좇아 가장 아름답고 가장 완벽하며 존귀한 하나의 영적인 존재로 회복될 때 하나님의 나라가 이 땅에 도래할 수 있다는 것이다. 하나님은 샬롬과 디아코니아를 위하여 하나님의 나라를 이루시려는 열정과 소망을 품고 계신 것이다.

---

8) John Stott, *Christian Mission in the Modern World* (London: Falcon, 1975.), p.23.
9) 김은수, *op. cit.*, p.164.

제2절 선교 - 말씀선포와 사회봉사

위에서 언급한 바와 같이 샬롬과 디아코니아의 목적은 하나님의 나라와 인간의 통전적 회복에 있다. 그러나 하나님의 나라와 통전적 회복이라는 대명제는 선교라는 매개체를 통하여 구체적으로 실행되고 실천된다. 따라서 선교란 하나님의 나라의 도구로서 활용되는 것이고 나아가 진정한 인간회복의 도구로 활용되는 것이다. 하나님 나라의 회복과 진정한 인간회복의 도구로서의 선교는 두 가지 형태, 즉 말씀 선포와 사회봉사의 기능을 갖는다. 지금까지는 선교를 이해하는 데 있어서 철저히 말씀의 선포적 기능에 초점이 맞추어져 왔었다. 예를 들면, 로잔 대회 이전까지만 하더라도 복음주의를 대표하는 존 스토트도 전도를 하나님의 지상명령으로 인식하였으나, 그 후 사회적 책임까지도 선교의 영역에 포함시킨다고 밝혔다.[10] 그 후 많은 신학자들과 선교학자들도 존 스토트와 로잔 언약의 통전적 주장을 수용하여 선교를 영혼구원과 사회봉사로 해석하여 에큐메니칼 입장과 복음주의 입장을 조화하려고 노력하였다. 그 대표적인 사람이 허버트 케인이었다. 이처럼 교회의 선교는 전도와 사회적 책임의 실천이라는 두 요소를 불가분리적으로 포함하는 개념으로 받아들이고 있는데 이는 마치 가위의 양날처럼 쌍방향으로 작용함으로서 하나님의 나라를 이루려는 선교적 사명을 감당하게 되는 것이다.

신약에는 두 가지의 명령이 있다. 그 하나는 전도요 다른 하나는 봉사다. "땅끝까지 이르러 내 증인이 되라"는 명령은 대위임이요(Great Commission), "내 이웃을 내 몸과 같이 사랑하라"는 또 다른 명령은 대계명(Great Commandment)이다. 이 둘 중 어느 하나를 무시하거나 부정하는 것은 바로 교회를 절름발이로 만드는 것이 된다. 주님께서 제자들에게 "이웃을 사랑하

---

10) John Stott, *op. cit.*, p.23.

라"고 명령하신 계명과 "가서 복음을 전파하고 제자를 삼으라"고 하신 전도
사역에서 그 근거를 찾을 수 있다.

1. 교회의 사회봉사 – 구호적, 구조적 봉사

우선 교회의 사회봉사라는 측면에서 볼 때 많은 다양한 관련 개념 및 유사
용어들이 존재한다. 그 용어들은 사회선교, 사회목회, 사회참여, 사회적 책
임, 사회구원 등인데 이들을 간단히 정의하면 다음과 같다.

- 디아코니아: 광의적이며 총체적 개념으로 구호적, 구조적 사업을 총칭
한 큰 개념.
- 사회선교: 사회선교는 교회의 사회봉사(사회사업, 사회복지)를 선교적
차원에서 이해하려는 개념으로 교회의 복음적 실천을 강조하여 구호적
봉사, 사회구조변화를 위한 봉사 등 구호, 개발, 옹호 등의 형태로 나타
난다.
- 사회목회: 디아코니아를 목회적 관점에서 이해한 용어로서 상담 및 보
호적 관점
- 사회참여: 에큐메니칼적인 용어로서 사회구조적인 측면을 강조
- 사회적 책임: 교회의 대 사회적 책임을 강조
- 사회구원: 영혼구원에 대한 반향으로 복음주의적 영역
- 사회복음: 선포되어진 말씀의 반대 개념으로 실천되어진 말씀으로 실천
을 강조

하나님의 나라를 이루기 위한 도구로서의 선교는 복음전도와 사회봉사의
전문적인 두 가지영역으로 기능하고 있는데 이러한 요소들은 결코 배타적으
로 작용하거나 상대의 기능을 평가절하하지 않고 상호보완적으로 작용할 때
최상의 기능을 발휘할 수 있는 것이다. 물론 선교에 있어서 복음전도가 우선

해야 한다는 사실에 대하여 부인할 사람은 아무도 없다. 그러나 중요한 것은 단순히 말씀의 전파뿐 아니라 봉사적 행위 역시 복음전도 못지 않은 중요성을 갖는다는 것이다. 이삼열은 복음전도와 사회봉사에 적절한 균형을 유지하는 것이 진정한 선교임을 강조하고 있다.

그리스도의 봉사가 이처럼 하나님의 사랑을 이 땅에서 실현하고 인간을 전체적으로 구원하는 행위를 말하는 포괄적인 것이라면, 이것은 곧 선교의 내용과 일치한다. 모든 선교활동은 말씀의 전파로 시작되는 것은 분명하다. 그러나 선교는 단순히 말씀의 전파만을 의미하는 것은 아니다. 예수님의 선교행위에는 항상 말씀의 전파와 함께 봉사적 행위와 구원이 있었다. 예수의 선교 핵심에는 하나님의 나라(Kingdom of God)가 있었다. 하나님의 나라가 도래하게 될 때 가난한 자가 해방되고, 병든 자가 고침을 받고, 버림받은 자들이 용기를 얻고 기쁨을 얻는 구원의 역사가 일어난다는 것이다. 이것은 곧 회복의 역사인 것이다.[11]

이와 더불어 호켄다이크(J. C. Hoekendijk)도 흩어지는 교회가 샬롬을 실현하기 위해서는 평안의 실제적인 표현인 설교와 평안의 생동적인 움직임인 친교, 평안의 겸허한 실제인 봉사가 선교에 통합되어야 한다고 보았는데, 이 모든 것은 섬기는 디아코니아로서 지역사회를 위해 구체화되어야 한다고 보았다.[12] 서정운 역시 교회가 사회적 책임을 수행하는 것은 전도에서 필수불가결하며 그것은 전도를 위한 수단에 그치는 것이 아니라 그 자체로서 선교적 의미를 가지며 독자적인 역할을 하는 것으로 이해함으로서[13] 선교를 수행하는 데 있어서 결코 복음전도만이 해결책이 아님을 분명히 하였다.

이처럼 하나님 나라의 회복을 위한 도구로서의 선교가 복음전도와 사회봉사라는 중요한 두 가지 기능으로 존재하지만 선교를 이루는 두 축 가운데 중

---

11) 이삼열, "사회봉사의 신학과 실천과제", 『사회봉사의 신학과 실천』(서울: 한울, 1992), p.16.
12) 김은수, op. cit., p.176.
13) 서정운, "사회선교에 대한 선교신학적 이해", 『현대교회와 사회봉사』(서울: 대한예수교장로회총회출판국, 1991), p.95.

요한 한 축인 사회봉사의 기능 역시 또 다른 독특한 형태를 유지하고 있다. 그것이 곧 사회봉사라는 축과 사회행동이라는 축이다. 이러한 사회봉사의 축과 사회행동의 축은 사회구호적 축과 사회구조적 축으로 구성된다. 존 스토트는 교회의 대 사회적 사업을 사회봉사(social service)와 사회행동(social action)으로 구분하고 사회봉사는 내용상 인간의 궁핍구제, 자선활동, 각 개인과 가족단위의 도움추구, 구제행위 등을 포함하는 소위 사회구호적 성격을 수반하는 데 반해 사회행동은 인간의 궁핍 원인 제거, 정치적 경제적 활동, 사회구조의 변화추구, 정의추구 등을 포함하는 사회구조적 성격이 있음을 표명하였다.[14] 이러한 구분은 복음주의 선교대회의 산물이었던 그랜드레피드 보고서에서도 명확하게 나타나고 있다. 이 보고서에는 사회봉사의 중요 항목들로 인간의 필요경감, 자선활동, 개인과 가족에 대한 봉사, 자비의 행위 등을 포함한다. 이는 흔히 교회의 구제사업으로 이해되어 온 말들로서 사회구호적 성격을 띠고 있고, 사회행동(social action)의 내용으로서는 사회문제의 원인을 제거하고 정치적, 경제적 활동과 사회구조를 변화시키려고 노력하여 정의추구를 포함하는 내용을 수록하고 있다. 이는 곧 기독교의 사회봉사가 사회사업적인 봉사에 머물고 있을 뿐만 아니라 사회구조개혁을 위한 사회운동 혹은 사회의 정의와 불의를 제거하기 위한 사회정치적 참여에까지 확장되고 있다는 사실을 확인시켜 주고 있는 것이다.

다시 말해서 지금까지 교회의 사회봉사가 항상 사회구호적인 차원에만 머물러 있었던 것은 아니었다. 물론 교회는 사회구호적인 차원을 중요시하였지만 교회는 사회가 고통당하는 근본적인 원인에 관심을 기울이기 시작하였고, 나아가 사회구조를 개선하고 변혁시켜야 한다는 주장과 함께 에큐메니칼 운동에 영향을 주고 사회복음이나 종교사회주의, 사회적 책임운동 등이 교회의 봉사활동을 사회구조를 개선하는 선교적 봉사로 발전시키는 데 크게 기여하

---

14) 김기원, "기독교사회복지의 학문적 정체성", 한국교회상회봉사연구소 워크샵 자료집, (2000.), p.45.

였다.[15] 이렇게 교회가 사회구호적인 차원에서 사회구조적 차원의 노력으로 발전해야 한다는 인식이 생기게 된 것은 산업사회의 문제가 본격적으로 나타나는 19세기 중엽 이후였으며 이러한 노력은 결국 자선조직협회 활동 등을 통하여 사회사업을 태동하는 계기가 되기도 하였다.

결론적으로 기독교의 디아코니아와 그 발전 형태를 종합해 보면 먼저 전인적 인간회복의 개념을 포함한 인간복지의 최상위 개념으로서의 샬롬과 디아코니아는 하나님의 나라와 전인적 회복을 목적으로 하고 있으며, 하나님의 나라와 전인적 인간회복은 선교라는 도구를 통하여 체계화하게 된다. 하나님의 나라를 회복하려는 도구로서의 선교는 말씀의 선포(말씀의 봉사)와 말씀의 실천(사회봉사)이라는 두 개의 축으로 그 기능을 감당하게 된다. 또한 말씀의 실천으로서의 사회봉사는 구호적 봉사와 구조적 봉사로 활동하게 되는데 전자는 좀더 정책적인 측면에서, 후자는 좀더 실제적이며 실천적인 측면에서 사회봉사적 사명을 감당하게 되는 것이다. 이를 도식화하면 다음과 같다.

> 샬롬과 디아코니아 → 하나님 나라와 인간의 통전적 회복 → 선교 →
> 복음전도와 사회봉사 → 구호적 봉사와 구조적 봉사

---

15) 이삼열, "사회봉사의 신학과 실천과제", 『사회봉사의 신학과 실천』(서울: 한울, 1992.), p.19.

제3절 일반 사회복지(사업)

1. 사회복지의 태동과 전통적 기독교 사회봉사 활동과의 관계

사회복지라는 학문이 본격적으로 태동한 시기를 1920년대로 보고 있다. 경제공황과 세계대전 등으로 인하여 발생한 심각한 심리 · 사회 · 정신적 문제에 대하여 더 이상 구호적인 차원에서의 대응이 불가능한 상태에 이르자, 인간이 경험하는 사회문제에 대하여 좀더 전문적이고 효과적으로 접근할 필요를 느끼게 되었다. 이러한 시기와 때를 같이하여 발전한 프로이드의 정신분석 이론과 심리학의 발전으로 사회사업은 인간과 가족의 문제에 보다 전문적으로 접근할 수 있는 터전을 마련하고 그 학문적인 기초를 형성하게 되었다. 물론 유럽이 이미 산업혁명 등을 통하여 사회보장과 사회 정책적 터전을 마련하였으나 미국에서 발전한 사회사업이론과 사회보장 및 정책의 융합으로 사회복지라는 새로운 학문적 근거를 마련하게 되었다.

이러한 급격한 사회복지라는 학문적 발전에도 불구하고 전통적으로 사회봉사를 꾸준하게 실시해 온 교회는 보수와 진보, 영혼구원과 사회구원, 공산주의와 민주주의, 교회성장과 사회참여 등 첨예한 대립을 경주함으로서 교회의 대 사회적 사명에 대한 학문적 발전은 더 이상 진척되지 못하고 정체되면서 사회복지라는 새로운 학문과 전통적으로 수행해 왔던 교회의 사회적 정체성이라는 양 개념이 충돌하는 결과를 나타내게 되었다. 사회복지는 사회복지 나름의 전문성을 내세우면서 전통적인 교회의 대 사회적 사명을 비전문적이고 일시적이며 원시적일 뿐만 아니라 구호적인 사업이라고 비판하는가 하면, 교회는 교회 나름대로 사회복지가 기독교의 뿌리임을 애써 강조하지만 이미 하나의 전문적 학문으로 고착화된 사회복지라는 학문과의 갈등은 그리 쉽게 해소되지는 아니하였다.

그럼에도 불구하고 오랜 봉사의 전통으로 하나님의 나라를 이룩하려는 거룩한 뜻을 가졌지만 전문화되지 못한 기독교 입장에서는 학문적인 토대 마련과 전문화된 사회복지의 이론과 기술의 도입이 절대적으로 요청된다. 이런 측면에서 교회 사회봉사를 수행하는 데 있어서 기독교 사회복지적 시도를 위해서는 사회복지(사업)이라는 전문적인 학문에 대한 정의 없이 기독교 사회복지의 정의를 수립한다는 것은 결코 불가능하다. 따라서 이 절에서는 사회복지(사업)의 정의와 그 발전 단계 및 일반 사회복지가 갖는 한계점을 고찰함으로서 기독교 사회복지의 정의를 위한 기초적 자료를 제시하려 한다.

2. 일반 사회복지와 사회사업의 정의

사회복지도 교회의 사회봉사와 마찬가지로 다양한 관련 및 유사용어를 가지고 있다. 이러한 용어들은 일차적으로 사회복지, 사회사업, 인간봉사, 사회적 서비스, 사회보장, 사회개발 등으로 표기되기도 한다.

- **사회복지**: 거시적 개념으로 사회사업과 사회정책을 포함한 개념
- **사회사업**: 미시적 개념으로 개인과 집단을 대상으로 하는 전문적, 기술적 개입
- **인간봉사**: 대체로 자원봉사의 개념으로 사용되지만 보편적인 개념은 아님
- **사회적 서비스**: 유럽에는 정책적 개념으로 사용되지만 국내는 자원봉사 개념으로 혼용
- **사회보장**: 국가적 차원의 사회복지 형태로서 보장성을 강조
- **사회개발**: 국가 및 지역 자치적 사회복지의 형태로서 구조적 측면과 개발을 강조
- **사회정책**: 국가적 차원의 사회복지 형태로서 사회복지적 계획성이 강조

일반적으로 사회복지는 "인간의 행복을 증진시키기 위해서 정부나 민간이 제반프로그램이나 서비스 또는 시설을 통해서 사회적 장애를 예방하고 경감시키기 위한 체계적이고 조직적인 노력을 연구하는 학문"으로 정의된다. 또한 장인협은 사회복지를 "사회 구성원들이 기존의 사회 제도를 통하여 자신의 기본적인 욕구를 충족시키는데 어려움을 겪고 있거나 어려움이 예상될 때 그 욕구를 충족시킬 수 있도록 도움을 제공하는 조직화된 사회적 활동의 총체이다"라고 표현한 바 있다.[16] 이러한 개념들은 인간의 행복, 예방, 욕구, 조직화된 활동 등은 인간의 기본적인 욕구의 충족으로 인한 행복의 추구로 본다. 그러나 사회복지란 이러한 개념보다는 좀더 정책적인 관점을 유지하고 있다고 볼 수 있다. 즉, 사회복지란 넓은 의미로는 사회보장(social security)의 상위 개념으로, 좁은 의미로는 사회복지서비스(social welfare service) 또는 사회사업(social work)으로 볼 수 있다. 이렇게 사회복지를 광의적 개념으로 이해한다면 오히려 국가적 차원에서 실시하는 사회보장과 정책적 개념으로 이해할 수도 있을 것이다. 사회보장과 사회정책이란 이러한 국가적 차원의 사회보장을 이루기 위한 국가의 정책적 노력이라고 정의할 수 있다.

불행하게도 한국적 상황에서는 위에서 정의한 광의의 사회복지라는 개념과 사회사업이라는 개념이 명확하게 구분되지 않고 혼용되고 있다. 그러한 이유에 대해서 박종삼은 국가가 사회복지라는 개념을 정리하는 데 있어서 명확하게 구분하지 않은 채 의의를 통일하는데서 비롯되었다고 밝혔다. 그러나 엄밀히 말해서 사회복지와 사회사업은 엄격히 구분되어야 할 필요가 있다. 왜냐하면 사회복지란 국가적 차원의 사업이요, 거시적인 접근인 동시에 사회사업이란 개인이나 집단을 위한 사업이요 미시적인 접근이기 때문이다.

사회사업 역시 사회복지만큼이나 다양한 정의를 내포하고 있다. 프리드랜드(Friedlander)는 사회사업을,

---

16) 장인협 외, 『사회복지학(개정판)』(서울: 서울대학교 출판부, 2000.), p.1.

"사회사업이란 개인이나 집단들을 원조하여 그들의 행위나 행동이 타인의 행복과 권리를 범하지 않는 범위에서 그들이 만족할 만한 삶을 살도록 최선의 방법을 창출해 주는 것이다. 즉 사람들이 좀더 충분하고 만족할 만한 생을 그들 자신들을 위해서 건설하여 나가도록 개인이나 사회 집단 속에 있는 모든 건설적인 힘을 발전케 하기 위한 노력"으로 정의하였다.

그는 개인이나 집단, 행복과 권리, 만족한 삶, 의도적인 노력 등을 강조하였다. 이에 더하여 스키드모어는 사회사업이 "개별사업, 집단사업 그리고 지역사회 조직을 포함한 사회사업실천방법을 통해서 사람들이 개인문제 집단문제, 그리고 지역사회문제들을 해결하도록 도와주고 만족스러운 개인적 관계, 집단적 관계, 지역사회적 관계를 성취하도록 도와주는 하나의 기술로서 과학으로서 전문직으로서 정의될 수 있다"라고 하였다. 그러나 스키드모어의 정의는 프리드랜드의 강조점과는 차별성을 가진다. 스키드모어는 좀더 전문적인 기술과 과학이라는 관점으로 접근하였고 관계를 중시하였다. 전문적이라는 측면에서 박종삼은 스키드모어와 학문적인 맥을 같이하고 있다. 그는 "사회사업이라는 것은 전문적인 사회사업가가 개입하여 고아원, 양로원, 장애인 복지시설, 직업 훈련원 등을 통해서 단순히 물질적인 도움으로 해결될 수 없는 사람들을 위해 사회적인 서비스를 제공하는 것이다"라고 정의함으로서 스키드모어와 같이 전문적인 개입, 시설을 강조하였으며, 사회적 서비스에 주안점을 두었다.[17] 이렇게 볼 때 사회사업이란 국가적 차원에서보다는 개인과 집단을 대상으로 전문적 지식과 기술의 개입으로 클라이언트와의 관계성을 회복하여 사회에 적응하지 못하는 사람들을 치료함으로서 행복하고 만족한 삶을 추구할 수 있도록 일련의 도움을 주는 과정으로 볼 수 있다.

이렇게 학문화되고 전문화된 사회복지가 그 기원을 기독교에 두고 있음에도 불구하고 기독교가 전문화하지 못하고 일반 학문의 힘을 빌어 체계화된

---

17) 박종삼, 1996, "21세기를 향한 한국교회와 사회봉사", 『기독교사회복지』(서울신학대학교 사회복지연구소, 1996.), p.6

근본적인 동기는 기독교 선교과정에서 기독교가 영혼구원과 사회구원으로 양극화되면서 다양하게 발생하는 사회문제에 대하여 교회가 능숙하게 대처하지 못하고 그 중요성을 인식하지 못하였을 뿐만 아니라 전문성 개발에도 관심을 두지 않았기 때문이다. 이를 박종삼은 다음과 같이 정리하였다.

> "사회복지(사업)가 교회의 울타리를 벗어나 세속사회의 한 전문분야로 발전하여 과학적 방법으로 인간의 문제를 해결해 주려고 노력해 온 것은 교회가 그 본래의 사명을 게을리 하였기 때문에 야기된 역사적 산물로 보아야 한다"[18]

제4절 사회복지와 교회 사회봉사

지금까지는 사회복지와 교회 사회봉사를 갈등적 측면에서 이해하려는 경우가 있는가 하면 단순히 양자를 하나의 유사학문 정도로 인식하려는 움직임도 적지 않다. 이러한 현상은 사회복지의 기원과 교회 사회봉사를 역사적인 측면이나 이념적인 측면, 그리고 그 근원적인 측면에서 심각하게 연구하지 않고 단순히 근세에 학문화된 사회복지의 이론적 측면에서만 연구한 결과에서 비롯된 것이라고 볼 수 있다. 그러나 비록 사회복지와 교회 사회봉사가 목적과 접근방식에 있어서 어느 정도의 상이점이 발견되고 있지만 그 근본은 거의 모든 면에서 일치하고 있다. 따라서 이 절에서는 사회복지와 교회 사회봉사의 차이점과 유사성을 살펴보면서 교회 사회봉사와 사회복지의 가교로서의 기독교사회복지를 정의하기 위한 기초를 제공하려 한다.

---

18) 박종삼, "사회사업의 시각에서 본 교회의 봉사 프로그램", 『사회봉사의 신학과 실천』(숭실대 기독교사회연구소, 1992.), p.116.

1. 사회복지와 교회사회봉사의 유사성

1) 인간의 존엄성과 인간회복 중심

사회복지와 교회사회봉사는 모두 인간의 존엄성에 그 바탕을 두고 있다. 또한 이러한 인간의 존엄성은 인간회복이라는 관점에서 실천되고 있는데 다만 사회봉사는 사회적 측면에서, 그리고 교회 사회봉사는 영적인 측면에서 회복을 추구하지만 궁극적으로는 모두가 인간의 존엄성과 회복에 바탕을 두고 있다. 특히 교회 사회봉사는 인간이 하나님의 형상으로 지음을 받은 존엄성을 가진 존재, 평등의 권리를 가진 존재, 사회적 책임을 가진 존재로서 이러한 '하나님의 형상'(Imago Dei)을 회복하는 것이 목적이라 할 때 이는 정확히 사회복지가 추구하는 인간회복의 원리와 그 맥을 같이 한다고 볼 수 있다. 인간이 '하나님의 형상' 대로 창조되었다는 의미는 사회복지적인 면에서 몇 가지 중요한 사안을 내포하고 있다. '하나님의 형상'이란 고대 근동지방에서 왕을 상징하는 말로서, 인간이 지상에 존재하는 모든 생물 중에 최고의 존엄을 가진 것임을 뜻한다. 다시 말해서 '하나님의 형상' 대로 지음을 받았다는 것은 최고의 존엄자라는 의미로, 기독교의 사회복지 활동이 바로 철저한 존엄성과 기본적인 인권을 강조하고 있다는 것이며[19] 사회복지 역시 인간존엄을 가장 중요한 원리로 본다는 것이다.

2) 박애주의적 가치 체계

사회복지나 교회의 사회봉사 양자 모두 사회적 약자에 대한 관심으로부터 출발하였다. 이는 인간을 고귀히 여기고 사랑하는 거룩한 박애주의가 그 바탕을 이루고 있다. 사회복지의 뿌리가 기독교라면 사회복지의 근본적인 가치

---

19) 김은수, *op. cit.*, p.164.

체계로서의 박애사상 역시 기독교의 박애사상과 정확하게 그 맥을 같이하고 있다. 물론 사회복지라는 학문이 모든 사람이 대상이 되지만 그럼에도 불구하고 그 핵심적 대상은 역시 사회적으로 적응하지 못하는 사람들이라고 볼 때 이는 철저한 박애주의 사상이 그 근간이 되어야 함은 말할 것도 없다. 교회 사회봉사 역시 철저한 박애사상에 그 뿌리를 두고 있다. "내 이웃을 내 몸과 같이 사랑하라"는 그리스도의 대명령을 철저한 그리스도인의 행동강령으로 삼고 있기 때문이다.

3) 이타주의적 봉사의 삶

사회복지나 교회 사회봉사 모두 자신을 희생함으로서 다른 사람의 삶을 복되게 하는 이타주의적 성격을 지니고 있다. 특히 사회복지사의 행동강령의 근본은 철저히 이타적인 삶이 다. 이러한 이타적인 삶은 조건 없는 봉사의 삶으로 연결되고 그로 말미암아 자신의 힘으로는 문제를 해결할 수 없는 절박한 상황에 처한 사람들이 이러한 봉사의 삶을 통하여 보다 나은 삶의 질을 영위할 수 있게 되는 것이다. 예수 그리스도의 삶을 한 마디로 표현한다면 '조건 없는 봉사의 삶'이라고 할 수 있다. 예수는 철저히 자신을 낮추어 남을 높이며 봉사하는 봉사의 모범을 보이셨다는 측면에서 이타적이었다. 교회의 사회봉사가 정확하게 이러한 봉사의 삶을 구현하기 위하여 노력하고 있으며, 사회복지라는 학문 역시 단순한 학문적 영역이라기보다는 남의 이익을 자신의 이익보다 우선하고 봉사하려는 일련의 노력의 과정으로 이해할 수 있다.

4) 구조적, 체계적 원조의 과정

사회복지와 사회사업이란 앞에서 정의한 바와 같이 사회적으로 적응하지 못하는 사람들에게 전문적인 지식, 특히 정책적인 면과 개인적인 접근을 시도함으로서 구호적인 변화는 물론 구조적인 변화를 유도함으로서 사회적인 적응은 물론 인간다운 삶을 영위하게 하는 데 목적이 있다. 이러한 방법론을 적용하는 데 있어서 철저한 이론과 기술, 그리고 전문적 개입을 시도하게 된다. 마찬가지로 교회의 사회봉사 역시 성경에서 제시한 바와 같이 철저한 전문적 원조를 그 목적으로 하고 있다. 특히 구약성경에서의 원조과정은 국가적, 정책적, 종교적 특성을 가지고 있는 구조적 원조의 과정이었고, 신약의 디아코니아 역시 대단히 구조적인 측면을 소유하고 있었다. 물론 봉사제도의 직제화와 신학적인 양극화로 인하여 그 전문성을 개발하지 못한 점이 비판을 받을 수 있으나 그럼에도 불구하고 지속적인 구호적 봉사와 구조적인 봉사를 위하여 노력을 아끼지 않았다. 사회복지나 교회의 사회봉사 역시 구조적, 체계적인 원조의 과정이라는 측면에서 그 맥을 같이하고 있다.

2. 사회복지와 교회 사회봉사의 상이성

1) 목적의 상이성

사회복지와 교회 사회봉사의 상이성은 그 목적에서 분명하게 나타나고 있다. 사회복지의 목적은 사회적 부적응자의 사회적 적응이 그 최고의 목적을 삼는 반면 교회의 사회봉사는 그보다는 훨씬 광의의 목적을 가지고 있다. 우선 교회의 사회봉사는 사회적 부적응자에 대한 원조뿐만 아니라 하나님의 나라와 통전적인 인간회복이라는 큰 목적을 가지고 있으며 아울러 인간에 대한 영적인 회복과 치유가 주목적이다. 이러한 기독교적 목적은 샬롬 사상에서 가장 강력하게 표명되고 있다. 교회 사회봉사는 결국 샬롬과 디아코니아 사상에 그 기본을 두고 있으며, 국가적, 사회적, 공동체적, 가정적, 개인적, 심리적, 그리고 영적인 측면에서 총체적인 안녕을 이룩하려는 초월적인 목적을 갖고 있다.

2) 연구대상의 상이성

사회복지학과 교회 사회봉사에는 그 연구대상의 상이성에 있어서는 김기원이 잘 설명하고 있다. 첫째, 신학(교회 사회봉사)의 주된 연구대상은 하나님인데 반하여 사회복지학의 대상은 인간임을 천명하고 있다. 둘째, 학문영역의 상이점으로서 신학은 주로 계시, 하나님, 창조, 인간과 세계, 그리스도의 구원, 성령, 교회, 종말의 문제를 연구하지만 사회복지는 사회문제 등을 다루고 각 론 분야에서 가난, 장애인, 노인, 아동, 청소년 등의 문제를 다룬다. 셋째, 신학과 사회복지는 그 대상이 다르다. 신학은 주로 죄의 문제, 영적 구원의 문제를 다루는 반면 사회복지는 주로 개인의 불충족한 욕구와 사회문제에 대하여 관심을 가지며, 신학은 판단기준이 성서인 반면 사회복지는 사회과학임을 밝히고 있다.[20]

3) 근본적인 상이점으로서의 영적 접근

사회복지와 교회의 사회봉사를 비교하면서 가장 먼저 고려해야 할 사항은 사회복지가 사회적인 접근이라면 사회봉사는 신학적이고 신앙적이며 영적인 접근이라는 사실이다. 일반 사회사업과는 달리 교회의 사회봉사란 사회적 치료와 적응의 상태를 훨씬 초월하여 완전한 통전적 치료, 즉 인간을 영적인 존재로 보고 그 영적인 부분까지 치료의 대상으로 그리고 적응의 대상으로 보는 것이다. 이런 측면에서 인간이란 단순히 신적 자비 또는 은총 대상자로서의 수동적인 존재가 아니라 스스로 기능할 수 있는 역동적이고 적극적이며 능동적인 존재, 즉 인간은 영적인 존재라는 대전제를 가지고 출발해야 한다는 점이다.[21] 그 이유는 인간창조의 과정에서 하나님은 오직 인간에게만 영적

20) 김기원, *op. cit.*, p.36.
21) 최무열, "교회사회사업의 신학적 기초", 『교회사회사업편람』(서울: 인간과 복지, 2004.), p.41.

능력을 주심으로서 인간이 영적인 삶을 영위하도록 구성되어 있다는 점이다. 창세기 2:7절에 의하면 "여호와 하나님이 흙으로 사람을 지으시고 생기를 그 코에 불어넣으시니 사람이 생령이 된지라"고 기록되어 있다(breathed into his nostril the spirit of life, man became a living being). 하나님이 인간에게 삶의 영을 불어넣으심으로서 이 영적인 존재로 살게 되었다는 것이다. 여기서 생령이란 영을 소유한 존재를 의미하는 것이다. 이처럼 인간만이 독특하게 인간이 영으로 지음 받았다는 증거들이 성경에는 많이 소개되고 있다. 이처럼 하나님은 인간에게 동물에게 없는 영성을 가미하였음으로 완전한 통전적 인간 회복(Imago Dei)은 오직 이 영성적 접근 또는 영적 접근만이 가능하다는 결론에 이르게 된다. 이는 곧 인간은 영으로 창조되었기 때문에 인간치유는 영적으로 인간치유가 일어나지 않으면 통전적 회복은 결코 이루어지지 않는다는 것이다. 안타깝게도 사회복지는 인간에 대한 영적인 접근을 시도하지 않는다. 만약 사회복지가 사회적 적응만을 회복과 치료로 간주한다면 진정한 회복, 즉 통전적인 인간회복은 결코 이루어질 수 없게 된다.

3. 교회 사회봉사와 사회복지 연계 가능성

교회 사회봉사와 사회복지는 그 가치체계나 원리적 측면에서는 철저히 같은 맥락을 유지하고 있는 반면에 연구의 대상이나 목적, 그리고 접근방식에 있어서는 차이가 있다. 그럼에도 불구하고 교회 사회봉사나 사회복지는 동일하게 성경적 원리에 그 이념과 지식기반을 두고 있기 때문에 결코 서로 상충되거나 갈등관계를 형성할 아무런 이유가 없다. 일차적으로 교회의 사회봉사와 사회복지는 구체적 영역이나 실천방법에서 약간의 차이가 있더라도 역사적으로나 가치적인 측면에서 상호이질적인 것이 아니라 동일한 영역에서 동질의 것을 추구하며 발전되어 왔다는 사실이다. 좀더 분명하게 말하자면 사회복지나 교회 사회봉사는 샬롬과 디아코니아라는 큰 개념 안에서 동일한 목적을 지향하고 그 발전과정에 있어서도 유사성을 나타내고 있다. 예를 들어 전문적 사회사업의 기술은 교회의 구호 봉사와 같은 형태를 이루고 있으며, 광의의 사회복지의 개념은 교회의 사회구조변화를 위한 봉사, 개발, 사회참여, 사회행동 등 사회복지의 정책적 측면과 동일한 형태를 유지하고 있다. 다시 말해서 성경은 사회구호적 측면과 사회구조적 측면을 동시에 보여주고 있다. 구약에는 사회의 구조적 불의와 불평등에 대한 개혁을 강조하고 있고, 예수 그리스도의 사역 역시 가난한 사람들에게 직접적인 봉사를 실시하였을 뿐 아니라 정의, 자유, 평화를 위한 사회제도 개선을 위한 불의한 사회구조 개혁을 강력히 주창하였다. 따라서 이는 각 분야에서 그 동안 사용한 용어가 다를 뿐이지 실제적 내용과 그 발전 과정 역시 유사한 형태를 나타내고 있다. 또한 사회복지가 인간의 생명의 존엄성, 그리고 사랑을 통한 행복권, 그리고 봉사를 통한 공동체적 노력이 그 중심적인 사상이라면 이것은 곧 성경에 뿌리를 둔 사상이다.[22] 그러나 분명한 것은 이러한 유사성과 연계의 가능성에도 불구하고 사회복지라는 개념과 디아코니아라는 개념이 심각하게 혼동되거나 때론 이념적 충돌을 야기하기도 하였다는 것이다. 한수환은 이에 대하여 다음과 같이 설명하고 있다.

사회복지라는 개념과 디아코니아라는 개념이 구분 없이 이해되는 데는 역사적인 과정을 이해할 필요가 있다. 교회의 본질개념인 디아코니아는 초대교회에서 기인되고 그 의미는 "선포된 말씀을 실천하기 위한 사회봉사"였다. 이 사회봉사는 초대교회에서는 정규예배의 한 요소였다. 이것이 4-5세기를 거치면서 이 사회봉사를 맡았던 집사직이 신부직을 돕는 보조자로 바뀌면서 사회봉사직이 예전적인 기능으로 축소된다. 16세기를 지나면서 교회의 사회봉사는 교회의 직무가 아니라 국가공직의 직무로 변형되면서 근대적 사회복지 개념을 낳는 발판이 된다. 칼빈은 카톨릭의 예배적 기능으로서의 사회봉사와 루터교의 국가공무적

---

22) 박종삼, *op. cit.*, p.117.

인 기능으로서의 사회봉사 둘 다를 비판하고 다시 교회적인 사명으로서의 사회
봉사 개념으로 환원하려 하였다. 그럼에도 불구하고 유럽의 전체적인 흐름은 사
회봉사직의 집사직이 교회로부터 이탈해서 국가나 시민사회로 접근해 가는 과
정을 겪었고 그 결과로 사회봉사가 교회적 디아코니아의 본질에서 일탈하여 사
회복지개념으로 바뀌게 된다.[23]

위에서 살펴본 대로 교회의 직제의 변화가 결국 사회복지를 태동하게 되
었고 나름대로 발전을 거듭해 왔다는 사실을 인식한다면 교회의 사회봉사와
사회복지가 갈등적 구도를 형성해야 할 아무런 이유가 없는 것이다. 이는 서
로가 서로의 분야를 인정하고 수용함으로서 함께 사회문제에 대하여 사회적
이고 영적으로 함께 공동 대처함으로써 가장 현실적이며 효과적인, 그리고
통전적인 인간회복을 이룰 수 있는 개연성은 얼마든지 존재할 수 있는 것이
다. 이러한 관점에서 박종삼은 "기독교계에서 기독교 봉사 신학, 곧 디아코니
아 신학을 통전적 선교모델의 맥락에서 이해하게 되면 교회사회사업은 정통
적 기독교 신학과의 연계 내지 통합을 이루고 이로써 교회사회사업의 신학적
정체성 정립의 방향을 건전하게 세워질 수 있다"[24]고 주장하는 것이다. 이른
바 이러한 협력은 단순히 이념적인 측면에 머물러 있는 하나의 사변적인 사
건이 아니라 얼마든지 실현 가능한 일인 것이다. 따라서 기독교사회복지는
신학이라는 전문분야와 사회과학 및 행동과학(사회사업학, 사회복지학)이라
는 전문영역 사이에서 충분한 가교의 역할을 감당할 수 있다.

---

23) 한수환, "교회적 디아코니아와 국가적 사회복지", 『성경과 신학』, 한국복음주의신학회,
(2003., Vol 33). p.331.
24) 박종삼, "교회사회사업이 학문적 정체성 정립방안", 『교회사회사업』(2003년 창간호), p.29.

제5절 사회복지와 디아코니아의 가교로서의 기독교사회복지

교회의 사회봉사가 사회의 여러 가지 상황에 잘 대처하지 못함으로서 현대사회에서 급증하고 있는 다양한 사회문제에 대처하기 위한 전문적이고 학문적인 접근의 필요성이 대두됨에 따라 사회복지(사업)학이 태동하게 되었다. 그러나 앞서 지적한 바와 같이 사회복지는 인간의 사회적 회복에 국한된 것이므로 영적인 문제를 해결함으로서 오는 통전적이며 완전한 인간회복의 기술은 아니라는 점에서 한계를 지닌다. 뿐만 아니라 전통적인 교회의 사회봉사로는 더 이상 사회문제에 완벽하게 대처할 수 없다. 이러한 현실 가운데 그 대안으로서, 소위 전문성을 가진 사회복지와 교회의 대 사회적 사명을 연결하는 교량으로서의 기독교사회복지의 정착이 그 어느 때보다 시급하게 요청되고 있다.

이제 기독교사회보지의 개념을 명확히 하기 위해 기독교사회복지의 유사개념, 기독교사회복지의 정의, 교회사회사업을 우선적으로 정의할 필요가 있다.

기독교사회복지는 대체로 기독교사회사업, 기독교사회봉사, 기독교사회선교, 기독교사회목회, 교회사회복지, 교회사회사업, 교회사회봉사, 교회사회선교, 교회사회목회 등의 이름으로 명명되었다. 이러한 개념들은 사회복지적 관점과 사회봉사적 관점, 그리고 목회적 관점에서 각각 다르게 사용되고 있으나 그 분명한 의미를 정의하기란 결코 쉽지 않다. 그러나 일반적으로는 기독교사회복지라는 개념과 교회사회사업이라는 개념이 사용되고 있다.

- 기독교사회복지: 가장 보편적인 개념으로, 전문적인 기독교 관점에서의 기독교 사회사업과 기독교적 정책을 포함한 기독교적 관점의 사회복지를 총칭하는 개념

- **기독교사회사업**: 기독교 사회복지의 실천적 개념 및 하위 개념으로 사
  회사업의 전문적 측면 강조
- **기독교사회봉사**: 신학의 디아코니아적 개념과 사회복지 절충형으로서
  구조적 측면 강조
- **기독교사회선교**: 신학의 사회선교와 유사한 개념으로 정책적 구조적 측
  면 강조
- **기독교사회목회**: 목회적 차원의 개념으로 교회의 사회적 돌봄을 강조
- **교회사회복지**: 기독교사회사업과 거의 동일한 개념
- **교회사회봉사**: 기독교사회봉사와 거의 동일한 개념으로 구호적 측면을
  강조
- **교회사회선교**: 기독교사회선교와 거의 동일한 개념으로 구호적 측면을
  강조

1. 기독교 사회복지의 정의

기독교사회복지에 대하여 김기원은 다음과 같이 정의하였다. "기독교사
회복지란 기독교의 근본정신인 생명존중, 이웃사랑과 봉사와 헌신을 통해서
세상 가운데 열악한 처지에서 살아가는 사람들의 물질적, 신체적, 정신적 고
통을 양적 · 질적으로 완화시키고, 생활상의 어려움들을 개선시켜 줌으로써
그들의 삶의 질을 향상시키고 성서적 정의를 실천하며, 상실된 하나님의 형
상을 회복시키려는 기독교인들의 제도적이고 체계적인 노력이자 가치체계를
말한다"[25] 김기원은 기독교의 근본인 이웃사랑의 정신으로 사회적으로 고통
당하는 자들의 삶에 개입함으로서 삶의 질을 향상시키고 하나님의 형상을 회
복하려는 노력으로 함축하였다. 또한 그는 기독교사회복지를 기독교와 사회

---

25) 김기원, "기독교사회복지의 학문적 정체성", 한국교회상회봉사연구소 워크샵 자료집,
   (2000.), p.28.

복지의 접목이라는 관점에서 이해하였고 또한 기독교와 사회복지의 통합이라는 관점으로 이해하였다.[26] 이와는 달리 김장대는 그의 저서 '기독교사회복지학'에서 기독교사회복지에 대하여 "하나님의 복음을 수반하여 하나님의 영광을 위해 희생과 봉사로 이루어지는 일련의 활동이며 국민의 복리를 위해 개인이나 집단들이 사회적 혹은 인간적인 만족과 성취를 위해 도와주는 전문적인 활동"[27]으로 이해하면서 하나님의 복음과 영광, 국민의 복리를 위한 전문적인 그리스도인의 활동으로 정의하였다. 그러나 문제는 이러한 개념들이 기독교사회복지가 하나님의 나라를 이루기 위한 선교적인 관점에서 출발하였다는 사실을 간과하였기 때문에 완전하다고는 말할 수 없다. 기독교사회복지는 일차적으로 선교를 통한 통전적인 인간회복과 그리스도의 봉사정신, 그리고 사회복지의 전문적 지식 등이 구체적으로 포함되어야 한다고 본다. 이런 관점에서 필자는 기독교 사회복지를 다음과 같이 정의한다.

기독교사회복지는 한 영혼과 생명을 구하려는 선교적 사명과 열정, 그리고 그리스도의 사랑과 봉사정신을 가지고 다양한 사회문제로 인하여 스스로의 능력으로는 해결하지 못하고 고통당하는 클라이언트에게 사회복지의 전문적 지식과 정책적인 개입을 통하여 그들로 하여금 사회에 적응케 할 뿐만 아니라 영적 개입을 통한 전인적, 통전적 회복을 이룩함으로서 궁극적으로는 하나님의 나라를 경험하게 하고 또 이 땅에 하나님의 나라를 이룩하려는 그리스도인들의 구원과 회복의 노력의 과정을 말한다.

여기서 필자는 기독교사회복지란 반드시 선교적 관점에서 출발해야 한다는 것과 그리스도의 삶을 본받은 그리스도인들이 사회문제에 대하여 전문적인 개입 특히 영적인 개입을 통하여 통전적인 인간회복을 이룸으로서 하나님의 나라를 도래케 해야 한다는 점을 강조하였다. 기독교사회사업은 김기원이

26) 김기원, 『기독교 사회복지론』(서울: 대학출판사, 1999.), p.34.
27) 김장대, 『기독교사회복지학』(서울: 도서출판 진흥, 1998.), p.58.

주장한 바와 같이 거룩한 하나님의 사업이다. 그는 "사회복지와 사회사업이 사회의 사업(societal work)이라 한다면 기독교사회복지는 하나님의 사업(God's Work), 하늘의 사업(Heaven's Work), 거룩한 사업(Holy Work)이라 말할 수 있다. 동시에 기독교사회복지는 인간을 영생으로 인도하는 구원사업(Salvation Work)이다. 사회사업이 베푸는 사랑을 통하여 이루어진다면, 기독교 사회복지는 나눔의 사랑, 섬김의 사랑을 통하여 이루어진다"[28]라고 정의하였다. 기독교사회복지는 인간적인 척도에서 인간의 문제를 해결하려는 노력이 아니라 하나님의 관점에서 그의 백성을 회복시키려는 거룩한 행동인 것이다.

2. 교회사회사업의 정의

'교회사회사업'이라는 책을 발간하였던 갈랜드(Garland)는 "교회사회사업이란 교회라는 조직의 원조 아래서 이루어지는 사회사업이다"라고 정의하면서, "교회사회사업이란 신학과 과학에 토대를 둔 전문 분야로서의 사회사업 실천이 통합과 분리 등 전 과정을 포함한다"라고 하여 교회사회사업의 실천적 측면을 강조하였다. 또한 그는 교회사회사업을 교회라는 조직의 원조 아래에서 이루어지는 사회사업이라고 설명하면서 개 교회 차원에서 실천하는 사회사업 실천은 물론이고 교회들의 연합체인 교단차원에서 실천하는 사회사업, 그리고 교회들이 교단을 초월하여 협력하는 교회연합적 사회사업 등이 모두 교회사회사업이라고 정의하였다. 이는 단순히 구제와 봉사라는 차원을 넘어선 구체적인 전문 사회사업 서비스의 하나로 볼 수 있다.[29] 갈랜드의 정의는 결코 국소적이지 않다. 그러나 어디까지나 그의 정의는 한국의 교회

---

28) 김기원, "기독교사회복지의 학문적 정체성", 한국교회상회봉사연구소 워크샵 자료집, (2000.), p.27.
29) 갈랜드, 『교회사회사업』(서울: 인간과 복지, 2001.), p.9.

가 아니라 외국의 교회가 대상이었다는 점에서 우리에게는 그리 피부에 와 닿는 정의라고는 볼 수 없다.

한국 교회사회사업에 있어서 획기적인 연구를 시도한 박종삼은 교회사회 사업의 개념을 다음과 같이 정의하고 있다.

"교회사회사업이란 기독교 신앙의 핵심인 사랑실천의지와 성경의 가르침과 하 나님을 믿어 구원을 얻게 해야 한다는 전도 의지, 이 두 가지 요인이 동기가 되어 교회가 사회복지의 주체(기관)가 되어 사회복지자원동원에 일차적 책임을 지며, 전문교회사회사업가와 교회의 자원봉사인력을 활용하여 공식적인 종교 사회복 지법인시설(기관), 교회시설, 지역사회 내의 다양한 복지시설 등을 활용하여 교 인과 지역주민의 복지욕구 충족과 복지증진을 위해 사회적 문제해결을 사회복 지의 객체(대상)로 삼아 실시되는 일련의 복지활동이다."[30]

그는 여기서 교회사회사업을 기독교사회복지의 이념을 공유하며 사회복 지의 실천체계 즉 기독교사회복지의 미시적 실천체계로 이해하였다.

3. 기독교사회복지와 교회사회사업의 관계성

사실 대부분의 그리스도인들은 말할 나위도 없고 사회복지(사업)을 전공한 기독교인들도 기독교사회복지와 교회사회사업에 대한 명확한 개념을 설정하 지 못함으로서 혼동하는 경우가 허다하다. 이에 대하여 박종삼은 "우리나라 의 기독교사회복지(사회사업) 학자들은 거시적이고 이념적(정책적) 차원의 '기독교사회복지'와 미시적이고 실천적인 '교회사회사업'의 차별성을 인정 하지 않고 모호한 개념들을 그대로 방치한 채 기독교사회복지 내지 교회사회

30) 박종삼, "교회사회사업", 『사회복지개론』(서울: 학지사, 2002.), p.78.

사업의 기독교적 정체성을 규명하려고 하였다. 이것은 우리나라의 사회복지 (사회사업) 교육에서 '사회복지'와 '사회사업'의 개념을 분명히 구분하지 않고 혼용하는데서 오는 혼돈현상과 맥을 같이 한다고 보았다"고 강조하였다.[31] 그의 지적은 정확하였다. 우선 그는 이러한 현상의 근본원인을 사회복지와 사회사업을 구분하지 못하고 혼돈할 수밖에 없는 상황으로 내몬 사회복지(사업) 교육으로 보았으며 또한 이러한 전제를 중심으로 기독교사회복지와 교회사회사업을 규명하려 하였기 때문에 이러한 혼돈은 필연적일 수밖에 없었다는 것이다. 이러한 문제점을 중심으로 그는 교회사회사업학을 거시적인 기독교 사회복지학의 한 지류로 그 특수한 목적을 지닌 학문으로 규정함으로서 기독교사회복지와 교회사회사업의 구분을 정확히 설정하였다.[32] 그는 이에 더하여 보다 분명한 영적인 성찰을 추가하였다. "기독교사회복지학의 실천적 맥락에서 교회사회사업은 사회사업실천에서의 영적 본질이 추구, 인간복지에 대한 하나님 나라의 책임성, 사랑, 정의, 권능에 입각한 기독교 공동체의 상호책임성과 연대, 기독교적 생명 안전망, 가난한 자를 위한 교회, 지역사회와 지역교회 등 여러 측면에서 연구를 진행시킬 수 있다"고 하였다.

4. 기독교사회복지란 무엇인가?

기독교사회복지는 인간회복의 대명제인 샬롬과 디아코니아로부터 출발하였다. 이 두 명제는 우주적인 복지의 개념을 포함하고 있는 하나의 광의의 개념으로 모든 인류의 안녕과 복지를 내포한다. 이런 관점에서 볼 때, 기독교사회복지 역시 모든 인류를 통전적 인간으로 회복하시려는 하나님의 거룩한 의도가 바로 그 출발점인 셈이다. 이제 종합적으로 기독교사회복지란 구체적으로 무엇을 의미하는가에 대하여 살펴보려 한다.

31) 박종삼, "교회사회사업의 학문적 정체성 정립방안", 『교회사회사업』(2003년 창간호), p.27.
32) Ibid, p.15.

1) 하나님 나라 회복을 지향하는 기독교사회복지

기독교사회복지는 기독교의 궁극적이고 종말적인 목표가 되는 하나님의 나라를 지향하는 독특한 공동체 운동으로서의 특징을 가지고 있다. 같은 종류의 봉사라고 해도 하나님의 나라를 지향하는 봉사일 때에야 진정한 기독교적인 봉사가 될 수 있다. 따라서 기독교사회복지는 하나님의 나라를 추구하고, 하나님의 나라를 목표로 하며, 하나님의 나라를 구체적으로 이 땅에 도래하기 위하여 봉사하는 학문이다. 이러한 하나님 나라 지향적인 기독교사회복지에 대하여 김은수는 다음과 같이 피력한다. "기독교 사회복지는 단지 궁핍을 줄이고 상처를 싸매어 주며 부족함을 채워주는 이념 없는 사랑이 아니라 하나님 나라의 희망 안에서 새로운 삶, 새로운 공동체 그리고 자유로운 세상을 미리 맛보는 선취를 지향한다. 따라서 하나님 나라에 대한 희망이 없는 사회복지는 신학적 근거를 상실한 인간들의 사회복진 보상과 개선 활동에 지나지 않는 휴머니즘적인 봉사 활동으로 전락하게 된다."[33] 하나님의 나라의 회복을 지향하지 않는 한 모든 봉사는 하나의 휴머니즘으로 전락할 수밖에 없다는 경고는 기독교사회복지의 가장 핵심적인 문제임을 인식할 때 하나님 나라의 구현과 회복이 기독교사회복지의 목적임을 분명하게 천명할 필요가 있는 것이다.

〈표1-1〉 사회복지의 발전 형태와 과정

샬롬과 디아코니아 → 자선 및 구호사업 → 자선조직협회 활동 → 사회사업 → 사회정책 → 사회복지 → 복지국가 → 기독교 사회복지 → 하나님의 나라 확립

---

33) 김은수, "기독교 사회복지의 신학적 패러다임", 『신학사상』, 한국신학연구소(2001년 봄, 통권 제112호), p.179.

위의 도표에서 보면, 성경의 샬롬과 디아코니아로부터 시작하여 발전하여 결국은 하나님의 나라의 확립과 실현으로 종결하게 된다. 아무리 복지국가를 이룬다 하더라도 하나님의 나라의 회복, 즉 인간의 전인적 회복 없이는 결코 온전한 회복은 이루어질 수 없기 때문에 하나님의 나라가 실현될 때 모든 인간의 완전한 회복은 이루어지게 되는 것이다. 아무리 다양한 방법의 사회복지적 모색이 있다 하더라도 결국은 하나님의 나라를 확립하는 일에 모든 초점이 모일 수밖에 없는 것이다.

2) 하나님과의 만남(영적 접근)을 통한 회복으로서의 기독교사회복지

인간의 통전적인 치유와 회복은 결코 사회적인 만족으로 해결될 수 있는 문제가 아니다. 앞에서 언급한 바와 같이 인간은 철저히 영적인 존재이기 때문에 하나님과의 영적인 만남 없이는 진정한 만족을 경험하지 못하게 된다. 이러한 이유로 아무리 사회복지가 사회적인 적응을 시도한다고 하더라도 영적인 접근 없이는 온전한 인간회복을 이루어 낼 수가 없는 것이다. 따라서 기독교사회복지는 영적인 접근, 영성적인 접근을 가장 중요한 요소로 간주하기 때문에 진정한 회복의 장으로 나아갈 수 있는 것이다.

로잔 대회에서는 영혼구원이 우선되며 사회정의와 억압과 속박으로부터의 해방은 그 후에 자연발생적으로 형성되는 일로 규정하였다. 이것은 방콕 대회에서 논의된 구원의 의미가 하나님과의 만남의 차원을 상실한 것으로 인식되었기 때문이다. 따라서 하나님과의 만남의 차원을 상실한 채 사회적 정의의 회복을 구원으로 해석하는 것은 기독교 신앙을 이데올로기화하는 것으로 이해하였기 때문이다.[34] 이만큼 기독교의 인간관은 영적인 각도에서 시작하며 하나님과의 만남을 통하여 이루어진다고 확신한다. 기독교사회복지는

---

34) 김은수 · 이신형 "기독교 사회복지신학 모색을 위한 기초적 작업", 『기독교사상』(1998년 7월, 통권 제475호), p.147.

바로 사회적, 그리고 영적인 가교인 셈이다.

3) 사회복지와 교회 사회봉사의 가교로서의 기독교사회복지

박종삼은 "사회사업이라는 학문이 지나치게 실용주의적 성격(과학적 이론과 기술)을 갖게 되어 기독교적 조망의 학문적 맥락을 축소시키고 있다. 이는 한국 교회가 학문에 관한 한 신학만을 끌어안고 타학문에 대해서는 신학과 전혀 연계시키지 못하고 있기 때문이다."[35]라고 지적했듯이 그 동안 한국 교회는 전통적인 선교관에 얽매어 사회복지의 전문성을 수용하려는 노력을 게을리 하였다. 그러나 분명한 것은 이 급변하는 사회, 다변화된 사회에서 전문적인 지식이 없이는 효과적으로 그러한 문제에 대처할 수 없다는 것이다. 이런 관점에서 기독교사회복지는 교회의 사회봉사에 전문적 지식을 충원할 수 있는 가장 효과적인 매개로 작용할 수 있는 것이다. 다시 말해서 교회의 사회봉사가 전문성이 결여되었기 때문에 사회복지의 전문성과 학문적 체계를 통하여 다시 한번 회복하는 일이 시급히 요청된다고 볼 때 기독교사회복지는 이러한 요구에 대하여 충분히 대처할 수 있는 대안으로 작용할 수 있는 것이다.

〈그림1-1〉 통전적 개념으로서의 샬롬과 디아코니아

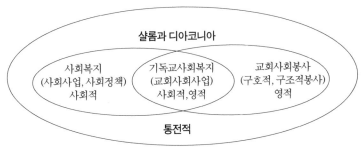

---

35) 박종삼, "신앙의 눈으로 본 사회사업학과 교육", 『교회사회봉사연구의 방향성 모색』, 한국교회상회봉사연구소 워크샵 자료집(2000.), p.13.

제2장 성경에 나타난 하나님의 복지 의도

많은 사람들이 사회복지의 기원을 플라톤의 '국가론'이나 로마의 '호민관 제도'에서 찾는다. 그러나 통전적 의미에서 볼 때, 사회사업은 분명히 복지의 근원이신 하나님으로부터 출발하였다. 하나님은 그의 창조사역부터 복지 의도를 갖고 역사하셨으며, 인류의 행복과 안녕에 지대한 관심을 갖고 계신 분임을 인지할 필요가 있다.

이러한 하나님의 복지 의도는 출애굽을 중심으로 좀더 분명하게 나타난다. 이스라엘 백성이 이집트에서 탈출하여 국가를 재건하였을 때, 하나님은 그의 백성들이 동일하게 복지적인 삶을 누리도록 여러 제도를 마련하셨다. 그 대표적인 것이 안식일이며, 가난한 자와 과부 등 그 시대의 약자들이 당당하게 살아갈 수 있도록 십일조 제도를 만드셨다. 또한 토지의 휴경제, 희년, 추수제도 등 여러 가지 경제제도는 가난한 이웃들의 안정된 삶을 보장하였고, 이는 하나님 앞에서 모든 사람의 인권은 동일하며, 경제적인 면에서도 동등함을 이룩하려는 특별한 의도에서 비롯된 것이었다.

그러나 왕정 이후 이러한 하나님의 의도는 급속하게 무너졌고 착취와 부의 편중이 심화되었다. 이때에도 하나님은 약자의 고통을 묵과하지 않으시고 선지자들을 통하여 책망과 시정을 요구하셨다.

예수그리스도는 이러한 하나님의 복지 의도를 몸소 실행하시려 이 땅에 오셨다. 그는 항상 가난하고 연약한 자들에게 관심을 집중하셨다. 부자는 그들의 안정을 땅의 곡간에서 찾으려 하기 때문에 나누지 못하여 하늘나라를 볼 수 없다고 하셨다. 예수를 믿는 사람들은 이러한 봉사의 사역을 따르도록 요청 받았다. 초대교회는 예수의 요청에 충실하였다.

청지기 의식은 하나님의 창조와 복지 의도를 설명하는 가장 중요한 단어이다. 복음과 복지의 사역을 위임받은 초대교회는 말씀의 선포와 나눔의 사역을 성공적으로 수행했다. 지금도 하나님은 당신의 복지 의도를 청지기들에게 위임하고 계신다.

본 장에서는 이러한 하나님의 복지 의도가 어떻게 구약성경과 신약성경에 나타나 있는지 살펴보기로 한다.

제1절 구약의 복지사상과 제도

성서는 하나님의 능력과 섭리를 통한 구원의 역사이다. 하나님은 이스라엘을 모든 열국의 대표로 선택하시고, 바로의 압제와 포로상태에서 구원하여 약속의 땅으로 인도하신 후에 보호와 훈계의 방편으로 법을 제정하셨다. 법을 제정한 근본 이유는, 새로운 땅에서는 하나님의 자녀는 아무도 가난한 자가 없게 하며, 이집트에서 겪은 바로의 억압이 약속의 땅에서는 절대 되풀이되지 않게 하기 위함이었다.[36] 이처럼 하나님은 억압당하거나 사회적으로 약한 자들, 그리고 가난하거나 도움이 필요한 사람들을 위하여 조직적이며 제도적인 법령을 선포하신 것이다. 억압당한 자들을 위한 하나님의 배려는 성서 전체를 통하여 강력하게 표출되고 있다. 이러한 하나님의 복지 의도를 성경을 통해 상세히 살펴보기로 하자.

1. 출애굽 사건과 계약법의 확립

하나님의 구원사역은 창세기에 이미 나타나고 있으나 가시적인 현상은 출애굽 사건으로 더욱 구체화된다. 이스라엘 백성은 이집트의 거대한 권력 아래서 인간대우를 받지 못하고 노예로 전락하여 국가적인 대공사에 강제로 노동력을 착취당하였다. 이집트의 억압정책은 더 포악해졌고 강제노동과 끝없는 작업량은 히브리 민족 전체 생활을 노예화했던 것이다.

'아피루(Apiru)'는 노예화된 히브리 민족을 지칭하는 용어로, 중동지역 전역에서 그 지역 토착민보다 더 낮은 계층에 속한 사람들이나 그러한 무리들

---

36) Christopher Sugden, *Goodnews to the Poor, and Good News to the Rich*, unpublished text for Kyemyoung University summer school(July, 1995), p.2.

을 의미한다. 이들은 주로 토지가 없는 노예 상태에 있던 사람인데, 그 시대에 토지가 없다는 것은 결국 생존의 위협과 직결되는 문제였으며, 어쩔 수 없이 철저하게 권력자들의 도구가 될 수밖에 없는 처지에서 그 부당함을 아무 곳에도 호소할 수 없는 사람들이었다. 소위 사회학적으로 가장 고정된 질서, 즉 주류에서 떠나거나 배척당한 사람들이다. 그들은 가장 천민이요, 수모 받은 사람들이며 소외당한 사람들이다. 아피루에 대한 학대는 극에 달하였고, 남자아이들은 출생하자마자 살생을 당하는, 생존권마저도 거부당한 비극적 현실을 우리는 잘 알고 있다.

그들은 억압을 참지 못하고 하나님께 부르짖지 않으면 안 되었다. 출애굽기 3장 7-8절에는 이러한 사실이 정확히 묘사되어 있다.

"여호와께서 가라사대 내가 애굽에 있는 내 백성의 고통을 정녕히 보고 그들이 그 간역자로 인하여 부르짖음을 듣고 그 우고를 알고 내가 내려와서 그들을 애굽인의 손에서 건져내고 그들을 그 땅에서 인도하여 아름답고 광대한 땅, 즉 젖과 꿀이 흐르는 땅 곧 가나안 족속, 헷족속, 아모리 족속, 브리스 족속, 히위 족속, 여부스 족속의 지방에 이르려 하노라"(출 3:7-8).

이렇게 이스라엘 백성들은 처절히 억눌린 자, 방랑자로, 노예의 생활을 경험했고, 따라서 하나님은 그 후 그들이 그러한 처지에 있는 사람들을 혹독하게 대하지 못하도록 하셨다. 한 예로 구약성경에서는 특별히 고아와 과부에 대하여 깊은 배려를 하고 있는데, 하나님은 이들의 방패와 보호막이 되실 것을 약속하였다.

"너는 이방 나그네를 압제하지 말며 그들을 학대하지 말라. 너희도 애굽 땅에서 나그네이었음이니라. 너는 과부나 고아를 해롭게 하지 말라. 네가 만일 그들을 해롭게 하므로 그들이 네게 부르짖으면 내가 반드시 그 부르짖음을 들을지라. 나의 노가 맹렬함으로 내가 칼로 너희를 죽이리니 너희 아내는 과부가 되고 너희 자녀는 고아가 되리라"(출 22:21-24).

결국 하나님이 의도하셨던 출애굽 사건은 계약법으로 제도화되었고, 계약법은 하나님과 히브리 민족의 관계를 법률화한 것이었다. 이 계약법은 출애굽기20:22-23:33에 자세히 언급되는데, 가난한 자, 약한 자, 소외된 자 즉 '합비루'를 보호하고 그들의 권리를 옹호하는 것이 주된 내용이었다. 신명기의 기자, 열왕기 상하, 역대기 상하를 쓴 사가나 예언자들이 모두 이 계약법의 기본정신에 기반하여 예언하고 하나님의 말씀을 증거하였다. 이 계약법의 전통은 현대 사회에서 교회가 어떻게 사회정의 즉 하나님의 정의를 실현할 것인가를 결정하는 데 성서적 기반이 된다.

약자에 대한 하나님의 의도는 좀더 구체화되었다.

"네가 만일 너와 함께 한 나의 백성 중 가난한 자에게 돈을 꾸이거든 너는 그에게 채주같이 하지 말며 이식을 받지 말 것이며…."(출22:25)

이것은 가난한 자에게 철저히 생존권을 보장해 주는 것이다. 이 외에도 하나님은 철저하게 약자의 편에서 그들과 함께 하셨고, 또한 나그네에 대해 언급하면서 누구든지 지금의 상황이 변하여 압제받을 가능성이 있음을 암시하셨다.

"네가 만일 이웃의 옷을 전당 잡거든 해가 지기 전에 그에게 돌려보내라. 그 몸을 가릴 것이 이 뿐이라. 이는 그 살의 옷인즉 그가 무엇을 입고 자겠느냐 그가 내게 부르짖으면 내가 들으리니 나는 자비한 자 임이니라"(출22:26-27).

"너는 이방 나그네를 압제하지 말며 그들을 학대하지 말라. 너희도 애굽 땅에서 나그네이었음이니라"(출22:21).

하나님의 법칙은 들짐승에게까지 적용되었다.

"너는 6년 동안은 너의 땅에 파종하여 그 소산을 거두고 제7년에는 갈지 말고 묵어
두어서 네 백성의 가난한 자로 먹게 하라. 그 남은 것은 들짐승이 먹으리라"(출23:10-
11).

이외에도 노비의 보호권(출21:1-4), 여종의 보호령(출21:7-11), 심지어 도
피 제도를 통하여 불의의 사고로 살인한 자에게까지 관심을 기울임으로 그의
백성에 대한 사랑을 구체적으로 표현하셨다.

출애굽기에 이어 레위기에도 하나님의 복지 의도는 지속적으로 표현되고
있다. 특히 레위기19장에서 하나님은 성도들의 거룩한 삶에 대해 말씀하셨는
데, '거룩'이란 추수 때에 가난한 사람에게 자애로움을 나타내는 것, 일꾼의
권리를 보호하는 것, 재판 과정에서의 공정성, 다른 사람에 대한 사려 깊은
행동, 이주자에 대한 평등, 정직한 상행위와 모든 사회적 사건 등에 대한 철
저한 실천적 행위를 내포하고 있다.[37] 하나님의 거룩과 관련하여, 레위기
25:35-55에서는 이스라엘 민족이 겪는 빈곤의 다양한 대처방법과 또 기업을
물을 자가 취할 행동 등을 자세히 묘사하고 있다.

2. 신명기 – 복지 제도의 토대

하나님은 이스라엘 백성에게 그들이 애굽으로부터 해방되었다는 것을 결
코 잊지 않도록 강력하게 경고하셨다. 특히 신명기는 이스라엘 민족의 복지
적 태도를 이루는 책으로서 이스라엘 민족으로 하여금 압제자의 위치에 서지
않기를 요구하신다.

---

37) Christopher Wright, *Living as the People of God* (England: Inter-Varsity Press, 1983.), p.27.

"내가 오늘날 네게 명하는 여호와의 명령과 법도와 규례를 지키지 아니하고 네 하나님 여호와를 잊어버리게 되지 않도록 삼갈지어다. 네가 먹어서 배불리고 아름다운 집을 짓고 거하게 되며 또 네 우양이 번성하며 네 은금이 증식되며 네 소유가 다 풍부하게 될 때에 두렵건대 네 마음이 교만하여 네 하나님 여호와를 잊어버릴까 하노라. 여호와는 너를 애굽 땅 종 되었던 집에서 이끌어 내시고 너를 인도하여 그 광대하고 위험한 광야 곧 불뱀과 전갈이 있고 물이 없는 건조한 땅을 지나게 하셨으며 또 너를 위하여 물을 굳은 반석에서 내셨으며 네 열조도 알지 못하던 만나를 광야에서 네게 먹이셨나니 이는 다 너를 낮추시며 너를 시험하사 마침내 네게 복을 주려 하심이었느니라"(신8:11-17).

이렇게 하나님은 그의 백성에게 애굽의 종 되었음을 '기억하라'고 요구하신다. 이것은 곧, 그 사실을 기억함으로 압제자의 자리에서 군림하지 말라는 말씀으로 받아들일 수 있다.

"너는 애굽 땅에서 종 되었던 것과 네 하나님 여호와께서 너를 속하셨음을 기억하라. 그를 인하여 내가 오늘날 이같이 네게 명하노라"(신15:15).

"사십년 동안 광야의 길로 걷게 하신 것을 기억하라"(신8:2).

"네 하나님 여호와를 잊어버리게 되지 않도록 삼갈지어다"(신8:11-15).

하나님의 구원사역을 망각치 말아야 할 일에 대해서는 신명기 법전의 꽃이라고 할 수 있는 희년(Jubilee)에서 좀더 구체화되고 있다. 희년은 하나님의 의지를 법제화한 것으로, 하나님께서 이룩해 놓으신 일을 망각하지 않기 위한 하나의 방편이며 경고였다. 따라서 이스라엘 백성이 하나님의 구원 - 즉 출애굽 사건을 잊어버리는 것은 곧 이 법을 따르는 데 실패한 것이었으며 결국 하나님의 자녀로서의 위치와 동기를 동시에 잃게 되는 것이었다. 하나님은 희년을 통해 자신의 백성들이 결코 그 때의 억압과 설움을 기억하여 억눌린 자들에 대한 보호를 잊지 않기를 바라셨던 것이다. 희년은 하나님의 구체적인 복지의지였다.

"네 하나님 여호와께서 네 열조 아브라함과 이삭과 야곱을 향하여 네게 주리라 맹세하신 땅으로 너로 들어가게 하시고 네가 건축하지 아니한 크고 아름다운 성읍을 얻게 하시며 네가 채우지 아니한 아름다운 물건이 가득한 집을 얻게 하시며 네가 파지 아니한 우물을 얻게 하시며 네가 심지 아니한 포도원과 감람나무를 얻게 하사 너로 배불리 먹게 하실 때에 너는 조심하여 너를 애굽 땅 종 되었던 집에서 인도하여 내신 여호와를 잊지 말고 네 하나님 여호와를 경외하며 섬기며 그 이름으로 맹세할 것이니라"(신6:10-13,17).

이러한 하나님의 구원사역을 망각하는 것에 대하여 신명기 뿐 아니라 구약 전체에서 같은 형태로 강조되고 있다.

"내가 너희를 애굽 땅에서 이끌어 내어 사십 년 동안 광야에서 인도하고 아모리 사람의 땅을 너희로 차지하게 하였고…"(암2:10).

"그러나 네가 애굽 땅에서 나옴으로부터 나는 네 하나님 여호와라. 나 밖에 네가 다른 신을 알지 말 것이라. 나 외에는 구원자가 없느니라. 내가 광야 마른땅에서 너를 권고하였거늘 저희가 먹이운대로 배부르며 배부름으로 마음이 교만하며 이로 인하여 나를 잊었느니라"(호13:4).

"내가 너를 애굽땅에서 인도하여 내어 종노릇하는 집에서 속량하였고 모세와 아론과 미리암을 보내어 네 앞에 행하게 하였느니라… 추억하라"(미6:4).

이스라엘 민족을 구원한 것이 인간이 아니라 하나님이라는 사실을 가장 중요하게 생각할 때 이웃과의 관계형성도 이루어질 수 있다는 하나님의 의지가 이 말씀들 속에 포함되어 있다.

1) 구체적인 복지 의도 - 하나님의 배려

신명기는 하나님의 복지의식의 총체라고 표현할 정도로 전반에서 복지의 관심이 표명되어 있다. 십일조로 시작하여 삶의 작은 부분까지 구체적인 나눔의 형식을 취하고 있다.

① 십일조(신14:1-29)

신명기 14장에서 처음으로 십일조에 관하여 거론하면서 십일조가 복지사상의 근본임을 밝히고 있다. 십일조는 마땅히 바쳐져야 하는 것, 십일조는 마땅히 나누어야 하는 것, 십일조를 저축하여 객과 고아와 과부의 생계의 수단으로 삼을 것 등을 명시하고 있다.

② 축복의 비결(신15장)

축복 중의 으뜸은 7년째 '빚을 탕감해 주는 것'과 '종을 놓아주는 것'이다. 하나님은 이스라엘 민족에게 결코 마음을 강퍅(剛愎)케 말 것과 쓸 것을 넉넉히 줄 것과 악심을 품고 면제의 날이 가까웠다고 죄를 범하지 말 것을 경계하신다.

③ 절기를 통한 나눔(신16장)

16장을 자세히 살펴보면, '기억하며', '드리며', '나누며'로 요약할 수 있다. 주신 복을 기억하며 그것을 하나님께 드리고 이 드린 것을 서로 나누는 것이 하나님의 물질을 분배하는 원칙으로 삼고 있는 것이다. 복은 나누는 것임을 분명하게 말씀하고 계신다.

④ 지도자에 대한 배려(신18장)

이스라엘 민족을 위하여 일하는 지도자들, 특히 레위인들은 하나님께서 직접 챙겨주시고 보호해 주시며 경제적 문제를 해결해 주실 것을 말씀하신다. 하나님이 그들의 기업이 되실 것과 좋은 것, 첫 열매를 허락하셨으며(3-5), 이것은 하나님이 거저 주시는 것이지 인간이 주는 것이 아님을 강조하다. 목사나 사회복지사들은 하나님이 살리시는 것이지 인간이 살리는 것이 아님을 말씀하시는 것이다.

⑤ 실수에 대한 배려(신19장)

부지중에 살인한 사람을 위하여, 그 생명의 보호를 위하여 도피성을 예비하시는 하나님. 이는 매우 중요한 복지 요소로, 하나님의 복지 의도가 얼마나 세밀한 데까지 미치는지를 나타내고 있다.

⑥ 세밀한 배려(신20장-21장)

새 집을 건축하고 낙성식을 하지 않은 자는 전쟁에 보내서는 안 된다, 약혼하고 그 아내를 취하지 아니한 자도 합당치 아니하며, 전쟁을 두려워하는 자도 합당치 않다. 피살당한 자를 위하여 제사를 드려 무죄자의 피흘림을 제하라, 전쟁에서 끌려온 아내를 취할 경우 부모를 위하여 한 달 동안 애곡하는 기간을 줄 것, 그리고 살다가 원하지 않으면 그가 원하는 곳으로 가게 할 것, 사랑받지 못하는 아들에 대하여 장자권 박탈을 염려하여 장자권을 박탈치 말고 소유의 두 배를 줄 것을 명하고 계신다. 그리고 패역한 아들은 부모를 해칠 수 있음으로 이들을 처리할 것과, 비록 죽을 죄를 지어 나무에 달았더라도 밤을 지새울 수 없음을 명하고 있다.

⑦ 형제의 물질적 손실에 대한 관심(신22장)

형제의 우양이 길을 잃었거든 못 본체 말고 반드시 찾아 주어라, 그리고 형제의 나귀가 넘어진 것을 보거든 반드시 도와주어라, 새나 새끼 또는 알을 보거든 둘 다 취하지 말라, 힘없는 여자가 일방적으로 당하지 않도록 법제화하셨다.

⑧ 타인의 입장에 대한 배려(신23장)

주인을 피해 도망한 종을 너희 중에 기거하게 하며 그를 괴롭혀서는 안 된다는 것, 네 형제에게 꾸이거든 이식을 받지 말 것, 포도원에서 포도를 따먹되 그릇에 담지 말 것, 곡식에 손을 대더라도 낫으로 해서는 아니 됨을 천명함으로써, 항상 다른 사람의 손실에 대해서는 그 사람의 입장에서 생각할 것을 요구하고 계신다.

⑨ 약자 편에서의 보호(신24장)

아내를 취하였으면 1년간 군대 보류, 맷돌을 전집하지 말 것, 빈약한 품꾼을 학대하지 말 것, 고아나 과부의 송사를 억울하게 말 것, 곡식을 베고 한 뭇을 잃어버렸거든 다시 들어가서 취하지 말 것, 감람나무를 떨 때도 다시 살피지 말 것, 포도를 딴 후에도 이삭을 내버려둘 것… 하나님은 애굽에서 종 되었음을 상기시키면서 누구든지 약자의 반열에 설 수 있음을 강조하셨다.

⑩ 자존심에 대한 배려(신25장)

범죄하여 매를 맞더라도 그의 자존심을 생각하여 40대 이상 치지 말 것과 무게가 다른 추를 사용하여 속이지 말 것을 강조한다. 또한 약자를 공격한 사람을 용서치 않으심을 기록하고 있는데 이는 이스라엘이 광야에 있어 피곤할 때 아말렉이 뒤떨어진 약자를 친 사실에 대한 분노가 포함되어 있다.

⑪ 진정한 축복, 하나님의 명령(신26장)

하나님은 이 세상의 그 어떤 것도 인간의 것이 아님을 가르치신다. 신명기 전반에 20회 이상 '여호와께서'라는 말을 나타냄으로서 이 모든 것이 여호와께서 주신 것임을 강조하고 있다. 또한 진정한 축복은 나누는 것이며, 특히 십일조를 잘 나눌 것을 명령하신다.

⑫ 약자의 보호(신27장)

부모공경 - 나이가 들수록 부모는 약자 반열에 서게 된다. 이런 의미에서 부모 공경을 명하셨고, 이웃의 지계표를 옮기지 말 것과, 소경이 길을 잃게 하는 것은 저주를 받을 일, 고아와 과부가 억울한 일을 당하지 않게 배려하는 것, 계모와 자매와의 성교를 금하였다. 이것은 약자들이 당할 수 있는 모든 길들을 차단한 것이다.

⑬ 후히 주시는 복(신28장)

이스라엘 민족이 이 모든 것을 잘 지킬 때 후히 주시는 복으로, 민족이 복을 받고, 의식주가 해결되며 대적을 물리치고, 하늘의 보고를 쏟아 부어 주실 것을 약속하고 있다. 공동체에 주시는 복은 세계만민 위에 뛰어나며, 성읍과 들도 축복하셨고, 자녀에게 복을 주실 것과 재물과 재산의 복, 그리고 인간관계의 모든 복을 허락해 주실 것을 약속하셨다.

⑭ 화(신28장46-48)

하나님은 이 계약법을 즐거이 감당하지 않을 때 화가 될 것임을 밝히고 있다. 주리고 목마른데 대적까지 섬기게 되며, 견고한 성역은 헐리고, 대적이 그를 에워쌀 뿐 아니라, 질시가 일어나 가족 문제가 발생하고, 질병이 일어나고 만민 중에 흩음을 당하고, 그리고 감당할 수 없는 고통이 있을 것을 경고하셨다.

⑮ 부유할 때의 주의(신30장)

땅이 있고 삶이 풍족할 때 하나님을 잊어버리게 됨을 경고한다. 경제 사회적으로 풍요를 누리게 되면, 특히 먹어 배부르게 되면 다른 신을 섬기고 하나님을 멸시하며 하나님과의 언약 자체를 무시할 수 있기 때문에 이를 절대 잊지 말 것을 경고하신다.

이와 같이 신명기 전체에서 약자에 대한 깊은 배려와 더불어 살아가는 공동체의 구현이라는 하나님의 복지 의도를 살펴 볼 수 있다. 이는 이스라엘이 하나님의 백성으로 모두 공평한 삶을 추구하시려는 하나님의 의도에서 출발한 것이다.

3. 제도와 절기 – 약자의 보호

사회의 약자를 위한 하나님의 관심은 신명기뿐 아니라 구약성경 전체에서 좀더 분명하게 묘사되고 있다. 이 중 신명기 10:17에서는 전체의 준거틀을 분명히 설정하고 있다.

> "너희의 하나님 여호와는 신의 신이시며 주의 주시요 크고 능하시며 두려우신 하나님이시라. 사람을 외모로 보지 아니하시며 뇌물을 받지 아니하시고 고아와 과부를 위하여 신원하시며 나그네를 사랑하사 그에게 식물과 의복을 주시나니 너희는 나그네를 사랑하라 전에 너희도 애굽 땅에서 나그네 되었음이니라"(신10:17-19).

위의 말씀에서 하나님은 자원의 제공자로, 보호자 및 버림받은 자의 심판관으로 묘사되고 있다. 이러한 동기부여는 신명기 법전의 가장 전형적인 형태로, 바로 신명기의 목적이 단지 법을 기술하기보다 오히려 이스라엘 민족을 설득하고 복종하도록 격려하는 데 있기 때문이다. 이스라엘 민족의 의도적인 나눔을 통하여 하나님은 그의 백성 중에 빈자나 사회적으로 고통받는 자들을 철저히 보호하셨다. 약자보호를 위한 제도적인 장치는 다음과 같다.

1) 빈자를 위한 십일조

성서는 십일조를 모든 이스라엘의 의무로 강조하면서 동시에 그것의 사용 방법을 분명히 하고 있다. 십일조의 일반적인 용도(신14:29) 외에도 십일조를 통한 사회적 약자에 대한 배려, 그리고 십일조가 가난한 자들의 것임을 분명히 밝히고 있다.

"매 3년 그 해 소산의 십일조를 다 내어 네 성읍에 저축하여 너희 중에 분깃이나 기업이 없는 레위인과 네 성중에 우거하는 객과 고아와 과부들도 와서 먹어 배부르게 하라. 그리하면 네 하나님 여호와께서 너의 손으로 하는 범사에 네게 복을 주시리라"(신14:28-29).

"여호와여 이제 내가 주께서 내게 주신 토지 소산의 맏물을 가져왔나이다하고 너는 그것을 네 하나님 여호와 앞에 두고 네 하나님 여호와 앞에 경배할 것이며, 네 하나님 여호와께서 너와 네 집에 주신 모든 복을 인하여 너는 레위인과 너의 중에 우거하는 객과 함께 즐거워할찌니라"(신26:10-11).

사회의 약자에 대한 하나님의 관심은 각별하였다. 빈자를 위한 가장 확실한 원조방법은 십일조였다. 그러나 십일조의 이상은 왕정시대에 변화를 맞게된다. 하나님은 왕을 세우는 일에 철저히 반대하셨다. 그것은 곧 왕이 민중들을 착취하고 하나님의 공평한 법을 무너뜨리게 될 것임을 예견했기 때문이다. 하나님의 예언대로 땅은 왕들에게 돌아갔고 백성들은 왕의 권력통치의 부작용으로 다시 울부짖지 않을 수 없게 되었다. 곡물과 포도와 가축의 십일조를 징수하는 것은 왕의 특권이었다. 십일조가 철저히 징수되었다는 기록은 있으나(삼상 8:15, 암4:4, 대하31:4-12) 그 십일조가 어떻게 사용되었으며 특히 그 본래 목적대로 가난한 자들을 위해 쓰였는지에 대한 기록은 없다. 이스라엘 백성이 하나님을 배반하였을 때 십일조 또한 무시되었다.

2) 절기를 통한 교훈

하나님께서는 이스라엘이 포로였던 사실을 상기시키면서 그의 백성이 압제받지 않고 동일한 삶을 추구하도록 절기를 통해 그 고난을 기억하도록 하셨다. 하나님이 '기억하라' 는 말씀을 지속적으로 하신 것은 바로 이러한 의도에서 하나님의 공의로운 사회를 건설할 것을 촉구하신 것이다.

"칠칠절을 지키되 네 하나님 여호와께서 네게 복을 주신대로 네 힘을 헤아려 자원하는 예물을 드리고 너와 네 자녀와 노비와 네 성중에 거하는 레위인과 너희 중에 있는 객과 고아와 과부가 함께 네 하나님 여호와께서 그 이름을 두시려고 택하신 곳에서 네 하나님 여호와 앞에서 즐거워할지니라. 너는 애굽에서 종 되었던 것을 기억하고 이 규례를 지켜 행할찌니라."(신16:10-12).

하나님은 특히 이 초막절 사건을 통하여 애굽의 상황을 그대로 재연하심으로 그들이 종 되었던 사실을 명확히 하고 형제들을 억압하지 말 것을 권고하셨다.

"너희는 칠일 동안 초막에 거하되 이스라엘에서 난 자는 다 초막에 거할지니 이는 네가 이스라엘 자손을 애굽 땅에서 인도하여 내던 때에 초막에 거하게 한 줄을 너희 대대로 알게 함이니라. 나는 너희 하나님 여호와니라"(레23:43).

하나님은 무엇보다 먼저 이스라엘 민족이 애굽의 종된 상태에 있었음을 기억하고 또한 이스라엘 민족에게 풍부하게 주신 모든 복을 누리지 못하는 이들과 함께 누리며 기뻐해야 할 것을 밝히고 계신다. 칠칠절의 사건뿐만 아니라 유월절의 사건을 통해서도 하나님은 이스라엘 민족이 애굽의 종 되었던 것을 상기시키고, 이스라엘 민족 사이에는 압제자가 없도록 하기 위해 광야에서 이 절기를 지키게 하여 좀더 분명한 하나님의 복지 의도를 나타내고 계신다.

3) 이삭나누기

하나님은 모든 이스라엘 백성이 상호 부조함으로써 생존의 권리가 있음을 천명하시고, 곡식을 벨 때 다 베지 말고 형제의 몫을 반드시 남겨둠으로써 가난한 이가 없도록 배려하셨다.

"너희 땅에 곡물을 벨 때에 너는 밭 모퉁이까지 다 거두지 말고 너의 떨어진 이삭도 줍지 말며, 너의 포도원의 열매를 다 따지 말며, 너의 포도원에 떨어진 열매도 줍지 말고, 가난한 사람과 타국인을 위하여 버려 두라. 나는 너의 하나님 여호와니라"(레 19:9-10).

이삭 나누기는 하나님의 구체적인 복지형태, 즉 하나님 복지 제도의 가장 기본적인 형태이다. 이 이삭나누기 하나만으로도 사회의 약자들은 그들의 기본적인 생계를 유지할 수 있을 뿐 아니라 이스라엘 민족 속에 가난한 이가 없게 하려는 하나님의 복지 의도를 충분히 반영하였다고 볼 수 있다. 이러한 이삭나누기는 이스라엘 민족 사이에 충실하게 지켜졌으며 이로 인해 실제 가난의 문제에 직면한 이스라엘인들은 문제를 해결할 수 있었다.

4) 땅의 휴경제

하나님이 제정하신 독특한 형태의 복지 장치 중 하나가 땅의 휴경제이다. 땅의 휴경제는 7년째에 농사하던 일을 멈추고 땅을 쉬게 하는 것으로, 원래적 목적은 땅을 쉬게 함으로서 더 많은 소출을 거두려는 것이 아니라, 7년째 땅에서 나는 자연적인 모든 산물을 바로 사회의 약자에게 돌리는 데 있었다.

"제 칠년에는 땅으로 쉬어 안식하게 할찌니 여호와께 대한 안식이라 너는 그 밭에 파종하거나 포도원을 다스리지 말며, 너의 곡물의 스스로 난 것을 거두지 말고 다스리지

아니한 포도나무의 맺은 열매를 거두지 말라 이는 땅의 안식년임이니라. 안식년의 소
출은 너희의 먹을 것이며 너와 네 남종과 네 여종과 네 품군과 너와 함께 거하는 객과
네 육축과 네 땅에 있는 들짐승들이 다 그 소산으로 식물을 삼을찌니라"(레25:4-7).

5) 안식일

가장 일반적인 형태의 복지 모형으로 안식일을 제정하셨다. 이는 단순히
하나님께 예배하는 날로서의 의미가 아니라 모든 이스라엘을 포함하여 이방
인과 노예까지 휴식을 취할 수 있게 함으로써 진정한 복지의 개념을 실현하
였다.

"안식일을 기억하여 거룩히 지키라 엿새 동안은 힘써 네 모든 일을 행할 것이나 제 칠
일은 너의 하나님 여호와의 안식일인즉 너나 네 아들이나 네 딸이나 네 남종이나 네
여종이나 네 육축이나 네 문안에 유하는 객이라도 아무 일도 하지 말라. 이는 엿새 동
안에 나 여호와가 하늘과 땅과 바다와 그 가운데 모든 것을 만들고 제 칠일에 쉬었음
이라 그러므로 나 여호와가 안식일을 복되게 하여 그 날을 거룩하게 하였느니라"(출
20:8-11).

이처럼 안식일에 대한 하나님의 의도는, 단순히 당신의 영광과 예배를 위
한 것이 아니라 오히려 모든 사회 약자에 대한 휴식을 먼저 고려함을 발견할
수 있다. 부유한 자나 땅을 소유한 자는 얼마든지 자신의 의지에 따라 휴식을
가질 수 있으나 종속된 사람이나 육축들은 제도적 장치가 마련되지 못하면
결국 혹사당할 수밖에 없다는 사실을 인지하시고 안식일을 제정하신 것이다.

"엿새 동안은 일할 것이나 제 칠일은 큰 안식일이니 여호와께 거룩한 것이라 무릇 안
식일에 일하는 자를 반드시 죽일지니라 이같이 이스라엘 자손이 안식일을 지켜서 그
것으로 대대로 영원한 언약을 삼을 것이니 이는 나와 이스라엘 자손 사이에 영원한

표징이며 나 여호와가 엿새 동안에 천지를 창조하고 제 칠일에 쉬어 평안하였음이니라"(출31:13-17).

하나님은 안식일을 이스라엘 백성과 맺은 언약으로 표현하고 있다. 이 안식일을 통하여 모든 피조물에게 평안과 휴식을 주고자 하셨다.

6) 희년

신명기 법전의 꽃은 역시 희년에 있다. 희년은 가난을 제도적으로 제거하여 경제적 균등을 유지하기 위한 하나님의 법칙이며 단순한 구제를 넘어서 철저히 정의를 바탕으로 하고 있다. 또한 희년은 다른 종류의 속임, 즉 법적으로 되사는 절차를 남용하는 것에 대한 안전 장치의 역할을 한다. 희년은 모든 가족을 해방시키고 그들이 원래 상속받은 유업에 돌아가도록 명함으로써 자비를 가장한 확장 정책에 한계를 분명하게 설정하고 있다.

"너는 일곱 안식년을 계수할찌니 이는 칠년이 일곱 번인즉 안식년 일곱 번 동안 곧 사십 구년이라. 칠월 십일은 속죄일이니 너는 나팔 소리를 내되 전국에서 나팔을 크게 불찌며 제 오십년을 거룩하게 하여 전국 거민에게 자유를 공포하라. 이 해는 너희에게 희년이니 너희는 각각 그 기업으로 돌아가며 각각 그 가족에게로 돌아갈찌며 그 오십년은 너희의 희년이니 너희는 파종하지 말며 스스로 난 것을 거두지 말며 다스리지 아니한 포도를 거두지 말라. 이는 희년이니 너희에게 거룩함이니라. 너희가 밭의 소산을 먹으리라"(레25:8-12).

이 제도를 제정한 근본적 원인을 찾아보는 것은 중요한 일이다. 하나님의 의도는 그가 행하신 위대한 일을 망각하지 않도록 경고하기 위한 것이며, 동시에 제도적으로 약자를 보호하기 위한 것이었다. 이 희년에는 하나님과의 화해뿐만 아니라 나눔을 통한 인간과의 화해가 시도되었다. 대속죄일인 7월

10일, 대제사장은 나팔을 불어 희년을 선포함과 동시에 하나님께 제사를 드리고 모든 땅과 사람이 본래의 주인에게 돌아감으로써 완전한 구원, 완전한 해방, 완전한 화해가 이루어진다.

제2절 통일 왕국시대와 분열 왕국시대의 타락과 회복

1. 통일 왕국시대의 타락

하나님의 계약법전은 하나님과 이스라엘 백성 사이에 성실하게 지켜졌고, 그들의 삶은 다른 민족보다 월등하게 안정되었고 풍족하였다(당시의 이스라엘 도시를 발굴한 결과, 주민들은 균등한 생활조건에서 살았던 것이 입증되고 있다).[38]

그러나 B.C 10세기에서 8세기에 이르는 200년 사이에 사회가 크게 변화하면서 이러한 균등한 생활은 파괴되기 시작하였다. 왕정의 수립으로 부의 축적이 가능해졌다.

이집트의 억압에서 고통받던 히브리인들이 모세를 지도자로 출애굽하여 해방의 기쁨을 누리고, 광야의 유랑생활을 거쳐 가나안을 정복하였으며, 그들이 바라던 통일왕국을 건설하였다. 그러나 왕국의 건설은 이전의 노예생활과 다름없는 상황을 초래하게 된다. 기원전 962년 솔로몬 시대에 이르러 이스라엘 삶의 신앙적 기초가 근본적으로 바뀌게 되었다. 솔로몬의 전반적인 개혁은 이제 왕과 왕제를 유지하는 것을 유일한 목표로 삼는 왕권유지 성격

---

38) Matthew Henry, *Deutronomy Commentary*, 박근용역, 『성서주석시리즈 신명기』(서울: 교문사, 1977.), pp.23-25.

을 갖게 되었고, 이는 신정통치를 포기하는 것을 의미하였다. 그의 경제적 약속은 땅을 가질 수 있는 자와 땅을 갖지 못한 자들 간의 빈부의 차이만을 초래하였다.

예를 들어 열왕기상 4장은, 솔로몬 시대의 풍요와 번영에도 불구하고 민주적으로 분배되지 않은 것에 대해 고발하고 있다. 당시 경제정책을 지속하기 위해 땅 없는 백성들마저도 중과세에 시달려야 했으며 심지어는 강제노동에 징용당하기도 하였다(왕상5:13-14). 결국 이러한 상황들은 여로보암에게 새로운 정권을 창조케 하는 동기를 제공하였다.

이러한 상황들은 이미 사무엘을 통하여 예견되었다. 만약 이스라엘 민족이 왕을 갖게 되면 자유가 제한되고 세속화되어 계약공동체의 기초가 훼손되리라는 사무엘의 예언이 이루어진 것이다.

"사무엘이 왕을 구하는 백성에게 여호와의 모든 말씀을 일러 가로되 너희를 다스릴 왕의 제도가 이러하니라. 그가 너희 아들들을 취하여 그 병거와 말을 어거케 하리니 그들이 그 병거 앞에서 달릴 것이며 그가 또 너희 아들들로 천부장과 오십부장을 삼을 것이며 자기 밭을 갈게 하고 자기 추수를 하게 할 것이며 자기 병거와 병거의 제구를 만들게 할 것이며 그가 또 너희 딸들을 취하여 향료 만드는 자와 요리하는 자와 떡 굽는 자를 삼을 것이며 그가 또 너희 밭과 포도원과 감람원의 제일 좋은 것을 취하여 자기 신하들에게 줄 것이며 그가 또 너희 곡식과 포도원 소산의 십일조를 취하여 자기 관리와 신하에게 줄 것이며 그가 또 너희 노비와 가장 아름다운 소년과 나귀들을 위하여 자기 일을 시킬 것이며 너희 양떼의 십분의 일을 취하리니 너희가 그 종이 될 것이라 그 날에 너희가 너희 택한 왕을 인하여 부르짖되 그 날에 여호와께서 너희에게 응답지 아니하리라"(삼상8:10-18)

실제로 왕의 기능은 하나님을 대신하여 더 효과적으로 땅을 관리하는 경제의 관리자로 그의 백성이 평준화된 균등한 삶을 살게 하는 것이었으나, 왕권제도의 발생은 철저히 하나님의 법칙을 외면하고 이기적 인간의 본성으로

백성들을 억압하는 결과를 낳았다. 특히 솔로몬 말기에는 정치적으로 억압당
하고 경제적으로 착취당한 자들의 불만이 팽배해졌고, 물질만능주의에 빠져
이웃의 아픔에도 함께 아파할 줄 모르는 무감각 상태였으며, 종교적으로는
귀족화되고 이방 종교와 혼합되어 그때까지 절대적 가치였던 이스라엘 신앙
을 무기력하게 만들고 백성을 소외시켰다. 전도서 문학에 반영되어 있는 염
세, 포만, 권태, 허무의 분위기는 이러한 솔로몬 시대의 민중을 단적으로 표현
해 주고 있다.

솔로문 시대의 문제는 땅을 갖지 못한 자요, 정치적으로 억압당하고 경제
적으로 착취당하며, 종교적으로 어용 제사장들의 잘못된 인도에 끌려서 어려
운 생활을 하고 있던 히브리인들이었다. 결국 이러한 문제들로 통일왕국이
종말을 고하게 되었고 분열 왕국시대를 맞게된다.

2. 선지자들의 회복 노력

통일왕국 시대의 참담한 사회 문제는 분열왕국시대에 들어와 예언자들의
메시지를 통하여 하나님의 공의와 사회의 정의를 중시하게 되었다. 특히 이
시대에 가장 처음 예언한 아모스는 현저하게 사회정의를 강조하였으며 학정
과 악습을 통렬하게 비판하였다(암5:7, 사3:14, 미2:1).

"너희가 가난한 자를 밟고 저에게서 밀의 부당한 세를 취하였은 즉 너희가 비록 다듬
은 돌로 집을 건축하였으나 거기 거하지 못할 것이요 아름다운 포도원을 심었으나 그
포도주를 마시지 못하리라. 너희의 허물이 많고 죄악이 중함을 내가 아노라. 너희는
의인을 학대하며 뇌물을 받고 성문에서 궁핍한 자를 억울하게 하는 자로다. 그러므로
이런 때에 지혜자가 잠잠하나니 이는 때가 악함이니라"(암5:11-12).

하나님이 의도하신 공평한 삶의 방식이 몰락하자 하나님은 그 통분함을

아모스를 통하여 표현하셨다. 그 당시 예언자들의 한결같은 예언의 요지는, 여호와께서 이스라엘을 자유롭게 해방시켜 주셨으나 공평한 법률이 시행되지 않았던 것에 대해 지적하고 규탄한 것이었다. 아모스는 다음과 같이 강하게 비판하고 있다.

> "여호와께서 가라사대 이스라엘의 서너 가지 죄로 인하여 내가 그 벌을 돌이키지 아니하리니 이는 저희가 은을 받고 의인을 팔며 신 한 켤레를 받고 궁핍한 자를 팔며 가난한 자의 길을 굽게 하며 부자가 한 젊은 여인에게 다녀서…"(암2:6).

예레미야가 여호야김 왕을 규탄한 까닭도 백성의 노동력을 착취하였기 때문이었다. 그들은 강제로 일을 시키고 품삯을 주지 않으면서 그 노동력으로 거대한 집을 짓고, 하늘에 솟아오르는 듯한 테라스를 달고 백향목 목재로 널판지를 대고, 붉은 색 페인트를 칠하였다(렘22:13). 아모스는 계속하여 거짓 저울과 불량 상품과 비싼 가격으로 손님을 속이는 상인 정신을 비난하고 있다(암8:4-6). 판사들은 뇌물을 받고 가난한 자들의 옳은 것을 구부러뜨렸다(암5:12). 그러나 이러한 행위에도 불구하고 그들은 하나님 앞에 가증한 예배를 드렸다. 소위 여호와께서 치유하시는 곳이 인간의 죄의 소굴로 변해 갔던 것이다. 이에 대해 아모스는 하나님께서는 예배와 제사에 관심이 있는 분이 아니라 백성들, 특히 권력을 가진 자들이 하나님 앞에 바른 삶의 모습을 보이는 것이 진정한 예배임을 가르치고 있다.

> "너희가 벧엘에 가서 범죄하며 길갈에 가서 죄를 더하며 아침마다 너희 희생을 삼일마다 너희 십일조를 드리며 누룩 넣은 것을 불살라 수은제로 드리며 낙헌제를 소리내어 광포하려무나. 이스라엘아 이것이 너희의 기뻐하는 바니라. 이는 주 여호와의 말이니라"(암 5:4).

그들이 드린 예배와 헌금이 오직 이기적인 욕심에서 비롯된 것이기 때문에 여호와는 이것을 용납하지 않겠다고 선포하시면서 강한 어조로 책망하셨다.

> "내가 너희 절기를 미워하며 멸시하며 너희 성례들을 기뻐하지 아니하니, 너희가 내
> 게 번제나 소제를 드릴지라도 내가 받지 아니할 것이요 너희 살진 희생의 화목제도
> 내가 돌아보지 아니하리라. 네 노래 소리를 내 앞에서 그칠지니라. 네 비파소리도 듣
> 지 아니하리라. 오직 공법을 물같이 정의를 하수같이 흘릴지어다"(암5:21-27).

호세아도 역시 동일한 어조로 "나는 인애를 원하고 제사를 원치 아니하며
번제보다 하나님을 아는 것을 원하노라"(호6:6)라고 외쳤으며, 이사야도 이
사야서56장에서 이스라엘이 행하는 금식기도와 야훼께서 기뻐하시는 금식
기도를 구별하고 있다.

그럼에도 불구하고 이스라엘 백성들은 하나님의 약속을 망각하였고, 그들
이 소유하는 풍성한 소출이 하나님이 허락하신 자원임을 완전히 잊어버리고
더 이상 하나님의 백성으로 행동하지 않았다. 반성할 줄 모르는 백성들의 반
복된 행동은 하나님의 의가 양면의 칼날이라는 것을 확인케 하였다. 그들이
눌렸을 때 하나님의 의는 그들에게 자유를 주었지만, 그러나 그들이 억압자
가 되었을 때 그 의는 그들에게 멸망을 가져다주었다.[39)]

하나님께서 그들에게 왕을 허락하셨을 때는 가난한 이와 도움을 필요로
하는 자들의 권리를 보호하기 위함이었음에도 불구하고 왕들은 계속 타락했
으며 하나님의 법은 변질되었다. 백성들은 착취에 시달리고 하나님의 의는
완전히 무너지고 말았다. 특별히 이스라엘과 유다가 분열되어 왕국을 건립하
였을 때에 왕들의 폭정은 극에 달하였고 백성들은 절망적인 고통을 당해야
했다. 희생제는 계속 드리고 예배도 준행 되었지만, 백성들은 지속적으로 의
를 위하여 그리고 빵을 위하여 하나님께 부르짖었다. 이런 의미에서 이사야
는 통치자들을 강력하게 비난하였고 의와 회개를 부르짖었다.

---

39) Ronald J. Sider, *Rich Christians in an Age of Hunger* (London : Hodder and Stoughton, 1990.), p.50.

"이르기를 우리가 금식하되 주께서 보지 아니하심은 어쩜이오며 우리가 마음을 괴롭게 하되 주께서 알아주지 아니하심은 어쩜이오니까 하느니라. 보라 너희가 금식하는 날에 오락을 찾아 얻으며 온갖 일을 시키는도다. 보라 너희가 금식하면서 다투며 싸우며 악한 주먹으로 치는 도다. 너희의 오늘 금식하는 것은 너희 목소리를 상달케 하려 하는 것이 아니라. 이것이 어찌 나의 기뻐하는 금식이 되겠으며 이것이 어찌 사람이 그 머리를 갈대같이 숙이고 굵은 베와 재를 펴는 것을 어찌 금식이라 하겠으며 여호와께서 열납 될 날이라 하겠느냐. 나의 기뻐하는 금식은 흉악의 결박을 풀어주며 멍에의 줄을 끌러 주며 압제 당하는 자를 자유케 하며 모든 멍에를 꺾는 것이 아니겠느냐. 또 주린 자에게 식물을 나눠주며 유리하는 빈민을 네 집에 들이며 벗은 자를 보면 입히며 또 네 골육을 피하여 스스로 숨지 아니하는 것이 아니겠느냐"(사58:3-7).

예레미야는 이러한 상황 가운데서도 만약 백성들이 그들의 불의와 우상을 버리고 하나님의 공의를 깨닫고 나아올 때는 아직도 희망이 있음을 선포하였다.

"너희가 길과 행위를 참으로 바르게 하여 이웃들 사이에 공의를 행하며 이방인과 고아와 과부를 압제하지 말며 무죄한 자의 피를 이곳에서 흘리지 아니하며 다른 신들을 좇아 스스로 해하지 아니하면 내가 너희를 이 곳에 거하게 하리니 곧 너희 조상에게 영원 무궁히 준 이 땅에니라"(렘7:5-7).

이러한 희망의 메시지와 경고에도 불구하고 그들은 가난한 자와 희망이 없는 자들을 괴롭혔다(렘34:1-7). 예레미야는 지속적으로 하나님께서 바벨론을 이용하여 유다를 치실 것을 경고하였다. 예레미야와 이사야의 날카로운 경고에도 불구하고 타락한 지도자들은 결코 회개하지 않았고 왜곡되어진 법들도 고쳐지지 않았다. 그 결과, B.C 587년 바벨론의 재 침공으로 예루살렘은 멸망하고 말았다.

하나님과 이스라엘 백성의 아름다운 관계는 바로 이스라엘 백성이 하나님

의 길을 걸어가는 것이다. 그러나 이스라엘은 더 이상 하나님의 백성이 아니
었고 또한 하나님은 더 이상 그들의 하나님이 아니었다. 이는 단지 그들이 하
나님을 섬기지 않았기 때문이 아니라 하나님의 백성으로 살지 않았기 때문이
었다.

제3절 예수 그리스도 초대교회의 복지사상

1. 예수 그리스도의 복지사상

예수 그리스도는 사역의 대부분을 가난한 사람들에게 집중하셨다. 대부분
은 갈릴리에서 보냈으며 사회로부터 버림받은 사람, 이방인, 환자를 사역의
중심에 두셨다. 갈릴리 지방에는 야곱의 여섯 째 아들인 납달리 지파와 열째
아들 스불론 지파의 영토가 있다. 가버나움이 대표하는 이 지방은 한 마디로
말해서 "이방인의 갈릴리", 곧 이방인의 세계였다. 그래서 이사야 선지자는
그곳을 "흑암에 앉은 자들이라"고 하였다. 갈릴리 지방은 옛날부터 외국과
연접해 있기 때문에 비니게나 수리아 그 밖의 외국군에게 많은 사람이 포로
로 잡혀갔고, 앗수리아 문물이 쏟아져 들어와 갈릴리인들은 혼혈종이 많았
다. 또한 수리아 일변도의 정책을 따르다 보니 정책뿐 아니라 앗수리아의 우
상들을 입수하게 되었고 글자 그대로 "어두움의 백성"이 되고 말았다.

델리취(Delitzsch)는, "사사 시대 이후 이 지역은 전접해 있다는 이유로 이
방인의 영향과 적들의 억압으로 부패와 타락에 노출되어 있었다. 북방 족속
들은 시리아와의 잦은 전쟁 때문에, 그 후에는 앗수르와의 전쟁 때문에 말할
수 없이 피해를 입었으며, 앗수르 왕인 불과 디글랏빌레셋과 살만에셀 밑에
서 주민들의 이거가 점차 증가하다가 마침내 전부가 이거하기에 이르렀다.

갈릴리 지방 사람들은 거의 혼혈 민족이었으며 그들의 영적 상태는 예루살렘의 성소와 관련이 있었음에도 불구하고 어느 모로나 한심스러웠다. 성소는 여호와에 대한 예배를 대표하였으며, 이 일이 오래 전에 중단된 이후로는 특히 그러했다"라고 기술하고 있다.

예수는 약한 여자, 세리, 환자, 문둥병자와 많은 시간을 보내면서도 결코 예루살렘의 권세자들을 위해 의도적으로 시간을 배려하지는 않으셨다. 도리어 갈릴리의 경제 문화적으로 약한 무리들을 위해 일하셨다. 예수 그리스도의 실제적인 사역의 내용과 그가 세상에 오신 궁극적인 목적에 대해서는 누가복음 4장에 명확하게 기록되어 있다.

"주의 성령이 내게 임하셨으니 이는 가난한 자에게 복음을 전하게 하시려고 내게 기름을 부으시고 나를 보내사 포로된 자에게 자유를, 눈 먼 자에게 다시 보게 함을 전파하며 눌린 자를 자유케 하고 주의 은혜의 해를 전파하게 하려 하심이라"(눅4:28-29).

로날드 사이드(Ronald Sider)는 예수 그리스도의 사역이 참으로 사회의 약자에게 집중되었음을 다음과 같이 밝히고 있다.

"예수 그리스도에게는 부드러움과 날카로움이 공존하신 분이시다. 가난한 자들에게 먹을 것을, 벗은 자에게 입을 것을 제공하지 않고, 감옥에 있는 사람을 찾지 아니한 사람들에게는 마지막 날에 '저주를 받은 자들아 나를 떠나 마귀와 그 사자들을 위하여 예비된 영원한 불에 들어가' 고 엄히 명령하실 것이다. 그러나 그의 뜻대로 삶을 실천한 사람들에게 '창세로부터 너희를 위하여 예비된 나라를 상속하라 내가 주릴 때에 너희가 먹을 것을 주었고 목마를 때에 마시게 하였고 나그네 되었을 때에 옷을 입혔고 병들었을 때에 돌아보았고 옥에 갇혔을 때에 와서 보았느니라' 고 부드럽게 말씀하실 것이다."[40]

---

40) *Ibid.* p.70.

예수 그리스도는 그의 제자들에게 가난하고 필요를 요청하는 자들에 대한 그리스도의 지극한 관심을 본받기를 원하셨다. 이는 그의 가르침 전체에서 가난한 자와 사회적으로 버려진 자들에 대해 너무도 많이 언급하셨음을 보아도 알 수 있다. 부자들과의 만남에서도 그는 가난한 자들에 대해 말씀하셨다. 나사로에게는 그가 속였던 모든 것을 보상하게 하고, 젊은 관원에게는 그의 소유를 가난한 이들과 나눌 것을 요구하셨을 뿐 아니라 다른 여러 사건을 통하여 대단히 열정적으로 강조하고 있음을 발견할 수 있다.[41]

누가복음의 비유에서 예수 그리스도의 관심은 다음과 같다. 사람들은 재물이 아무리 많아도 가난한 사람들을 돕는데 돈이나 시간을 쓰지 않는다. 왜냐하면 사람들은 보장의 욕구를 만족하기 위하여 결코 만족을 줄 수 없는 세상의 모든 것에 관심을 기울이기 때문이다. 예수는 재물과 부가 하나님의 나라를 볼 수 없게 한다고 가르치면서, 부자는 그들의 부에서 안전과 만족을 얻을 수 있다고 생각한다고 말씀하셨다.[42] 그들의 문제는 세상에 보물을 쌓음으로 안전을 보장받을 수 있다고 생각하는 데 있었다. 이러한 생각은 삶의 우선 원칙을 설정하는데 판단을 흐리게 할 뿐 아니라, 진정으로 만족을 얻을 수 있는, 다시 말해 하나님의 나라에 들어가는 것을 저해하는 요소로 작용하였다. 이 심각한 문제를 해결할 수 있는 길은 무엇인가?

크리스 삭던(Chris Sugden)은 이에 대해 다음과 같이 제안하고 있다.

"우리가 오직 이러한 방식에서 구원받을 수 있는 길은 오직 가난한 자들이 우리와 동일하게 기본적인 삶을 유지하도록 우리의 자원을 분배하여 자유를 갖게 할 것이며 또한 하나님의 피조물들에게 음식과 의복을 제공하는 실제적 도구로서 하나님 나라에서 안전을 찾는 길이다."[43]

---

41) Sugden, *op. cit.*, p.3.
42) *Ibid.* p.5
43) *Ibid.* p.8.

마4:25-25을 근거하여 예수 그리스도의 사역을 살펴보면, 첫째 유대인의 회당에서 가르치신 것, 둘째 천국의 복음을 선포한 것, 셋째 병을 고치신 것으로 요약할 수 있다. 그 중의 천국복음의 선포는 가장 두드러진 것으로 보인다. "때가 찼고 하나님 나라가 가까이 왔으니 회개하고 복음을 믿으라"(막1:15)고 하신 것과 "너희는 먼저 하나님의 나라와 그의 의를 구하라"(마6:33)를 중심으로 생각할 때, 예수의 궁극적 관심은 하나님의 나라에 있었던 것이 분명하다. 하나님은 당신의 피조물 중에 어떤 것을 제외하고 어떤 부분만이 당신의 지배를 받도록 하신 것이 아니며, 또한 그렇게 하는 것이 그의 뜻도 아니었다. 세상 만물이 다 하나님의 왕권과 주권에 굴복하는 세계, 즉 하나님의 왕국을 이룩하고자 하셨다.

그리스도는 또한 이 세상의 샬롬(평화, 화평)을 이루기 위해 오셨다. "평화의 왕"(사9:6), "그가 평화가 될 것이다"(미가 5:5), "그가 이방사람들에게 평화를 전할 것이다"(슥9:9), "지극히 높은 곳에서는 하나님께 영광이요, 땅에서는 기뻐하심을 입은 자 중에 평화로다"(눅2:14) 등 모든 구절이 이 땅에 평화를 이루시는 주님으로 묘사되어 있다. 이 메시아 왕국은 계약법에서 구현되는 정의와 예수의 공동체에서 구현되는 코이노니아의 실재를 통전(通典)하는 개념이다. 즉 메시아 왕국의 평화는 사회의 불의로 인한 불일치, 갈등 등을 극복하여 완전성을 이루는 것이다. 단순히 전쟁, 분열, 갈등이 없는 상태가 평화가 아니라, 정의와 코이노니아(koinonia)가 넘쳐서 완전함을 이루는 역동적인 움직임이 샬롬의 실재이다.

예수 그리스도는 가난한 자에게 복음을, 포로된 자에게 자유를, 눈 먼 자에게 다시 보게 함을 전파하면서, 억눌린 자를 자유케 하고 주의 은혜의 해를 전파하기 위하여 이 세상에 오셨다(눅4:18-19). 세례 요한이 예수께 "오실 분이 당신이냐"라고 물을 때, 그는 "너희가 가서 듣고 보는 것을 요한에게 고하되, 소경이 보며 앉은뱅이가 걸으며 문둥이가 깨끗함을 받고 귀머거리가 들으며 죽은 자가 살아나며 가난한 자에게 복음이 전파된다 하라"(마11:4-5)고 말씀하셨다. 예수 그리스도를 믿는 자들은 병든 자를 고치기 위해서 뿐 아니라 가난한 자에게 복음을 전하기 위해 그의 봉사의 사역을 따르도록 요청 받는다. 따라서 가난한 자들을 위한 복음은 현재의 불의한 구조로 고통받는 사람들을 위한 정의의 구현을 포함한다.

2. 초대교회와 나눔 공동체

가난한 자와 억압된 자, 그리고 사회로부터 버림받은 자들에 대한 관심은 예수 그리스도의 선교사역과 복음서에만 국한된 것이 아니라 초대교회에서 더욱 조직적으로 형성되고 발전되었다. 예수 그리스도의 코이노니아는 곧 초대교회 부활공동체의 오순절 성도의 교제로 확산되었다. 이 초대교회의 경험은 성령에 충만하여 사랑과 모든 것을 나누어 그리스도의 공동체에 진정으로 참여하는 경험이었다. 기독교의 공동체는 모든 것을 나누는 공동체, 즉 참여가 극대화되는 공동체의 구조를 가지며 이것이 예수의 형태로 그의 공동체에서 형성되었다. 토라는 이러한 공동체를 구조화한 것으로, 계약화된 토라의 정신은 초대교회가 출발하면서 더욱 분명해지고 있다. 사도행전 6장을 보면 초대교회는 구제를 전담하는 일곱 집사를 택하고 있다. 이는 예루살렘 교회의 상당수를 차지하고 있는 헬라 소수민들을 돌볼 필요성을 느끼면서 시작되었는데, 놀랍게도 일곱 집사 모두 소수민이었다(이들 일곱 명의 사람 이름 모두 그리스 이름이다). 교회는 차별을 받았던 소수의 과부들과 필요로 하는 사람들을 위하여 그들의 기금과 프로그램을 전면적으로 전환하였다.

성령을 선물로 받은 후 초대교회의 제자 수는 하루에 3천 명이나 더하여 갔다. 그들은 모여서 사도의 가르침을 받아 서로 교제하며 기도하기를 힘썼고, 재산과 소유를 팔아 각 사람의 필요에 따라 나눠주었다(행2:41-47). 그 결과 하나님 말씀은 왕성하게 펼쳐졌고, 예루살렘에서 그리스도를 따르는 제자의 수는 엄청나게 증가하였다(행6:7). 초대교회는 지역사회를 예수그리스도

안에서의 형제와 자매로 인식하였을 뿐 아니라 사회적으로 필요가 있는 사람들을 도우면서 강력한 하나님의 말씀을 선포하였다. 이러한 사역은 그리스도 사역과 결코 분리하여 생각할 수 없는 요소들이다.

3. 바울의 코이노니아

이렇게 예수 그리스도의 사역과 초대교회에서 강조된 요보호자들에 대한 관심은 바울에 의하여 더욱 분명하게 강조된다. 일반적으로 바울은 단순히 하나님의 은혜, 구원, 하나님의 자녀로서의 순결 등을 강조한 것 같지만, 오히려 그는 헌금의 사용을 구체화하는 실제적인 동의어로 코이노니아(koinonia)라는 단어를 사용하고 있다. 예수 그리스도의 몸을 나눈다는 의미에서의 바울의 훈계는 성서의 여러 곳에서 나타나고 있다.

"너희들이 할 수 있는 대로 나누라. '매 주일 첫날에 너희 각 사람이 이를 얻은 대로 저축하여 두어서 내가 갈 때에 연보를 하지 않게 하라' "(고전16:2).

'너희들이 이를 얻은 대로' 라는 말씀은 결코 아주 작고 성의 없는 헌금을 의미하는 것은 아니다. 바울은 오히려 고린도 후서8장 32절에서 그들의 능력을 초월하여 기쁜 마음으로 헌금한 마케도니아 교인들을 칭찬하였다. 마케도니아 사람들은 극도로 가난한 사람이었다. 분명하게 말하면 바울이 그들에게 헌금을 요청하였을 때 그들 역시 심각한 재정적 어려움에 봉착해 있었다(고후8:2). 그러나 그들은 능력을 초월하여 헌금하였던 것이다.

4. 복지 의도의 위임 - 교회 청지기의 사명

구약성경 특히 모세 오경은 이스라엘 백성들이 하나님의 자녀로 의도적인 나눔을 행하면서 살 것을 강조하면서 가난한 자, 고아, 과부, 이방인, 그리고 눌린 자를 보호하기 위하여 그의 교훈을 실천하도록 격려하고 있다. 이와 더불어 하나님은 이집트의 고통으로부터 구원해 주신 사실을 잊지 말라고 경고하면서, 이집트 바로의 억압을 약속의 땅에서는 결코 되풀이해서는 안 된다는 사실을 주지시킨다.

하나님의 의도, 즉 모든 사람이 하나님 앞에서 동일하게 평안한 삶을 살아야 함은 결코 포기할 수 없었다. 하나님은 그의 아들 예수 그리스도를 이 땅에 보내서 그의 의도를 이루셨다. 그리스도는 누가복음4:18-19에서처럼 인류의 통전적 행복을 위하여 오셨으며 섬김과 사랑의 삶을 사셨다.

초대교회는 이 그리스도의 위임을 성공적으로 수행하였다. 그리스도의 말씀의 사역과 나눔의 사역을 성실하게 잘 감당하여 사회의 칭찬을 받고 크게 부흥하였으나, 중세교회의 부의 축적과 교권제도는 종교를 귀족화 하면서 하나님의 의도를 다시 한번 무너뜨린다. 중세교회는 시혜적 자선사업을 통하여 하나님의 의도를 실현하기보다는 도리어 사회 문제만을 양산하고 말았다.

이 하나님의 의도는 계속하여 오늘날의 교회와 성도들에게도 위임되고 있다. 그럼에도 불구하고 교회와 성도는 이 위대한 사명을 망각하고 중세교회의 전철을 밟아 사회를 주도하지 못하고 도리어 사회의 지탄의 대상이 되지 않았나 생각해 볼 필요가 있다.

구약과 신약에서 나타난 하나님의 의도는, 결국 세상의 그 어떤 것도 인간의 것은 아니며, 따라서 인간과 교회는 이러한 하나님의 창조물을 고루 분배하여 정의로운 하나님의 공의가 이 땅에 실현되도록 해야 한다는 것이다. 이러한 하나님의 복지 의도는 오늘날 교회에도 위임되었으며 교회가 청지기 의식을 갖고 하나님의 복지 사명을 감당해야 함을 계속적으로 지적해 주고 있다.

청지기 의식은 하나님의 창조와 복지 의도를 설명하는 가장 중요한 단어이다. 전환(transformation)[44]은 이 청지기 의식에 대하여 좀더 분명히 설명하고 있다.

> "우리 그리스도인들은 자신의 가진 재물의 작은 분량, 즉 우리 수입이나 부에 대
> 한 십일조만이 하나님에게 속한 것이며 나머지는 우리가 좋을 대로 사용해도 된
> 다는 사고를 갖고 있는 듯하다. 이러한 사고는 믿는 이들을 신앙적으로 황폐화
> 시키고 청지기로서의 역할과 정체성을 부인하게 만드는 요인이 된다. 우리가 알
> 기로는 그리스도인들은 어디에나 산재해 있다. 그러나 풍부함을 즐기고 있는 그
> 리스도인들은 반드시 다른 사람들도 똑같은 기본적인 욕구가 있다는 사실을 확
> 인하기 위하여 신실하게 그리스도의 명령에 복종해야 한다. 이렇게 함으로서 가
> 난한 자들도 다른 사람을 섬길 수 있는 즐거움에 참여할 수 있게 된다."[45]

만약 개인이나 국가가 재물에 대해 철저한 주인의식을 주장한다면 그것은 하나님에 대한 반역으로 밖에 볼 수 없다. 청지기의식의 진정한 의미는 가난한 사람도 하나님의 자원에 대한 동일한 권리를 안정하는 것이다(신15:8-9). 전환의 진정한 의미는 하나님의 주신 선물에 대한 청지기로의 정의를 실현하고, 기도를 통하여 서로의 노력을 경주하며, 욕심의 한계상황을 인식하고 공정한 물질의 분배를 위해 노력하고 실현하는 것이다.[46]

재물에 대한 주인의식은 결코 절대적인 소비권만을 의미하지 않는다. 도리어 분배의 책임을 강조한다. 모든 것을 사용할 수 있는 권리란 소유권에 앞

---

44) 이러한 전환의 신학은 1983년 7월 1일20일 사이에 미국 일리노이주 위튼대학(Wheaton College)에서 'The Church in Response to Human Need'의 주제로 개최됨으로서 절정에 달하였다. 이 모임은 WEF(The World Evangelical Fellowship)과 전 세계 복음주의에 관련된 여러 기관의 후원으로 교회와 자연을 중심한 국제적 학술회의였다. 이 회의에서 제출된 보고서가 Vinay Samuel과 Chris Sugden에 의하여 편집된 '인간의 요구에 부응하는 교회(The Church in Response to Human Need)'였다. 이 보고서에 수록된 논문들의 좀더 광범위한 협의를 위하여 'Transformation'이라는 문서가 발간되었다.

45) Transformation:*The Church in Response to Human Need*, edited by the IFECOUR Tranining unit, India, Published by Grove Booklet on Ethnics, No. 62, p.8.

46) *Ibid.*

서는 요소이다.[47] 그런 의미에서 크리스토퍼 라이트(Christopher Wright)는 하나님이 우리에게 주신 물질자원의 주인의식이 무엇인지를 명확하게 지적하고 있다.

"주인의식이란 모든 물질자원을 공통으로 사용할 수 있는 것을 의미한다. 하나님의 창조의 의미는 자원을 함께 나눔으로 정당화 될 수 있다. 그러나 이를 개인의 부와 재물을 합법화함을 부인하는 것으로 이해해서는 안 된다. 그 진정한 의미는, 개인의 부의 합법화는 자연에 대한 인간의 우월의식으로부터 창출된 것이 아니라 하나님의 선물과 하나님의 혜택으로 이해하는 데 있다. 사람의 경제적 주인의식은 항상 하나님의 주인의식에서는 두 번째요 부차적인 문제이다. 사람이란 하나님의 전체적 창조물의 일부에 지나지 않으며 따라서 사람은 절대적인 주인의식을 행사할 수 없는 것이다."[48]

바울은 인간의 재물에 대한 연약성을 지적하면서 하나님께서 얼마나 세밀하게 우리의 필요에 관심을 가지시는 분이신지를 묘사하고 있다.

"형제들아 너희를 부르심을 보라 육체를 따라 지혜 있는 자가 많지 아니하며 능한 자가 많지 아니하며 문벌 좋은 자가 많지 아니하도다. 그러나 하나님께서 세상의 미련한 것들을 택하사 지혜 있는 자들을 부끄럽게 하려 하시고 세상의 약한 것들을 택하사 강한 것들을 부끄럽게 하려 하시며 하나님께서 세상의 천한 것들과 멸시받는 것들과 없는 것들을 택하사 있는 것들을 폐하려 하시나니 이는 아무 육체라도 하나님 앞에서 자랑하지 못하게 하려 하심이라"(고전1:26-29).

우리의 약함과 연약성에도 불구하고 우리는 하나님의 청지기로 선택받았다. 청지기로서 우리는 그의 자원을 단순히 소유하기보다는 이것을 가꾸고 그

47) Wright, *op. cit.*, p.69.
48) Christopher Wright, *Living as the People of God* (England: Inter-Varsity Press, 1983.), p.69.

리스도께서 다시 오실 때까지 보존하고 발전시켜야 한다. 이러한 면에서 하나님께 우리의 주권을 드리고 그에게 안전을 고정함은, 신약성경에서 언급한 대로 우리의 의지와 정신을 청지기 의식으로 전환할 때에만 가능하게 된다.

크리스 삭던은 '가난한 이들을 위한 예수 그리스도의 좋은 소식'을 그들의 정체성과 위엄의 차원에서 이해하고 있다.[49] 특히 예수 그리스도는 누가복음 12:13-34에서 어리석은 부자의 비유에서 부자와 가난한 자의 관계에 대하여 설명하고 있다. 큰 창고를 지으려 했던 부자가 비평을 받아야 하는 이유는 무엇인가? 영적인 면을 외면하고 도리어 세속적인 물질에 몰두하다가 신적 안목에서 부유하지 못했기 때문이 아닐까? 꼭 그렇지만은 않은 것 같다. 더 큰 창고를 짓다 실패한 부자는 가난한 이들을 염두에 두지 않을 수 있기 때문이며, 재물을 염려하는 마음에서, 그의 일생을 즐길 수 있었던 그 창고가 그의 삶을 안전하게 지켜줄 것이라고 확신하였기 때문이 아니었을까? 만약 이런 사람이 그의 재산을 나누도록 제안 받았다면 정말로 뛰어 넘어야 할 방해물은 바로 안전에 대한 불안감이다. 다시 말해 안전은 물질에 있지 않고 하나님께 있다는 사실을 인지하지 못했던 것이다.[50]

이 예화에서 그리스도의 관심은 다음과 같다. 우리는 비록 물질을 가졌다 하더라도 도움을 필요로 하는 사람들과 나눌 수 없다. 왜냐하면 사람들은 그들의 안전을 위해 결코 만족할 수 없는 그 모든 재물을 쥐고 있어야 한다고 믿기 때문이다. 예수님은 부자가 천국에 대하여 관심을 갖지 않는 것은 그들의 안전이 재물에 있기 때문이라고 하셨다. 가난한 사람이 아닌 부자의 근본적 문제는 그들의 안전을 보장하기 위해 세상에 재물을 쌓는 데 있었다. 이것이 우선권을 선택하는 그들의 첫 번째 요소였으며, 동시에 그들 삶 전체를 구원하는 하나님 나라의 입성을 방해하는 요소였다. 이것을 해결하는 방법은 무엇인가? 삭던은 다음과 같이 설명하고 있다.

---

49) Vinay Samuel and Chris Sugden ed, *A.D. 2,000 and Beyond*(Oxford: Regnum Books, 1991.), pp.59-77.
50) *Ibid*, pp.59-77.

"우리가 오직 해결할 수 있는 유일한 길은 우리의 안전을 하늘나라에 두는 것이다. 그것은 우리의 물질을 가난한 사람들과 나눔으로 하나님 나라에 대한 자유함을 얻는 것이며, 또한 하나님이 그의 백성들에게 입을 것과 먹을 것을 제공하는 도구로 사용될 때 이루어진다."

삭던은, 어리석은 부자의 문제는 그의 삶의 보장을 세상에 두었지 가난한 이를 돕는 것에 두지 않은 데 있다고 지적한다.

"큰 창고를 짓기를 계획한 사람의 죄가 무엇인가? 그가 세상적 물질에 관심을 갖고 영적인 면을 무시하여 하나님의 입장에서 영적인 부유함을 추구하지 않은 것인가? 결코 그렇지 만은 않다. 큰 창고 짓기를 계획한 사람의 궁극적인 실패는 가난한 이에 대한 보호의식이 없었기 때문이다. 왜냐하면 그는 항상 불안하였으며 곡간을 크게 짓는 것으로 삶을 즐기려고 하였다. 그의 문제는 삶의 보장의 기준을 어디에 두었느냐였다. 만약 이런 사람이 그의 재물을 가난한 이와 나눌 것을 제안 받는다면 그가 반드시 극복해야 할 진정한 장애물은 바로 그의 보장의 기준을 어디에 두느냐 인 것이다."[51]

삭던이 지적한 것처럼 우리가 하늘나라에 우리의 안전을 맡긴다는 것은 그리스도인으로서의 필수적인 요소이지만 분명한 성서적 제안이 없이는 상당히 모호해 질 수밖에 없다. 어리석은 부자는 이 세상의 삶이 불확실하고 그의 장래를 알지 못하여 재물을 쌓아 두었지만 문제는 그가 그 재물이 정말로 하나님에게 속한 것인지를 몰랐으며 하나님이 주신 재물에 대한 청지기의 사명을 알지 못했던 데 있었다. 다시 말해 그는 자신이 재물의 주인이라고 잘못 알고 있었고, 그가 갖고 있는 것은 모두가 그의 노력에 의한 것이라고 믿으면서 청지기의 자세를 알지 못했기 때문이다. 이런 견지에서 청지기 의식이야

---

51) *Ibid*, p.6.

말로 문제를 해결하기 위한 가장 중요한 열쇠이다.

주인의식이란 닥치는 대로 또는 그가 원하는 대로 사용하는 것이 아니라 도리어 그것을 관리하고 적절하게 분배하는 것이다.

제3장 초기 한국교회와 사회복지

한국교회는 선교초기 복음전파에 사회복지적인 접근을 시도하면서, 한국 기독교의 시발이 하나님의 복지 의도 위에 설립되었음을 분명히 하고 있다. 한국의 기독교가 단순히 신앙의 고립적인 아성을 구축한다거나 자아의 피안에 만족하는 이기적인 집단이 아니라, 민족의 고통에 함께하며 급변하는 사회변화에 대처하는 구심점의 역할을 감당하였다는 사실에 주목할 필요가 있다. 사회 문제에 함께 호흡하는 교회, 민족의 고통에 동참하는 교회, 사회를 이끄는 교회, 그리고 희망이 없는 세대에게 복음의 희망을 던져 주어 민족을 구원한 종교로 인식된 것은 그만큼 초기 한국교회가 섬김과 나눔, 그리고 사랑의 바탕 위에 복음을 심었기 때문이었다.

복음의 전파와 사회의 고통에 동참하는 교회의 모습은 초기 선교사들을 통해, 그리고 이후 기독교인이 된 우린 민족을 통해 다양하게 나타난다. 일제의 암울한 시대상황에서 민족의식을 고취하고 자국의 힘을 키우기 위해 교회와 단체들은 각고의 노력을 기울였다. 그 결과 당시의 고질적인 사회문제들을 하나 둘 해결할 수 있었고, 기독교에 대한 일본의 압제는 더욱 심해졌다. 그러나 결코 굴하지 않는 우리 선조 기독교인들의 모습을 볼 수 있다.

이렇듯 한국교회는 숱한 절망과 좌절 가운데서도 포기하지 않고 사회의 아픔을 함께하고 치료하고 고통의 삶을 나눈 아름다운 역사의 전통을 갖고 있다.

한국교회는 이제 이 위대한 신앙의 전통과, 그리고 뜨겁게 민족을 사랑하는 마음으로, 급변하는 사회에서 사회복지적인 선교를 감당하면서 상실된 교회의 공신력을 회복하고 선교의 터전을 재 건립함으로써, 그리고 종으로 자신의 몸을 아낌없이 주기까지 교회를 사랑하고 또 철저한 섬김의 삶을 사신 그리스도의 숭고한 삶에 기인한 의도적인 나눔의 삶을 실천할 때 비로소 다가오는 21세기에 민족을 치유하는 교회로 자리할 수 있을 것이다. 나아가 성경을 중심한 교회의 복지적인 나눔의 삶이야말로 민족의 가슴에 희망과 사랑을 심는 종교로, 그리고 나아가 지금까지 구축한 세계선교를 지속할 수 있는 원동력으로 작용할 수 있을 것이다.

따라서 본 장에서는 초기 한국교회 선교의 사회복지 형태를 개괄적으로
서술함으로서 현재를 조명하고 미래를 계획하는 데 지침이 되고자 한다.

제1절 기독교의 전래와 사회복지 선교의 동기

1. 개신교의 전래와 사회상황

한국 기독교의 역사는 선교사들의 활동과 깊은 관련을 맺고 있다. 선교사
들의 초기 활동은 모두 중국 선교 단체와도 깊은 관련이 있다. 선교사들이 한
국에 선교를 시작하였을 때 한국은 정치적인 면이나 문화적인 면에서 중국문
화의 종속적인 상태에 머물러 있었다. 중국이 한국에 대하여 지속적인 영향
을 행사할 당시 조선왕조는 양반과 천민의 갈등으로 상당한 진통을 겪고 있
었다.

그 당시 조선 사회는 대략 다음과 같은 특징을 갖고 있었다. 첫째 고관과
양반으로 구성된 학자들은 정치적인 영향력을 장악하기 위하여 사색당파의
싸움에 휘말려 있었고, 둘째 주로 양반 계급에 귀속된 중류의 사람들은 포졸
이나 한자의 번역 등 비교적 낮은 위치에 종사하고 있었으며, 그들의 사회적
위치는 변동될 수 없었고, 셋째 농업이나 상업, 그리고 제조업 등으로 생계를
유지하는 하류의 사람들은 심각한 차별대우와 노예로 취급되어 힘있는 자들
을 위하여 노동력을 제공하는 도구로밖에 여기지 않았다.[52]

당시 불평등한 사회에 개신교는 19세기 말경 한국 땅에 상륙하였다. 최초
의 선교사들이 1885년에 이 땅에 상륙하기 이전 서상륜은 이미 열성적으로

---

52) Grayson J. H, *Early Buddhism and Christianity*(Oxford:Leiden, 1985.), p.101.

복음을 전하였고 그의 고향인 소래에 교회를 세웠다. 이 기간 사회적으로 천민이나 일반인들이 사회 정의에 대해 강력한 개혁을 시도하였던 것은 새로운 종교를 통하여 세계의 상황을 직시하고 자신들의 권리를 인식할 수 있었기 때문이었다. 조선이 자아인식에 눈을 뜨게 된 동기로 이기백은 도매상의 발달과 자가 농가의 등장, 양반제도의 불영속성, 일반적인 민중의 봉기, 그리고 개화에 대해 강렬하게 기대했다.[53]

2. 사회복지 선교의 동기

조선시대 말 귀족들은 계속하여 정권을 연장하려 하였으나 도리어 정국운영의 무질서를 초래하는 요인이 되었다. 반면 상인은 득세하기 시작했고 소작농은 부농이 되어 양반의 지위를 돈으로 획득하면서 양반제도는 그 의미를 상실하게 되었다. 이러한 현상들은 결국 양반과 천민제도를 종결시켰고, 이러한 사회 변화와 함께 지금까지 고수해 오던 쇄국정책 역시 변화를 맞게 되어 각 항구는 다시 무역을 재개하면서 새로운 문명에 급속하게 눈을 뜨기 시작하였다. 이 당시 특히 문제가 되었던 것은, 비위생적인 생활과 그로 인한 각종 질병, 뿌리 뽑히지 않은 노예제도, 사회적으로 낮은 부류의 여성들이 당하는 철저한 박대 등이었으며, 초기 선교사들의 눈에 분명하게 비친 사회악은 과음으로 인한 무절제, 여성과 아동에 대한 지나친 체벌 등이었다. 그러나 조선 민족이 비록 그러한 원시적인 요소를 갖추고 있었다 하더라도 초기 선교사들은 조선사회의 영적인 발전을 기대하고 있었다. 그 이유는 자신들의 선교 사역 이전에 조선 땅에는 벌써 개신교 신자가 있었고, 그들은 이미 여러 지방에서 복음을 활발하게 전하고 있었기 때문이다. 또한 많은 양의 성경이 민중들 중에 퍼지고 있었고, 만주의 디아스포라 사이에까지 기독교가 활발히

---

53) Yi, Ki-baek, *New History of Korea*(Seoul: Ilchogak, 1982.), pp.245-274.

형성되고 있었기 때문이었다.

일반인들과 정치인들은 기독교야말로 민족의 중흥을 예견하고 실현시킬 수 있는 종교라고 인식하기 시작하였다. 특별히 개화파는 선교사들이 한국의 개화를 보장할 것이며 이로 말미암아 서방의 국가들과 정치적, 경제적으로 밀접한 관계를 가질 수 있으리라 확신하였다.

이러한 민중들의 기대와는 달리 실제적으로 정부가 직접적인 선교를 허락하지 않은 상태에서 선교사들이 자유롭게 복음을 전할 수 있는 상황은 아니었다. 따라서 선교사들은 정부와 마찰을 일으키면서 직접 전도활동을 하기보다는 오히려 간접적인 선교방법을 택하였다. 또한 선교사들은 아직은 개종이 제한된 상황에서 한국인을 이해하고 어느 정도 선교를 위한 지식을 축척하기 위해서라도 직접적인 형태의 선교전략을 선택하지 않았던 것이다. 19세기에 이러한 장기간 선교를 제한한 상황에도 불구하고 그들의 선교가 성공을 예견할 수 있었던 것은 로마 가톨릭의 선교방법을 채택하지 않았기 때문이었다. 사실 천주교는 초기선교에 직접 전도에 중점을 두면서 정부와 불편한 관계가 되었다. 한 예로 1801년, 황사영은 베이징의 주교에게 보내는 편지에서 중국의 황제의 압력으로 조선이 천주교를 받아들이도록 종용하였으나 그의 백서는 결국 조선정부를 자극함으로 박해의 동기를 제공하고 말았다. 아울러 민중들도 천주교에 크게 동요되지 않았다. 1865년 조선에 들어온 선교사 수는 12명을 넘었고 성도들의 숫자도 2만 3천 명으로 확장되자 이는 곧 1866년 병인박해로 이어졌다. 또한 중국에서 조선으로 쫓겨난 프랑스 천주교 선교사는 독일인 상인 오퍼트(E. Oppert)를 종용하여 고종의 할아버지 무덤에서 유물을 도굴하도록 하였다. 이유는 페론(Feron)신부가 이 유물을 제시하면서 천주교 포교의 자유를 획득하기 위함이었다. 그러나 3명의 조선인 천주교인들이 이 음모에 가담하면서 천주교인은 집단 학살되었다.

이러한 천주교 선교의 실패를 거울삼아 개신교 선교사들의 노력은 구체화되기 시작하였다. 1883년 조선정부를 대표하여 민영익을 중심한 사절단이 미국을 방문하였을 때, 새로운 문물로 한국을 개화시키려 했던 민영익을 통하

여 조선의 선교는 가일층 진척을 보게 된다. 그는 워싱턴으로 가는 기차 안에
서, 미 감리회 목사이면서 일본 주재 미 감리회 선교사인 매클레이(R.S.
Maclay)와 절친할 뿐 아니라 선교에도 열정을 가진 가우처(J.G. Goucer) 총
장과 대화하던 중, '한국에도 일본처럼 선교사를 보내 학교와 병원 같은 사업
을 하도록 해 달라' 라고 요청하였고, 이것이 계기가 되어 일본 선교사인 매클
레이는 박영효를 만나 조선의 근황을 알게 되었다. 이것이 계기가 되어 조선
선교의 교육과 의료의 필요성을 절감하게 되었다. 김옥균은 조선에 학교와
병원의 설립의 긴급성을 인식하고 고종황제의 윤허를 받기 위해 한국을 방문
하였고, 매클레이의 청원은 김옥균에 의해 고종에게 전달되어 윤허를 받게
되었다. 매클레이는 조선민족을 위한 모든 선교적 노력은 의료사업과 교육사
업을 통하여 열정적으로 전개되어야 할 것을 천명하였다.[54] 분명한 것은 매클
레이가 조선에 의료사업과 교육사업을 시작할 것을 청원한 것이지 직접적인
선교를 위해 청원한 것은 아니었다.[55]

　한편 미국교회는 매클레이의 청원에 따라 조선 선교를 위해 학교와 병원
사업에 합당한 인물들을 선발하였다. 미 감리회는 의료사업을 위해서는 스크
랜튼(W.B. Scranton)대부인을 선발하였고, 교육사업을 위하여 아펜젤러
(H.G. Appenzeller)와 스크랜튼 선교사의 부인이었던 스크랜튼(M.F.
Scranton) 여사를 선발하였다. 한편 미국 북장로회는 언더우드(H.G.
Underwood)를 학교사업에, 알렌(H.N. Allen)을 병원 사역자로 선정하여 한
국에 파송하였다. 특히 언더우드의 경우, 학교사업 뿐만 아니라 1년간 의료
사업에 대한 경험이 있었으므로 조선 선교에 가장 적합한 인물이었다.

　제일 먼저 알렌선교사가 1884년에 의사의 자격으로 내한하였다. 아펜젤러
와 언더우드 선교사는 알렌보다 1년 후 한국에 도착한 셈이다. 이 선교사들
은 한국정부가 그들을 선교사로 인지하고 있었음에도 불구하고 선교사로서
의 지위보다는 의사와 교육가의 자격으로 활동하였다. 그들이 교사와 의사로

---

54) 한국기독교사연구회, 『한국기독교의 역사 I 』(서울: 기독교육사, 1991.), p.179.
55) 이만열, 『한국기독교사특강』(서울: 성경읽기사, 1987.), p.44.

활동하는 한 한국정부는 선교사라는 사실을 묵인하였고 조선정부와 백성들은 새로운 지식과 문화를 소개해 주는 의사와 교육가로 대우해 주었다. 선교사 자신들도 이 사실을 늘 염두에 두면서 조심스레 사역하였다. 따라서 청원서의 내용대로 직접 선교의 기회가 올 때까지 간접적인 선교를 충실하게 감당하였다. 그들은 조선인이 처한 사회 상황에 상당히 민감하게 대처하였고 사람들 사이에서 그들에 대한 편견과 오해 등을 제거하면서 복음을 효과적으로 전파할 수 있었다.

이러한 역사적 정황에 따라 조선에는 학교와 병원이 우선적으로 설립되었으며 국민복지는 물론 국민정신의 향상을 꾀하게 되었다. 그러나 이 두 기관에서 만날 수 있는 사람들은 서로 다른 양상을 갖게 되는데, 즉 병원을 통해서는 주로 소외계층, 하류층 사람들이, 학교에서는 정치 지향적인 양반층의 청년들을 접할 수 있었다.[56]

김인호는 그의 글 한국교육과 기독교 백년에서 기독교의 전파의 효과성에 대하여 다음과 같이 논하고 있다.

"기독교가 조선인의 억눌린 분노, 좌절을 삭힌 것은 사실이며 또한 기독교는 백성들에게 장래에 대한 밝은 희망과 믿음 그리고 용기를 제공하였을 뿐 아니라 민족독립에 기여하였다."[57]

최남선 또한 기독교가 미신의 파멸, 성경과 찬송의 번역으로 국어의 사용을 권장하였고, 현대식 학교와 병원 설립, 그리고 음악, 인쇄술, 여권의 신장 등으로 한국문화를 현대화하는 결정적인 영향을 주었다고 술회하고 있다.

---

56) 이덕주, 『태화기독교사회복지관의 역사』(서울: 태화기독교사회복지관, 1993.), p.28.
57) 김인호, "한국 교육과 기독교 백년", 『기독교사상』(1984년 5월), p.29.

제2절 교육을 통한 복지선교

1. 남자학교의 설립

1882년 Korean Repository에 의하면 세 종류의 학교가 있었는데, 즉 신사학당, 경학원 그리고 서당이었다. 이 학교들은 모두 한자를 가르쳤고, 한국말은 가르치지 않았다.[58] 서민들을 위한 학교는 존재하지 않았고 교육은 일반화되지 못하였다. 1890년 과거제도가 폐지되고 조선인을 위한 순수한 교육기관이 없는 정신적인 공백 상태에서, 선교사들이 세웠던 현대식 학교는 상상을 초월할 정도로 강한 영향력을 미쳤다. 선교사들이 세운 학교는 지금까지 지속되었던 양반주의의 급속한 몰락을 예견하면서 중인뿐 아니라 양반층에게도 엄청난 충격을 주면서 자리 잡기 시작하였다.

그 동안 실시되었던 교육의 문제는, 오로지 문자와 역사적인 측면만을 강조한데서 비롯된 것으로, 그 내용도 조선에 대한 언급은 전혀 없이 중국에 철저히 귀속된 것들뿐이었다. 따라서 한문 공부는 실제로 조선인에게 아무런 유익을 주지 못하였고 단지 중국의 지나간 영광을 회상하는데 불과했으며 따분한 유교의 산물로 평가되었다. 조선인들은 오직 새로운 교육이야말로 그들의 삶과 고질화된 민족의 사상을 개혁할 수 있다고 믿었다. 유교체제는 희미해져 갔으나 일본은 그에 연계하여 그들의 교육체계를 정리하지 못하였다. 이런 의미에서 교육에 대한 열기는 전국 어디서나 맹렬하게 불타오를 수밖에 없었던 것이다.

개신교의 남녀학교의 설립은 고아원과 밀접한 관계가 있다. 1885년 시작된 스크랜튼 부인의 이화학당과 1886년 언더우드학당은 처음에 고아원으로 출발하였고, 또한 1898년 죠세핀 캠벨 부인의 배화학당 역시 대부분의 학생

---

58) "Korean School", *Korean Repository* Vol I, (February, 1892.), p.37.

들이 고아였다.[59] 이렇게 고아원 학교를 거쳐 1919년 한국인에 의해 처음 고아구제사업이 시작되어 윤치호, 오긍선 등이 경성고아구제회를 설립하였으며, 1921년에는 평양에 평양고아원, 1925년에는 선천에 대동고아원, 그리고 서대문에 위치한 구제원은 1925년 세브란스 병원 오긍선 박사에 의해 고아원으로 전환되었고, 1934년에는 원산에 원산 고아원이 각각 설립되었다. 고아사업을 중점적으로 실시하였던 경성고아구제회는 독지가 김병찬의 열정적인 후원으로 점차 정착되었고, 그들은 기독교 정신인 사랑과 섬김으로 봉사하면서 한국 민간고아사업의 기수가 되었다.[60]

선교사들이 1885년 학교를 시작하였을 때 한국민들은 이 나라의 장래는 바로 젊은 세대의 교육에 있다고 확신하였다. 북부지방에서 선교하던 선교사는 한국민의 교육의 열정을 다음과 같이 평가하였다.

"우리는 오늘날 교육혁명의 소용돌이 속에 있습니다. 학교는 교인이건 교인이 아니건 따질 것 없이 밤 사이에 세워지곤 합니다. 정부도 학교를 세우고, 읍에서도 학교를, 면에서도 학교를 시작할 뿐 아니라 동네에서도 학교는 세워집니다. 봉급이 올라가며 특히 평양에서 학업을 마친 사람들은 영예를 더 얻습니다. 학교에 대한 생각이 바뀌고 있는 것은 대단히 흥미로운 일이며 또한 과거의 유교적 학교들이 앞다투어 한문과 외국의 학문을 소지한 선생들을 모셔가려는 것이 신기하기만 합니다."[61]

이러한 교육의 열기는 확산되어 선교사들까지 교육의 필연성을 자각하고 이를 강조하기에 이른다. 선교사 하운셀(C.G. Hounshell)은 한국의 젊은이들을 살릴 교육, 그들의 의지와 마음을 정화하고 또 어떻게 해야 할 것인가를 가

---

59) 김덕준, "기독교회와 사회복지사업", 『사회복지』(1982년 겨울호), pp.126-129.
60) 김덕준, 『신사회사업개론』(서울: 한국 사회복지연구소, 1970.), p.64.
61) Northern Presbyterian Reoport for 1909, p.270, quoted in Gerorge L. G. Paik, The History of Protestant Mission in Korea(1832-1910.), p.392.

르치는 교육이 절실히 필요하다고 역설하였고, 조선인들도 열정적으로 교육
활동에 가담하였다. 기독신보는 교육의 중요성을 다음과 같이 논하고 있다.

"이 민족의 성공과 실패는 사람들의 밝음과 어두움에 있고 사람의 개화는 교육
에 있습니다. 옛날의 학교와 비교하여 오늘날의 새 학교는 완벽한 교육적 기재
를 사용하고 있음을 볼 수 있습니다. 그래서 우리는 과거의 낡은 교육제도를 버
리고 새로운 학교를 지읍시다. 나는 강력하게 이것을 권장하며 또한 나의 최선
을 다하여 이것을 돕고 싶습니다. 학교란 새로운 사람들을 경작할 수 있는 유일
한 길이기 때문입니다."[62]

한국 정부도 벌써 현대적인 교육에 대한 계획을 수립하고 있었다. 1885년
에는 고종이 직접 미국의 영사관을 통하여 미국의 세 청년에게 한국에 국립
학교를 세워줄 것을 요청하였다.[63] 아펜젤러는 정부의 이러한 경향을 놓치지
않았으며 지금이야말로 학교선교를 하기에 가장 적합하다고 생각하였다. 그
래서 그는 직접적인 선교보다 교육사업에 중점을 두고 선교하기 시작하였다.
이는 고종에게 직접적 선교보다는 교육사업과 의료사업을 할 것을 약속한 매
클레이의 청원을 깨뜨리지 않기 위함이기도 했다. 그의 부인인 스크랜튼 여
사가 교육사업에 몰두했던 또 하나의 이유는, 일본에 거주할 때 만났던 박영
효가 한국에서의 교육사업이 얼마나 중요한지를 누누이 설명했기 때문이었
다.[64]

1885년 아펜젤러는 한국에 도착한 지 8개월 만에 학교를 시작하였다. 처음
에는 2명의 학생만을 가르칠 수 있었는데, 부모들이 자녀를 선교사의 보호에

---

62) 기독신보, 1924년 8월 20일자.
63) 파견된 3명은 Gilmore George W, Bunker Dalxiel A. 그리고 Hulbert Holmer B. 였다. 이 학
교는 이 세 사람에 의하여 1886년 9월에 설립되었고 잘 운영되었으나 후에 관리들의 비도덕
성 문제로 폐교되고 말았다. Clark A. D., History of the Church in Korea (Seoul: C.L.S,K,
1971.), pp.90-91.
64) 전택부, 한국교회발전사(서울: 대한기독교출판사, 1992.), p.112.

맡기려 하지 않았기 때문이었다. 다음 해 그 학교는 고종으로부터 배제학당이란 칭호를 하사받았다. 교과과정은 한문, 영어, 그리고 신학부로 나뉘어 진행되었다. 영어반에는 106명이 등록하였고 한문반은 60명, 신학반에는 6명이었다.[65]

위에서 언급한 대로 대부분의 학교들이 초창기에 선교사들에 의해 고아의 수용과 교육을 위하여 설립되었다. 감리교 선교사 아펜젤러 목사는 1885년 7월 27일 스크랜튼 선교사의 집 한 채를 매입하여 방 두 칸을 헐어 교실을 만들고 이겸라, 고영복이라는 두 학생을 가르치기 시작하였고, 1886년 6월 8일 고종으로부터 배제학당이라는 교명을 명명받은 것이다.

아펜젤러 목사는 배재학당에 찾아온 모든 학생들에게 하루 점심 값으로 학생 1인당 1원씩을 지급하였을 뿐 아니라 공책과 연필 등 학업에 필요한 문구도 무상으로 제공하면서 16년 동안 학비나 숙식비도 전혀 받지 않고 열정적으로 교육사업에 봉사하였다.[66] 또한 1886년 여름에 언더우드는 고아들을 모아 '예수교학당'을 설립하였고, 알렌 선교사의 알선으로 천 평이 넘는 정승의 집 세 채와 토지를 구입하여 경신학교 전신인 언더우드 학당을 창설하였다. 언더우드 학당 역시 아펜젤러와 같이 학생들의 의복과 침식을 비롯한 교육비 일체를 선교부에서 부담하였다. 언더우드 학당은 예수교 학당으로 또 게일(G.S. Gale)목사의 발의에 의해 서울 효제동에 있던 구 연동예배당 부속 건물에 교사를 정하였다가, 1902년 지금의 연지동에 교지를 정하고 예수교 중학교라고 칭하다가 1905년 교명을 경신학교라고 개칭하였다.[67] 그 후 경신학교는 중학교 과정뿐 아니라 대학과정까지 설치하였다. 1915년 4월 미 북장로교, 남북감리교, 캐나다 장로교 연합선교회의 관리로 경신학교 대학부라는 명칭으로 출발하였는데 이것이 연희전문학교의 시작이었다.

중일전쟁(1894-1895) 이후 학생들은 굉장한 숫자로 늘어가기 시작하였다.

---

65) "EducationintheCapitalofKorea", *Korea Mission Field,* Vol.3(July, 1896.), p.309.
66) 조선일보, 1943년 11월 29일자.
67) 고춘섭, 경신80년사(서울: 경신중 · 고등학교, 1966.), pp.64-65.

이는 새로운 학문과 무기를 외국에서 들여와 중국을 쳐부수고 승리한 일본의 영향 때문이었다. 조선인들은 외국의 기술과 학문의 도입에 몰입할 수밖에 없었는데, 이는 일본에 빼앗긴 자주성을 회복하기 위해서는 반드시 외국의 교육이 필요하다는 인식을 같이 하였기 때문이다.

학교건립은 비단 선교사들에 의해서만 추진된 것이 아니었다. 선교사들의 영향은 전국으로 퍼져나갔고, 이런 영향으로 1906년 윤치호는 개성에서 상해에 망명해 있던 동안 개종을 결심하게 만들었던 교육기관인 중서서원을 본떠 한영서원을 설립하였는데 이것이 후에 송도고등보통학교로 발전하였다.

이렇게 한국에 내한한 선교사들은 복음과 함께 사회복지사업을 실시하여 신학문의 씨를 뿌려 사회교육복지에 크게 이바지하였다. 감리교 158개교, 성공회 4개교, 천주교 46개교, 장로교 781개교 등 전국에 이들이 세운 학교는 급격히 늘어났다.

2. 여자학교의 설립

일반적으로 조선인들이 한문을 공부하였던 이유는 과거에 합격하여 벼슬자리를 얻기 위함이었고, 여성들에게는 이러한 특권은 주어지지 않았다. 전통적인 여성 교육은 "여자의 미덕은 무지"라는 한마디로 일축되었다. 선교사들은 여성들이 당하고 있는 이러한 참혹한 현실을 인식하고 여성을 위한 교육의 필요성을 절감하였다. 이러한 선교사들의 노력은 여성을 위한 교육과 여권신장운동에서 분명하게 나타난다. 유교의 제약 속에서 여성들은 그들의 권리를 행사하지 못하였으나, 기독교는 남성과 동등하게 여성의 권리를 인정하였고, 동시에 책임의 동등성도 강조하였다.

스크랜튼 부인은 1885년 6월 미국 북감리교 여 선교사로 내한하여 서울에 도착하자마자 학교 설립 준비에 착수하여 1885년 10월 정동에 초가집 19채와 빈터를 매입하여 고치고 학생을 모집했으나 순조롭지 않았다. 당시 조선은

기독교에서 운영하는 학교에 자녀를 보낼 정도로 개방적인 분위기는 아니었
다. 따라서 선교사들은 거리에 버려진 아이, 고아나 과부, 혹은 첩 같은 천민
계층을 데려다 먹여 주고 입혀 주면서 가르쳤다. 처음에 학교에 등록한 학생
은 부모가 자식을 굶겨 죽이는 것보다는 학교에 보내는 것이 낫겠다고 하여
보낸 가난한 학생들이었다. 그 학생의 어머니는 동네 여인들로부터 늙은 외
국인을 신뢰한다고 해서 조롱을 당하였으며, 외국인이 학생을 살찌워 몸종으
로 부리거나 외국으로 데리고 갈 것이라는 경고를 받기도 했다. 이러한 소문
으로 스크랜튼 부인은 미국으로 데리고 가지 않는다는 각서를 써주기도 했으
나 학교는 매일 매일 동네 사람들에 의해 감시당하였다.[68] 따라서 학생들 대
부분은 사회적으로 버림을 당한 고아나 과부가 대부분일 수밖에 없었다. 한
예로, 이화학당 초기 졸업생으로 근대 한국 여성교육에 크게 공헌한 하란사
(河蘭史)는 인천의 정부관리의 첩이었으며, 이화학당 최초의 한국인 교사였
던 이경숙은 과부였고, 역시 이화학당 출신에 이화학당 초창기 교사로 있으
면서 한국감리교 여선교회의 모체가 된 조이스회나 보호여회를 창설했던 여
메레도 부모가 선교사에게 버리듯이 두고 간 아이였다.[69]

　　정신여학교의 설립도 예외가 될 수 없었다. 1887년 6월 제중병원의 간호사
로 봉사하며 왕비의 시의로 일하던 엘러(Annie J.Eller)가 언더우드 목사의 고
아원 사업 일환으로 5살 난 정네를 사택 안에 데리고 와 글을 가르치기 시작
하면서 정신학교가 시작되었다. 그 해 12월 사택 뜰에 있는 기와집으로 장소
를 옮기고 교육을 실시하였으며 운영비는 미국 선교부의 보조와 교사들의 헌
신적 봉사로 유지되었고, 1903년까지 학비와 기숙사비까지 무료로 제공되었
다. 엘러의 헌신적인 봉사로 학교는 터전을 잡아가기 시작하였으나 그녀가
건강문제로 귀국한 후 1889년 하이든(Mary E.Hayden)이 잠시 학교를 맡아
운영하였으며, 1890년 도티(S.H. dorty)가 학교의 책임자로 내정되어 교장으
로 취임한 지 5년이 지난 1908년 정부로부터 정식인가를 받아 1909년에 정신

---

68) Huntley, *Caring, Growing, Changing*(New York: Friendship Press, 1984.), p.106.
69) 이덕주, *op. cit.*, p.36.

여학교라고 부르게 되었다.[70]

선교사들이 교육을 실시하는 데 있어서 점차 많은 문제점들이 노출되기 시작하였다. 사실 많은 학생들이 12살에 결혼을 했기 때문에 지속적인 교육을 실시하기에 어려웠다. 부모들이 어린 나이에 결혼을 강요했기 때문이다. 또 다른 문제는 교사의 부족이었다. 대부분 여성들은 교육을 받지 못했기 때문에 해결책으로 상급반의 학생이 하급반의 학생을 가르쳤다.[71] 그러나 가장 긴급한 문제는 교사의 부족이나 조기 결혼보다 그들의 건강문제였다. 이화학교의 도티(SusanA.Doty)선생은 이에 대해 다음과 같이 기술하고 있다.

"내가 지금까지 교육을 실시해 오면서 참으로 어려웠던 것은 3번씩이나 학생들 치료를 위해 감리교 병원에 보내야만 했던 것이다. 이러한 이유 때문에 우리는 선생보다는 간호원이 더 필요했다. 따라서 이화학교는 간호원과 의사를 직원에 반드시 포함시켜야 한다고 본다."[72]

당시 학교의 일반적인 교과목에 대하여 언더우드 부인은 좀 더 소상히 소개하고 있다.

"9명으로 구성된 도티 여사 반의 여학생들은 대부분 8살 가량의 아이들이었다. 가능하면 그들의 수준에 맞게 가르치려 하였고 바느질, 요리도 가르쳤다. 또한 그들은 영어와 한국말을 한자와 함께 공부했다. 그리고 무엇보다도 그들은 복음의 말씀을 배웠다. 한국인에게 맞는 교육을 실시하기 위해 우리는 최선을 다하였다. 우리의 목표는 그리스도의 제자 삼는 것이지 미국인화하는 것은 아니었다."[73]

---

70) 정희경, 정신75년사(서울: 정신여자고등학교, 1962.), pp.57-62.
71) Huntley, op. cit., p.83.
72) Ibid.
73) L.H Underwood's letter to A.T Pierson on September 1, quoted George L.G Paik, The History of Prestan Mission in Korea(Seoul: U.C.C Press, 1929.), p.132.

메리 스크랜튼 여사도 교육의 목적이 결코 서구화하는 것이 아니라고 기술하고 있다.

"우리의 목표는 한국인이 한국인으로서 자긍심을 갖도록 교육하는 것이며, 예수 그리스도와 그의 가르침으로 완전한 한국인으로서 자리매김하는 데 있다." [74]

1897년 10월에는 중국에 있던 캠벨(J.P. Campbell)부인이 내한해서 조선의 여성운동과 교육을 위하여 배화학당을 설립하는가 하면, 1901년 개성에는 하보와 캐롤이 주도하여 학교를 설립하고 1909년 인가를 받아 호수돈 여학교라 명명하였으며, Mary Helm 여학교도 설립되었다.

선교사들의 학교설립에 대한 열정으로 교육의 중요성은 인식되기 시작하였다. 방방곡곡에 학교는 끊임없이 세워지기 시작하였다. 조선장로회 총회는 이러한 시대적 상황을 다음과 같이 기술하고 있다.

"우리는 학교교육의 성패가 학교의 운영자와 밀접한 관계가 있음을 알고 있다. 예를 들어 간도 명동중학교는 후원금을 잘 모집하여 아름다운 외국식의 학교를 건립하였는데 무엇보다 운영자의 열정이 있었기에 가능했다. 그리고 믿음과 학식을 겸비한 훌륭한 교사들을 초청하였기 때문이다." [75]

이렇게 장로회 총회는 학교건립에 열성을 보이라고 노회들을 획책하고 격려하였다. [76]

학교건립에 대한 열정은 특별히 일본에 대항하여 싸웠던 애국지사들 사이에서 맹렬하게 번져 나갔고, 1905년 애국지사들을 중심으로 한 교육기관 설립은 나라 전체를 감당하고 있었다. 만일 선교사들이 교육에 관심을 가지지

---

74) Huntley, *op. cit.*, p.83.
75) 조선장로교회 회의록(1913년), p.54.
76) *Ibid.*

않았더라면 교육의 문제는 바로 이 애국지사들을 통해 견고하게 확립되었을 것이다. 애국지사 중 이동휘는 교육에 대한 남다른 열정을 갖고 있었다. 많은 사람들이 교육활동에 참여하였지만 이동휘의 경우는 특별하였다. 그는 조선 시대의 군인이었고 강화지방을 책임지고 있었으나 일본의 강점이후 군복을 벗어 던지고 그리스도인이 되어 전도사로 활동하였다.[77] 전도사와 교육가로서 그의 삶을 교육사업에 헌신하였다. 대한매일신문은 그의 열정적 교육사업에 대하여 다음과 같이 기고하고 있다.

"그가 북서학원에 재직중일 때 그는 영흥에 강의를 인도하러 간 적이 있다. 거기서 그는 조선의 약한 교육열을 일으키기 위해 매우 인상적인 연설을 하였다. 그는 눈물로 범벅이 되었고 이 강연에 참여한 사람들은 깊은 감동을 받아 72개의 학교가 설립되었다."[78]

이동휘는 조선을 교육의 나라로 만들기 위하여 '한 고을 한 학교' 운동을 제창하였다. 그가 군복을 벗어 던진 후 강화에만 73개의 학교를 세웠고 그의 열정적인 헌신으로 평양 근교에만 170개의 학교를 세웠으며 다른교회들도 이 운동에 열정적으로 참여하였다.[79]

3. 유치원의 설립

조선에서의 첫 번째 유치원은 이화학당의 교사였던 프레이(Lula E.Frey)에 의해 1913년에 설립되었고 설립당시 학생은 22명이었다. 그러나 프레이가 병으로 귀국하자 유치원은 잠시 폐교되었다. 그 후 미국의 신시네티 유아교

77) Paik, op. cit., p.328.
78) 대한매일신문, 1935년 2월 15일자.
79) 박정규, "기독교가 한국사회에 미친 영향", 월간고신(1989년 2월), p.29.

육학교를 졸업한 선교사 브라운리(Brownlee)의 귀국으로 유치원은 새로운 도약을 하게 된다. 유치원은 이화학당의 부설기관으로 자리잡게 되었고 한국 유치원 교육의 산실이 되었다.

브라운리는 무엇보다 먼저 번역작업에 착수하여 12권의 교재를 만들었다. 독일의 교육가였고 유치원 이론을 발달시켰던 프뢰벨(Fredrick. W Freobell)의 책을 번역하기 시작하였다. 지속적으로 유치원 교사를 양육하기 위하여 서울의 감리교회에 교사 훈련기관이 세워졌고, 전주에는 미국 서장로회에서, 평양에는 북장로교회의 여성교육반에서 훈련기관을 세웠다.

평양의 어느 장로교회 집사는 유치원 교육을 위하여 3만 엔의 거금을 헌납하기도 하였다. 이러한 영향으로 전국에 유치원 교육 또한 강렬하게 실시되었다. 애국지사 역시 유치원의 중요성을 외쳐대기 시작하였다.

> "우리가 소학교, 중학교, 고등학교를 세우는데 최선을 다하지만 유치원 교육에 대하여는 그렇게 깊은 관심을 두는 것 같지는 않다. 이것은 다음의 예화에 비교할 수 있다. 즉 큰 나무를 갖기 원하면서도 묘목상에 있는 어린 나무에 관심을 두지 않는 것과 같다. 우리가 참으로 잘 훈련된 좋은 학생들을 갖기 위해서는 유치원에 있는 어린 학생들에게 관심을 두어야 한다." [80]

학교나 유치원의 건립은 빠른 속도로 확산되었으나 동시에 여러 가지 문제점도 나타나기 시작하였다. 그 근본적인 원인은 예산의 부족이었다. 거의 모든 학교가 예산과 교재의 부족 때문에 어려움을 당하였다. 이러한 연유로 소학교의 모든 운영은 거의 한국교회가 떠맡게 되었다. 선교사들은 급격한 학교교육의 확산으로 엄청난 재정 부담을 안게 되었고 결과적으로 한국의 장래를 책임져야 할 교육에 대해 후원을 전면 중단하는 상황에 이르게 된다.

---

80) 기독신문, 1916년 11월 13일

제3절 여성의 권리신장

1. 여성들의 사회상황

기독교가 한국에 전래되기 이전에 한국의 여성들은 동물같은 취급을 받고 있었다. 예를 들어 1900년 초에 무어(J.RMoore) 선교사는 남편이 내린 체벌로 코가 잘리고 발에 깊은 상처를 입은 채 버려진 한 여인에 대하여 이렇게 기록하고 있다.

"세상에 이렇게 한국여인들이 불쌍할 수가…나는 한국의 이 불쌍한 여인들을 위하여 과감히 말한다. 사람과 동물의 다른 점이 무엇인가? 그것은 사람은 의를 알고 예의와 품절을 아는 것이 아닌가? 그러나 우리가 한국여인에 대하여 생각할 때 한국은 여인에 대한 동정도 없으며 사랑도 없고 예의와 품절을 찾아 볼 수 없다. 도리어 그들은 부인을 무시하고 너무나 심하게 다루며 이성에 맞지 않게 혹사시킨다."[81]

이렇게 짓밟힌 한국 여성들의 권리를 신장하기 위하여 실시된 여성교육은 1920년대까지 선교사들에 의하여 계속되었다. 1920년부터 1930년, 즉 사회계몽운동의 절정기에 여성을 위한 학교가 교회에서 시작되었다. YMCA와 YWCA 역시 이 운동에 적극 가담하였고 이러한 교육운동은 사회전체를 완전히 변화시켰다.

사실 교회는 일반적으로 남성들 위주로 운영되는 면이 없지 않았다. 그러나 선교사들은 여성들의 권리에 관심을 갖기 시작하였고 교회에서는 여성들의 세례가 늘어나기 시작하였다. 동시에 1888년 3월부터는 여성들만의 집회

---

81) 독립신문, 1906년 11월 4일

가 시작되었다. 정동교회에서 시작된 이 집회를 통하여 한국 최초의 여성단체가 조직되었는데, 이것이 한국감리교 여선교회의 모체가 되는 '조이스회'이다. 이 회는 선교와 친교를 목적으로 하면서, '남녀평등', '여성교육'과 같은 주제로 토론회를 자주 열어 여성들의 자의식 계발과 계몽운동에 중요한 업적을 남겼다. 오랜 세월 전제 봉건주의 체제의 억눌림과 억압의 상황에서 살아왔던 여성들은 기독교 복지사업을 통해 '여성도 남성과 다르면서 또한 동등한 인권의 소유자이며 그것을 향유할 수 있는 권리를 지니고 있다'는 사실을 자각하기에 이르렀고, 이제는 스스로 온전한 인격체로 살아갈 것을 교육하고 강연하면서 여성들의 권리를 찾아나가게 된다.

2. YWCA

여성 교육에 힘입어 1900년대 들어 많은 교회의 여성단체들이 탄생하기 시작하였다. 그 대표적인 기관이 보호여회(保護女會)였는데, 이 단체 역시 사회적으로 차별대우를 받는 여성들의 권리신장을 위하여 많은 노력을 기울였다.

1903년 설립된 YMCA의 전신인 황성기독교청년회와 같은 기독단체가 사회적으로 활발한 운동을 전개하였다. 이에 자극받아 많은 청년단체가 조직되었고 여성단체들 역시 영향을 받아 설립되기 시작하였다. 이런 단체들의 관심은 일반적인 사회문제였지만, 대부분의 사업들이 여성의 권리신장과 관련이 있었다. 여성의 인권신장을 위한 장로교 공의회의 활동은 감리교 여선교회와 같이 대단히 열정적으로 전개되었다. 장로교 공의회는 첫째로 여성 인권을 위해 첩 제도와 같은 악습을 철폐하는 운동을 전국적으로 강력하게 실시하였다. 이러한 운동은 전국적으로 확산되기에 이르렀고, 1921년 조선기독교 여자 절제회가 창설되었다. 면려청년회는 물산장려, 문맹퇴치, 농촌 봉사, 금주, 단연 운동을 강력하게 펼쳐나갔다.

여성의 권리신장에 결정적인 역할을 감당한 기관은 조선여자기독청년회

(YWCA)였다. 이 기관의 활동은 그 당시 암울한 여성의 권리를 대변하였을 뿐 아니라 그들을 교육하고 정신을 일깨움으로 사회계몽의 역할을 충실히 담당하였다. 또한 복음전도운동, 여성계몽활동, 농촌운동, 야학운동, 절제운동, 생활개선운동 등 다양한 사업을 벌였을 뿐 아니라, 조선여자기독교절제회(WCTW)를 통하여 조선사회가 위기에 처한 여러 가지 상황들을 타개하기 위하여 금주단연운동, 공창폐지운동, 아편 및 마약퇴치운동 등을 벌여 1920-1930년대 사회악 추방운동의 큰 줄기를 형성하였다. 강렬한 여성운동은 근우회를 통하여 실시되었는데, 이 단체는 여성에 대한 사회와 법률 일체와 차별 철폐, 봉건적인 인습과 미신 타파, 조혼폐지 및 결혼의 자유, 인신매매 및 공창 폐지, 농촌부인의 경제적 이익 옹호, 부인 노동의 임금차별 철폐 및 산전 산후의 임금 지불, 부인 및 소년공의 위험노동 및 야업 폐지 등 구체적이고 적극적인 운동을 실행하였다.[82] 여성운동은 단순히 표면적인 운동에 그치지 않고 오히려 실질적이며 구체적인 사업들을 실시함으로써, 권리의 문제는 물론 복지 문제에까지 깊숙이 개입하고 있었다.

1924년에 YWCA는 농민들을 위한 야간학교를 설립하고, 1927년에 평양 YWCA는 농촌여성을 위한 기본 계몽운동 프로그램을 개설하였다. 김활란은 YWCA의 목적을 "여성을 위한 야간학교 개설, 겨울 영농학교, 어린이 교육, 여성의 삶의 질 향상"에 두었다.[83] YWCA 자체도 문맹의 퇴치와 농촌계몽, 그리고 농촌 여성들이 더 위생적이고 기술을 갖도록 교육하는 일에 집중하였다.

1928년 예루살렘 국제선교사 회의에 참석한 후 YWCA는 농촌의 위생을 더욱 강화하는 일, 문맹퇴치를 포함한 농민교육, 그리고 농촌계몽 등의 프로그램을 더욱 확실하게 진행하였다. 1928년, 년간 예산 중 31.8가 농민계몽을 위하여 쓰여졌다는 것은 괄목할 만하다. 이러한 지속적인 운동을 통하여 여성의 권리는 신장되었으며, 특히 농촌여성의 지위는 상당히 향상되었다. 그 결과 모윤숙, 홍에스더, 김활란 같은 여성 지도자들이 맹렬하게 활동할 수 있었다.

---

82) *Ibid,* p.72.
83) 김활란, "조선 여자청년의 자기담", 『청년』(1926년 5월호), p.8.

최용신은 YWCA 농촌계몽 운동의 선구자로, 협성신학교를 졸업하고 수원 근처의 샘골 마을로 파송되었다. 그녀는 문맹퇴치에 최선을 다하였고 여성과 어린이들을 가르쳤으며 시간이 나는 대로 수예와 수공품 등을 가르쳤다. 또한 창곡학교를 열어 열성을 다하여 헌신하였으나 1935년 장적층중(invagination)으로 젊은 나이에 사망하였다. 이러한 여성들의 헌신은 철저하게 여성의 권리에 초점이 맞춰졌다. 이러한 헌신적인 노력의 결과, 일반인 특히 그리스도인들의 여성에 대한 사고는 많이 변화되었다.

또한 남성들이 여성들을 대하는 태도 역시 달라지기 시작하였다. 그리스도 신문에서는 당시의 변화를 이렇게 서술하고 있다.

"자, 이제 우리는 성서의 의미를 이해하고 있다. 비록 믿지 않는 사람들이 우리의 결점을 끄집어내어 조롱하더라도 우리가 식사할 때 여성들도 방으로 들어오게 하여 상 위에서 편안하게 식사에 동참하도록 권고하자. 부인과 대화할 때 상스러운 소리를 하는 것은 존경스럽지 못한 행동이니 같은 경어를 사용함으로 동등하게 대화하도록 하자."[84]

기독신보 역시 변화된 여성의 지위에 대하여 언급하고 있다.

"여성에 대한 우리의 생각은 엄청나게 변화하고 있다. 어느 곳이든 소학교, 중학교, 대학교가 생기는 곳에는 여성이 교육받고 있다. 여성들이 20년 전에 미국으로 건너가 의학공부를 하고, 이제는 의사가 되어 우리 민족을 치료하다니 감히 상상할 수 없는 일이다. 우리는 여자 성경학교, 간호학교, 대학 의학부, 중학교, 고등학교에서 공부함으로 지식을 넓혀가고 있는 학생의 숫자를 셀 수 없음을 안다. 25년 전과 비교하여볼 때 이 변화는 엄청나게 빠른 속도로 진행되고 있다. 그렇게 더러웠던 길들이 깨끗해진 이유는 어디에 있는가? 그것은 여성들이 사회

---

84) 그리스도신문, 1901년 6월 20일.

곳곳에서 활약하고 있기 때문이다."[85]

교육을 통한 한국여성의 가능성도 재기되기 시작하였고, 많은 사람들이 다시 한번 여성 교육의 중요성과 여성의 권리 신장이 얼마나 중요한지 인식하기 시작하였다. 한 교인은 이렇게 변한 여성들의 지위와 위상에 대하여 다음과 같이 설명하고 있다.

"지난번 우리는 정동교회에서 한국의 여성들이 외국 여성들과 토론하는 것을 보았다. 나는 대단한 흥미를 가지고 지켜보았는데 한국의 여성들이 잘 교육받기만 한다면 외국의 여성들과 하나도 다를 것이 없음을 분명히 알았다."[86]

결집된 여성들의 힘은 민족이 고난을 당함과 동시에 결정적인 진가를 발휘한다. 3.1 운동 때 기독여성들의 활약은 참으로 대단하였다. 3.1 운동에 참여한 대부분의 여성들은 기독교인으로 교회여성이나 기독교 학교 학생들이었다. 이화학당과 배화학당의 학생들이 중심이 되었고, 장로교의 정신학당 등의 학생들과 교사들이 여성 시위의 주도적 역할을 담당했다. 평양에서는 숭의여학교와 정의여학교의 교사와 학생, 그리고 남산현 교회와 장대현 교회의 여성 교인들이 적극 이 운동에 동참함으로서 기독 여성들의 저력을 보여주었다. 이러한 여성운동은 국소적으로 일어난 것이 아니라 거국적인 현상으로, 이 외에도 해주의 의정여학교, 개성의 미리흠 여학교와 호수돈 여학교, 원산의 루씨 여학교, 수원의 삼일 여학교, 광명 여학교 등 기독교 학교들이 주도적으로 민족정신을 일깨웠다.[87]

---

85) 기독신보, 1915년 2월 15일.
86) 협성회보, 1898년 1월, p.3.
87) 이덕주, *op. cit.*, p.65.

3. 부녀복지사업

부녀복지사업은 여성교육, 여성운동과 분리하여 생각할 수 없는 밀접한 관계에 있다. 앞서 언급하였듯이 조선시대의 여성들의 삶은 말로 표현하기 힘들 정도의 비참함 바로 그것이었다. 최소한 외국인의 눈에 비친 한국사회 여성의 삶은 심각한 수준에 있었다. 선교사들은 이러한 여성문제에 대하여, 교육을 통하여 스스로 문제를 인식하도록 하고, 또한 여성운동들을 통하여 사회적인 인식을 변화시키면서 동시에 구체적인 복지사업에 관심을 둠으로서 총체적이면서도 통전적인 접근을 시도하였다. 선교사들이 부녀자들을 위해 실시한 전문 복지사업은 루라웰즈 학원(TheLulaWellsInstitute)이었다. 이 학원은 1919년 평양에 온 선교사인 헌터웰(HunterWells) 박사 부인인 루라웰즈 여사에 의해 세워졌는데, 이혼 당한 부인, 가난한 과부, 취학할 수 없는 소녀 또는 파혼 당한 불우한 여성들에게 보통학교 6년 과정을 4년에 마치게 하여 그들의 미래를 준비할 수 있도록 도왔다.[88] 사실 그 당시 조선사회 여성들은 한 인간으로 존중되기보다는 동물같은 취급을 받았고 이러한 면에서 루라웰즈 학원은 사회적으로 연약한 여성들에게 큰 위로와 소망을 주었다. 이러한 여성 복지운동은 연속적이고 체계적으로 전국에서 일어나기 시작했다.

이와 때를 같이하여 좀더 구체적이며 종합적인 부녀복지의 형태로 여성을 위한 복지관이 건립되었다. 감리교회는 1921년 태화여자관이라는 명칭으로 복지관을 개관하였다. 복지관 운동은 남감리회 선교부의 도움을 얻어 계속하여 원산, 철원, 춘천, 등 5개 지역에 동시에 설립되었고, 빈부차이를 가리지 않고 남녀노소 집단활동을 통해 여성의 복지를 향상하였다. 구체적인 프로그램으로는 야간학교, 유아원, 보건, 음악, 운동, 소녀클럽, 부녀클럽, 영어클럽, 문화클럽, 성가합창클럽 등이었으며, 표어는 '우리의 지역사회를 섬긴다' 였다. 이미 여성들은 단순히 자신들의 권리문제에만 관심을 둔 것이 아니라 지

---

88) 김덕준, op. cit., p.31.

역사회의 봉사자로서 여성들의 위치를 확보하려고 했던 것이다. 이러한 사회복지관 운동은 1935년 이영학의 도움으로 선천읍 창신동 220번지에 대지 500여 평, 건평 450평의 3층 건물 선천회관을 건립하면서 더욱 활기를 띠게 되는데, 이곳에서는 2천 명을 수용할 수 있는 대강당과 도서관, 강의실 등이 구비되어 있었다. 이는 실로 놀라운 일이 아닐 수 없었다. 교회와 여성이 힘을 결집하여 여성의 사회문제를 해결하기 위하여 이러한 복지관 운동을 조직적으로 펼쳤다는 것은, 교회가 사회문제에 그만큼 직접적인 관심을 갖고 또 이것이 교회와 사회를 살리는 길임을 인지하였다는 사실인 만큼 오늘날 교회에 던지는 메시지는 결코 적지 않다.

교회의 여성 복지를 위한 행진은 그칠 줄 몰랐다. 1922년 연합선교회는 연합선교협의회(Federal Council of Mission)를 조직하고, 협의회 내 사회봉사위원회는 문제가 있는 소녀들을 위해 '소녀의 집' 설립의 필요성을 인지, 호주 선교부와 구세군의 협조를 얻어 1926년 서울소녀의 집을 개관하였다. 또한 왓슨(Watson) 부인에 의해 여성직업농장학교가 부산 근처에 세워졌고, 수공예 기술을 가르쳐 생계를 유지할 수 있도록 하였다. 1937년에는 통영에 신교사를 세워 Kerr양이 교장으로 위임되었다.[89]

이 외에도 강력히 추진된 또 하나의 부녀복지사업은 폐창운동(공창폐지운동)이었다. 폐창운동의 창시자는 목사 부인이었던 죠세핀 버틀러(Josephine Butler)로, 그녀가 폐창운동에 관심을 갖기 시작한 동기는 딸의 죽음이었다. 뜻밖의 사고로 목숨을 잃은 딸에 대한 충격으로 괴로워하는 버틀러를 친구들은 윤락가로 인도하였고, 그곳에서 그녀는 이처럼 불행한 여성들을 자신의 딸로 삼고 윤락여성의 벗이 되기를 결심하였다.

1930년대 당시 주된 사회문제는 성 문제였다. 송상석 목사는 명치 33년에 제정된 매춘금지법을 조선에서 시행하기 위해 일본 기독교인들과 노력하였다. 일본인들은 조선에서는 공창을 허용하면서도 본국에서는 금지하는 이중

---

89) *Ibid.* p.32.

적 행위를 견지하였고, 이를 반대했던 기독교회는 여성들의 힘으로 강력하게 공창폐지운동에 동참하였다. 이러한 운동의 결과, 서울부녀관, 부산부녀관을 세워 윤락가 여성들의 보금자리를 마련하여 주었다. 한편 교회는 이와 때를 같이하여 축첩, 중혼을 금하였고, 중혼하는 자에게는 교회의 임원권을 주지 않았다.[90]

1930년대의 조선사회는 참으로 암울하였다. 이러한 어려운 상황을 타개하기 위하여 교회는 좀더 전문적이며 체계적인 사회복지 체계를 마련하게 된다. 부녀복지를 위해 고봉경과 고황경은 경성자매원을 건립하였다. 또한 1937년 4월 서울외곽에 사회인보관인 경성자매원을 시작하였는데, 이 인보관의 목적은 부녀 및 소녀들에게 도덕과 지식을 가르치고 가정기술을 익히게 함으로써 개인의 행복과 복지사회를 돕는 한국 기독교사의 부녀복지의 초석이 되었다.

제4절 장애인복지선교

조선시대의 장애인 역시 여성과 같이 처참한 시대의 주변인에 불과하였다. 이러한 암울한 현실 가운데서도 선교사들을 중심한 교회는 이들에 대한 배려를 아끼지 않았으며 한국 기독교는 장애인복지사업에 지대한 공헌을 하였다.

한국 최초의 맹인복지사업은 1890년 미국감리교 여선교사로 입국한 셔우드(Losetta Sherwood)에 의해 추진되었다. 의사인 그의 남편에게 오씨라는 조수가 있었는데 오씨의 딸이 맹인이었고, 셔우드가 그 소녀를 데려다가 교

---

90) 백낙준, 『한국개신교사』(서울: 연세대출판부, 1973.), pp.234-235.

육시키면서 최초의 맹인복지사업이 시작되었다. 그녀는 이듬해인 1891년 입국한 의사인 홀(William J.Hall)과 결혼하여 남편과 함께 평양을 중심으로 의료사업, 교육사업, 교회개척 등 선교사업을 실시하였다. 이러한 맹인교육을 시점으로 1897년에는 뉴욕식 점자방식을 이용한 최초의 한글 점자를 창안하여 본격적인 교육을 하였으며, 1903년부터는 평양에 맹인여학교를 개설하여 동양에서는 최초로 통합교육을 실시하였다. 1904년 선교사로 입국한 목사 부인 마펫(Alice Fish Moffet)은 평양에 남자맹인학교를 설립 운영하였고, 1907년에는 미국 선교사 포르가 평양에 '평양맹아학교'를 설립하였다. 이 학교는 여선교사인 홀이 남편의 사망과 더불어 열정을 쏟아 시작한 시각장애인 복음전도와 구제사업을 행하던 시설을 합병하여 설립되었다. 이후 서울 맹아학교 전신인 재생원이 1914년 설립되었고, 해방 후 힐 선교사가 청주 맹아학교를 설립하였으며 루 선교사 부처가 대전에 천광원 맹인직업센터를 설립하였다.[91]

농아교육 역시 여의사 셔우드에 의하여 시작되었다. 남편인 홀이 격무로 사망하게 되자 일시 귀국하였다가 내한하여 남편의 유업을 기리기 위해 평양에 평양기독병원의 전신인 기홀병원을 설립하고 의료선교를 실시하였다. 그녀는 그곳에서 신체 장애인들이 많음을 인지하고 또 그들에 대한 사회 보호제도가 전혀 없음을 안타깝게 여겨 새로운 장애인 교육을 계획하게 되었다. 이 일을 추진하기 위해 1909년 병원을 수옥리로 옮겨 농아들을 받아들인 것이 한국 농아교육의 시초가 되었다.[92]

맹아교육은 1926년에는 혁신을 거듭하여 한글점자를 완성하고 세계점자 유형에 한글식이라는 독특한 형태를 창안하여 1927년 12월 4일을 점자 기념일로 공포하였다. 1935년부터는 장로교의 맹인복지사업을 활성화시키기 위해 이창호 목사가 평양의 마포삼열 기념관에서 남자맹인들을 모아 지도하며 교육과 선교활동을 병행하였다. 맹인사업에 대하여 남다른 열정을 가진 기독

91) 김기원, 『기독교사회복지학』(서울: 대학출판사, 1999.), p.142.
92) 기독교대백과사전, 기독교대백과사전(서울: 기독교문사, 1980.), p.672.

교인 박두성씨의 맹인사업은 더욱 활발하게 진행되었다. 그는 맹인통신교육에 관심을 갖고 '문화사'라는 회사를 운영하면서 조선맹아사업회를 조직하여 맹인복지사업에 힘썼을 뿐 아니라, 점자 개량에 정력을 쏟음으로서 노학우, 전태환, 이종덕, 김영규, 왕석보 등의 맹인들과 함께 점자를 연구, 3.2점식을 채택하는 데 이르게 된다.[93]

이렇게 한국 기독교의 장애인에 대한 사랑은 남달랐다. 기독교의 장애인 복지사업은 농아들을 위한 한국 구화학교의 설립, 교회 소속의 심신장애인 유아원 설립 등 장애인복지를 위한 선교적 사명을 감당하였다.[94] 특히 어린 장애인들에게 인간의 존엄을 가르치고 정서적 안정을 도모하여 희망을 가질 수 있게 하였으며, 장애인들에게 각종 기술을 가르쳐 자활의 꿈을 심어주는 계기를 마련해 주었다.[95]

제5절 의료복지선교

선교사 이전의 한국에는 단지 침으로 치료하던 한약방만 있을 뿐이었다. 불행하게도 선교사들은 한의사들의 실수로 침의 부작용을 많이 목격하였다. 버스티드(J.B Busteed) 박사는 다음과 같이 진술하였다.

"나는 얼굴에 종기가 나 풀로 연고를 만들어 사용한 환자를 치료한 적이 있고 또 어느 여인은 남편의 매독을 치료하기 위하여 입으로 핥아 치료하라는 한의사의 지시를 받았다는 얘기도 들었다. 또 다른 환자는 등이 굽은 환자였는데 한의사

---

93) *Ibid.* p.671.
94) 교회연합신보, 1984년 5월 13일자.
95) 크리스천신문, 1984년 6월 9일자.

가 뜨거운 다림질로 실패하자 독사를 사용하여 놀라게 함으로 치료하려 했다는
보고를 접하기도 했다."[96]

전염병을 포함한 여러 가지 질병들은 일상적인 것이었다. 위생관념이 없
거나 부족한 것은 유럽과 비교할 때 한심한 수준이었다. 언더우드 목사 부인
인 릴리안(Lillian Underwood)는 1880년대의 서울의 모습을 다음과 같이 설
명하고 있다.

"모든 하수구들은 지상에서 이리 저리 흘러 작은 도랑을 만들고 이곳 저곳에 작
은 연못을 만들어 썩은 냄새를 피우는가 하면 그대로 방치되어 있다. 모든 비위
생적인 현상들이 공통적으로 존재한다. 어린아이들도 설익은 오이를 한 손에 들
고 뜨겁고 물기 많은 빵을 들고 팔짱을 낀 채 나다니고 있다. 더러운 물에 그냥
씻은 질기고 소화하기 힘든 채소들을 무와 함께 고추와 소금에 맛을 내어 먹는
다."[97]

1. 서민을 위한 의료사업

의료기관으로는 미국 북장로교의 한국최초 의료선교사인 알렌이 1885년
정부의 후원으로 세운 근대병원인 광혜원(후에 재중원으로 개명)이 최초이
다. 같은 해 9월 감리교 최초 선교사로 서울에 온 의료선교사 스크랜튼은 지
금의 정동교회 근처 정동에 감리교 정동병원을 세웠다. 그 후 정동병원은 상
동으로 자리를 옮기고 상동병원으로 개편하여 수용시설을 겸한 병원을 설립
해 본격적인 의료사업을 실시하였으며, 1886년에는 시병원(Universal Relief

---

96) Huntley, *To Start a Work:The Foundation of Protestant Mission in Korea* (Sydney:
    Presbyterian Press, 1975.), p.4.
97) *Ibid.* p.9.

Hospital)이란 간판을 걸고 정식 병원으로 개설하였다. 또한 스크랜튼은 1888년에 서대문 밖 아오개에 시약소를 개설하였고, 1890년에는 새로 내한한 맥길(W.B.McGill)이 남대문 안 상동에 시약소를 개설하였다.

대부분의 병원들이 남성들 위주로 운영되었기 때문에 여성들의 의료문제 해결이 용이하지 않다는 사실을 발견한 후 스크랜튼 여사는 본국 선교부에 여성 의사를 보내 줄 것을 청원하였다. 이 때 파송받은 여의사는 하워드였는데, 그녀는 내한하자마자 자기 집에서 환자들을 치료하기 시작하였다. 치료가 본격화되자 좀더 전문적인 도움을 위하여 1887년 11월에는 독자적인 건물을 마련하여 정식병원을 열었다. 이것이 한국 최초의 여성 전용병원인 보구여관(保救女館)이다. 그러나 하워드의 건강악화로 보구여관은 한때 병원의 기능을 제대로 감당하지 못하는 문제에 직면하기도 하였으나, 다행히 1890년 10월 셔우드가 내한하여 진료하면서 병원운영이 정상화되었고, 셔우드 선교사는 한국인 의사의 필요성을 느끼면서 이화학당 학생 중 몇 명을 선발해 의학공부를 가르쳤다.

북한지역의 경우 1892년 의료선교사 홀이 평양 서문 밖에 집을 마련하고 시약소 형태의 병원을 설립하여 서민들과 접촉한 것이 시초가 되었다. 선교사 홀의 헌신적인 의료행위는 수많은 조선인들의 마음을 사기에 충분했고, 이는 곧 기독교를 받아들이기에 적합한 토양을 배양한 셈이 되었다. 그는 몸을 아끼지 않고 조선인들의 생명에 지대한 관심을 가졌다. 홀은 전쟁 직후 전염병이 돌았을 때 부상병과 환자 치료에 열중하다가 그 자신이 감염되어 세상을 떠났다.

한국에 처음으로 거주하면서 의료사업을 실시한 선교사는 앞서 언급했듯이 미국 북장로교 소속 의사 알렌이다. 의사 알렌이 한국으로 사역을 결정하고 이후 다른 선교사들이 한국사역을 결정하였을 그 중간기간에 의료선교 전반에 영향을 미친 사건이 있었다. 1884년 갑신정변으로 보수 정부가 잠시 동안 전복되었다. 보수집단의 중심인물이었던 민영익이 중상을 입고 죽음의 위기에 있을 때 알렌은 그를 돌보기 위해 출두되었고 3개월 간의 집중적인 치료로 생명을 건질 수가 있었다. 이 사건은 왕의 신뢰를 형성하기에 충분했고, 결국 직접적인 선교의 터전이 제공되었다. 민영익이 쾌유케 되자 고종은 알렌 의사에게 십만 냥과 갑신정변에서 죽은 홍영식의 집을 병원 터로 하사하였다. 그는 이 터 위에 병원을 건립하고 1885년 10월 그가 도착한지 8개월만에 광혜원을 건립함으로써 한국 개신교 의료선교의 교두보를 확보하였다.[98]

첫 번째 선교사가 의사인 까닭에 자연히 선교사역은 의료선교에 중점을 두게 되었다. 이 시기의 의료선교는 국립병원을 감독하고 의료교육을 실시하였으며, 일반 민중을 위한 진료와 왕과 귀족들을 위한 진료 및 외국인 거주자를 위한 진료를 담당하였다. 그들이 병원을 설립하자마자 선교사들은 좀더 나은 진료를 위하여 설문 조사하기도 하였다. 질병과 진료에 대한 조사는 선교사들에게 한국인들의 삶의 방향과 사고를 이해하는 데 결정적인 도움을 제공하였다.[99]

2. 나병의 퇴치

보편화된 질병은 아니었지만 나병은 특히 남쪽지방에서 많이 발견되었다. 1860년 경상도와 전라도에서 집계된 환자 수는 3만 명이었다. 나환자들은 그들의 가족으로부터 축출 당하였고, 나환자수용소가 형성되기 전까지 철저히 무시된 상태에서 살았다.

1904년 한국연합선교회는 문둥병자를 구호하기 위해 어빈(Irvin), 빈튼(Vinton), 스미스(Smith) 목사 등을 문둥병사업 위원회 위원으로 선정하고 조사를 실시, 1909년 순천에 처음으로 나환자들을 받아들이게 된다. 그 후 1913년 미국의 나환자 선교회의 도움으로 순천 근처의 여수로 옮긴다.

부산에서도 1910년 30명의 나환자를 중심으로 인도 나환자 선교회와 오스

98) Grayson, *op. cit.*, p.106.
99) 민경배, 『한국기독교 사회운동사』(서울: 대한기독교출판사, 1992.), p.30.

트리아 선교부의 도움으로 수용소가 설립되었다. 처음에는 단순히 나환자들이 임종할 수 있는 장소에 불과하였고 치료할 희망이란 전혀 찾아볼 수 없는 그러한 곳이었다.[100]

1909년 광주에서 윌슨(R.W. Wilson)과 포자이드(H.W. Forsythe)에 의해서 구라복지사업이 시작되었고, 1925년에는 여수로 옮겨 애양원으로 확장하였다. 1909년 10월 어빈은 부산에서 이 사업을 시작하였으나 중단되어, 호주 장로교 선교사 멕켄지가 1911년 이를 인수하고 확장하여 상애원을 개소하였다. 그리고 1913년, 나환자를 수용하면서 그 명칭을 애락원으로 변경하였다.

이 당시 이러한 선교사의 활동으로 나병원이 설립된 것은 주목할 만한 사항이다. 1918년 장로교 제7차 총회에서는 나병원을 위한 모금을 시작하였고 제13차 총회에서 나병위원회를 조직하여 재정적 후원을 뒷받침하게 되었으며, 이와 같은 영향으로 1916년, 소록도에 오늘의 국립나병원이 설립되었다.[101]

대구에는 1916년에 이 사업이 시작되었다. 1918년에 치료가 시작되었고 이때부터 사망자 수는 감소하기 시작하였다. 1924년 처음으로 44명의 환자가 완전히 치료되었다는 판정을 받게 되었다. 그러나 문제는 몰려오는 환자들을 다 수용할 수 없는 것이었다. 1920년에 일인당 5달러면 1달을 치료받을 수 있었으나 나환자 의료기관들은 예산과 숙소의 부족으로 신청자를 돌려보내지 않을 수 없었다. 1933년 전체적인 나환자는 3만 명에 이르렀으나 일본 정부가 운영하는 소록도와 장로교 선교부가 운영하였던 부산, 대구, 여수에 수용된 환자는 2,721명이었고, 그 외 병원에 수용된 인원은 1,724명으로, 대부분의 환자들은 의료 혜택을 받지 못하고 죽어갔다.

나환자 선교회는 재정문제로 심각한 어려움을 당한다. 물론 한국교회가 얼마간의 헌금을 하였으나 근본적인 문제를 해결하기에는 턱없이 부족하였다. 국립병원인 소록도를 비롯한 대부분의 나환자 수용소는 영국 나환자 선

100) Paik, op. cit., p.286.
101) 김덕준, 『기독교와 사회복지』(서울: 한국기독교사회복지학회, 1985.), p.36.

교회와 뉴욕의 도움을 받아 운영되었고, 일본 정부로부터 약간의 재정지원과 일본 황실로부터 예닐곱 차례 지원금을 하사 받은 것이 전부였다.[102]

이러한 어려운 상황가운데서도 교회와 선교사들은 나환자들을 돕기 위하여 영적으로 그리고 의료적으로 피나는 노력을 아끼지 않았다. 특히 기독교 신자가 된 환자들은 그의 동료들에게 열정적으로 복음을 전하고자 했다. 그들은 벤드를 조직하여 그들과 같은 병으로 고통받고 있는 형제들을 위하여 여름동안 노방전도를 실시하였다.

퇴원한 환자들은 일반인들과 함께 살수 없다는 것을 인식하고, 집에서 약 1마일 정도 떨어진 곳에 정착촌을 건설하였다. 그리고 그들은 제일 먼저 교회를 세웠다.

3. 결핵의 퇴치

1920년에 결핵으로 한국 전체가 떠들썩했던 것은 이미 잘 알려진 사실이다. 특별히 이 병은 잘 먹지 못하고 균형 있는 운동을 하지 못했던 학생들이 많이 걸렸다. 1925년 평양의 장로교 병원은 결핵환자들을 위한 진료를 개시하였는데, 대부분의 환자들은 학교에 다니는 대학생들이나 일반 학생들이었다. 1926년 장로교와 감리교가 합동으로 운영하던 세브란스 병원도 이 질병에 고통당하는 환자들을 위하여 병실을 확보하였다. 1928년 미국 감리교회 역시 해주에 결핵을 위한 병원을 건립하였다. 그 병원은 골짜기에 아름답게 지어졌으며 현대식 X-ray 기계와 알파인 램프 그리고 일광욕 시설까지 갖추고 있었다. 그때의 정황은 다음과 같았다.

"다른 나라도 마찬가지겠지만 여기 한국민의 최대의 적은 결핵인데, 아주 작은

---

102) 민경배, *op. cit.* p.30.

집에서 거주하거나 또는 환기의 부족이나 기타 위생의 결여로 발생하는 이 병으로 고통받는 환자는 엄청나게 많다. 몸의 모든 부분들이 작은 균에 의하여 점령되고 부수적으로 많은 다른 병을 유발시킨다." [103]

1928년 홀 부인에 의해 해주에 설립된 구세요양원은 마산요양원과 함께 한국의 많은 결핵 환자들을 절망에서 구출하였다. 또한 결핵환자를 위한 크리스마스 실을 판매하면서 결핵박멸 운동에 기독교가 앞장서게 되었다. 크리스마스 실은 덴마크 우체국 서기가 자기 읍의 요양소에서 고생하고 있는 결핵환자를 위해 우표를 팔면 좋겠다는 생각에서 그 기원이 되어 오늘날에는 전세계적인 운동으로 확산되었으며, 우리 나라에서는 1932년 해주에 구세군 요양원을 세운 서우드가 미국에서 결핵퇴치를 위한 크리스마스 실이 발행되던 것을 보고, 그 이후 한국에서 결핵퇴치사업을 위한 기금 마련을 위해 크리스마스 실 판매 모금운동을 벌였다.

4. 콜레라 퇴치운동

1895년의 콜레라의 위협은 대단하였다. 그 해 여름 콜레라로 인하여 엄청난 인명이 피해를 입는 사건이 발생하였다. 이 때 언더우드 목사와 교인들은 서대문 밖에 언더우드 시술소를 개설하고 피나는 노력으로 백성들을 성실하게 치료하였다. 정부에서도 이들의 노력을 간과하지 않았다. 그들은 "이제 예수 병원으로 가서 치료를 받으시오. 왜 그대로 죽어가고 있소"라고 선전함으로서 선교사들이 조선인을 위한 진정한 사랑의 사도임을 간접적으로 시인하기에 이르렀고 이러한 일들은 결국 교회 사회사업의 터전을 넓히는 계기가 되었다. [104]

---

103) "Disease in Korea", *Korean Repository* Vol. 4(June, 1987.), pp.208-209.
104) 민경배, 『한국의 기독교』(서울: 세종대왕기념사업회, 1975.), pp.35-36.

다음해인 1886년 7월 24일 아펜젤러 목사는 그의 일기에 다음과 같이 기록하고 있다.

"5,000명이 매일 콜레라로 죽어가고 있다. 서울의 공기는 전부 통곡과 애곡으로 가득 찼다." 4일이 지난 7월 28일 그의 일기에는 "감소될 기미는 전혀 보이지 않는다. 10여일 만에 3,140구의 시체가 대문 밖으로 운구되었다. 한국인들은 경악을 금치 못하고 정부는 마비되었고 왕은 외국의 약을 구해오라고 아우성이다." [105]

한국사람들은 콜레라를 다리부터 시작하여 기어올라 머리까지 가는 병이라고 생각하면서 이를 쥐병이라고 불렀다. 그래서 환자들이 경련을 일으킬 때 고양이털로 문질렀다. 고양이를 문 앞에 걸어두기도 하고 고양이 신에게 기도를 드리기도 하였다. 무당들은 고양이를 겁내기 위하여 망원경처럼 생긴 이상한 바구니를 가지고 고양이 소리를 내며 굿을 하였다.

콜레라는 엄청난 재난을 몰고 다녔고 전염성이 강하였으며 한국인들은 그들의 민간 치료가 별로 효과가 없음도 알았다. 그래서 감염된 환자들은 가족과 친척들을 떠나 집 근처에 움막을 짓고 홀로 기거하였다.

700-800명의 콜레라 환자들이 광혜원에서 치료를 받았으나 수천 명은 그대로 방치해 둘 수밖에 없었다. 인력이 엄청나게 필요했기 때문에 의료진들은 전원 병원에서 근무하였고, 비의료진들은 방문하여 환자들을 치료하였다. 콜레라 예방위원회 의장이었던 언더우드 목사는 그의 몸을 돌보지 않고 이 일에 헌신하였다. 이러한 헌신으로 정부는 선교사들을 철저히 신뢰하게 되었다. 1895년 콜레라 사건으로 비록 엄청난 사람들이 죽어갔지만 국민들의 선교사에 대한 신뢰는 더 없이 높았다. 서울 시민들은 언더우드에게, "보라 저기 예수사람이 간다. 저 사람이 무엇 때문에 우리를 사랑하는가? 그것은 예수 때문이다"라고 고백하였다.

---

105) Huntley, op. cit., p.4.

5. 병원의 설립

장로교 선교사들이 병원을 짓거나 전문 의료인들의 교육에 치중할 동안 감리교는 실제적 대민 진료에 열심을 쏟았다.[106] 감리교 선교사들은 의료사업을 통해 대민과 접촉하고 그리스도의 사랑을 전하는 것이 그들의 임무라고 생각했다. 1886년 선교부 리포터에는, 스크랜튼이 질병 때문에 가족으로부터 소외되어 피난처도 없이 방황하는 사람들을 위하여 병원을 지어달라는 탄원을 거듭했음을 알 수 있다. 또한 스크랜튼은 장로교회는 이런 종류의 사역에는 관여하지 않고 있으며 그들은 오직 국립병원에만 국한되어 일하고 있다고 말했다.

선교부는 스크랜튼이 요구대로 어느 정도 재정지원은 했으나 그의 원래 계획이었던 사마리아 집의 설립은 허락하지 않았다. 1888년 11월, 감리교 선교부는 구제의 집과 대문 밖에 버려진 사람들을 위하여 약국을 설립하였다. 특별히 감리교 여성병원은 한국여인들 사이에 대단히 명성을 얻고 있었다. 의사 로제타 셔우드는 의사 홀과 결혼하기 전까지 이 병원에서 일하였고 결혼 후 평양의 의료선교를 담당하였으며, 이후 의사 컬터(Mary.M Culter)가 그녀를 이어 여성병원에서 활약하게 되었다.

홀 선교사는 1894년 5월에 평양에서 의료선교 기관을 세워 운영하였으나, 그 해 불행하게도 운명을 달리했다. 로제타 선교사는 그의 남편이 죽은 후에도 평양에서 계속하여 그 일을 감당하였다. 1905년 미 감리교 여선교회의 도움으로 병원을 설립하였고 먼저 세상을 떠난 그의 딸을 기념하여 어린이 병동을 운영하였다.[107]

병원의 활동 중 또 하나의 중요한 부분은 학생들의 교육이었다. 1906년 이미 7명의 학생들이 집중적으로 의료를 연구하고 있었으며 해부학, 병리학, 화학, 박테리아학 등의 중요한 의료과목을 이수하고 있었다. 간호사는 아직 존

---

106) Grayson, *op. cit.*, p.106.
107) Clark, *op. cit.*, p.145.

재하지 않았고, 따라서 왕궁에서는 기생들을 간호보조원으로 파견하였으나 국립병원에서 근무하던 아비슨(O.R Avison) 선교사는 그들의 도덕성과 의료에 대한 경험의 부족을 들어 일언지하에 거절하였다.[108]

"아직까지 남자병동에 여자 간호사가 상주하는 것을 생각해 보지 않았다. 그러나 한국민의 의식이 대단히 바뀌고 있으며 기독교 원리의 개발과 실시로 이 일에 대한 열망이 강해지고 있고 크리스천 여성들이 간호사로 훈련받고 있기 때문에 곧 남자병동의 간호사가 여자 간호사로 대치될 것이라고 기대한다."[109]

첫 번째 간호학교는 감리교 선교사였던 애드먼드(Margaret Edmund)에 의하여 1903년에 세워졌으며, 1908년에 처음으로 두 명의 간호사가 졸업하였다. 쉴드(Esther Shield)는 1906년 세브란스 병원에서 간호학교를 시작하였고, 1910년 졸업한 사람은 한국의 첫 여의사였던 김에스더의 동생 김배제였다. 드의 지도하에 일본인 여성이 수간호사로 활동하였고 한국의 여자 직원들이 환자들을 성실하고 철저히 보호하였다. 의료적 측면에서 가장 돋보인 사업은 역시 서울의 세브란스 병원의 건립이었다. 새로 건립된 숙소와 새로운 설비를 갖추고 1904년 9월에 문을 열었다. 세브란스 병원의 건립은 단순히 의료선교의 시금석이 되었던 것 뿐 아니라, 의료 전문가들을 배출할 수 있었다는 데에도 큰 의미가 있다. 당시 서울근교의 작은 진료소와 약국 등을 모두 통폐합하여 인력 면에서 효과적인 진료를 실시할 수 있었기 때문이다.

세브란스 병원이 개원한 이후, 아비슨 선교사는 그가 집필한 의료서적으로 많은 한국인 학생들을 가르쳤다. 이들은 15년의 견습과 훈련을 끝내고 1908년 자격고시를 통과하였는데 1,000명이 넘는 축하객으로 식장은 가득 찼다.[110] 이는 한국역사의 위대한 전환점으로 한국인이 그들 자신의 기술로 한

---

108) Huntley, *op. cit*, p.101.
109) "Severance Hospital", *The Korean Review* Vol. 6, No. 2(February, 1906.), p.62.
110) Huntley, *op. cit*.

국인을 치료할 수 있게 된 것이다.

지방병원이나 약국을 찾는 대부분의 한국인들은 대단히 가난한 사람들로 소외되거나 버려진 사람들이었다. 선교사들은 이들에게 진료비를 청구하지 않았으며, 이는 지역 주민들에게 그리스도를 전하는 결정적인 기회가 되었다. 역사가이며 선교사였던 게일은 그의 책 *Korea in Transition*에서 선교의 결정적인 다리를 놓았던 의료선교사들에 대하여 다음과 같이 기술하였다.

> "처음으로 한국 땅에 보내기로 서약한 사람도 의사요, 한국 땅에 첫발을 디딘 사람도 의사이며 처음으로 생명을 바친 사람도 의사였다. 참으로 의료 선교사들의 삶이란 티프스, 나병, 천연두, 콜레라, 결핵 등 인간을 지독하게 괴롭히는 모든 질병에 대항하여 싸우는 끝없는 전쟁이어라." [111]

1938년 통계에 의하면 주한 의료 선교사수는 328명이었는데 교파별로 보면 다음과 같다. 북장로교 84명, 남장로교 44명, 북감리회 59명, 남감리회 32명, 성공회 31명, 캐나다연합교회 22명, 안식교 10명, 독립선교사 35명, 천주교 11명 등이다.

한국에 왔던 의료 선교사 중 과로와 격무로 순교한 이들로는 혜론, 홀, 랜디스, 오웬 등이다. 혹자는 의료선교를 그만두고 전도사역에 전념하였고(아렌, 빈콘, 하디, 화이팅 등) 다른 일부는 선교를 포기하고 귀국하기도 했지만 한국에서의 의료 선교사들의 기여와 봉사는 매우 값진 것이었다. [112] 실로 의료선교가 한국선교에 미친 영향은 지대했으며, 사회에 영향을 준 요소는 매우 다양하다. 이들은 미신과 모든 잘못된 습관과 규범을 파괴하고, 모든 사람을 동등하게 치료함으로서 왕과 일반인들의 공백을 메웠으며, 기독교인들에게 박애정신을 심어주었고, 사람들의 신뢰받았으며, 여성들이 의료에 참여하면서 여성의 사회진출과 사회복지에 참여케 하였다.

---

111) Gale J. S, *Korean in Transition* (New York: Friendship Press, 1909.), p.177.
112) 이상규, "한국의료선교사", 『의료와 선교』(1992년 겨울호), p.63.

한국은 조선 말기 쇄국정책으로 일본과 기타 유럽과의 상업조약체결 요구에도 모든 문호를 굳게 닫았으나, 이 은둔국의 장벽은 선교사들의 헌신적 교육과 의료봉사로 완전히 분쇄되고 말았다. 이러한 사역들은 단순히 외국에 대하여 눈을 돌리게 하였을 뿐 아니라 사회계급의 몰락과 여성의 권위 신장 등 엄청난 사회개혁을 동시에 이룩하였다.

이처럼 한국의 기독교 특히 초기 기독교는 교회의 사회복지 활동과 함께 시작되었다고 해도 지나친 말이 아니다. 1920년 6월 30일자 기독신보 사설은 이러한 사실을 다시금 확인케 한다.

"조선 그리스도교회의 지도자들은 하나님의 말씀을 전파하는 것이 필요하리 만큼 실업도 가르쳐 주며, 소개해 주며 권장하는 것이 심히 적당한 일이라"

제6절 사회개혁을 통한 복지선교

1. 사회개혁운동

선교사들이 선교정책을 주관하였던 초기와 조선인들이 주축이 되었던 선교 후기는 여러 면에서 많은 변화가 있었다. 교육과 의료사업은 한국사회에서 상당한 수준으로 정착되었으나 빈곤의 확대, 문맹 그리고 알코올중독 같은 부차적인 문제들이 사회문제화되고 있었다. 이와 때를 같이 하여 한국교회의 사회적 관심은, 근본주의자들의 비평과 함께 1910년부터 시작된 일제의 통치에 의하여 사회개발이 방해를 받게 되었고, 기독교 학교들이 심각하게 탄압을 받으면서 점점 저조해졌다.

한국은 서구 제국주의의 지배를 받기 시작하였다. 일본의 힘은 아시아에서 신장되고 있었고, 1876년 일본은 한국에 조약을 체결하도록 압력을 가하였다. 조약이 체결된 이후 1882년 미국과 다시 조약을 체결하였고, 영국과 독일과는 1883년에 이루어졌으며, 나머지 유럽 국가들과의 조약도 곧 이어졌다.

한국은 1904-5년 사이에 절정을 이루었던 러일전쟁의 중심지였다. 일본의 승리는 자연스럽게 한국을 정복하는 계기를 제공하였다. 러일전쟁 이후 일본은 1905년에 본격적으로 일본인을 조선에 이주시켰고[113], 1907년에는 일본의 보호국이 되었으며, 1910년 마침내 일본에 합방되고 말았다. 일본은 엄청나게 많은 관리, 농부 그리고 노동자 등의 다양한 계통의 일본인들을 조선에 이주시켜 정부의 기관을 장악하였고 한국민족의 사회, 경제, 정치적으로 예속된 삶을 획책하였다. 그들은 경제성장을 강요하였고 대부분의 이익은 일본으로 돌아갔다. 농산물은 상당하게 늘었지만 이러한 곡물들은 일본의 성장하는 도시에 집중적으로 투입되었다. 일본이 농산물 작황이 좋지 않을 때 한국의 농산물 생산은 장려되었고 대부분 일본으로 선적되었다. 그러나 한국의 농산물이 일본 농산물의 경쟁상대가 되었을 때에는 한국농산물의 생산은 저지되었다. 합방 후 일본은 일본식 한국인을 만들기에 혈안이었고 제국주의적인 착취가 뒤따랐다.

1919년 3월 1일, 33인의 민족대표가 자주독립을 선언하였다. 7,000명이 넘는 한국민족이 헌병의 손에 무참하게 살해되었고 두 배 이상의 상해자가 공식적으로 보고되었다. 비록 독립을 이루지는 못하였을 찌라도 민족을 하나되는 계기가 되었으며, 그들의 존재를 재삼 확인할 수 있는 기회가 되었다.

사실 1920년대는 정치적, 경제적, 종교적 그리고 사회적으로 대단히 혼란을 경험한 때였다. 정치적으로는 일본의 우민화 및 황민화 정책이 극에 달했던 때요, 경제적으로는 세계의 대공황으로 고통을 받았을 뿐 아니라 일본은 한국 농산물과 공산품을 탈취하여 전쟁 준비에 혈안이었고, 종교적으로는 신비주의 사상과 이에 대항하여 발생하기 시작한 공산주의 운동과의 마찰이 있

---

113) McCune, *Korea, Land of broken Calm*(New Jersey: Van Nostrand Company, 1966.), p.27.

었으며, 이런 종합적인 이유로 사회적으로는 공백기를 맞이하던 때이기도 하였다. 사실 1920년대 경제공황으로 모든 국민들이 처절한 궁핍을 경험할 당시 이재민과 빈곤자의 수는 414만 2,833명에 달하였는데, 이는 총인구를 약 2천만 명으로 볼 때 약 1/5에 해당하는 엄청난 수였다고 1948년 3월에 발간된 후생 제3호는 밝히고 있다. 또한 1923년 YMCA가 조사한 바로는 한국농촌 인구의 85가 농업에 종사하고 있었고 대부분이 경제적 어려움에 직면해 있었다. 그 근본적인 이유는 경작지가 전국토의 20%에 불과하였고, 전국 농민의 3/4이 소작인이었으며 생산고의 30-40%를 고리채로 빼앗겼기 때문이었다.[114]

2. 농촌계몽운동

한국사회는 1885년 선교사들이 새로운 기술과 학문, 의료 그리고 여성의 권리 신장 등으로 복음을 전파한 후 급속하게 변화하고 있었다. 이러한 사회개혁은 자연스럽게 민족정신을 깨우쳤고 이에 따라 일제에 항거하는 동기를 제공하였다. 1919년 독립운동 이후, 일본은 우리민족의 삶을 더욱 황폐하게 내몰기 시작하였고, 때문에 한민족은 경제적, 정치적으로 대단히 어려운 상황에 있었다.

1920년대 교회가 사회 문제에 적절히 대처하지 못한다고 생각되었을 때, 교회 밖의 사람들은 교회의 무관심을 강도 높게 비난하기 시작하였으며, 교회 안에서도 사회적 무관심을 비평하였다. 사회는 교회를 경건이란 명목 하에 사회문제를 무시하고 이에 대한 관심을 표명하는 데 실패하고 있다고 비평하였다. 특별히 사회학자들은 신랄하게 교회를 비판하면서, 교회란 특수층을 위한 것이며, 자본주의의 시녀로 가난한 자들에게는 아무런 희망을 주지 못한다고 비평하기까지 하였다. 1925년 전국주일학교 연례회가 창덕궁에서

---

114) 전택부, 『인간 신흥우』(서울: 대한기독교서회, 1972.), p.20.

열렸을 때 사회주의자들도 같은 장소, 같은 시간에 대회를 개최하여 연례회를 무산시키려 하였다.[115] 그 뿐 아니라 그들은 부흥회를 방해하고 설교를 방해하기도 하였는데, 그들의 논지는 교회가 주장하는 순종과 덕은 부유한 자가 가난한 사람을 착취하는 현세적 사회개념을 끝없이 추구하는 것이라고 몰아 붙였다.

교회는 그러한 비평에 귀 기울이기 시작하였다. 자극을 받은 한국교회는 이러한 사회의 극심한 고통에 눈을 돌리기 시작하였다. 그 한 예로서 1920년 북장로교 선교회는 농촌계몽운동을 위하여 전문적인 훈련을 받은 농촌선교사 루스(D. N Lutz)를 초청하였는데, 그는 처음으로 한국에 서양 사과나무를 도입하였고 농산물 특히 가뭄에도 작황이 좋은 품종을 개발하였다. 근본적인 문제를 해결하기 위하여 숭실전문학교에 농과를 설치하여 처음으로 체계 있는 농업교육을 수행하면서 많은 농촌지도자를 양성하였다.[116]

이러한 체계적인 농촌사업은 좀더 구체적으로 뿌리내리기 시작하였고 교회는 각종 세미나를 개최하기도 하고 전문 강사를 초빙하면서 사회가 처한 문제에 대처하기 시작하였다. 그 대표적인 형태가 농촌교육 전문가인 에비슨, 축산과수 전문가 벙크(G.W. Bunce), 농촌경제 및 농장경영 전문가 클라크(G.W. Clark), 일본과 중국에서 다년간 경험이 있는 윌버(H.A. Wilbu), 공업 전문가 그렉(G.A. Gregg), 체육 및 농촌수양 소장 반하트(B.P. Banhart), 소년지도 전문가 내쉬(W.L. Nash)[117] 등이 교육을 통해 농촌복지 운동에 가세하였다. 이러한 운동은 협동조직운동으로 이어졌고, 각 축산의 신품종 및 농작물의 도입과 증산법에 대한 영농교육을 실시함으로서 한국사회의 근본적인 문제를 타개해 나가기 시작하였다.

그리스도인들은 농촌의 계몽과 경제적 자립운동이야말로 농촌의 문제를 근본적으로 풀 수 있는 것이라고 진단하였다. 당시 교회는 엄청난 재정적 어

---

115) 김흥수, 『일제하한국기독교와 사회주의』(서울: 한국기독교역사연구소, 1992.), p.14.
116) 박근원, "한국개신교와 농촌운동", 『사목』(1975년 11월호), pp.65-66.
117) 전택부, op. cit., p.190.

려움을 겪고 있었는데, 그것은 인구의 80%가 농촌에 위치하고 있었고 교회전체의 85%가 농촌교회였기 때문이었다.

그리스도인들은 농촌문제의 해결점을 찾기 위하여 많은 노력을 경주하였다. 농촌계몽운동은 청년단체인 YMCA와 장로교 및 감리교 선교부에 의하여 시작되었다. 1926년 국제 YMCA와 World Wide Mission에서 파송된 사회학자 브르너(E. S Brunner)는 한국을 방문하여 1년 동안 농촌의 상황을 조사하여 보고하였다. 그의 1926년 보고서에 의하면, 전체인구 중 농민은 4.7% 증가하였으나 땅을 소유하지 못한 소작농은 5배나 증가하여 25%에 이르고 있다. 전세자도 36%에서 48%로 증가하였다. 그는 1928년 예루살렘에서 개최되었던 국제회의에 이 사실을 상세하게 보고하였다. 이 예루살렘 회의는 다시한 번 사회문제에 깊은 관심을 불러 일으켰으며 특별히 농촌문제에 대하여좀더 밀도 있게 연구하게 되었다.

1929년 장로교와 감리교 선교부의 대표로 농촌사역위원회가 결성되어 농민을 위한 농업에 관한 기술을 가르쳤고 세미나를 전국에서 개최하는 등 이운동은 급속하게 번지기 시작하였다.

감리교의 농촌계몽운동은 조직 또는 단위로 실행하기보다는 개인이 주도하였다. 예를 들면 감리교의 대표로 예루살렘 국제회의에 참여한 양주삼은 '정주- 농부의 천국'이라는 책을 편찬하여 이 운동을 격려하였고, 김활란은 1931년 '한국의 재건을 위한 농촌 교육'이란 제목으로 미국의 콜롬비아 대학에서 박사학위를 받았다.[118]

1933년 감리교우인, 신흥우도 완전한 자립운동으로서의 농촌계몽운동을 시도하였다. 그는 단순히 농업에 관한 프로젝트를 개설하지 않고 농민의 삶전체를 주제로 잡았다. 그는 1) 영적인 기관-교회, 지역 YMCA, 농민학교, 2) 교육기관-야간학교, 세미나실, 3) 협력기관-협력사회, 재단들, 4) 위생기관-병원과 약국 등의 필요성을 역설하였다.

---

118) 장병욱, 『한국감리교여성사』, p.484.

농촌계몽운동을 가장 성공적이며 효과 있게 추진한 교단은 교단차원에서 주도한 장로교였다. 1928년 장로교 총회에서 국제회의에 참가한 정인과는 다음과 같이 제안하였다. 농촌계몽운동 전문가를 선택할 것, 농민의 잡지인 '농민생활'을 발간할 것, 모델 팜(model farm)을 건립할 것, 농민교육을 위한 농민학교를 건립할 것 등이었다.

1년 뒤 정인과는 농촌전도, 농촌 공동체 위생, 농촌 공동체 교육 그리고 협동사회 등의 좀더 구체적인 프로젝트를 제출하였다.[119] 농촌계몽운동은 1928년 예루살렘 국제회의에 참여했던 정인과와 마펫을 중심으로 추진되었다. 총회는 농촌계몽운동을 승인하였고 총회산하 농촌부를 설치하였다.[120] 10월 셋째 주를 농촌주일로 정하여 이 운동을 격려하였고, 이 운동을 지속적으로 추진하기 위하여 모든 교회가 헌금하는 데 결의하였다.

1920년대 말부터 1930년대 초까지 농촌계몽운동은 개신교의 주요 기관과 교회의 중요한 사업으로 등장하였고 YMCA나 YWCA 등 보조기관에서도 지속적으로 추진되었다. 문제는 교회와 기관이 이 운동을 추진하는 데 동일한 시각으로 대처하지 않은 점이다. YMCA는 목적 지향적으로 이 프로그램을 계속하기 위한 많은 부설기관을 설립하면서 복음이 소외됨을 우려하였으며, 세브란스 병원 의사들도 의료행위를 하는데 복음과는 무관하다는 반응을 보이기도 했다.[121] 이에 대하여 교회는 기관의 복음에 기초하지 않은 사회 행동은 쓰레기에 불과하다고 주장하면서 불만을 토로하였다.[122] 결국 이러한 경향은 교회와 기관과의 심각한 마찰을 불러 일으켰다. 기관들은 교회의 사회적 관심의 결여를 비판하였고, 반면 교회는 기관의 세속화를 비판하였다. 이것이 장로교회를 포함한 교회의 근본적 경건주의와 교회기관의 진보적 자유주의로 나누는 계기가 되었다. 1935년 1월 신앙생활의 편집인이었던 김인서는 농촌계몽운동을 체계적으로 비판하면서, 지도자론의 성서적 입장을 지적하

---

119) 장병욱, *op. cit.*, p.484.
120) 한국장로교회의록 제18집(1928년), p.41.
121) 민경배, *op. cit.*, p.288.
122) *Ibid.*

고 농촌계몽운동 폐지를 주장하였다.

"그리스도인이 해야 할 것과 반드시 해야 할 것에는 차이가 있다. 나는 더 이상 농촌 계몽운동을 지속하는 것은 불가능하다고 생각한다. 왜냐하면 그것이 지도 자나 일에 있어서 그 능력을 상실했기 때문이다."[123]

한국의 농촌계몽운동은 일본의 농촌운동에 병합되면서 그 활기를 상실하고 좌초하기 시작했다. 또한 몇몇 지도자들은 농촌부 폐지를 계속적으로 주장하였으며, 계몽운동은 일대 위기를 맞게 된다. 일본은 조선의 장래가 농민에게 있다고 판단하였으며, 농민의 교육은 곧 조선의 독립과 연결될 수 있다는 점을 직시하고 교회와 YMCA가 주도해 나가던 계몽운동을 더욱 감시하였다. 1933년 드디어 총독부의 신흥우가 출두하여 계몽운동을 정지할 것을 명령한다. 일본정부의 계속적인 압박으로 계몽운동은 점차 감소하고, 1937년 마침내 일본 정부는 농사 기간 중의 모든 종류의 집회를 전면적으로 금지하기에 이른다. 이로 말미암아 1937년 장로교 제26회 총회에서는 농촌계몽운동을 폐지하고 말았다.[124]

일본정부의 경제적 착취와 철저한 압박뿐 아니라 세계의 경제공항은 1920년대 한국인의 삶을 비참하게 만들었다. 교회의 영향력은 감소되는 것 같았으며 한국인의 민족정신은 말살되는 것 같았다. 그러나 교회는 그 와중에서도 서서히 계몽운동으로 문제를 극복하였다. 농촌계몽운동의 공헌은 국민의 경제적 난국타개나 국민정신 함양에 지대한 공헌을 하였다.

---

123) 김인서, "농촌부 폐지에 대한 제안", 『신앙생활』(1935년 1월호), pp.157-159.
124) 대한 예수교 장로회 총회, 대한예수교 장로회 총회 80주년 기념집, p.88.

3. 문맹퇴치운동

일본의 교육정책은 경제적 착취와 일본과의 동화(同化)였으므로, 당시 학교에서조차 문맹은 일반적이었다. 개별훈련하는 학교나 야간학교조차도 일본의 통제하에 있었다. 따라서 문맹은 지속적으로 증가되었다.

1908년 일본은 조선의 교육을 와해시키기 위하여 사립학교령을 발표하였다. 또한 1911년에는 새 교육법을 제정하고, '조선의 교육 목표는 황국시민으로서 양육하기 위함이다'라고 명시하였다. 1915년에는 더욱 엄격한 규율을 포함시켜 사립학교는 정부가 제정한 교과목을 반드시 따라야하며 반드시 일본어를 사용하여야 한다고 규정하였다.

이미 설립된 사립학교에는 즉각적인 시행을 종용하지는 않았지만 10년 이내로 실시할 것을 권고하였다. 그러나 1917년까지 시행하도록 종용하였고 끝내 일본정부는 약속을 파기하고 강제로 등록하게 했다. 가장 심각한 문제는 종교를 가르치거나 학교에서의 종교예식을 전혀 인정하지 않은 것이었다. 더욱이 개정 사립학교령이 발표되면서 기독교 학교들은 더욱 체계적으로 고통을 받게 되었다. 이러한 무서운 교육정책으로 문을 닫는 학교들이 점점 늘어났다. 일본정부로부터 인정받은 학교는 10개에 불과하였고, 성경을 가르치면서 인정받지 못한 학교는 261개교에 달하였다. 이것은 기독교 학교들이 이 엄청난 압박 속에서 어떻게 성경을 가르치고 있었는지를 보여주는 좋은 예이기도 하다. 1905년에 전체 학교 수는 5,000개에 달하였으나 사립학교령의 발표 이후 학교는 갑자기 2,250개교로 감소하였다. 기독교 학교의 수 역시 1910년에 779개였으나 1915년에는 450개로 급격하게 줄어들었다. 1920년에는 단지 279개교가 명맥을 유지했고, 문맹은 감당할 수 없을 정도로 늘어갔다.

일본정부의 우민화 정책은 극에 달하였다. 대부분의 학교가 문을 닫았고, 그로 인해 통제할 수 없을 정도의 문맹자가 발생하면서 심각한 민족정신의 말살현상이 나타나기 시작하였다. 그 실례로 1934년에 전인구 2,043만 8,000명 중 77.7%에 해당하는 약 1,500명이 문맹에 해당하였으며, 자기의 이름도

쓰지 못하는 문맹자가 전국민의 90%에 달하였다.[125] 36년간의 일본의 고의적인 압정과 우민정책은 우리 민족을 철저한 문맹으로 이끌었다.

초기 선교 운동은 사회전체를 변혁시켰던 교육을 한국 땅에 소개하였다. 그러나 일본 정부는 한국의 교육제도를 병합하거나 억압하면서 강제로 우리 민족을 시민화하였다. 그 결과 교육의 질은 저하되고 기독교학교의 영향력은 점차 줄어들었다. 그럼에도 불구하고 교육에 대한 열망은 더욱 높아졌다. 한국교회는 이 열망을 바로 문맹퇴치 운동으로 결속시켰다.

한국교회는 사회의 가장 긴급한 문제를 직시하고 여름 성경학교와 야간학교를 개설하였으며 여름 휴가를 이용하여 문맹퇴치 운동을 전개하였다. 1923년 야간학교와 성경학교는 952개로 늘어났다. 여름성경학교가 대단히 성공적이었기 때문에 모든 교회가 농한기를 이용하여 겨울성경학교를 개설하였다. 무엇보다도 야간학교는 문맹을 퇴치하는 데 있어서 대단히 큰 공헌을 하였다. 모든 교회는 교회의 건물을 야간학교를 위해 사용하였다. 그들은 종이와 책을 무상으로 제공하였으며 공립학교에서 계속 공부하고 싶은 학생들을 도와주었다. 야간학교와 비슷한 사설강습소도 한글을 가르치는데 한 몫을 하였다. 80%이상의 학생들이 8-12살이었고, 60%이상이 십대였다. 결국 교회의 야간학교, 여름성경학교, 그리고 겨울 성경학교는 경제적인 어려움과 설비의 부족에도 불구하고 문맹을 퇴치하기 위한 전국 규모의 운동으로 확산되었다. 이러한 문맹퇴치 운동은 한국민족의 자존심을 고양하였다. 그 당시 소수의 양반계급 외에는 한글을 알지 못했다. 그러나 교회와 성서를 통하여 한글이 보편화되면서 사람들은 호기심을 갖고 한글 교육에 몰두하였고, 자연적으로 교회와도 깊은 관계를 형성하게 되었다. 그리스도신문은 한글과 성서의 연관성에 대하여 다음과 같이 논술하고 있다.

"회중들은 한자를 이해할 사람이 거의 없는가 하면 한글도 이해하지 못하고 있

---

125) 백낙준, *op. cit.*, pp.80-81.

다. 올해부터 모든 교회가 성경학교를 개최한다. 그래서 이제는 모든 사람이 성서를 이해함으로써 영적인 양식을 충분히 공급받는다." [126]

성서번역과 말씀의 선포를 위한 초기 선교사의 깊은 노력은 개신교가 성공적으로 성장할 수 있었던 가장 중요한 요소 중 하나였다. 또한 모든 한국인이 한글을 사용할 수 있었던 중요한 계기였다. 한글의 사용은 한국인에게 자신의 국적과 민주주의 그리고 국력의 부활에 대하여 일깨워주었다.

이만열은 그의 책 한국 기독교사 특강에서 우리나라 선교 초기의 교회에서 성도들이 얼마나 열심히 성경을 공부했는지를 밝히고 있다.

"평양에서 사경회가 열렸을 때 어떤 성도들은 전남 목포와 무안에서 오기도 하였다. 이것을 통하여 우리는 그들이 얼마나 성경을 공부하는 데 열심이었는지를 알게 되고 한국교회는 바로 성경에 대한 열정으로 세워진 교회라 말할 수 있다." [127]

문맹퇴치운동이 시작되었을 때 교회는 일반인들을 위하여 한글훈련학교를 개설하였다. 특별히 광주 YMCA의 활동은 그 어느 기관보다 열정적이었다. 전남 지방에 무려 53개나 되는 농촌 야간학교가 설립되었다. 이 일을 통하여 교회는 1만 2,327명의 어린이들과 어른에게 한글을 가르쳤고 1932년까지 수료증을 주었다. 이 문맹퇴치운동은 예루살렘 국제회의에 한국 대표가 참가하고 난 이후 절정을 이루었다. 그들은 농민을 위하여 영농교육을 실시하기 전에 한글을 먼저 가르쳤다.

사실 성경학교운동은 한국사회에 지대한 공헌을 하였고, 사회관심의 중요한 문제로 문맹퇴치는 강력한 사회개혁의 성격을 지니고 있었다. 한국교회는 이러한 문제를 직시하였고 가장 정확한 방법으로 그 문제를 해결하였다. 사립학교령으로 문맹자가 늘자 교회는 곧 성경학교 운동을 전개하였던 것이다. 이

---

126) 그리스도신문, 1920년 5월 21일자.
127) 이만열, *op. cit.*, p.103.

운동은 단순히 문맹퇴치에만 공헌한 것이 아니라 한글을 통하여 민족정신을 함양했다. 이 운동이 대단히 중요한 점은 교회내의 보수세력에 의해 주도되었다는 사실이다. 이러한 견지에서 보수주의는 사회운동을 결코 외면하지 않았음을 알 수 있다. 도리어 그들은 전적으로 이 문제에 개입하고 해결하였다.

기독교는 선교 차원에서 성경을 번역하고, 주일학교, 야학, 여름아동성경학교 등을 통해 교회당에서 전국민의 90에 달하는 문맹을 퇴치하는 데 진력하였다. 또 대한기독교개명협회에서는 성인을 가르치기 위해 1949년 문맹퇴치의 권위자 라우백(Frank C. Lauback)씨를 초청하여 문맹퇴치에 박차를 가하였다. 또한 한글성경을 통하여 무지한 서민층에까지 한글이 보급되면서 문맹퇴치와 더불어 신문화에 접하게 되었고, 이는 일제치하에서의 민족의식 함양, 민족사상의 고취, 그리고 민족을 단결시키는 데 지대한 공헌을 하였다. 한편 장로교에서는 1936년 윤치호 등이 중심이 되어 '삼동회'를 피어선 성경학원 내에 설치하여 구제활동을 실시하였으나 당시의 구제사업은 지속적으로 실시되지 못하였다.

4. 청소년 성경구락부

문맹퇴치를 위한 청소년 성경구락부 활동은 대단히 성공적이었다. 이는 사회에서 소외되고 버려진 청소년들에게 학업의 장을 제공해 주었다는 점에 있어서 한국 사회에 크게 공헌하였다.

한국청소년성경구락부는 1929년 미 북장로교 선교사인 킨슬러(FransisR.Kinsler)박사가 6명의 거지 어린이들을 평양 광문 서점에 모아 공부시키면서 시작되었다.[128] 당시 평양은 산업도시였고, 이로 인해 많은 소년과 소녀들이 고무, 셔츠, 또는 군수물 공장에서 일을 하고 있었다. 엄청나게 많

---

128) Kinsler, "Instruction Text", *Korean Youth Bible Club*, p.7.

은 가난한 어린이들이 직업을 가질 수 없어 길거리에 방황하고 있었다. 따라서 학교에 다지지 못하는 많은 어린이들이 한글을 깨우치지 못한 채 방치되어 있었다.[129]

1930년 여름, 장로교 선교본부는 성경구락부를 위해 선교부 건물을 사용해도 좋다고 승인하였고, 그해 가을 선교부 건물은 순식간에 300명의 학생으로 채워졌다. 더 이상 수용할 수 없어 그 해 시청과 각 교회에 도움을 청하여 장소를 사용할 수 있도록 청원하였다. 얼마 있지 않아 3,000명의 학생들이 성경구락부에 등록하여 공부하였으며 '선구자 클럽'이라고 명명하였다.

성경구락부는 계속 발전하여 1954년에는 671개교에 1,823명의 지도자와 6만 9,208명이 등록되어 활동하면서 방대한 조직을 형성하였다.

성경구락부의 기능은 무엇보다도 가난하고 방치된 어린이들을 위하여 문맹퇴치와 지도자 훈련을 하는 것이었다. 이 프로젝트를 통하여 많은 어린이들이 사회를 위하여 공헌할 수 있게 되었으며 영적인 힘으로 참혹한 그들의 상황을 극복할 수 있었다.

문맹퇴치를 위한 성경구락부의 영향은 상상을 초월하였다. 사람들은 교회를 성경공부와 한글공부를 통해 한국인으로서의 자부심을 회복할 수 있는 곳으로 인식하게 되었고, 그로 인하여 교인들의 숫자는 날로 꾸준하게 성장하였다. 애국주의자는 증가하였고 모든 사회활동이 교회에서부터 이루어졌다. 그 결과 일본정부는 한글사용을 지속적으로 압박하였고 창씨개명까지 실시하게 되었다.

5. 알코올, 담배, 공창과 아편퇴치운동

1920년대의 한국사회는 경제적 위기뿐 아니라 문화적, 정치적, 영적인 위

---

129) 김찬호, "성경구락부의 역사", 『지도자』(1971년 3-4월호), p.13.

기를 맞고 있었다. 유화정책으로 위장된 일본의 문화정책은 한국인의 민족의식을 말살하고 나아가 한국문화를 없애려는 강한 의도를 갖고 있었다. 일본은 일본식 퇴폐문화를 한국 땅에 심었고 이 쾌락문화는 알코올의 사용, 담배, 공창과 아편사용을 부채질하여 많은 젊은이들이 치명적인 손상을 입었다. 다시 말해 일본은 단순한 정치적인 침략이 아니라 경제적, 영적, 문화적 침략을 단행하여 한국민족 특히 젊은 층을 완전히 말살하려는 술책을 갖고 있었던 것이다.

1920년대 한국사회의 근본적이며 심각한 문제는 알코올 중독이었다. 일본정부는 1909년부터 한국을 병합하기까지 담배와 주세를 거두기 시작하였다.

1909년 그들이 거둔 세금은 202,770환이었다. 10년 후 1919년 일본정부는 1909년에 비하여 10배가 되는 2,610,270환을 거두어 들였다. 그러나 20년 후인 1929년에는 60배 이상인 13,229,789환을 거두어들임으로써 한국인을 완전히 문화적인 면, 영적인 면에서 말살하려는 의도를 명확히 하였다. 담배에 관해서는 1919년 주세와 비슷한 205,375환을 거두었으나, 1919년에 20배인 4,770,042환을 거두면서 일본은 술과 담배로 한국인을 마비시키고, 세금은 세금대로 거두는 일거양득의 일을 수행했던 것이다.

일본의 퇴폐정책과는 반대로 기독교는 술과 담배를 금지하는 종교로 인식되었다. 초기 선교사들은 교회에서 술과 담배를 철저히 금지시켰다. 교회가 술과 담배를 금지한 이유는 바로 이런 소비성으로 말미암아 조선의 경제발전에 지대한 손해를 끼친다고 판단했기 때문이었다. 술은 개인의 재산을 소비하게 만들고 결국에는 거리로 나앉게 만들었으며, 가정을 파괴시키고 국민의 재산까지 날리는, 국가에 치명적인 손해를 끼쳤기 때문이었다.

1930년 1월 22일 기독신보에는 술의 위험성과 절제운동의 필요성을 역설하고 있다.

"자고로 술은 탄환 없는 총알과도 같아서 사람들은 술을 마시면 용기가 생긴다고 믿어왔다. 우리가 장고의 연구를 거듭한 결과 현재 우리는 술의 비밀을 알아내었다. 그러니 우리는 절제운동으로서 조선을 완전히 개혁해야 한다. 조선의 절제운동은 우리 민족이 살 수 있는 필연적인 운동이다. 절제운동은 망가진 우리의 영과 육을 살리는 길이요 조선을 회복하는 운동이다."[130]

한국교회는 여성의 힘으로 일본의 퇴폐정치에 철저히 항거하였다. 이 운동은 1894년부터 시작되었는데 미 감리교 여선교사이며 미국 절제회의 회원이었던 커틀러(MaryM. Culter)가 주창하고 주도하였다. 그는 평양에서 의료활동을 하고 있었는데 마음을 같이하는 사람들을 모아 이 운동의 필요성을 역설하고 조직적으로 사업을 확장하였다. 흥미로운 것은 이 절제운동이 독립운동과 함께 병행되었다는 사실이다. 1923년 틴틀링(C.I Tinling)이 세계절제회로부터 한국에 파송 되어 6개월 간 서울과 평양, 개성, 해주, 경주, 대구, 재령 등을 돌면서 절제에 대한 세미나를 실시하고 그 심각성과 절제운동의 필요성을 불러 일으켰다.

공식적인 절제운동은 장로교가 술과 담배의 해로움을 자세히 소개하고 전단을 전국에 배포함으로써 활기를 더해갔다. 장로교 총회에서는 절제운동을 주일학교 공과에 편입할 것을 승인하였고, 1917년부터 교육의 중요한 부분으로 다루었다.[131]

술과 담배에 이어 일본정부는 공창제도를 공식화하면서 한국의 많은 청년들을 타락하게 만들었다. 교회의 여성 사회복지분야에서는 공창폐지운동을 중요한 사업으로 인정하였다. 이 운동의 창시자는 앞서 언급한 목사 부인 버틀러(J E Bulter)로, 딸의 예기치 않은 죽음이 동기가 되어 이 운동을 전개하게 되었다. 버틀러의 친구는 그녀를 공창 수용소에 안내하였고, 그녀는 그 암울함에 깊이 마음이 움직여 그녀의 딸을 생각하면서 그 곳의 어린 소녀들을 위해 평생 이 운동에 몸 바칠 것을 약속하였다. 공창 수용소의 목적은 일차적으로 그들에게 숙소를 제공하는 것이었으며, 성경을 가르치고 재발하지 않도

---

130) 기독신보, 1930년 1월 22일자.
131) 조선 장로교 회의록(1914년, 제8편), p.52.

록 격려하는 것이었다. 또한 각종 기술을 익히게 하여 사회에서 적응할 수 있도록 격려하였다.

아편은 당시 한국사회를 몰락시키는 또 하나의 심각한 사회문제였다. 1923년 11월 절제 캠페인이 북감리교 선교부의 협조 아래 시작되었고, 그 결과 사회 전체에 깊은 영향력을 행사하였다. 1906년 한 선교사는 아편에 의해 희생된 사람이 수천 명에 이른다고 개탄하면서, "우리의 모든 젊은이들이 아편에 의해 쓰러지는 이때에 한국민족의 인적자원 개발을 논한다는 것은 언어도단"이라고 그 비참한 현실을 안타까워하였다. 1892년 마펫이 의주를 방문하였을 때 그는 아편이 중국 상인에 의하여 밀수되어 일반 물건과 똑같이 팔리고 있는 것을 목격하였다. 때문에 많은 젊은이들이 쉽게 중독되는 것을 보았다. 그는 이 놀라운 사실을 대하고 공적인 서신의 형태를 빌어 이 사실을 보고하였다. 그리스도 신문의 편집인은 아편의 위험성에 대하여 다음과 같이 지적하였다.

"일반적으로 아편이란 비소보다 더 위험도가 높다. 이 아편으로 인하여 가세는 기울어지고 우리의 육체는 패망케 되며 나라는 존망의 위기에 서게 된다. 그러므로 우리는 이것을 만져서도 아니 되겠다. 일단 아편에 중독이 될 경우 우리의 육체는 황폐케 되며 결국 모든 재산을 낭비하게 되고 곧 거짓말로 이어지며 육신은 연약해 지는 것이다. 아무리 끊으려 하여도 끊을 수 없으며 결국 그들의 삶을 무가치하게 낭비하게 되는 것이다. 우리 조선에는 80만 명의 환자들이 있다고 보고되고 있다. 아! 나는 너무나 슬프다. 그리고 몇 년 내에 우리 조국의 씨앗들이 깡그리 말라 버릴까 염려된다."[132]

이러한 아편문제는 생각보다 심각하였는데 평양병원은 매월 35명의 환자들을 치료하고 있다고 보고하였다. 선교사들도 역시 아편에 중독된 사람들이

---

132) 그리스도신문, 1901년 4월 4일자.

7만 8,000 명에 이른다고 평가하였다. 이로 인하여 평양노회에서는 누구든지 아편을 사용할 경우 처벌하기로 결정하였다.[133] 아편과 금주운동은 1927년 조선금주협회에서 개최한 주마정벌운동에서 절정을 이루었다. 송상석은 1924년 사비를 털어 아편과 금주에 대한 안내장을 만들어 "우리 모두 진정으로 조선을 사랑하자"고 말하면서 전국을 돌면서 활약하였고, 이에 힘입어 1927년에는 황주에서는 황성찬과 이동희 그리고 이학봉과 1만 2,000명의 후원자들이 안내장을 뿌리고 20개의 기를 만들어 흔들면서 시가지를 행진하였다.

후기 선교사 시대는 선교사와 한국교회와의 긴밀한 공조를 형성하면서 차기 한국교회의 협력 관계를 수립하는 준비 기간이기도 하였다. 교회의 지속적 관심은 국민정신을 함양하였고 국가와 교회의 지도자를 길러 내었으며 일본 통치 아래에서 한국민의 자존심을 보호하였다.

특별히 후기 선교사 시대의 특징은 비록 한국교회가 악랄한 일제의 압박과 전세계적으로 경제공황을 겪었음에도 불구하고 이 위기를 슬기롭게 극복하였다는 데 있다. 도리어 문제를 해결하려는 강렬한 의지로 교회와 기관은 협조체제를 유지하였고 이는 곧 독립운동으로 이어져 일제에 항거하는 바탕을 마련하였다.

결론적으로 교회는 보수세력이든 진보세력이든지 사회문제에 깊이 연관되어 활동하였고 그리스도의 증인으로서의 사명을 충실히 감당하였다.

---

133) 대한매일신문, 1932년 5월 20일자.

제4장 한국교회 사회복지와 외원기관

제1절 6.25 이전의 외원기관과 그 활동

한국교회의 사회복지를 좀더 정밀하게 이해하기 위해서는 일차적으로 외원기관과 그 활동을 우선적으로 고려해 보아야 한다. 그 근본적인 이유는 한국교회 사회복지를 형성하는데 있어서 6.25 이전에 존재했던 외원기관과 6.25 동란을 중심으로 활발하게 활동을 시작한 외원기관들이 그 초석을 마련했기 때문이다.

위에서 말한 외원기관이라 함은 그 본부가 외국에 있고 그 본부의 지원으로 국내에서 보건사업, 교육사업, 생활보호, 재해구호 또는 지역사회개발 등의 사회복지사업을 행하는 비영리적인 사회사업기관으로서 그 사업자원이 외국에서 마련되고 실질적으로 외국인에 의하여 운영되는 기관을 말한다.[134]

우리가 일반적으로 인식하기에는 한국에서 활동했던 외원기관들은 대부분 6.25를 전후하여 그 활동을 시작했다고 생각하기 쉽지만 실제로 그 이전에도 많은 외원기관들이 내한하여 본격적인 사회활동을 전개하였다. 그 한 예로서 한국 땅에 최초로 외원기관이 들어온 것은 조선말기 천주교 박해시대로 볼 수 있다. 1854년 천주교 전선 영혜회(La Sainte Enfance)가 설립되었고, 메스트로 신부가 고아원 사업을 추진했으며 그 본부는 파리에 있었다고 전해진다.[135] 또한 제2장에서 이미 언급한 바와 같이 18855년을 기준으로 내한한 선교사들에 의하여 본격적으로 교육과 의료 그리고 여권신장 운동 등이 활발하게 전개되었으며, 그 후 역시 선교사들에 의하여 지역사회개발 운동에 박차를 가하였다.

---

134) 외국민간원조단체에 관한 법률 제2조, 1963년 12월 7일, 법률 제1480호.
135) 최원규, "제3세계 사회사업 발전과 외국(외원)의 영향: 한국의 사례를 중심으로", 『1994년도 추계학술대회 자료집 Vol .94』, 한국사회복지학회(1994년 11월), p.163.

〈표4-1〉 한국전쟁 이전에 한국에서 활동했던 외원 기관

번호	외원기관명	종파	활동 개시
1	Austrarian Presbyterian Mission	기독교	1989
2	Benedictine Fathers Mission	천주교	1909
3	Care		1949
4	The Catholic Committee of Korea	천주교	1948
5	Christian Children's Fund, Inc	기독교	1948
6	Church of The Nazarene Mission	기독교	1948
7	Columban Father's Mission	천주교	1933
8	Literacy Society of Korea		1949
9	Maryknoll Father's Mission	천주교	1922
10	Maryknoll Sistier's Mission	천주교	1924
11	Methodist World Mission	기독교	1885
12	Oriental Missionary Society	기독교	1907
13	Northern Presbyterian Mission USA	기독교	1892
14	Southern Presbyterian Mission USA	기독교	1884
15	Salvation Army	기독교	1908
16	Seventh Day Adventist Mission	기독교	1905
17	United Church of Canada	기독교	1889
18	War Relief Service-National Catholic Welfare Conference	천주교	1946
19	YMCA	기독교	1900
20	YWCA	기독교	1922
21	Anglican Church in Korea	기독교	1890
22	Beneditine Sisters	천주교	1925
23	Catholic Relief Service of the United States Catholic Conference	천주교	1946
24	Fransiscan Fathers, O. F. M	천주교	1937
25	Korean Christian Mission	기독교	1936
26	Paris Foreign Mission Society	기독교	1835
27	Sister of St. Paul De Charteres	천주교	1888
28	United Presbyterian Mission, U. S. A	기독교	1949

자료 : 카바40년사 편찬위원회, 『외원사회사업기관활동사』(서울 : 홍익제, 1995), p56.

그러나 확실한 것은 선교사들에 의하여 시작된 의료와 교육부분을 제외하면 일제시대까지는 사회사업에 이렇다 할 발전을 발견하지 못하였다. 외원사회사업이 본격적이고 체계적으로 전개되기 시작한 것은 말할 나위도 없이 한국 전쟁이었지만 그 이전인 미군정기(1947-1948)에도 전재민과 월남동포들의 구호를 위해 외국 자선단체들과 그들의 활동이 나름대로 활발하게 전개되었다. 그 한 예로서 1948년에 최초로 전주에 있는 장로교 의료센터에서 혈액은행이 시작되었고 한국전쟁을 통하여 토레이 박사가 기독교 세계봉사회에서의 수족 사업을 설립하여 신체불구자를 위한 의수족 공장을 발전시킨 바 있다. 〈표4-1〉은 한국전쟁 이전에 내한하여 활동한 외원 기관들이다.

제2절 6.25 발발로 발생한 긴급한 사회문제

위에서 언급한 바와 같이 일제의 패망으로 인하여 해외로부터의 귀환하는 동포들에 대한 긴급한 구호가 요청되었고, 이와 더불어 남북분단으로 인하여 북한지역을 탈출하여 남쪽에 귀순하려는 월남동포의 문제, 그리고 어수선한 사회현상으로 인하여 발생하는 심각한 빈곤현상 등이 미군정과 외원단체들의 일차적인 구호의 대상이 되었다. 그러나 1950년 6.25의 발발과 더불어 전란으로 인한 긴급한 응급 구호욕구가 강하게 발생하게 됨으로서 외원단체의 구호활동이 본격적인 구호활동이 좀더 강하게 요청되었던 것이다.

한국전쟁의 피해는 상상을 초월할 정도로 심각하였다. 1952년 국제연합에서 파악한 피해자는 남한만 274만 6,191명으로 당시 남한인구 2,042만 7,658명의 13.4에 육박하게 되었고, 전쟁으로 인한 인명손상은 사망, 납치, 행방불명, 부상 등으로서 대한민국 국방부에서 1953에 펴낸 「한국전란 2년지」에 따

르면 총 98만 5,990명으로 기록되고 있다.[136]

더욱 심각한 것은 해방직후 남한 인구 2000만 중 1/5에 해당하는 400만 명 이상이 기아선상에 놓여 있음으로 인하여 이미 깊은 고통을 체험하고 있었고, 이에 더하여 6.25 동란으로 400만 가까운 피난민, 460만의 전재민이 발생함으로서 한국사회는 그야말로 아수라장을 방불케 하였다.[137] 뿐만 아니라 전쟁은 또한 심각한 질병의 창궐로 인하여 사회를 해체위기로 내 몰았다. 보건의료기관의 피해, 영양 실조, 불안정한 주거, 방역시설의 파괴 등은 전시에 전염병을 비롯한 각종 질병으로 인하여 전 한국사회가 긴 고통의 터널을 통과할 수밖에 없게 되었는데 당시 유행하던 질병으로서 천연두, 발진티푸스, 장티푸스, 디프테리아, 회귀열 등이었고 이러한 전염병이 주요 전염병으로 한국인들의 생활을 강력하게 위협하였다.

이런 전쟁으로 인하여 가장 고통을 받는 것은 어린이들이었다. 일차적으로 전쟁으로 인하여 부모를 잃은 어린이들을 위한 수용시설로서의 고아원은 포화상태에 이르게 되었다. 해방 당시 전국에 33개인 아동복지수가 1948년 정부 수립당시 96개로, 1950년에는 116개로, 1953년은 440개로, 그리고 1959년에는 654개로 증가한 것으로 보아 전후 부모 잃은 어린이들의 수용이 얼마나 심각한 문제인지를 짐작해 볼 수 있다.[138] 그 후 1965년에는 약 700개소의 고아원에서 6만 9,000여 명의 아동들이 수용되고 있었다.

전쟁으로 인하여 어린이들이 당하는 고통은 가정의 해체뿐만 아니었다. 아동들의 교육에도 심각한 문제가 발생하게 되었다. 그것은 학교시설이 공격으로 파괴되거나 군인들이 거주하는 임시숙소로 사용됨으로서 교육을 받을 수 없었으며, 이에 더하여 교사들의 인명피해와 취학아동들의 이산으로 교육

---

136) 카바40년사 편찬위원회, 『외원사회사업기관활동사』(서울: 홍익제, 1995.), p.56에서 재인용.
137) 이혜경, "민간사회복지부문의 역사와 구조적 특성", 한국의 비영리영역과 사회발전 세미나 자료(연세대학교동서문제연구원, 1986.), p.10.
138) Ibid.

과정이 정상적으로 이루어지질 수 없었던 것이다.[139]

전쟁은 전재민 발생, 가족의 해체, 고아원의 증가 등의 문제만을 양산한 것이 아니라 경제적 측면에서도 심각한 피해를 발생하게 하였다. 한국전쟁으로 인한 피해액은 미화로 18억 달러에서 30억 달러로 추산되었다. 또한 공업시설의 42%, 발전시설의 41%, 탄광시설의 50% 가량이 피해를 입어 산업생산시설이 거의 마비 상태에 이름으로서 전면적 사회해체의 수준으로 치닫게 되었을 뿐만 아니라 국민의 기본생활을 영위하게 하는 농림어업 부문에서도 전쟁으로 인한 전답의 파괴, 산림과 어장의 황폐화를 야기시킴으로써 기본적 삶의 터전을 흔들어 놓았다. 따라서 1949년에는 8,029억 원에 이르던 국민총생산은 1950년 6,814원, 1951년에는 6,400억 원으로 감소되는 최악의 상태를 양산하고 말았던 것이다.

이러한 위급한 사회문제를 해결하기 위하여 가장 시급하게 요구되었던 것이 외원기관들의 개입이었고 일차적으로 전쟁 난민을 위한 긴급구호물자제공 및 전후복구를 위한 원조가 UN의 원조로 UNCAC(United Nations Civel Assistance Command)라는 기관이 전국적인 규모의 식량, 의류분배 등의 구호활동을 펼쳤고 얼마 후에 UNKRA(United Nations Korea Rehabilitation Agency)라는 기관이 주로 파기된 공공건물 등 구호사역 활동에 매진하였다.[140]

특히 1950년 전쟁 발발과 더불어 많은 외국민간기관들이 전쟁으로 고통받는 한국인들을 위하여 모금하였는데 AFSC(American Friends Service Committee)를 비롯한 23개 이상의 외원기관들이 10,95만 2,657달러를 모금하여 이를 국제기구(UNCAC, UNKRA, CRIK) 또는 한국정부 해당부처에 전달하는 활동을 전개하였다. 그리고 휴전 후에는 미국 중심의 FOA 원조, AID 원조, PL-480 원조 등이 잇따르게 되었다. 사실 전쟁 당사자였던 한국으로서는 이렇게 긴급하게 발생한 사회문제에 대하여 대항할 수 있는 능력이 갖추어지

139) 카바 40년사 편찬위원회, op. cit., p.60.
140) 윤흠, "카바를 회고하며", 『외원사회사업기관활동사』(서울: 홍익제, 1995.), p.26.

지 않았기 때문에 외원에 의존하여 이 문제를 해결할 수밖에 없었다.

제3절 사회문제 해결을 위한 한국정부와 외원기관의 공조체제

한국정부는 이렇게 긴급하게 발생한 사회문제에 대하여 정부차원의 대책을 마련하기 위하여 노력하였다. 물론 한국정부의 구호활동의 규모는 외원기관과 비교해 볼 때 상당히 미약하였으나 그 나름대로 활발하게 활동을 전개하였다. 그 일례로, 사회부는 발생한 난민을 보호하기 위하여 구호대책본부를 설치하였고 또한 각 부처를 해체 및 통합함으로서 구호반, 물자반, 후생반, 수송반, 섭외반, 총무반, 기획반으로 재구성하고 이 기구들을 통하여 부각되는 사회문제들을 처리하기 위하여 노력하였다. 또한 사회부를 전시구호체제로 개편하고 본격적인 구호활동을 부산에서 펼쳐나갔다. 우선 피난민이 가장 많이 거주하는 거제도와 기타 여러 지방에 각각 사회부 분실을 두어 지방행적 당국과 협조 하에 피난민 구호에 박차를 가하였으며, 또한 부산에 중앙 각 부처의 직원을 중심으로 사회부 구호대책본부를 운영하여 전재민과 피난민들에게 효과적인 도움을 주기 위해 노력하였다.

특징적인 것은 이러한 사업들을 외원기관인 국제기구와의 협력 하에 추진되었다는 사실이다. 그 한 예로서 1.4후퇴로 정부가 부산으로 이전한 후 유엔민사원조처(U.N Civil Assistance Command : UNCAC)의 도움을 받아 1951년부터 정부의 관계부처와 UNCAC합동으로 중앙구호위원회(Central Relief Committee)를 구성하여 이 위원회에서 주로 이재민 구호를 위한 정책을 가결하고 전재민 구호사업을 전개하였다.[141]

141) 카바40년사 편찬위원회, 『외원사회사업기관활동사』(서울: 홍익제, 1995.), p.64.

그러나 대한민국 정부가 긴급한 사회문제 해결을 위하여 외원기관과 협력체를 구성하였지만 문제는 이 모든 사업이 연합체를 이루지 못하였다는 것이다. 비록 미국을 비롯한 많은 민주 우방국(약 16개국)의 민간구호 단체가 한국에 주재하여 제각기 나름대로의 사역을 시작하였지만 이들의 사역이 분산됨으로서 문제가 발생하자 1955년 4월 22일 주한 미 대사관측의 Care. W. Strom 대리공사가 그 당시 외무부 장관이었던 변영태씨에게 보낸 공식서한 「한미 간 민간구호에 관한 협정」체결과 동년 5월 2일자에「한미 간 민간구호 활동에 관한 협정 해석각서」를 교환함으로서 외원기관이 한국에서 좀더 합법적이고 종합적으로 구제활동을 펼칠 수 있는 법적인 장치를 마련하였다.[142]

난민을 돕기 위한 한국정부와 외원기관과의 공조체제는 계속되었다. 그동안 완전히 터전을 잡지 못했던 공조체제는 1959년에 이르러 비로소 종합적인 계획하에 외원단체의 구호활동을 효율적으로 조정하기 위한 시도가 이루어짐으로써 그 결실을 맺게 되었다. 동년 4월 2일에 한국정부의 관계관과 주재 주요 민간구호단체대표 및 국내사회복지와 사회봉사 사업기관 대표로서 구성하는 "구호협의 위원회"를 중앙과 서울특별시, 부산시 및 각 도에 두어 외원 단체의 구호활동을 좀더 실질적으로 행하기 위한 협의와 상호정보 교환 등 광범위한 활동을 펼쳐 보고자 하였다. 그러나 안타깝게도 5.16혁명으로 인하여 그 결실을 맺지 못하고 잠시 유보되는 상황에 이르게 되었다.

142) 이성덕, "한국의 외원민간 단체의 실태", 『사회사업 No.4』(이화여자대학교 사회사업학과, 1969.), p.1.

제4절 긴급한 사회문제 해결을 위한 외원기 관의 활동

해방이후 한국전쟁 발발 이전까지 정치적으로 어수선한 상황 가운데 내한 하여 활동을 개시한 외원단체 수는 겨우 8개에 불과하였다. 그러나 한국 전 쟁의 발발로 인하여 위기상황에 처한 한국민족을 돕기 위해 55개의 외국의 원조단체들이 대거 내한하게 되었다. 이렇게 급작스럽게 내한 외원단체의 수 가 급증한 이유는 전쟁으로 인한 이재민, 피난민 등의 응급구호를 위해 UN의 요청에 응하여 이 단체들이 내한하였거나 또는 한국민의 필요를 충족하기 위 하여 내한 후 한국에서 조직되기도 하였고, 일부 단체들은 전쟁의 소식을 듣 고 자체적으로 판단하여 내한하게 되었기 때문이다.

먼저 이러한 외국민간원조단체들은 미군정 시기에 군정당국의 통제를 받 았고, 한국 전쟁 중에는 연합군의 통제를 받았다. 국제연합민사원조사령부 (KCAC)는 1953년 7월 8일자로 "민간원조단체의 구호물품도입"을 규정하였 고, 이에 따라 외원단체들은 구호물자의 도입을 위해서 모두 국제연합민사원 조사령부에 등록해야만 했다.

이 외원단체들의 구호는 위기상황에 놓인 한국민의 위기를 타파하는 데 있어서 조금도 부족하지 않았다. 그 예로서 1953년부터 60년까지 외국 민간 원조단체가 도입한 금액은 총 121백만 달러였고 외원기관의 주도적 역할을 감당하였던 선명회가 지출한 외원액수를 보사부 예산과 비교해 본 바에 의하 면 1958년에는 보사부 예산의 36.2%에 해당되던 것이 1959년에는 27.9%로 약간 줄었고 1960년에는 61.6%로 급격히 증가하였으며, 1961년부터는 보사 부 예산을 초과할 정도로 대단한 것이었다.[143]

문인숙은 당시의 대표적인 3개의 외원기관으로서 1951년에 설립된 기독 교 아동복리회, 1952년에 사역을 시작한 스완슨 복음선교회, 그리고 53년에 설립된 선명회 등을 들었다. 이들 기관은 대부분이 아동복지에 관련되어 있었고 이 단체들이 전체 아동시설 수용아동의 90 이상의 후원을 담당했던 것으로 보고되고 있다.[144]

활동을 개시한 많은 외원단체들 모두가 나름대로의 독특한 사역을 전개했던 것은 사실이다. 그럼에도 불구하고 그 당시 가장 주요한 사역으로서의 아동복지에 관련된 대표적인 몇 외원단체를 소개하면 다음과 같다.

1. 기독교아동복리회(Christian Children's Fund)

기독교아동복리회는 1948년에 내한하여 국내의 구호활동을 펼친 단체이다. 그러다가 한국전쟁의 발발로 수많은 전쟁고아들이 발생하자 이들을 후원하는 데 가장 앞장서게 되었다. 1953년-1954년 당시 기독교아동복리회는 전국 71개 시설 8,003명의 아동을 후원하였는데, 후원금은 보통 아동 1인당 월 $4.00이 보통이었고, 드물게 $6.00, $8.00씩 지급하기도 하였다. 기독교아동복리회의 지원이 종결되기 전의 15년간의 통계를 살펴보면 후원자 1명이 1년에 평균 0.97통의 편지를 결연아동에게 보낸 것으로 나타났는데, 1주에 5통이상의 편지를 써 보내는 후원자도 있었다.[145] 기독교아동복리회는 이후 아동후원사업을 지속적으로 전개하여 1986년 한국을 떠나기까지 수많은 고아들의 후원을 주도하였다. 1986년에 기독교아동복리회는 모든 사업을 현 한국복지재단(한국어린이재단의 후신)에 넘기고 한국을 떠났다. 현재는 양친회가 전개했던 방치된 아동 후원사업으로 비롯된 소년소녀가장 후원사업 등 비곤

---

143) 한국선명회, 『사회복지법인, 산국선명회 40년 발자취』(서울: 한국선명회, 1993.), 이혜경, "민간사회복지부문의 역사와 구조적 특성", 한국의 비영리영역과 사회발전세미나 자료(연세대학교 동서문제연구원, 1986.), p.12에서 재인용.

144) 문인숙, "1950년대의 사회사업 소고", 『사회복지의 이론과 실제』(인석 장인협 교수 퇴임기념논집 간행위원회, 1990.), p.20.

145) 한국어린이재단, 『CCF 38년사-사랑은 국경을 넘어』(서울: 한국어린이 재단, 1986.), p.130.

가정 아동후원사업을 활발히 전개하고 있다.

2. 선명회세계본부(World Vision)

다음으로 이 시기에 한국의 시설아동들을 지원했던 단체로는 선명회세계
본부를 들 수 있다. 1955년 내한하여 아동구호사업을 전개했던 선명회는 전
국 19개 시설 1,337명을 후원하였는데, 후원금은 보통 $5.00 씩의 후원금을
매달 지원했고, 드물게 $4.00~$10.00씩 지급하기도 했다. 선명회 역시 월드
비전이라는 이름으로 국내의 아동지원을 주도하는 단체로 현재까지 활동하
고 있다. 선명회 역시 최근에는 소년소녀가장 후원사업 등 빈곤가정 아동후
원사업을 확대하고 있다.

3. 양친회(FPP)

양친회는 1953년에 내한하여 1980년에 이한한 단체로 이 시기에 33개 시
설 743명의 아동을 후원하였다. 후원금은 보통 $11.00씩, 그리고 간혹 월
$15.00씩 지원하였다. 외국의 후원자와 한국의 아동 사이에 외원단체 사무실
을 통해 후원금이 전달되었고, 편지와 사진이 교환되는 후원사업을 양친회에
서는 "후원입양(sponsorship adoption)"으로 불렀다. 후원금으로 아동은 음
식, 의복, 현금, 특별한 의료보호, 복지서비스 및 학교교육을 받을 수 있었다.
양친회에서는 시설아동 뿐 아니라 일반가정의 방치된 아동들(outside
children)도 지원하였다. 일반가정의 방치된 아동들이란 실제고아는 아니지
만, 그의 가정형편이 열악하여 외부의 도움이 없으면 생존할 수 없고, 가족이
해체될 우려가 있는 일반가정의 아동들이었다. 이 사업은 일종의 거택구호사
업이었으며, 1960년대 이후 추진된 가정복지사업의 선구적인 형태였다.

양친회가 후원한 시설아동은 전국적으로 30개 고아원과 1개 고아병원, 2개 미망인시설, 1개 장애인 시설 등 총 34개 시설의 743명이었다. 이들에 대해서는 월 $11.00의 후원금이 제공되었는데, $8.00 상당액의 현금과 나머지 구호물자 및 의료서비스가 그것이다. 양친회가 후원한 일반 가정의 방치된 아동들은 부산 526명, 마산 2명, 서울 197명, 대구 1명 등 모두 726명이었다. 이들도 시설아동과 동일한 지원을 받았다. 이러한 후원사업에 지출된 지원은 1953년의 경우 식량과 의복, 학습물품 등 모두 $33,112.00 상당액의 구호물자 70,750파운드였으며, 1954년의 경우에는 $18,444.00 상당액의 구호물자 24,432파운드였다.

시설아동후원사업과 양친회가 전개한 방치된 아동 후원사업은 1950년대 말의 가정복지사업으로 계승되었고, 오늘날 소년소녀가장 후원사업을 비롯한 빈곤가정아동 후원사업으로 발전하였다.

4. 동양선교회(Oriental Mission)

개신교 성결교단의 선교단체였던 동양선교회는 1952년에 내한하여 가장 적은 수의 아동후원사업을 전개하였는데, 1개 시설 56명의 아동을 월 $5.00씩 후원하였다.

〈표4-2〉 대표적인 외원단체

단체명	주요 활동
한미재단 (American- Koran Foundation)	· 1952년 아이젠하워 대통령의 요청으로 한국민과 미국민들과의 우정을 도모하기 위하여 설립 · 비영리, 비정치성에 의한 자조를 목표로 보건, 교육, 복지사업, 농업, 지역사회 개발, 예술, 문화사업 · 미국에 유학중인 한국 학생들에 대한 교육적 카운셀링, 귀국 학생에 대한 직업조력, 보사부와 W.H.O의 협력으로 결핵치료 사업
CARE (Cooperative for American Relief Everywhere)	· 세계에 펼쳐있는 미국의 구호연맹으로서 미국내의 26개의 사회단체 자선단체로 구성된 시립기관 · Self-help의 유용에 대하여 협조해 주는 것을 목적으로 함 · 노동자, 가정주부, 학교아동, 여성단체, 노동조합, 교회 및 사교단체, 기타 많은 단체 지원 · 경제적 곤란에 처한 초등학교 학생들에 대한 식량문제 협조와 아동보건소 설립, 경제적 불경기 때의 일반협조와 지역사회 개발의 협조 등
홀트양자회 (Hilt Adoption Program)	· 미국 오래곤주에 위치하며 혼혈아의 해외 입양기구 · 버림받은 아동들의 해외 입양 추진 기구
기독교세계봉사회 (Korean Church World Service)	· 그리스도의 사랑을 실천하는데 목적을 둠 · 가족계획, 결핵사업, 가정복지, 지역사회개발, 불구자 재활사업, 긴급 재해구호 등 광범위한 사업 · 극빈자의 구호대상자의 self-help 정신 고취
양친회 (Foster Parents Plan)	· Needed Family에 대한 현금과 물질적 원조 및 Self-Supporting 을 목적 · 서울과 부산같은 대도시에서 일반적으로 3명 이상의 자녀를 가진 가정으로 아버지가 없고 그 가족의 수입이 시급한 가정을 대상으로 교육비 보조
카톨릭구제회 (United States Catholic Conference)	· 구호, 사회복지, 의료, 사회경제적 발전 분야에 대한 불질적, 재정적 보조와 원조 목적으로 설립 · 식량, 의복, 약품, 물질무상공급, 망염자의 재정착, 토지개간, 양자 및 결연사업 등
세계구호위원회 (World Relief Commission)	· 그리스도 구호사업과 재활 계획 목적 · PL480에 의거한 식량공급
구라선교회 (The Leprosy Mission)	· 나병환자 구제와 정신적 도움을 목표 · 의료구호와 생계보조

5. 외원기관들의 활동

내한한 외원단체들이 우선적으로 해결해야 했던 것은 긴급 구호활동이었다. 따라서 1952년 12월 이후 1957년 5월까지의 외원단체의 구호상황을 살펴보면 25만 3,000여 톤의 각종 구호물자가 이들 민간기관을 통해 도입되었으며 그 가격은 8,400만 달러에 해당하는 것이었다. 이 외에도 현금 또는 기술원조를 통한 원조도 막대하였다. 무엇보다 부족한 물자를 구호하는 것이었는데 이를 위하여 양곡, 헌옷, 의약품, 기타 건축자재 등 물자가 주로 도입되었고 외원단체의 자원봉사활동에 의하여 모집된 기부금도 2억 5,000여 만 달러에 이르렀다. 이러한 물자와 현금은 전후 구호사업을 위시한 보건, 교육, 사회복지 및 지역개발사업에 큰 원동력이 되었다. 결국 이러한 긴급한 구호활동은 무엇보다 수많은 사람들의 생명을 살리는 기폭제로 활용되었다. 이러한 긴급구호사역은 급식구호사업에 우선권을 두었다. 급식구호사업은 기아와 영양실조를 덜기 위한 조치로서 특히 아동과 노인 그리고 시설의 보모들을 위한 분유급식사업이 활발하게 이루어졌다. 1953에서 1954년에 걸쳐 전국적으로 132개 급식소가 운영 중이었는데, 대부분 연중 운영되었으며, 일부 급식소는 겨울철에만 운영되기도 하였다. 132개 급식소에서는 동계에 하루 4만 2,860명에게 급식하였고, 비동계에는 4만2,160명에 대해 급식하였다.[146]

이러한 긴급한 구호활동 외에도 외원단체들은 시설구호를 중심으로 한 구호사업에 매진하였다. 그 종류를 살펴보면 먼저 전쟁고아시설구호, 아동후원사업, 전쟁미망인구호, 피난민정착사업, 급식구호, 고아해외입양, 그리고 기타시설 원조 및 구호 등을 들 수 있다. 특히 이들은 고아, 미망인자녀 또는 빈곤가정 자녀 등 아동에 대해 큰 관심을 보였고, 응급구호에서도 우선적으로 자원을 투입하였다. 카바(KAVA)자료에 의하면 1955년 현재 외원단체들은 전국 266개 고아원 2만 8,748명의 고아들을 지원한 것으로 나타난다.[147] 고아

146) *Ibid*. p.152.
147) *Ibid*. p.141.

원에 대한 한국정부의 지원이 미미했던 관계로 고아원 운영은 외원의 원조에
크게 의존할 수밖에 없었다. 1953-1954년 당시 아동후원사업을 전개한 외원
단체는 기독교 아동복리회(CCF), 선명회세계본부(WV), 양친회(FPP), 동양선
교회(OM) 등 4개 단체인데, 후원사업 지역이나 사업대상 시설 수에 있어서
기독교아동복리회가 제일 활발했고, 다음이 선명회, 양친회이며, 동양선교회
는 사업규모가 상대적으로 미미했다.[148]

　　이러한 외원단체들은 긴급한 구호활동, 고아와 과부들을 위한 시설구호뿐
만 아니라 자립활동에도 많은 관심을 표명하였다. 외원단체들은 한국전쟁으
로 발생한 많은 수의 전쟁미망인들을 위한 시설건립 초기자본을 지원하고,
매월 운영보조비와 후원자들로부터 기부받은 금품의 전달, 미망인 자녀에 대
한 후원사업, 뜨개질, 편직과 같은 기술교육, 부정기적인 원조, 정기적 원조,
부분적 원조, 씨레이션, 학용품 킷트, 비누, 헌옷 등과 같은 소비성 물품 공급
등 다양한 방법으로 원조를 제공함으로서 자립의 터전을 마련해 주기 위하여
노력하였다.[149]

　　또 다른 형태의 지원사업은 피난민의 정착사업이었다. 피난민 정착사업은
해방 후 미군정 시기에 시작되었는데, 한국전쟁 후 피난민과 실향민 등의 전
재민에 대한 정착사업은 국제연합, 한국정부 등에 의해 대규모로 추진되었
고, 외원단체들은 이러한 사업을 지원하였다. 정착사업의 대상자는 북한지역
으로부터의 월남민과 미수복지구 주민으로서 휴전 후 귀향할 수 없는 사람
들, 그리고 전쟁포로들 중 남한에 잔류하기를 희망한 사람들(소위 '반공포
로')이었다.[150]

　　외원단체들은 고아를 위한 시설사업에 이어 고아의 입양사업에도 깊은 관
심을 가지고 그들의 사업을 추진하였다. 고아해외입양사업은 휴전 이후 고아
들, 특히 혼혈고아들의 해외입양사업에서 시작되었다. 한국전쟁에 참전한 외

---

148) *Ibid.* p.143.
149) *Ibid.* p.147.
150) *Ibid.* p.151.

국군인과 한국인 사이에 태어난 혼혈아동은 고아로 버려지는 경우가 허다하였으며, 따라서 이들을 외국으로 입양하는 사업이 외원기관들에 의하여 이루어지게 되었다. 뿐만 아니라 혼혈고아 해외입양사업은 곧 혼혈아동이 아닌 고아들의 해외입양사업으로 확대되었고 80년대까지 지속적으로 확대되었다.[151]

이들의 사역은 지역사회개발사업에도 깊은 관심을 표시하였다. 외원단체들이 한국에서 영농기술 개선을 위해 펼쳐온 프로그램으로는 한미재단(AKF)의 지원으로 시작된 4H 운동, 그리고 당시 후진국에 널리 보급되었던 지역사회 개발사업(community development) 등이 있었고, 이와 관련된 신용협동조합운동(credit union movement), 농어촌지역의 보건의료사업 등이 있었다.

〈표4-3〉 전후 후생복지시설 분포 현황

시설형태		시설 수
보호시설	모자원	66
	영아원	36
	유아원	426
	감화원	1
	유아직업보도시설	31
	양로원	37
	관숙제공시설	4
장애시설	지체부자유편의시설	10
	농아갱생시설	10
기타	탁아소	7
	아동상담소	2
	공익전당포	15
계		645

자료 : 보건사회부, 보건사회통계연보(1959)

---

151) *Ibid.* p.154.

외원단체들이 전개한 기타 사업으로 양로원 지원, 맹인시설 지원, 부녀복지시설 지원, 탁아소 지원, 아동들에게 교회를 통한 구호품의 지급, 그리고 농어촌개발사업 등이 있다. 이들 사업들은 외원단체 가운데 일부의 단체들이 전개한 것으로 사업규모 면에서 전술한 고아원 지원사업이나 아동후원사업 등에 비해 소규모로 이루어졌다. 외원단체들에 의하여 시작된 다양한 형태의 시설 분포를 〈표4-3〉을 통하여 살펴 볼 수 있다.

제5절 외원기관 연합체로서의 카바(KAVA) 와 그 활동

1. 카바의 필요성과 결성

위에서 언급한 바와 같이 많은 외원기관들은 한국전쟁으로 인하여 한국사회가 당면한 문제들을 해결하기 위하여 직접적으로 병원, 학교, 고아원, 기타 복지시설들을 운영하는가 하면 학교에 장학금과 도서, 교육용 기자재를 기증하거나 병원에 의약품, 의료기기 등을 지원하거나 고아원에 거주하는 아동들을 위하여 후원금을 전달하는 등을 활동을 활발하게 전개하였고, 전쟁으로 인하여 재난을 당한 사람들을 위한 주택건설, 정착민을 위한 각종 지원, 기생충 박멸과 같은 보건사업 등의 프로젝트로 활동을 벌이거나 지원하였다. 그러나 이러한 활발한 구호활동에도 불구하고 이러한 사역들은 많은 문제점, 곧 타 외원기관이 실시하는 활동들 가운데서 많은 부분이 중복됨으로서 발생한 문제들이었다. 다시 말해서 이들의 활동들은 서비스의 누락, 중복 등의 사태가 빈번히 발생하고 있었고 또 비슷한 기관들 간에 무언가 조정이 필요하며 한국정부나 국제기구를 상대로 무언가 체계적인 영향력을 미칠 필요성들을 피차 느끼기 시작한 것이었다.

이렇게 사역을 진행하는 데 있어서 나타난 문제점을 바탕으로 각 외원기관들은 개별적으로 운영되어오던 사업의 형태를 통일하고 좀더 효과적인 원조를 실시하기 위하여 외원기관들의 협의체인 카바(KAVA)를 결성하기에 이르렀다.

초대 카바 회장을 지낸 Mr. George M. Carroll은 1975년 3월 19일 USO에서 열린 전체회의에서 카바 창설의 동기에 대하여 다음과 같이 술회하였다.

"1946년부터 민간단체들이 한국에 와서 일본, 만주 및 북한으로부터 온 수많은 전재민들을 위한 의료 및 기타 원조사업을 시작했다. 이들 전재민들은 일자리가 생길 때 까지 몹시 곤란한 상태에 있었다. 미군정은 민간단체들이 독자적으로 운영되도록 허용하지 않았다. 의류와 기타 잉여물자들이 공동으로 관리되었고, 민간단체들은 LARC(Licenced Agencies for Relief of Asia)라고 불린 카바 전 단계 단체를 결성했다"[152]

카롤(Carroll)이 서술한 바에 의하면 외원단체들의 경쟁적이며 중복된 사역들이 많은 문제를 내포함으로서 미군정의 통제를 받지 않을 수 없었고 이로 말미암아 통합된 형태의 원조기구를 구성하지 않으면 안 될 상황에 있었음을 알게 된다. 그래서 그들은 카바를 구성하였고 실제로 외원기관의 연합체인 카바를 통해서 훨씬 효과적으로 구호활동을 펼칠 수 있었던 것은 카바를 '제2의 보사부'로 불린 사실만 보더라도 그 영향력을 가늠해 볼 수 있다. 실제로 카바는 사회분야에 대해 한국의 보사부와 대등할 정도로 많은 재원을 사용하였다.

이러한 연합체의 필요성이 대두됨에 따라 1952년에 7개 기관이 모여 발족을 하였다. 카바는 의결기관으로서 7명의 기관 대표들로 구성된 자문위원회

152) 카바40년사 편찬위원회, *op. cit.*, p.67.

(Executive Committee)가 있었고 사회복지분과위원회(50명), 교육분과위원회(20명), 지역사회분과 위원회(15명), 구호분과위원회(15명), 보건분과위원회(30명)으로 구성되고 있으며 또한 소분과위원회를 두어 특수 문제를 취급 연구하게 하였는데 그 예로서 모자사업, 아동복지, 입양사업 등을 담당하게 하였다.[153]

카바가 결성되고 2년 후인 1954년에 한미재단으로부터 2만 5,000달러의 기증금을 받아 재정적으로 확고한 기반을 세움과 동시에 33개 외원단체가 카바에 가입하였고, 다음해인 1955년에는 사무국을 두어 연합회로서의 기능을 갖추게 되었다. 또한 이후 가입 단체수가 꾸준히 증가하여 1962년에는 62개, 1964년에는 70개, 1970년에는 76개 단체가 카바에 가입하였다.

2. 카바의 활동

1964년도 카바 회원기관록에 의하면 70개 기관이 수록되었다. 그리고 그 사업의 종류 또한 대단히 다채로웠다. 맹인사업을 비롯하여 교육, 보건, 간호, 전쟁고아보호, 신체장애자원조, 4H클럽을 통한 농사요원훈련, 문화활동 지원, 빈곤아동을 위한 생활비 또는 학비 보조, 의료사업, 난민구호, clearing House, 문화활동원조, 전쟁미망인을 위한 상버, 해외입당사업, 청소년운동 및 지역개발사업 등이었다.[154]

다른 외원단체와 마찬가지로 카바 역시 고아들을 돌보는 일에 가장 우선 권을 두고 사역을 시행하였다. 그 한 예로서 6만 7,000명의 고아 가운데 거의 6만 명의 고아들이 선명회(World Vision), 컴패션(Compassion), CFG(Christian Children's Fund) 및 Foster Parent' Plan과 같은 카바단체가 운영하는 시설에서 생활하고 있었다. 이러한 고아문제와 더불어 카바는 이들

---

153) 이성덕, *op. cit.*
154) 윤흠, *op. cit.*, p.25.

의 사후 프로그램까지 마련하여 지속적인 관심을 기울였다.

전쟁 이후 전후 혼란기에 발생한 고아들이 고아원에서 일정 기간을 보낸 후 만 18세가 되면 고아원에서 퇴소하게 됨으로써 이들의 사회 적응문제가 심각한 이슈로 등장하기에 이르렀다. 이들은 사회에서 적응하기보다는 오히려 고아라는 이유로 사회에서 불신, 무시, 천대, 차별 등을 경험함으로서 적응하는 데 많은 어려움을 겪게 되었다. 카바는 이러한 사업에 대하여 좀더 깊은 관심을 가지고 직접적인 사회문제를 해결하려는 노력을 지속하였다.

이러한 고아문제와 더불어 또 다른 사회적 이슈들이 등장하였는데, 예를 들면 장애문제, 혼혈아문제, 아동유기 등의 문제가 발생함으로써 카바는 한국장애아동실태조사, 혼혈아동문제조사, 아동유기원인조사, 그리고 성인고아조사 등, 다양한 사회문제에 대한 해결책을 모색하기 위한 실태조사를 실시하였다. 이러한 사회문제들이 연구됨으로써 지금까지 해결중심의 사역에서 점차 예방적 차원으로 나아가려는 노력을 포기하지 않았다.

색다른 것은 1965년 기생충으로 인한 영양상태의 결핍이라는 새로운 사회문제가 부각하자 카바에서는 기생충박멸을 위한 시범작업을 시작하였다. 뿐만 아니라 카바의 보건기관들은 동맥경화, 암 그리고 성병 등에 관하여 기초적인 조사연구를 수행하였고 원초적인 의료보험을 위한 프로그램 개발을 모색하였고 이러한 사회조사가 한국의 좀더 성숙한 보건행정의 기초를 놓는데 크게 기여한 바 있다.

카바는 점차 자선(dole)사역에서 재활(rehabilitation)사역으로 그 원조과정을 전환하였는데 이는 곧 한국민들에게 자활 및 자립정신을 고취함으로서 수동적인 삶을 탈피하고 긍정적인 자아상을 심어주기 위한 일환으로서 주로 간척사업, 개간, 염전, 굴·조개·김 양식장 등과 같은 개간사업을 통해 이루어졌다. 카바 단체들은 대략 3,110개의 사업에 착수하였는데 이를 통하여 일백만 에이커 이상의 토지가 개간되어 난민과 영세농민 및 성인고아들에게 제공되었다.

또한 초등학생들을 위한 음식제공 역시 카바의 중요한 사업 중의 하나가

되었다. 주로 CARE의 지원을 받아서 1957년부터 사업을 시작하여 점차적으로 확장되어 5,700개 이상의 학교와 190만 아동들에게 음식을 제공할 만큼 큰 발전을 거듭하였다.

결과적으로 카바는 무한정 구호사업을 펼치기보다는 지역사회개발 프로그램을 도입함으로서 한국민 스스로 자립할 수 있는 터전을 마련하였는데 이러한 지역개발사업에 소요되는 자금과 노동력을 적절히 조정함으로서 원활케 한다는 원칙을 수호하고 있었다. 간척사업, 계단식 경지의 개간, 각종 생활기반시설(공동우물, 공동변소, 하수도, 수리사업, 홍수통제, 도로건설) 등의 사업수행시에 구호대상자를 취로함으로써 노임으로 식량을 지급하는 방식으로 지역개발사업과 구호사업을 결합하였다.

그러나 1970년 들어 외원단체의 영향력이 상대적으로 약화됨에 따라 외원단체의 협의체인 카바도 한국경제의 개발과 더불어 앞으로의 사역방향에 대하여 심도 있게 논의하는 단계에 이르게 되었다. 첫째는 한국에서 계속 봉사하면서 그 단체를 토착화하는 계획이 있고, 둘째는 한국에서의 활동을 중단하려는 계획이 있었는가 하면, 셋째로 한국에서의 철수를 계획하고 있되 한국인의 복리를 위해 아이디어를 전수하려는 움직임 등이 그것이었다.

제6절 선교와 복지지향적 태도를 견지한 외원기관

대부분의 외원단체는 초기부터 분명하게 선교지향적 태도를 견지하였다. 1800년대 내한하여 교육과 의료행위로서 선교적 터전을 마련하고 후에 직접적 선교활동을 감당하였던 초기선교사 시대나 미군정 및 6.25 직전에 내한하여 활동하였던 대부분의 외원기관들이 그러하듯이 그들의 일차적인 목적은 분명하게 그리스도의 복음을 전하는데 있었다. 물론 이러한 외원기관들의 선교지향적인 태도가 사회복지적 측면에서 어느 정도 비판의 대상이 되고 있는 것은 사실이지만 기독교적 관점에서 볼 때 이는 분명한 교회사회사업의 주춧돌을 놓았다는 점에서 높이 평가한다.

아래의 표는 외원기관단체의 사역에 따라 5급으로 나누어 분류한 것이다.

〈표4-4〉 외원기관의 사역 목적별 분류

분류	내용		
A급 단체	사회복지사업을 목적으로 한 순수한 외국민간단체	25	24
B급 단체	종교사업과 사회복지사업을 병행하고 있으며 선교단체에 비하여 사회복지 사업규모가 커서 병원, 사회복시시설, 학교 등을 직접 운영	21	28
C급 단체	선교사업이 주목적이나 사회복지시설, 소규모의 병원, 진료서 등을 소유한 반선교 반사회복지사업단체	30개	28
D급 단체	전도사업이 주목적인 단체로서 소량의 구호물자배급으로 비교적 사업규모가 적음	17개	16
E급 단체	선교사업이 주목적으로 사업실적이 없음	13개	12

카바40년사 편찬위원회, 『외원사회사업기관활동사』(서울 : 홍익제, 1995), p.137.

위의 도표를 보더라도 대부분의 외원기관들이 순수한 사회복지적 목적보다는 그리스도를 전파하려는 복음의 열정과 함께 사회복지적 사명을 감당한 것으로 나타나고 있다.

1964년 70개 카바 가입 외원단체 중에서 28개 단체는 교육, 보건, 사회복지, 구호 및 지역개발 프로그램에 직접 관련된 기관이고 42개 단체는 선교 또는 기독교 전도목적을 제1로 하되 2차적으로 교육 프로그램과 구호, 보건, 사회복지 및 재활사업에 관심을 갖는 기관이었다.

아래의 표는 1945년부터 1950년대에 내한하여 활동한 외원기관들의 단체를 활동의 폭에 따라 선별하여 수록하였다.

〈표4-5〉 1945년에서 1950년대에 내한한 단체들[155]

등록 번호	약 자	명 칭	내한 연도	이한 연도	국 적	종교적배경	선교단체 여부
1	AKF	한미재단	1952	활동중	미국		
2	ASCM	미국구령선교회	1959	활동중	미국	개신교	선교단체
4	AF	아세아재단	1954	활동중	미국		
10	CARE	주한케-아본부	1949-1981		미국		
12	CRS-USC	카톨릭구제위원회	1946	활동중	미국	카톨릭	
15	CCF	대한기독교아동복리회	1948-1986		미국	개신교	
19	CA	크리스챤아카데미	1959	활동중	독일	개신교	선교단체
20	CS	기독봉사회	1958	활동중	미국	개신교	선교단체
21	CJCLDS	말일성도예수그리스도교회	1954	활동중	미국	몰몬교	선교단체
22	CCM	그리스도의교회선교회	1954	활동중	미국	개신교	선교단체
24	CS	성콜롬반수녀원	1955	활동중	아일랜드	카톨릭	선교단체
25	CDF/SCF	지역사회개발아동복리재단	1953	활동중	미국		
26	CKO	컴패숀한국사무실	1952	활동중	미국	개신교	선교단체
30	TEAM	한국복음주의동맹선교회	1953	활동중	미국	개신교	선교단체
31	FPP	양친회한국지부	1953-1980		미국		
32	GLRA	서독구라협회	1959	활동중	독일	카톨릭	선교단체
37	ICA-AFI	국제카톨릭여자협조회	1956	활동중	벨기에	카톨릭	선교단체
41	JF	예수회국제교육발전협회	1948	활동중	미국	카톨릭	선교단체
45	KLM	한국루터교선교부유지재단	1958	활동중	미국	루터교	선교단체
50	LBM	미국남침례회한국선교회	1950	활동중	미국	침례교	선교단체
52	LM	구라선교회 주한본부	1956	활동중	영국	개신교	선교단체
54	MS	메리놀수녀회	1949	활동중	미국	카톨릭	선교단체
57	NCBM	기독교북구연합선교회	1956	활동중	스웨덴	개신교	선교단체
59	OMS	동양선교회	1952	활동중	미국	성결교	선교단체
63	SS	한국천주교살레시오	1954	활동중	이탈리아	카톨릭	선교단체
64	SS	한국천주교살레시오수녀회	1957	활동중	이탈리아	카톨릭	선교단체
66	SCF	영연방아동구호재단	1954	활동중	영국		
67	CKM	그리스도의 한국선교회	1959	활동중	미국	개신교	선교단체
68	SSH	성심수녀원	1954	활동중	미국	카톨릭	선교단체
70	SBH	성분도수녀회	1959	활동중	스위스	카톨릭	선교단체
71	SAM	전교협조회	1956	활동중	벨기에	카톨릭	선교단체
73	USCC	캐나다유니테리안봉사회	1952-1982		캐나다	유니테리안	
76	UWM	연합세계선교회	1946	활동중	미국	개신교	선교단체

〈표4-5〉 (계속)

등록 번호	약 자	명 칭	내한 연도	이한 연도	국 적	종교적배경	선교단체 여부
77	VCA	중아선교회	1951	활동중	미국	개신교	선교단체
80	WRC	세계구호위원회	1954	활동중	미국	성결교	선교단체
81	WV	세계기독교선명회	1955	활동중	미국	개신교	선교단체
82	WWMK	범세계선교회 한국지부	1954	활동중	미국	개신교	선교단체
88	FMM	마리아의순교자프란시스꼬수녀회	1958	활동중	이탈리아	카톨릭	선교단체
89	HBSJG	천주의성요한수도회	1958	활동중	아일랜드	카톨릭	선교단체
90	IPM	장로교선교회연합사무실	1955	활동중	미국	장로교	선교단체
92	RCJCCDS	복원예수그리스도유지재단	1954	활동중	미국	개신교	선교단체
95	KCWS	기독교세계봉사회	1952	활동중	미국	개신교	선교단체
96	ICCCKO	국제기독교연합회한국지부	1955	활동중	미국	장로교	선교단체
	ACIABK	한국맹인원조국제고문회	1957-1967*		미국		
	AEM-USC	미국유니테리아봉사회	1952-1961*		미국	유니테리안	
	AFP	Adopt a Family Plan	1952-1958*		미국	카톨릭	
	BRC	영국적십자	1953-1957*		영국		
	CCK	한국천주교중앙협의회	1948	활동중	한국	카톨릭	선교단체
	CEF	Child Evangelism Fellowship	1958	활동중	미국	개신교	
	CKBS	Cooperates with Korean Bible Society	1952-1960*		미상	개신교	선교단체
	CLS	대한기독교서회	1963	활동중	미국	개신교	선교단체
	FSU	Friends Service Unit	1953-1979*		미국	퀘이커	
	HK	Houses for Korea	1954-1956*		스위스		
	ISS	국제사회봉사회	1957-1965*		스위스		
	KEM	한국복음주의선교회	1952-1971*		미국	개신교	선교단체
	LRCS	League of Red Cross Society	1952-1960*		스위스		
	LSK	Literacy Society of Korea	1952-1960*		미국	장로교	선교단체
	MCC	메노나이트중앙재단한국지부	1953-1972*		미국	메노나이트	선교단체
	NKA	한노협회	1955-1973*		노르웨이		
	UM	Universal Mission	1955-1957*		미국	개신교	선교단체
	UPS	미연합장로교선교회	1949	활동중	미국	개신교	선교단체
	WUS	세계대학봉사회한국이사회	1952	활동중	미국	개신교	
	YC	Youth for Christ	1954	활동중	미국	네비게이터	선교단체

주) 이한년도에서 * 표시는 추정 연도임.

---

155) *Ibid.* p.119.

위의 도표를 통하여 볼 때 거의 대부분의 외원기관들이 분명하게 기독교적인 색채를 띠고 활동하였음을 보여 주고 있고, 주로 개신교와 천주교 단체임을 밝히고 있다. 이러한 사실은 카바에 속한 외원기관을 분석해 볼 때 동일한 현상이 나타나고 있음을 알게 된다.

〈표4-6〉 카바에 속한 외원기관의 종교 분포

종교	계	기독교	천주교	구세군	비종교	비고
단체수	74	36	26	1	11	
	100	48.6	35.1	1.3	14.8	

카바40년사 편찬위원회, 『외원사회사업기관활동사』(서울 : 홍익제, 1995), p.217

좀더 자세한 내용을 파악하기 위하여 카바에 속한 외원기관들의 재정상태를 분석해 본다면 좀더 명확해질 수 있다. 카바가 사용한 현금의 경우 사회복지사업에 55.2%가 사용되었고 단체 자체경비에 44.8%가 사용된 것으로 나타나고 있다. 특히 단체 자체경비 중 선교비가 전체 현금의 25.2%를 차지하고 있고 단체 자체경비의 56.3%를 점하고 있다. 이는 외원단체가 한국에서 벌이는 활동 중 선교사업이 점하는 비중이 만만치 않음을 말해주고 있다.[156]

---

156) 카바 40년사 편찬위원회, *op. cit.*, p.219.

제7절 외원기관에 대한 평가

1. 외원기관의 성과

외원기관은 한국민족이 가장 어려운 위기에 있을 때 그리스도의 사랑으로 내한하여 희생적으로 사역을 감당하였다. 따라서 이러한 외원기관에 대한 평가는 대체적으로 긍정적이라고 할 수 있다. 물론 경쟁적인 사역의 와중에서 발생한 많은 문제점들이 있음에도 불구하고 한국사회 특히 사회복지적 측면에서 대단히 고무적인 결과를 양산하였다고 볼 수 있다.

외원기관에 대한 평가로서 카바는 40주년에 즈음하여 첫째로 한국전쟁 후의 혼란기에 한국민의 삶을 영위하는 데 기여한 점, 특히 각국의 후원을 바탕으로 응급, 구호, 보건, 교육, 지역사회개발, 사회복지사업 등에 헌신하였음을 서술하였고, 둘째로 서구의 전문사회사업 방법론을 고개함으로서 한국 땅에 사회사업을 심는 계기를 마련하였다는 점이며, 셋째로 사회복지에 있어서 홍보(public relation)이 갖는 의의와 중요성을 널리 전파시킨 점을 들었다. 또한 넷째로 사회문제 해결을 위한 전문영역별로 분과위원회를 구성하여 심층적으로 문제를 분석하여 대안을 마련하는 등의 체계적인 사회계획의 아이디어를 소개하고 실천하였다는 점, 그리고 다섯째로 전문사회사업가의 역할과 기능에 관한 이해를 증진하였다고 하였으며 여섯째로 카바 가입단체의 대부분이 기독교적 배경을 가지고 있음에서 알 수 있듯이 의도했건 또는 의도하지 않았건 간에 기독교의 복음을 전파하는데 크게 기여했음을 부정할 수 없음을 지적하였다. 특히 카바의 경우 월례회나 연차회 등의 각종 모임이 기독교적인 분위기(개회기도, 찬송, 폐회기도) 속에서 진행되었다. 그만큼 한국에서 활동하던 외원 단체 인사들의 종교적 배경이 실제 활동내용에서도 반영되었던 것이다.[157]

---

157) *Ibid.* pp.207-208.

이러한 카바 자체의 평가와 더불어 이성덕은 외원이 한국사회에 미친 긍정적 영향에 대하여는 한국이 근대적 국가로 발달하는 기틀을 마련한 점, 한국 동란 이후 초기에 정치 경제등 사회적 혼락기에 기아 구제면에서 큰 공헌한 점, 한국민에게 인류애와 형제애를 계몽하여 준 점, 원조를 주고받는 국가 간의 유대를 강화한 점, 기독교의 원리는 유교사상에서 벗어나 국민들에게 새로운 사고의 길을 열어준 점, selp-help를 통한 자립정신을 함양한 점, KAVA라는 체계적이고 조직적 활동으로 인한 각 기관의 상호협력을 이루어낸 점, 사회사업 연구생의 훈련 실습의 기회 제공으로 교육적 원조를 부여한 점, 개척자적인 정신으로 새로운 프로그램을 모색한 점 등을 들었다.[158]

이러한 평가와 더불어 몇몇 사회복지 학자 역시 외원기관의 활동에 대하여 상당히 긍정적인 시각으로 분석하였다. 먼저 김영모는 외원단체가 한국의 사회사업에 미친 영향이 대단히 크다고 평가하면서 외원단체들이 후생사업, 보건사업, 교육문화사업, 생활보호, 재해보호, 지역개발사업 등의 복지사업을 실행하였고, 대부분 종교적 배경을 가지고 지원했기 때문에 자선적 성격이 매우 강하였고 기독교문화(선교) 등을 전파시키는 데 크게 공헌하였다고 보고 있다. 최일섭 역시 1900년대 외구 선교사의 선교활동의 일환으로 소개된 사회사업이 우리나라 사회사업의 전문화에 많은 공헌을 하였으며 특히 지역사회조직 등 지역사회 복지를 위한 활동에도 많은 영향을 주었다고 기술하고 있으며[159] 또한 전재일 · 김상규도 외국민간원조단체 즉 세계기독교봉사회, 메노나이트 중앙재단 한국지부, 캐나다 유니테리안 봉사회 등이 큰 발전의 기폭제 역할을 감당했다고 말하고 있다.[160]

158) 이성덕, "한국의 외원민간 단체의 실태", 『사회사업』(이화여자대학교 사회사업학과, 1969, No. 4), p.12.
159) 최일섭, 『지역사회복지론』(서울: 서울대학교출판부, 1985), 최원규, "제3세계 사회사업 발전과 외국(외원)의 영향: 한국의 사례를 중심으로" 『1994년도 추계학술대회 자료집 Vol. 94』(한국사회복지학회, 1994년 11월), p.163.
160) 전재일 김상규, 『개별사회사업』(서울: 형성출판사, 1987.), (최원규, "제3세계 사회사업발전과 외국(외원)의 영향: 한국의 사례를 중심으로" 『1994년도 추계학술대회 자료집 Vol. 94』(한국사회복지학회, 1994년 11월), p.163에서 재인용.

마지막으로 최원규는 외원기관들의 활동을 6개 부분으로 평가하였다. 첫째로 외원기관의 활동은 한국에서 전문사회사업이 시작되도록 촉발하였고, 시설중심의 사회사업이 발전하게된 계기를 만들었으며, 한국의 사회복지가 거시적인 사회정책보다는 미시적인 전문사회사업 위주로 발전하게 하였을 뿐 아니라, 사회복지를 구호사업 또는 자선사업과 같은 것으로 한국인들이 인식하게 하는데 기여하였다는 것이다. 또한 외원단체의 철수에 따라 민간사회복지부문이 정부통제하에 편입하게 되는 계기를 마련하였고, 한국에서의 기독교 복음의 전파에 기여하였다고 평가하였다.[161]

2. 외원기관 사역의 문제점

한국에 파견된 외원기관들은 대체적으로 강한 기독교적 색채를 소유하고 있었다. 특히 개신교적 색채가 강하기 때문에 개별적인 사역의 형태를 취함으로서 발생하는 여러 가지 문제점을 포함하고 있었다. 이런 점에서 비기독교적 입장에서 비판의 대상이 되기도 하였다. 이 점에 대하여 최원규는 좀더 자세하게 서술하고 있다.

한국인들은 외원기관들이 원조활동을 전개하면서도 실제로는 종종 선교활동에 치중하고 또 한국인에 대해 자못 교훈적이며 박애적인 태도로 원조를 제공했던 외원단체들에 대한 인상을 지니고 있는 듯하다. 이러한 연유로 인하여 한국인들은 외원의 활동에 대해 '긍정적인 기여를 했음에도 불구하고 이런 저런 측면에서 부정적인 측면이 있었다'고 생각한다. 예를 들어 외원이 종교우선적인 구호활동을 전개했고, 외국에서 한국인의 비참한 현실을 과대광고하여 한국의 위신을 끌어내렸으며, 원조단체의 진정한 활동목표가 구회 외의 다른 것이었다는 점이다. 또한 당시 외원단체에서 활동했던 외국인들은 선교사들이 다수였고, 사회사업가는 극히 드물었기 때문에 외원단체를 통해 서구의 사회사업이 도입되었다는 점을 반박하고 싶어한다.[162]

이성덕 역시 외원기관의 문제점을 상당히 상세하게 기술하고 있다. 문제점으로는 대다수가 포교를 목적으로 하였기 때문에 이로 인한 이중구호, 편견적 구호의 폐단이 있었다는 점, 장기적 연속적 구호로 인하여 한국인들에게 만성적 의타심을 조장하였다는 점, 종교적 목적으로 인한 배타적 태도로 사회복지에 임한 점, 훈련되지 않은 사회복지사(social worker)로 인한 비효율적 사회복지를 실천한 점, 비 사회사업 전공자인 외원단체 장으로 인한 업무의 비효율성, 그리고 사회사업 수행에 있어서 한국인의 배제를 지적하였다.[163]

물론 이러한 지적들은 사회복지적인 측면에서 철저히 옳다. 그러나 분명한 것은 아무리 사회복지적인 실천과 기술을 가지고 구호사역에 임한다 하더라도 결코 완전한 자립이나 회복은 있을 수 없다는 것이다. 인간이란 결코 사회적인 욕구의 충족만으로 통ㆍ전적인 회복이 일어나지 않는다는 측면에서 오히려 철저한 복음의 정신과 그리스도의 사랑으로 다가서려는 외원기관들의 노력은 참으로 옳았다고 평가할 수 있다.

사실 오늘날의 한국사회의 발전과 부흥에는 그리스도의 사랑과 복음으로 헌신한 외원기관들의 노력이 그 초석을 감당하였다는 사실을 결코 부인할 수 없다. 만약 기독교정신으로 무장하여 사회복지를 이루려는 외원기관들의 노력을 한국의 사회복지 역사에서 의도적으로 지우려 한다면 이는 참으로 역사 말살 행위가 아닐 수 없으며 한국 사회복지의 뿌리를 무시하고 사회복지를 이루려는 어리석음을 범할 수밖에 없는 것이다.

---

162) 최원규, "KAVA 40년사를 정리하고 나서", 『외원사회사업기관활동사』(서울: 홍익제, 1995), pp.44-45.
163) 이성덕, *op. cit.*, p.12.

제5장 한국교회의 고난, 성장, 분열, 그리고 양극화

한국의 초기선교는 한국사회를 개혁함은 물론 민족의 영적인 공백을 메우면서 발전을 거듭하였고, 이러한 성장은 역사적인 고난 중에서도 그칠 줄 몰랐다. 일제강점 아래에서 한국교회는 민족정신과 자립의 힘을 키우는 원동력이 되었고, 6.25사변과 공산주의 아래에서도 그 영적인 바탕을 더욱 견고히 하였다. 그 결과 1970년대 한국교회는 급격한 사회변화와 함께 가시적으로 대규모 성장을 이루게 된다.

한국교회의 급속한 성장 요인을 단순히 한두 가지 국부적인 요소로 평가하는 것은 결코 쉬운 일이 아니다. 또한 단순히 국내의 정치?사회적 요인으로만 평가한다는 것 또한 의미가 없다. 왜냐하면 한국교회의 성장은 국내 · 외적 요인의 결합과 다양한 사회 제반의 요인들에 의해 상호 복합적인 관계에서 이룩된 것이기 때문이다.

따라서 한국교회 성장을 정확하게 이해하기 위해서는 사회적, 역사적, 정치적, 경제적, 영적, 그리고 심리적 요인 등을 살펴 볼 필요가 있다. 그러나 모든 분야를 다 다룰 수 없기 때문에, 본 장에서는 역사적 흐름을 기반으로 그 시대의 특징적인 사회적, 정치적 상황과 연관하여 살펴 볼 것이다. 이 중 특히 사회적 측면에 중점을 두려는 것은 결국 한국교회의 성장과 사회문제는 불가분의 관계를 형성하고 있기 때문이다.

제1절 1900-1940년대의 한국교회

1. 급격한 교회성장의 이유

한국교회 성장의 기틀은 외국 선교사들의 내한하기 전에 이미 형성된 바 있다. 황해도 소래교회의 설립, 이수정의 누가복음 번역 등, 기독교를 어느 정도 경험할 수 있는 기회가 있었다.

1890년 중반까지도 한국의 교회성장은 의료와 교육사업을 중심한 일본의 교회성장과 특별히 다른 점이 없었다. 그러나 1890년부터 일본교회의 성장은 위기에 봉착하게 되었다. 1868년, 한국선교보다 16년 전 시작한 일본선교는 일본인의 신뢰감을 획득하기 위하여 의료와 교육선교, 즉 간접적 복음전도로 선교활동을 실시하였다. 일본교회는 1890년대까지 서서히 성장하였다. 일본 선교는 일본 땅에서 소멸되어야 한다고 믿었던 나병환자 또는 장애인을 위한 의료사업에 집중되었다. 이러한 특수선교 외에도 선교사들은 많은 학교를 세우면서 선교의 초석을 놓는 듯하였다. 그러나 일본선교는 일본정부와 일본인들에 의하여 '기독교는 외국 사람들, 즉 그들의 적에 의하여 시작된 종교' 라는 인식 확산되면서 엄청난 어려움을 맞게 되고, 교회 성장은 중지 된다.[164] 그러나 한국교회는 이런 일본의 선교의 위기상황과는 달리 급격한 성장의 곡선을 그리며 성장하였다.[165] 한국교회의 급작스런 성장의 이유는, 1895년에 발발한 청일전쟁에서 비롯된다. 이 사건을 통하여 조선민족이 엄청나게 도전을 받았던 이유는 오랜 역사 동안 형님 나라로 모시던 중국이 상대적으로 작은 땅덩어리를 소유한 일본에 힘없이 패배하였고, 또 일본은 이것을 빌미로 한국을 병합하려는 움직임이 있었기 때문이었다. 이때 조선인들은 일본의 승리가 외국의 개화된 기술의 도입이라는 사실을 발견하였고, 일본을 이길 수 있는 유일한 방법은 조선도 외국의 문명과 기술을 받아들여서 강하고 부유한 나라를 건설하는 데 있다는 사실을 인식하였던 것이다. 이 시대에 외국의 신교육 도입에 관심을 가졌던 많은 독립주의자들이 교육에 열을 올렸던 것은 바로 일본의 승리가 외국교육의 도입에 있었다는 데 인식을 같이 하였기 때문이었다. 이러한 이유로 정치인들과 사회에 영향력을 가진 인사들이 그 당시 새로운 신식학문과 기술로 선교를 시작한 기독교로 개종하기 시작했다.

---

164) 박정신, "한국 개신교 성장에 대한 역사적 설명 시도", 『기독교사상』(1989년 4월호), pp.114-118.
165) *Ibid.*

월스(KennethM. Wells)는 개신교가 독립주의자와 조선민족에게 어떠한 영향을 끼쳤는지 다음과 같이 설명하고 있다.

"개신교 개혁자들은 이러한 상황을 변화시키는 데 있어서 빠른 행보를 취하였다. 제일 먼저 그들은 한국민족이 느끼는 사회적 공백을 외국 기독교 국가의 역동으로 대처하였고, 둘째로 그들은 기독교 안에 국가와 법이 진정으로 반응할 참된 종교적 권위와 우수함이 있음을 감지하였다. 한국민족이 진정으로 필요로 하였던 것은 교육이었고 한국기독교는 학교와 교회 그리고 신문을 통한 계몽활동을 하면서 대단한 성과를 거두고 있었다.[166]

이러한 새로운 교육과 기술의 도입은 앞에서 언급한 바와 같이 한국사회를 역동적으로 변화시키기에 충분했고, 조선민족의 정신적 · 사회적 공백을 메우기에 노력하였던 한국교회는 급속도로 성장하기 시작하였다.

2. 성서연구와 대부흥 운동

1904년까지 한국교회는 46개의 남녀 초등학교를 세웠고, 계속하여 중 · 고등학교를 세웠으며, 교사를 훈련하는 학교와 한국교회의 첫 목회자를 배출한 신학교를 건립하였다. 1903-1904년에는 5,400명이 넘는 교인들이 그들의 회중을 교육하기 위하여 교사양성학교에 등록하여 교육을 받았으며, 1905년까지 기독교는 교육에 있어서 전통적인 유교교육의 공백을 메우기 위해 120개의 신식학교를 세워 운영하였다.[167] 이러한 교육의 열풍은 단순히 선교사들의 헌신적인 노력의 결과만은 아니었다. 기독교로 개종한 한국인들도 학교와 병

---

166) Wells, Kenneth M, *New God, New Nation - Protestant and Self-reconstruction Nationalism in Korea, 1896-1937* (University of Hawaii Press, Honolulu, 1990), pp. 29-30.
167) 박정신, op, cit., p.119.

원을 세웠고, 교육과 새로운 기술로 조국에 희망을 불어넣었다.

기독교인들과 선교사들은 교회를 통하여 교육하고, 또 성서연구를 통하여 새로운 신자를 확보하는 데 주력하였다. 문맹퇴치운동의 일원으로 시작된 교회의 여름성경학교의 열기는 지속적으로 확산되어 온 조선사회를 신선한 충격의 현장으로 몰아 넣기에 충분하였고, 결국 교회성장의 기본 준거를 제공하였다. 성서연구를 위한 지도자 교육은 농촌이건 도시건 할 것 없이 지대한 영향을 미쳤다. 모든 교회 구성원의 교육은 젊은이나 늙은이, 배운 이건 배우지 못한 이건 상관없이 조직적으로 진행되었고 교재는 언제나 성서였다.

〈그림5-1〉 세례 교인 수의 변화(1885-1905)   (단위:명)

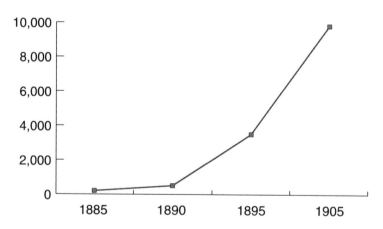

출처: 서명원, 『한국교회성장사』, p.55.

결국 이러한 열정적 성서연구는 한국교회에 새로운 전기를 마련하는 계기가 되었다. 1903년에 감리교 선교사들이 원산에서 기도와 말씀을 위하여 1주일간 모임을 가졌는데, 중국에서 선교하고 있던 화이트(M.C. White)선교사가 주 강사가 되어 이 모임을 이끌었다.[168] 1904년에는 원산에서 이 모임이 재개되었고 전 해에 비하여 훨씬 강도 높은 은혜를 경험하게 되었다. 1904년에 60%이상의 교인이 이러한 사경회 모임에 참석했다고 보고되었으며,[169] 또한 이와 유사한 성서연구 모임이 다른 곳에서도 개최되었다. 원산의 이러한 놀라운 사실을 전해들은 평양의 선교사들은 1906년 하디(R.A. Hardie)선교사에게 모임의 인도를 요청하였다.

무엇보다도 한국 초기교회에 엄청난 성장의 영향을 미친 모임은 1907년 평양에서 개최된 대부흥 사건이었다. 물론 대부흥 사건 이전에도 각 교회마다 성서연구 모임은 끊임없이 개최되었고 기독교인들은 이러한 사경회에 열정적으로 참석하면서 대부흥의 불길을 마련하였다. 그러나 불길의 도화선은 1907년 장대현 교회의 사경회였다. 사경회 도중 강원도에서 사역하던 한 선교사가 그의 선교사 사명을 불성실하게 감당하였음과 평소 한국민족에 대하여 우월감을 갖고 사역하였음을 고백하였다. 다음 모임에서는 한 조선인 성도가 특정 선교사에 대하여 죄를 지었다고 고백하였다. 죄의 고백과 회개의 기도가 강력하게 진행되었다. 이 모임은 저녁 8시에 시작되었으나 새벽 2시가 돼서야 끝났다.[170] 장대현 교회에서 파생된 회개 운동은 전 조선사회에 파급되었고, 이 영적 운동을 통하여 교회는 더욱 빠른 속도로 성장하게 되었다.

대부흥은 조선 전체를 뒤흔드는 사건으로 기록되었고, 또한 이는 그 당시 기독교 운동 전체를 의미하는 것이기도 하였다. 통계에 의하면 교인 수와 교회 수가 이 운동을 전후하여 배가되었다. 선천의 경우 교회의 수가 1904년에 6,957개소였던 것에 반하여 1905년 1년 사이에 1만 1,943개로 늘어났다. 장로교와 감리교 전체의 신도 수는 1896년에 4,356명이었다. 그러나 1907년 대부흥 운동 이후에 신도 수는 10만 6,287명으로서, 10년 동안 5배가 증가하였

---

168) Marlin L. Nelson, "A Foreigner's View of the Korean Church", *Korean Church Explosion* (Seoul: Word of Life Press, 1983.), p.190.
169) *Ibid.*
170) 민경배, 한국기독교교회사(서울: 대한기독교출판사, 1992.), p.252.

다.[171] 선교사 자신들도 한국교회가 급속도로 성장하는 것을 보고 "한국교회 성장이 너무 빠른 것이 아닌가?"라고 반문할 정도였다.[172] 교회의 경이적 성장을 가능케 하였던 대부흥 운동의 결과로 장로교는 그 한 해만도 1만 6,000명을, 감리교는 1만 명의 신자를 더 확보하게 되었다.

3. 부흥운동과 민족운동

대부흥 운동의 교회성장에 대한 파급은 상상을 초월하였다. 그러나 이 운동의 여파는 그리 오래가지 않았다. 대부흥 운동의 열기가 식어짐과 함께 남감리교에 소속된 3명의 선교사는 1909년 한국교회가 직면한 정치적 문제를 해결하기 위해, 그리고 20만 명을 훈련하고 전도하여 100만 명의 성도를 확보한다는 기치 아래 일주일 동안 산상기도를 실시하였다. 이 산상기도는 백만 인을 목표로 한다는 의미에서 '백만 인 구령운동'이라고 불렸다.[173] 백만 인 구령운동이 효과적으로 전개되기 위하여 조선 기독교인들은 총 100만 일을 헌신하면서 전도에 몰입하였다.[174] 이 운동을 위하여 70만 권의 마가복음이 제작되고 무상으로 배부되었다.[175] 실로 철저한 준비와 기도로 준비되었던 백만 인 구령운동의 영향은 대단하였다. 그럼에도 불구하고 이 운동이 마땅히 비평을 받아야 할 점이 있다면, 국민정신을 종교적 카타르시스로 전환하려한 선교사들의 동기에서 찾을 수 있는데, 이는 선교사들이 일본의 정치적 강점 상황을 종교적 대안으로 승화시키려 했다는 것 때문이다. 이로 인하여 이 운동은 후기 독립운동과 한국기독교 성장에 필수적 요소인 한국민의 정체

---

171) 최광선, 『한국장로교회성장사』(서울: 칼빈서적, 1991.), p.55.
172) 서명원, 『한국교회성장사』(서울: 대한기독교서회, 1989.), p.55.
173) Ibid, p.63.
174) 기독교인들은 조선인을 복음화하기 위하여 그들의 시간을 헌신하였다. 기독교인들이 헌신한 날 전체는 1909년 100만 일에 달하였다. 20만 명의 신도들이 복음전도를 위하여 평균 5일을 헌신한 결과였다.
175) 이만열, 『한국기독교사특강』(서울: 성경읽기사, 1987.), p.160.

성에 대한 소망을 강조하고 실현하는 데는 실패하였다고 분석할 수 있다. 사실 3.1운동에 대한 선교사들의 태도는 모호하였다. 독립운동 전 대부분의 선교사들의 태도는 '한국이 다른 나라에 귀속되는 것보다는 일본에 귀속되는 것이 낫다' 는 것이었다. 이 친일적 태도는 일본정부의 선교사들에 대한 유화책의 결과라고 볼 수 있다. 그러나 선교사들은 105인 사건을 경험하면서 이러한 친일 태도를 바꾸었고 오히려 일본의 야만행위를 전 세계에 보고하였다. 그러나 막상 3.1 운동이 전개되었을 때 선교사들은 이 운동과 그들은 아무런 상관이 없다고 천명하였다.

게다가 감리교 감독인 월치(H. Welch)는 "교회에서 독립을 선포한 사실은 매우 불행한 일이며, 또한 한국이 일황의 식민지가 된 이후 교회에서 이러한 일을 시작하게 된 것은 한국인의 실수였다."라고 충고하였다. 대영제국 성서공회 역시 이 운동에 대하여 "3.1 운동은 우리 선교사들에게는 매우 놀라운 일로 받아들여질 수밖에 없다. 우리 자신이 그러한 사건을 전혀 예견하지도 못했을 뿐 아니라 또한 우리는 한국인들이 그런 일을 할 수 있는 능력이 있다는 사실에 대해서는 꿈도 꾸지 못하였다."고 말함으로서 독립운동에 대한 그들의 미온적인 태도를 엿볼 수 있다.

3.1 운동의 종결기에 일본정부는 선교사들에게 압력을 가하기 위하여 출두를 명령하였다. 이 때 월치는 "오직 중립이 있을 뿐이다. 우리가 중립적 태도를 취해야 할 이유는 다음과 같다.

첫째, 선교사들은 3.1 운동에 개입할 수 없다. 둘째, 비록 몇몇의 선교사들이 이 운동에 관여되어있다 하더라도 한국교회는 이 사실에 대하여 책망을 가해야 할 것이며 이 일로 인하여 선교사의 한국교회에 대한 영향은 감소될 것이다. 셋째, 선교사들이 속한 본국 정부는 선교사들이 정치적인 사건에 연루되어서는 안 된다고 기록하고 있다." 라고 발표하고 선교사들이 중립적 입장을 취해 줄 것을 요구하였다.[176]

---

176) 민경배, 『한국 기독교의 역사』(서울: 대한기독교출판사, 1992.), p.318.

비록 위의 사항들이 선교사들을 3.1 운동으로부터 후퇴하게 했다고 할지라도 그들이 일본의 강점이라는 특수한 상황에 처하여 있었기 때문에 그들의 중립적인 태도에 대하여는 한국교회가 책임을 묻거나 비판할 수는 없었다. 그러나 선교사들의 이러한 중립적인 표현도 일본정부가 막상 한국민족에 대하여 야만적이고 치명적인 정치적 행동을 가했을 때 도리어 강한 반일정신으로 전환되고 말았다. 일본의 야만 행위에 대하여 선교사들은 전 세계에 이 사실을 타진하였다. 친일 태도를 견지하였던 월치 감독조차도 우리는 더 이상 참고만 있을 수는 없으며 그들의 철저한 야만 행위에 대해서는 더 이상 중립적인 태도를 취할 수만은 없다고 말함으로서 일본정부의 포악성을 고발하였다. 이와 같이 선교사들은 한결같이 일본의 야만성에 대하여 더 이상 묵과하지 않았다. 이 일로 인하여 많은 선교사들이 추방되거나 투옥되었다.

3.1 운동 이후 일본정부는 조직적 합병을 서두르면서 선교사들에 대한 또 다른 유화정책을 수립하였다. 일본정부는 학교에서 성경을 가르치는 것을 허락하였고 선교사들이 조선 땅에서 그들의 재산을 쉽게 취득할 수 있는 조치를 마련하였다. 결국 이러한 일본의 유화정책은 몇몇 선교사들로 하여금 반일 태도에서 친일 태도로 전환케 하는 요인이 되었고, 몇몇의 선교부는 한국교회에 대하여 더 이상 일본정부에 저항하지 말 것을 요청하였으며 추후의 개혁을 위하여 일본정부에 협조할 것을 요청하기까지 하였다. 그러나 몇몇의 선교사들은 일본정부의 진정한 의도가 무엇인지를 파악하고 도리어 강력하게 대처하였다. 이러한 정치적·사회적 상황을 미루어 볼 때, 선교사들의 일본에 대한 애매한 태도는 어느 정도 이해할 수 있을 것이다. 그들이 한국 민족의 고통에 참여하기를 바랐고, 교인들이 심각한 어려움에 직면함을 걱정하였던 것은 사실이다. 그러나 한국민족의 희망과 장래를 바라보지 못하고 현재의 상황에만 주목하였다는 비판은 면치 못하고 있다.[177]

177) 한국기독교사연구회, 『한국기독교사연구 II』, pp.39-43; 민경배, 『기독교사회운동사』, p.181; 이만열, 『한국기독교회사특강』, pp.152-153.

〈표5-1〉 1920년대 교회의 목회자, 교회 수, 성도 수   (단위:명)

	목 회 자 수	교 회 수	성 도 수
1922	246	1,941	187,271
1923	234	2,097	093,850
1924	252	2,171	191,887
1925	315	2,232	193,823
1926	315	2,277	194,408
1927	330	2,265	159,060
1928	359	2,191	177,416
1929	404	2,451	186,994
1930	404	2,571	194,678
1931	429	2,612	208,912

출처: 민경배, 『한국기독교사회운동사』, P.217.

4. 경제적 피폐와 교회의 경제문제

1920년대 들어서서 사회와 교회의 경제적 피폐는 참으로 심각하였다. 급기야 1924년 장로교회는 그처럼 열정을 쏟았던 중국 산동지방의 선교를 포기하기에 이르렀다.[178] 그 직접적인 이유는 한국교회 헌금 헌납이라는 명목아래 일본식민정부의 강제 몰수행위 때문이었다.[179] 더 나아가 농촌의 피폐와 세계의 경제공항의 여파로 헌금이 감소하였다. 일본은 교회의 헌금만 수탈한 것이 아니라 전쟁준비를 위하여 모든 금속을 강탈했다. 장로교와 감리교 전체의 헌금은 1923년에 164만 9,717원이었으나 1926년에는 118만 7,067원으로 감소되었다. 게다가 경제공항으로 선교비 지원이 삭감되어 한국교회는 더욱

---

178) 한국교회는 해외선교를 1910대부터 시작하였다. 그 해 한국교회는 중국 산동에 첫 선교사를 파송하였다.

179) Speer R.E. and Kerr H.T., *Report on Janpan China*(New York:Presbyterian Board of Mission,1927.), p.65, 민경배, 『기독교사회운동사』, p.217에서 재인용.

힘겨운 선교행진을 계속할 수밖에 없었다. 미 감리교 선교부의 경우 1923년
에 27만 달러였던 것이 1924년에 17만 3,000달러로 감축되었고, 1925년에는
13만 6,000달러, 그리고 1926년에는 11만 5,000달러로 삭감되었다.[180] 이러한
선교비의 삭감은 그만큼 모든 분야에서 한국교회가 부담해야 할 부분이 늘어
나게 됨을 의미하였고, 심각한 재정문제로 한국교회는 1920년대 후반기에 또
한번 극도의 어려운 과정을 극복해야만 하였다.

또한 이러한 상황과 맞물려 교인도 점차 감소하게 되는데, 그 직접적인 원
인은 소작농문제였다.[181] 소작인들은 소작료를 50% 이상 인상해야 했으며, 대
부분의 지주는 일본인이었다. 이 때문에 소작료를 지불하지 못한 농부들은
화전농으로 전환하였고, 극심한 산림의 황폐를 가져오게 되었다. 이 모든 것
이 수탈을 중심으로 한 일본의 식민지 경제정책의 산물이었다. 이러한 상황
에서, 만주 등 외국으로 이주하지 못한 농부들은 자살을 시도하거나 강도로
돌변하는 사태가 빈번하게 발생하였고 사회는 극도의 불안을 경험하지 않을
수 없었다. 이러한 일련의 사회 상황이 심각한 사회문제로 이어진 것이다.[182]
또한 많은 청소년 운동들이 교회가 보수적이며 사회문제에 무관심하다는 이
유로 사라지게 되었고, 많은 청년들이 교회를 떠났다.

농촌 피폐의 어지러운 상황이 급박하게 전개됨과 때를 같이하여 1928년
국제선교사회의(The International Missionary Council)가 극동의 문제를 포
함한 현대사회문제를 조명하기 위하여 예루살렘에서 개최되었다. 6명의 한
국대표가 이 대회에 참석하였고, 그들은 귀국 길에 농업에 관한 기술을 획득
하기 위하여 네덜란드를 방문하였다. 귀국 후 참석자들은 YMCA와 YWCA를
통하여 농업세미나를 개최하였다. 이 운동은 또 한번 한국사회에 충격을 주
었다. 먼저 문맹을 퇴치하고, 세미나를 개최하며 또 다른 사회문제에 대처하
였다. YMCA는 농촌의 피폐함을 해결하기 위하여 획기적인 사업을 실시하였

180) Bruner E. S., *Rural Korea*, p.255, 민경배, 『기독교사회운동사』, p.217에서 재인용.
181) 최병헌, "조선의 농촌문제", 『청년』(1921년 9월호 제1권), p.8.
182) 기독신보, 1927년 3월 16일자.

고, 1929년부터 교회와 교인의 수도 다시 증가하기 시작하였다.[183]

5. 신사참배와 일본의 종교적 탄압

일본의 문화정책 및 강압정책에도 불구하고, 교회는 1929년을 기하여 10년 동안 꾸준히 성장하였다. 그러나 1930년을 기준으로 일본의 군사력은 점점 강해졌고 또 세계정복의 꿈을 실현시키려는 야욕을 강화하면서 한국사회는 또 한번 소용돌이에 휩쓸리게 된다. 일본식민지 정권은 그들의 국가적 능력을 확장한다는 차원에서 신도(Shinto)를 부활하였고, 한국을 조직적으로 억압하며 황민화한다는 차원에서 신사참배를 실시하였다. 많은 기독교 학생들은 공공장소에서 행해지는 대규모집회에 참석하여 신사참배를 해야 했으며 이로 인하여 실망한 많은 사람들이 또 다시 교회를 떠남으로써 교인과 지도자를 동시에 잃는 고통을 겪어야만 했다.[184] 신사참배에 대한 위협은 온 한국교회를 휩쓸기에 충분하였다. 특별히 신사참배 문제가 1938년 총회의 주요 안건으로 상정되면서 반대하는 많은 교회의 지도자들이 감옥에 투옥되었고, 그들의 철저한 저항에도 불구하고 신사참배안은 결국 총회에서 가결되고 말았다. 선교사들은 각각 그들의 입장이 모호함을 밝히면서 자신들은 이 일에 대하여 할 말이 없다고 논평하였고, 이 일의 결정자는 오직 한국민만이 결정할 수 있으므로 선교사들은 이 일에 대해 거론하지 않기로 결정하였다.

해방을 3년 앞둔 1942년, 일본의 교회에 대한 탄압은 극에 달하여서 750개의 교회가 감축되었고, 전년도에 비하여 7만 6,747명의 성도가 교회를 떠났다.[185] 1939년을 기준으로 5,000개의 교회 중 1,200개의 교회가 문을 닫았고, 13만 4,000명의 성도가 11만 명으로 줄었다.[186] 안타깝게도 1942년에 한국 장

---

183) 민경배, *op, cit.*, p.243.
184) Clark, *op, cit.*, p.222.
185) 대한예수교장로회, 『대한예수교장로회 100년사』, pp.528-529.
186) 서명원, *op, cit.*, p.262.

로교회는 일본 기독교 조선 장로교단으로 편입되었고, 같은 해 감리교회는 일본 기독교 조선 감리교단으로 교단명을 변경하는 불행을 맛보아야 하였다.[187]

일본 강점하의 한국기독교의 특징은 민족이 처한 사회 상황과 사회의 요구에 밀접하게 반응하는 사회참여적 교회로 볼 수 있다. 또 다른 면에서 교회는 일본의 통치로 고통을 당하는 민족의 마음과 정신을 위로한 영적인 모습을 갖고 있었다.

제2절 1950-1960년대 한국교회

1. 해방 전의 북한교회

공산주의가 한국사회에 모습을 드러낸 직접적인 원인은 지속적인 정치적인 불안과 3?1 독립운동후의 피폐함이라고 볼 수 있다. 공산주의자들은 교회를 떠난 청년들을 선동하여 그 세력을 확장하였고, 특히 불안한 정치상황과 빈곤, 그리고 농촌의 피폐를 피하여 만주, 시베리아 및 일본 등지로 이주한 사람들을 중심으로 강력한 영향력을 행사하였다.[188] 상당수의 교회 지도자들과 기독교 사회주의자들이 공산주의 사상으로 나라를 살리려는 열망을 갖고 공산주의에 가입하게 되었다.

일본의 점령 아래 있던 한국은 제2차 세계대전의 종결과 함께 잠깐 동안의 해방을 맛보았다. 그러나 해방의 기쁨도 잠시 곧 남과 북이 나뉘면서 한국교회는 가장 심각한 문제에 부딪히게 된다. 특히 북한의 교회는 더 많은 고통을

---

187) *Ibid.*
188) 민경배, 『기독교사회운동사』(서울: 대한기독교출판사, 1990.), p.207.

감수해야만 했다. 제2차 세계대전이 끝나자 몇 달이 되지 않아 북한 공산주의자들은 편지왕래나 남쪽방문을 저지하면서 북한교회에 있을 큰 박해를 예견케 한다. 미 북장로교 선교부가 왕성하게 활동하던 북한지역의 교회는 가장 많은 신도수를 확보하고 있었다. 실제로 장로교 신도의 3/4이 북한에 자리잡고 있었다. 1945년 전에는 북한의 수도인 평양의 전체 인구 약 10%가 기독교인으로 보고되었고, 선천시는 50% 이상이 기독교인이었다.[189] 그러나 공산주의의 강압에 의하여 북한의 교회는 예배의 자유를 상실하고, 공산박해를 피하여 지하교회화되었다.

2. 공산주의의 탄압과 북한교회

북한교회 지도자들은 일본의 강점으로부터 이 나라 광복을 위해 크게 기여한 사람들이다. 또한 이들은 김일성 정부에 대항하기 위하여 자립기관을 형성하였다.[190] 그 한 예로서 1945년 9월, 기독교사회민주당이 신의주 제일교회와 제2교회를 담임하던 윤하영 목사와 한경직 목사에 의하여 결성되었고, 공산정부는 이 조직을 인식하고부터 기독교인들을 철저하게 탄압하기 시작하였다.[191] 같은 해, 평양에서는 김화식 목사를 주축으로 기독교자유당이 조직되었다. 그러나 이 조직을 결성하기 하루 전날 김화식 목사와 40여 명의 교인들이 체포되어 대부분 감옥에서 옥사하거나 행방불명되었다. 의주에서는 공산주의자들이 폭도를 동원하여 교회로 몰려가 강대상을 부수고 목사를 우마차에 태워 돌아다니며 그의 목에 모욕하는 플래카드를 걸고 시내를 질주하는 사태까지 일어났다.[192]

---

189) RO, Bong-rin, "Non-spiritual factors in Church Growth", *Korean Church Explosion* (Seoul: Word and Life Press, 1983.), p.168.
190) 서명원, *op. cit.*, p.262.
191) 민경배, 『한국교회해방25년사』, p.528.
192) Clark, *op. cit.*, p.242.

탄압은 극에 달하여 1946년 3월 토지개혁법을 실시하면서 모든 종교재산을 몰수하였고, 같은 해 8월 10일에는 토지국유화를 실시하여 종교재산을 전부 국고에 귀속시켜 버렸다. 따라서 불교를 포함한 모든 종교단체는 그들의 재산과 땅을 깡그리 몰수당하고 말았다.[193]

공산정권이 교회를 핍박했던 방법은 실로 악랄했다. 김일성의 비서였고 전직 목사였던 강양욱은 약한 교회의 지도자들을 설득하여 또 다른 교회를 설립하도록 종용하고 그들에게 새로운 지위를 약속하면서 공산정부의 협조자로 만들었다. 그들은 기독교도연맹이라는 어용단체를 만들어 북한에 있는 모든 교회들을 손아귀에 넣으려는 속셈으로 철저하게 그들의 계획대로 탄압을 고수해 나갔다. 그러나 북한 교회들이 순순히 그들의 계략에 넘어가지 않자 전직 중국 선교사였던 박상선을 내세워 교회들을 지속적으로 설득하였고 은퇴 목사였던 김익두 목사까지 동원하여 그들의 연맹에 동참하도록 압력을 가하였다.

1948년까지 공산정권의 압력은 점차 강해졌고 연맹에 가입한 목사들에게까지 공산당 조직에 협조할 것을 강요하였다. 이것은 공산정권이 모든 교회의 건물, 절, 수도원 등을 압류하여 창고 또는 공공 유치원으로 변경시키거나 공산당원들의 수련장소로 사용토록 입법한 1848년의 토지 및 재산의 국유화가 실시된 바로 직후의 일이었다.[194]

1950년 북한이 남한을 침공하기 바로 직전, 연맹에 가입하지 않고 잔류한 모든 교회의 지도자들은 체포되었고, 교회의 건물들은 어김없이 정부의 소유로 접수되고 말았다. 공산군이 이북으로 퇴각했을 때 그들은 수많은 기독교인들을 학살하였고 교회들을 불태웠다.[195] 공산당들은 장로교 신학교와 감리교에 속했던 성화신학교를 합병하고 기독교 교도연맹 관리아래 두었다. 이러

---

193) 민경배, 『교회와 민족』(서울: 대한기독교출판사, 1992.), p.434.
194) Yi, Chong-yun, "North Korea-Mission Possible?", *Korean Church Explosion* (Seoul: Word and Life Press, 1983.), p.70.
195) Clark, *op. cit.*, p.244.

한 과정에서 북한 교회들은 철저히 파멸되고 말았다.[196]

　두말할 필요도 없이 한국전쟁은 엄청난 순교자를 배출하게 된다. UN군이 도착하였을 때 북한에 거주하던 10만 명 이상의 기독교인들이 남한으로 피난하였다. 이러한 와중에 북한에 남아있던 300명 이상의 목사들이 살해당하였다. 1950년 말, 서울에 있는 500명 이상의 목사들이 죽임을 당하거나 공산당에게 끌려갔고, 전쟁 중에는 727명의 목사들과 전도사들이 체포되었고, 360명이 행방불명되었으며, 서울에서만도 39명의 유명한 목사들이 순교하였다.[197]

　전쟁 중에는 교회 건물을 공산당 사무소로 사용하였다. 이는 UN군이 교회만은 폭격을 가하지 않기 때문에 가장 안전한 장소라는 논리에 근거하여 행한 것이었다. 교회는 군수품을 생산하는 공장으로 바뀌었고 무질서는 계속되었다. 심지어 교인이나 목사들도 찾아볼 수 없었다. 강양욱은 이북에 교회가 없는 것은 바로 미군의 폭격 때문이라고 억지논리를 폈다. 이러한 그의 증언은 철저히 거짓일 뿐만 아니라 또한 전쟁의 원인을 미국 측에 떠넘길 계략이었다.

　이북의 경우 장로교회 152개, 감리교회 84개, 성결교회 27개, 그리고 구세군 교회 4개가 철저히 파괴되었고, 그 외 남북을 합하여 엄청나게 많은 교회들이 많은 손해를 입었다. 이 중 전라도 원당교회는 교인 75명 중 73명이 학살당하기도 하였다.

　북한 공산당의 종교정책은 철저히 기독교를 탄압하는 것이었다. 휴전 후, 공산정권은 개인기도를 실시하거나 집안에서 드리는 예배까지도 금지하였으며 기독교인들을 반동분자, 스파이, 그리고 공산정부에 대항하는 자로 낙인찍고 그들을 철저히 박해하였다. 기독교인들은 직장에서 쫓겨나고 모든 공무원에서도 축출 당했을 뿐 아니라 아오지 탄광으로 보내져 강제노동을 해야했다.

　1940년대에 교회는 이러한 정치적 상황에서 성장하지 못하였고 오히려 큰

---

196) 이영헌, 『한국기독교회사』(서울: 컨콜디아사, 1978.), p.234.
197) No, Bong-rin, *op, cit.*, p.435.

좌절감을 맛볼 수밖에 없었다. 철저한 공산치하에서 교회가 성장한다는 것은 상상도 할 수 없는 일이었다. 오히려 그들은 공산정권의 압정아래 순교하거나 철저하게 박해를 받았다. 특별히 북한의 교회와 기독교인들은 죽음으로서 공산주의에 대항할 수밖에 없었다. 비록 눈에 보이는 가시적 성장을 가져다 주지는 못했지만, 그들의 피 흘림과 고통은 성장의 잠재력이 되었고 남쪽교회를 성장시키는 촉매로서, 그리고 한국교회의 성장을 준비하는 밑거름으로 작용했다.

3. 6.25사변과 한국교회

1950년 6월 25일, 북한 공산주의자들은 남한을 침공하였다. 북한은 빠르게 침략해 왔기 때문에 이로 인해 많은 교회의 지도자들이 죽임을 당하거나 끌려가게 되었다. 또한 남쪽의 많은 교회들이 파괴되거나 막대한 손해를 입었다. 서울 YMCA, 성서공회, 대한기독교서회 건물들이 불탔다. 세브란스 병원도 모든 기구들을 잃었으며 건물도 많이 파괴되었다.[198]

이러한 상황에서도 교회는 고난당하는 민족의 위급한 현실을 결코 외면하지 않았다. 그 참혹한 전쟁의 고통 속에서 한국교회는 희망이 없는 자들에게 희망을, 배고픈 자들에게는 음식을, 집 없는 자들에게 피난처를 제공하였다. 수백 개의 기독교 구호기관들이 요보호자들을 위하여 설립되었다. 한국 동란 중 한국교회는 엄청난 구호품을 서방으로부터 입수하고 가난하고 배고픈 자들에게 나누어주는 기관의 역할을 감당하였다. 이로써 교회는 구제가 필요하거나 마음의 평안을 원하는 사람들로 또 한번 가득 채워지게 된다.[199] 기독교인들은 그들을 둘러싸고 있는 고통스런 지상의 상태에서 구원처로서 하늘나라를 소망하고 기대하였던 것이다.

---

198) Clark, *op. cit.*, p.247.
199) Ro, Bong-rin, *op. cit.*, p.168.

개신교 각 교단의 대표들이 대구에 모여 구제사역을 협의하였다. 1950년 7월 3일, 그들은 한국 기독교 구제협의회를 구성하였고, 기독교전쟁구호협회(Christian Wartime Emergency Committee)가 1951년 피난민의 식생활 해결을 위하여 결성되었다.[200] 2만 명의 기독교인과 1,000여 명의 목사들이 제주와 거제도 피난민 수용소에 도움을 주었다. 제주도에는 열 개의 교회가 세워졌고, 피난민들을 돕고 선교하기 위한 소위원회가 결성되었다.[201]

전쟁 중에는 16만 4,000명의 전쟁포로가 유엔군에 의해 체포되어 수용되어 있었다. 약 20명의 목사들이 이 캠프에 관련하여 일을 하였고, 그 결과 3년만에 거제 수용소에 등록된 약 10만 명의 포로들 중 6만 명이 그리스도를 영접하였다.[202] 이 같은 전쟁 중의 수많은 구제 프로그램에 대해서는 지면 관계상 모두 소개할 수는 없다. 단지 고아원, 모자원, 재활 프로그램, 결핵 프로젝트와 나환자 사업 등이 그 중 대표적인 사업으로 주목할 만하다.

위에서 밝힌 의식주 문제를 제외하고도 영적 부활이 절실하게 요구되었다. 1952년 대한예수교장로회 총회는 그 해를 특별히 영적 각성의 해로 정하였다. 또한 성결교회도 큰 복음운동을 시작하였다. 감리교회는 1953년 요한 웨슬레의 250회 생일을 맞아 그 해를 선교의 특별한 해로 제정하였다. 1954년에 장로교회와 감리교회는 한국선교의 70년 기념식을 함께 치렀고, 이 기념비적 행사를 축하하기 위하여 역시 굵직한 전도행사를 준비하였다. 장로교회는 교회가 없는 490개의 마을을 선정하여 개척하는 5개년 계획을 수립하였다.[203]

피얼스(Rev. R. Willard Pierce) 목사가 1955년 내한하여 서울과 또 다른 지역에서 대규모 집회를 열었으며, 계속하여 23년 간격으로 서울을 중심으로 목사와 교회의 지도자들을 위하여 범교단 차원의 집회가 지속되었다. 빌리 그래함 목사는 전쟁중인 1952년 12월 15일 내한하여 특별집회를 인도하였고,

200) 김양선, 『한국기독교해방 10년사 1945-1955』(서울: 장로회총회교육부, 1956.), pp.79-81.
201) Clark, *op. cit.*, p.248.
202) *Ibid.* p.256.
203) 전택부, *op. cit.*, p.315.

1956년 2월에도 영적 집회를 이끌었다.[204)]

4. 6.25사변과 교회의 성장

1941년에 서울에는 전체의 교단을 망라하여 40개의 교회밖에 없었다. 그러나 1958년에 이르러서는 400개의 교회로 성장하였다. 대구의 경우에도 1941년에는 7개의 교회밖에 없었으나 1958년에는 170개로 증가하였다. 이와 같은 성장은 당시 대한민국 어디서나 찾아볼 수 있었다. 1955년 새로 설립된 교회는 장로교 1200개, 감리교 500개, 성결교 250개, 타 교단 100개 등이다.[205)]

미국 남장로교가 선교를 감당하였던 남서부에서는 1948년까지 이렇다 할 성장이 없었다. 그러나 한국전쟁 후, 교회는 갑자기 성장하기 시작하였다. 1948년에 전체 세례 교인 수는 1만 4,810명이었으나 1958년에는 4만 781명으로 10년 사이에 3배로 증가하였다.[206)] 이러한 성장은 단순히 이 지역에 국한된 것만은 아니었다. 경북 안동의 경우도 전쟁 전에는 80여 개의 교회가 있었으나 몇 년 사이에 400개로 성장하였다.[207)]

전쟁 중에 한국교회가 이러한 급성장을 이룩할 수 있었던 것은, 무엇보다도 구제품의 수혜와 엄청난 구제사역에서 이타주의의 기독교를 경험했기 때문이다. 이러한 이유로 교인의 수는 전쟁 중 배가하게 되었다.[208)]

교회의 성장은 단순히 교회 수나 교인 수에 국한된 것은 아니었다. 이전 기독교 배경으로 출발한 모든 학교들이 성장하기 시작하였고, 서울에서는 여러 학교들이 새로 시작하였다. 많은 학교들이 다시 개교하였고, 전쟁 중 또 전쟁 후에 학교가 있는 곳 어디든지 학생들이 몰려왔다. 제2차 세계대전 전에는

---

204) Clark, *op. cit.*, p.250.
205) 전택부, *op. cit.*, p.315.
206) 서명원, *op. cit.*, p.265.
207) *Ibid.*
208) 김양선, *op. cit.*, p.1.

500명을 넘는 학교를 찾아보기 힘들었다. 그러나 1950년대 말에는 보통 1,000-2,500명의 학생들이 등록되어 있었다. 또한 일반학교에 다니는 고등학생, 대학생 크리스천들이 대단히 많았다. 교회는 바로 이러한 청년들에게 복음을 전할 수 있는 절호의 기회를 맞고 있었던 것이다.[209]

이 시기에 가장 주목받은 프로그램은 성경구락부였다. 성경구락부는 이미 1930년에 평양에서 시작되어 한국전쟁 이후 고아원이나 가정에 교육 없이 방치된 수천 명의 어린이들에게 성경과 한글을 가르쳤다. 성경구락부 프로그램은 당시 가장 다급했던 사회문제를 참신하게 해결해 주었던 것이다. 수백 개의 교회들 특히 피난민들이 거주하던 도시에서는 교인이나 또는 일반 가난한 어린이들을 위하여 성경구락부가 조직되었다. 일반적으로 정규학교에 갈 수 없는 어린이들이 성경구락부에 등록하였고, 수천 명의 어린이들이 기독교 교육기관에서 초등학교 교육을 받게 되었다. 많은 불신자 가족들이 성경구락부에 다니는 학생들에 의하여 그리스도에게 인도되었다. 1959년 장로교회의 경우 대략 7,000개의 성경구락부에 7만여 명의 어린이들이 교육받았다는 보고가 있다.[210]

1900년대 교회 성장의 가장 큰 이유로, 새로운 교육제도와 유교체제아래에서 억압되었던 인간의 존엄성을 향상시킨 데 있었다. 이 외에도 1907년 대부흥운동은 사회에 막강한 영향력을 행사하였고 교회성장의 직접적인 요인이 되었다. 비록 실패하긴 하였지만 3.1 독립운동은 각별히 민족정신을 함양하였다. 농촌계몽운동 등의 강력한 사회개혁과 함께 보조를 맞춘 영적 부흥운동과 성경학교는 한국인들의 상실감과 좌절감을 치료하였다. 일본의 혹독한 학정에도 불구하고 한국교회는 성장을 계속하였다. 북한 공산주의의 압력에서도 한국교회는 많은 고통을 경험하였고 가시적인 교회성장은 경험하지 못하였다. 그러나 한국동란을 통하여 수많은 사람들이 교회로 발걸음을 돌렸다. 이 시기의 특별한 점이 있다면 사회적 그리고 영적인 운동이 반복적으로 그리

209) Clark, *op. cit.*, p.251.
210) *Ibid*, p.254.

고 동시다발적으로 형성되었다는 점이다. 이러한 측면에서 볼 때, 사회적 그리고 영적인 조화가 강력한 교회성장을 이루었다는 것은 너무나 명백하다.

5. 한국교회의 분열

1) 분열의 예견

한국 기독교의 대분열이 1950년대에 시작되었다고는 하지만 분열에 대한 조짐은 일찍부터 있어 왔다. 1911년 평양의 교회들은 연희전문학교 예산을 보조하는 데 있어서 학교가 서울에 위치한다는 이유로 보조 청원을 묵살하였다.[211] 또한 1935년 장로교 총회에서는 북측 교회 대표들이 남측 대표를 현대주의자로 비판하였고, 동시에 남측 대표들은 북측 대표들이 참석하는 한 총회에 참석할 수 없다는 입장을 발표하였다. 이것은 지역주의와 신학적 상이점과 연계된 문제였다. 당시 한국교회의 주도권은 북측이 쥐고 있었고, 남쪽에 위치한 교회들은 총회가 남쪽의 의견을 반영하지 못한다고 불평을 늘어놓았다. 이러한 지역주의는 보수주의와 진보주의의 신학적 논쟁에서 좀더 명확하게 불거졌다. 특별히 평양을 중심으로 한 서북교회들은 강력한 보수주의를 견지하였다. 1934년에 한국교회가 52만 5,000명의 성도가 연합하여 선교 50주년을 기념하였을 때, 평양신학교의 교장이었던 마펫 목사는 '대부분의 장로교 선교사들은 보수주의자'임을 천명하였다. 그러나 '대부분'이라는 단어는 예외를 포함하는 것으로, 이에 대해 홀더 크랖터 선교사는 비난하기를 '그 사람들은 약하고, 반동적이며, 혁신적 그룹인 남쪽의 현대주의자라'고 칭하였다.[212] 이러한 차별의식과 선입견으로 남측 교회와 북측 교회는 논쟁을 벌

211) 민경배, 『한국기독교역사』, p.410.
212) Moffet S. A, *Report of the Anniversary Celebration of the Korean Mission of the U.S.A,
Presbyterian Church* (June 30), 1934, p. 40, quoted 민경배, 『한국기독교교회사』, p.410.

였고, 외국에서 공부한 신학자들은 감리교나 캐나다 선교회로 적을 옮기는 사태까지 발생하게 되었다.[213]

이러한 지역분쟁은 교회의 분열에 영향을 미쳤다. 이러한 분열에 더 가세하듯이 지역 갈등과 함께 신학의 갈등도 1930년대에 불거져 나왔다. 신학적인 갈등의 첫 번째 이유는, 일본과 미국 유학에서 돌아온 신학자들이 기존의 신학 틀과는 다른 새로운 견해를 피력한 데 있었다. 두 번째로는 1934년 제23회 총회에서 김영주의 모세오경 저작설 부인의 결과 자유주의 신학이 심각한 갈등을 빚게 되면서 더욱 심화되었다.[214] 이는 전통적인 성서해석이 성서비평이라는 문제에 관련된 첫 번째 문제였다. 또 하나의 문제는 자유주의 신학, 특별히 김춘배의 여성의 권리에 대한 논문이 모든 교회를 논쟁의 도가니로 몰아넣은 데 연유한다. 그는 논문에서 "여성이 교회에서 잠잠해야 한다는 말씀은 2,000년 전의 지역적인 문제에 불과하므로 이것이 현세에 근본적으로 적용되어서는 안 된다."는 내용을 담고 있었다.[215]

2) 고신의 분열

1935년 9월에 개최된 제24회 총회에서 아빙돈 성서주석 문제로 또 한 번 진보주의와 보수주의에 논쟁의 불을 지폈다.[216] 이러한 논쟁들은 해방 후 한국교회의 재건과 때를 같이하여 더욱 심화되었고, 일본의 신사참배에 반대하여 투옥되었던 성도들과 교회를 섬겼던 성도들 간의 갈등이 표면화되었다. 투옥성도들은 평양의 산정현 교회에서 모임을 갖고 한국교회의 재건을 위하여 2개월 간 기도회를 개최하였다. 그리고 5개항의 원칙을 표명하였다.[217] 그 내용은 다음과 같다.

---

213) *Ibid.* p.412.
214) 김정준, "한국교회와 성서 해석문제", 『기독교사상』(1967년 2월호), pp.45-53.
215) 기독신보, 1934년 8월 22일자.
216) O, Byoung-sae, "Keeping the Faith True", *Korean Church Explosion*(Seoul: Word and Life Press, 1983.), p.228.

① 신사참배에 참여한 목사들은 그들의 죄를 회개하고 목회에 임할 수 있다.

② 그들은 2개월 간 임시 휴직하여야 한다.

③ 목사가 임시 휴직할 경우, 평신도가 예배를 인도한다.

④ 이 모든 일은 노회의 지원에 의하여 실시한다.

⑤ 신학교를 가능한 빠른 시간 내에 복구한다.

그러나 이러한 원칙은 홍택기 목사의 저항으로 무산되었고,[218] 급기야 고신의 분열을 일으키는 계기가 되었다. 분열의 시작은 많은 투옥 성도, 순교자 그리고 남쪽에서 재건운동을 벌였던 인사를 중심으로 한 경남 노회에서 발단되었다. 투옥 성도들은 교회의 재건과 고려신학교의 건립을 감옥에서 계획하였다.[219] 1945년 4월 18일, 재건 노회가 개최되었고 두 가지의 원칙이 제정되었다.[220] 1946년에는 투옥 성도였던 한상동 목사와 박윤선 목사에 의해 고려신학교가 설립되었다.

고려신학교 문제는 전체 한국교회를 뒤흔들었고 곧 분열의 불씨가 되었다. 1950년 전쟁 중에 개최된 총회에서는 고신 문제로 인하여 정회를 거듭하였고, 마침내 고신 대신에 경남 노회를 총회의 대표로 인준하는 사태가 벌어진다.[221] 이 일이 발생한 후에 고신은 자동적으로 총회에서 떨어져 나갔고, 근본주의자인 메첸(Machen)의 추종자로 알려진 헌트(Bruce R. Hunt)와 헤밀턴(Floyd E. Hamilton)이 제휴하기에 이르렀다. 보수주의를 추종했던 몇몇의 사람들도 그들의 지나친 근본주의에 대하여 우려를 표명하였다.

1956년 총회는 6개의 노회로 재구성되었다. 이것이 한국교회 대분열의 시

---

217) 김광수, "한국교회분열사", 『기독교사상』(1974년 5월호), p.108.

218) 홍택기 목사는 신사참배를 가결했을 때의 총회장이었다. 그는 신사참배 반대자들이 투옥되어 있을 때 참배자들이 교회를 사수한 수고도 감안하여야 한다고 하였다. 그리고 회개는 하나님과 개인과의 문제라고 지적하였다. *Ibid.* p.109.

219) 주재용, "한국장로교회 분열역사", 『기장회보』(1988년 9월호), 제295호, p.14.

220) ① 목사, 장로 그리고 전도사들은 일정 기간 동안 자성하여야 한다.
② 이후 교회는 두 달간의 자성기간이 끝났을 때 그들을 수용할 것인지 아닌지는 투표로 결정한다.

221) 대한예수교장로회 회의록(1951년 제36차), pp.109-113.

작이었다. 비록 고신의 분열이 한국교회의 정화란 측면에서 정당화될 수 있을지 몰라도 고신 교단 역시 권위를 갖고 있던 사람에 대한 비판적 인간주의에 기초하였다는 점은 부인할 수 없는 일이다.

3) 기장의 분열

고신의 분열은 기장의 분열로 이어졌다. 장로교 분열을 야기시킨 또 다른 중요한 요인은 조선신학교의 교수였던 김재준 목사의 고등비평 문제였다. 그는 보수주의 토양에서 자란 신학도들에게 성서의 고등비평을 가르쳤고, 이것은 학생에게 불평과 혼란을 갖게 하기에 충분했다. 몇몇의 학생들이 전직 교수였던 박형룡 목사의 강의안과 김재준 목사의 강의안을 비교하면서, 51명 학생의 명으로 '김목사가 자유주의 신학을 가르친다'는 내용의 청원을 1947년 제33차 총회에 제출하였다.[222] 제34차 총회는 이 안건을 통과시켰고, 김재준 목사를 휴식차 미국에 1년 동안 보내기로 결의하였다. 그러나 조선신학교는 이 중재안을 수용하지 않았다. 제34차 총회 역시 장로회신학교를 설립하기로 결의하여 총회에는 두 개의 신학교가 존재하게 되었다. 제39차 총회에서 김재준 목사는 제명되었고 조선신학교를 졸업한 학생들에게는 목사안수의 기회마저 박탈하였다.[223] 1954년 6월 10일, 법통 총회가 개최되고 대한기독교장로회라는 새로운 교단이 탄생하였는데 후에 이 교단은 기독교장로회로 개명하였다. 기장 교단은 568개 교회, 291명의 목사, 그리고 2만 937명의 세례교인으로 구성되었다.

4) 합동과 통합의 분열

장로교의 분열은 계속되었다. 제44차 총회는 합동과 통합의 분열을 기록

222) *Ibid.* pp.216-222.
223) 대한예수교장로회회의록, 제 36, 37, 38회 참조.

하고 있다. 1959년 총회가 대전중앙교회에서 개최되었다. 이 모임에서 박형룡의 토지 사기 사건의 문제를 중심으로 WCC와 NAE 계열로 분열하게 된다. 이 문제와 함께 본격화된 논쟁은 경기 노회의 대표문제였다. 이러한 문제들로 인하여 총회는 NAE와 WCC간의 전쟁터로 변하였고, 경기 노회 대표의 재선출을 공포하였다. WCC계열은 연동교회에서 제44차 총회를 속개하였고, NAE 계열은 서울 성동교회에서 총회를 속개하였다. 그 후 양 진영은 여러 차례 화해를 시도하였으나 실효를 거두지 못하였다. 이는 양 진영의 신학사상의 골이 얼마나 깊었는지를 보여주고 있다.

교단의 분열 후, 장로교 전체 교인의 수는 77만 5,000명이었다. 통합 37만 5,000명, 합동 22만 명, 기정 11만 4,000명 그리고 고신이 6만 6,000명이었다.[224)]

이때까지만 해도 세계의 교인과 교회는 한국교회가 1950년대에 이룩한 현대 역사에 대하여 찬사를 보냈다. 그러나 한국 장로교회는 분열중심의 교회로 인식되었고,[225)] 한국교회 분열을 주제로 교회가 어느 정도까지 분열될 수 있는지 연구되기도 하였다. 1982년 장로교회 교단 수는 32개였고, 1990년까지는 40여 개에 달하였다.

위에서 언급한 것처럼, 한국 장로교 분열의 주된 원인은 김재준에 의하여 진척된 자유주의 신학의 문제였다. 또 하나는 바로 신사참배에 대한 견해 차이였다. 이 외에도 평양과 선천을 중심으로 북쪽교회의 강력한 보수주의 경향을 만들어낸 지역주의도 주요 요인이다.

분열은 교회의 화합 측면에서 분명 부정적이었지만, 교회의 성장 측면에서 볼 때 공헌한 것도 사실이었다. 이유는 분열된 교단마다 자신의 교단을 부흥하기 위하여 교회성장에 지대한 역량을 쏟았기 때문이었다. 그 결과 전도운동이 강력하게 진행되었다.

---

224) Samuel A. Moffet, *The Christian of Korea*, p.116.
225) J. C. Smith, "Policy Lesson from Korea" *The International Review of Korea* (July, 1961), p.322.

5) 전쟁 후 한국의 사회 · 경제 상황

전쟁 후 한국사회는 중산층의 양산과 경제혁명을 이룩한 시기라고 표현할수 있다. 이것은 단순히 사람들의 삶의 질이 향상되었다는 것을 의미하는 것이 아니라, 사회, 정치, 경제, 그리고 문화가 중산층 사회를 형성하면서 급격하게 현대문명사회로 전환되었다는 것을 의미한다.

전쟁 후 이승만 대통령이 이끈 남한 정부는 부패할 대로 부패하고 무능력한 정부로 인식되었고, 행정부도 정치적 반대자에 대하여 지나치게 민감하게 대처하면서 결과적으로 반발세력을 육성하였다.[226] 그러나 이 시대의 가장 중요한 과제였던 경제개발과 그에 대한 실패는, 1960년 4.19 학생의거로 이어졌고, 이 혁명은 곧 박정희에게 정권을 장악할 빌미를 제공하였다.[227]

박정희는 혁명으로 세워진 제3공화국이 근본적으로 해결해야 할 경제개발은, 정치적인 안정아래서만 가능하다고 확신하였다.[228] 그는 전쟁 후 일본식의 산업정책이 한국 땅에 정착되기를 꿈꾸었다. 그를 중심으로 국가 안정을 획득하기 위해 추진된 지속적인 경제개발의 결과로 한국사회에는 중산층이 형성되고 정착되었다. 여기에는 대략 4가지의 중요한 원인이 있다.

첫째, 1945년부터 미국은 자본주의를 한국 땅에 이식하면서 대한반도에 강력한 정치적 안정을 확보하고 유지하도록 막강한 실력을 행사하였다.[229]

둘째, 1965년의 한일국교정상화는 한국사회에 엄청난 물질적, 경제적 이익을 안겨다 주었다. 그 당시 한국정부는 미국원조의 감소로 심각한 경제적 고통을 느끼고 있었기 때문에 박정희 군사정부는 이를 극복할 수 있는 새로운 대응책을 강구하고 있었다. 그것이 일본과의 국교정상화였다.

셋째, 베트남 전쟁의 참전은 한국경제에 결정적인 공헌을 하였다. 박정희 정권은 미국에게 한국의 베트남 참전을 요구했고, 이로 인하여 약 30만 명의

---

226) James Gregor, *Land of the Morning Calm*(Thices Public Policy Center, 1989.), p.25.
227) James H, Grayson, *Korea: A Religious History*(Oxford:Clalendon Press, 1989.), p.190.
228) James Gregor, *op, cit,*, p.30.
229) CarterJ,Eckert,*Korea:Old and New History*(Seoul, Ilchogak, 1990.), p. 395.

한국군이 1965년부터 1973년 동안 파병되었다. 한국군이 베트남에 참전한 직접적인 동기는 경제적 이득과 군사장비를 획득하는 일이었다.[230]

넷째, 대기업제도의 육성이었다. 박정희는 일본 기업 형태처럼 한국 땅에 대기업을 육성하려는 꿈을 갖고 있었다.[231]

박정희 정권은 경제개발을 위하여, 의도적으로 1960년대 및 1970년대의 한일정상화와 베트남 파병의 대가로 축적된 달러로 재벌을 육성하고 금융제도와 수출비율을 조정하였다.[232] 그 결과 정부의 강력한 지원과 함께 한국의 산업은 급격하게 성장하였고, 특히 재벌의 경우 국가전체의 경제성장 지표를 앞지르면서 급격한 발전을 꾀하였다.[233] 박정희 정권 아래에서 국민의 삶의 질의 향상이라는 측면과 경제성장의 측면 두 가지 모두 경이적인 발전을 이룩하였다. 1962-1972년까지 연별 평균 GNP 성장은 9%이었다. 1962-1966년에 걸친 제1차 경제개발 5개년 계획에서의 성장률은 7.8%이었으며 1967-1971년에 실시된 제2차 경제개발에서의 성장률은 10.5%이었다. 1973년에는 16.9%로 증가하였다. 이와 비슷하게 개인 수입은 1962년부터 1972년 사이에 75달러에서 255달러로 증가하면서 10년 사이에 240%의 성장을 기록하였다. 이 기간의 수출은 30배로 늘어났다.[234]

박정희 정부는 미국의 원조와 일본과의 국교 정상화, 베트남 전쟁의 참가, 그리고 대기업제도로 경이적인 경제성장을 이루었다. 경제개발은 한국사회를 안정된 궤도에 올려놓으면서 사회 중산화를 꾀하게 되었다.

6) 경제성장과 도시화

박정희 정권이 한국의 경이적인 경제성장을 이끌어 낸 사실에 대하여는

---

230) Donald S, Macdonald, *The Koreans: Contemporary Politicsand Society*(Oxford: Westview Press, 1990.), p.54.
231) Fransis Fukuyama, *Trust* (London: Hamsh Hamilton, 1995.), p.141.
232) *Ibid.* p.129.
233) *Ibid.*
234) Carter J. Eckert, *op, cit.*, p.393.

아무도 부인할 수 없을 것이다. 그러나 이 급진적 경제 및 사회 변화는 사회학적 기현상 특히 심각한 도시화 현상과 다양한 사회문제를 양산하게 되었다. 급속히 진행된 도시화는 급격한 경제개발 과정에서 예기치 않았던 사회문제를 도출함으로써 전통적인 생활양식을 파괴하고 사회를 정신적, 영적 공백상태로 몰아넣었다.

엄밀히 말해서 이러한 도시화, 산업화의 과정이 단순히 박정희 정권아래에서 시작되었다고는 말할 수 없다. 이미 일본의 식민지 정권이 그 틀을 마련해 놓았다고 해도 과언이 아니다. 그 한 예로, 1930년까지만 해도 한국의 95%가 농촌지역이었다. 1930년 이후 일본 식민지 정부는 공산품을 생산하기에 이르렀고 이러한 그들의 정책이 결국 도시화를 부추기는 요인으로 작용했다.[235]

〈그림5-2〉 **도시와 농촌의 연도별 인구 증감율 변화**   (단위:%)

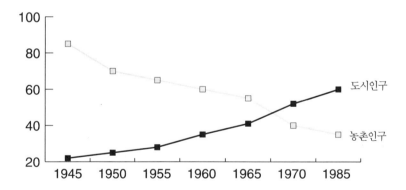

출처:필자가 1987년의 통계연감을 중심으로 정리한 것이다.

---

235) Edwin S. Mill and Song, Pyong-nak, *Urbanization and Urban Problem* (London: Council on East Asian Studies, 1979.), p.7.

도시화의 또 다른 요인은 6.25 전쟁이다. 한국동란 직후 심각한 이주현상
이 있었는데 이는 대개 두 가지로 구분된다. 첫째는 남한으로 피난 갔던 북한
사람들이 다시 자기 집으로 돌아가는 현상이었고, 또 다른 하나는 농촌에서
도시로의 전형적인 이주 형태로, 가족의 생계를 위해 직장을 얻어 이주한 경
우이다. 1955-1960년 사이에 농촌에서 도시로 이주한 이주민의 총수는 대략
58만 4,000명으로 추산되며, 전쟁 피난자도 여기에 포함된다. 이 비율은 도시
의 인구성장인 34.8%와 동일한 비율이다. 이 때문에 한국도시 성장비율은 농
촌인구보다 3배를 초과하게 되었다.[236] 흥미롭게도 이 기간에 여성이주자의
비율이 남성보다 훨씬 높게 나타났는데, 여성을 100명으로 할 때 남성들은
79명 정도였다.[237]

〈표5-2〉한국 전체 인구와 도시인구 비교 (단위:명)

년도 \ 구분	인 구	도시비율(%)
1915	16,278,000	3.1
1925	19,020,000	3.5
1935	22,208,000	7.4
1945	19,369,000	14.5
1955	21,502,000	24.4
1965	28,327,000	43.1
1975	34,709,000	50.9

출처: Edwin Mills and Song, Pyoung-nak, *Urbanization and Urban Problem*, p.8

236) Princeton Lyman, "Economic Development in South Korea", *Korean Politics in Transition*, p.251.
237) Edwin S. Mills, *op. cit.*, p.78.

〈표 5-2〉에서 제시된 대로, 전쟁 후 도시의 인구증가는 전쟁 전보다 월등하게 높으며, 2/3 수준까지 증가한 것을 볼 수 있다. 이 시기의 도시화는 대부분 농촌에서 산업화의 물결로 직업 때문에 이동한 것으로 간주된다. 일반적으로 생산고용의 성장은 도시화 과정의 인구 증가와 밀접한 관련이 있다. 한국의 경우 비농업 분야의 사업 비율은 미국과 비교해 볼 때 도시에서 훨씬 높게 이루어지고 있다. 예를 들어, 1920년대 미국에서는 공장에서 일하는 사람의 비율이 24%이었다. 그러나 한국의 경우 1970년대 공장에서 일했던 사람들의 비율은 79.7%로 다른 선진국보다 훨씬 높았다. 밀(Edwin S. Mills)이 지적한 대로 공업화시기에 미국과 한국의 비율은 상당히 달랐다. 한국인의 공장노동 비율이 미국에 비하여 훨씬 높았을 뿐 아니라 도시화 역시 1960-1975년 사이에 집중적으로 밀집되어 있는 것을 볼 수 있다.[238] 이러한 현상은 위에서 언급한 대로 박정희 정권이 대기업제도를 중심으로 경제개발을 지속시키기 위해 의도적으로 저곡가, 저임금제도를 양산한 결과로 추정할 수 있다. 무력의 힘으로 권력을 잡았기 때문에 합법성을 잃은 박정희 정권은, 급격한 경제성장을 이루는 한, 반군사적이며 반정부적인 인사들이 합법성의 문제를 거론한다 할지라도 결국은 군사정권을 합법화해 줄 것이라고 믿었던 것 같다.

결과적으로 박정희 정권은 경제성장은 이룩하였지만 도시화, 산업화 정책으로 농촌과 도시의 소득은 급격한 차이를 나타내게 되었다. 밀은 도시화로 인한 도시와 농촌의 급격한 소득차이를 다음과 같이 지적하고 있다.

"도시와 농촌의 임금격차가 심각하였으므로 농촌 인구는 좀더 높은 삶의 질을 추구하면서 도시로 이주하고 있다. 공산품도 도시가 훨씬 싼 것이 한 이유가 되기도 하는데 이는 도시가 농촌보다 경쟁에 유리하고 또 농촌에는 추가로 운송비가 지불되어야 하기 때문이다."[239]

---

238) Edwin S. Mills, *op. cit.*, p.16.
239) *Ibid.*

실제로 박정희 정권의 저곡가 정책은 생존의 위협을 받고 있었던 농촌의
삶을 더욱 황폐케 하는 요인으로 작용하였다. 이에 비하여 1960년대 도시인
의 수입은 농촌의 두 배에 가까웠으므로 도시, 특히 서울은 이주민으로 뒤덮
이게 되었다. 당시 이주자의 70%가 서울에 터전을 마련하였다.[240]

비록 박정희 군사정권의 경제정책이 국민의 소득을 올려놓았다고는 하나
위에서 언급하였듯이 심각한 농촌피폐 문제를 양산하였고 경제성장의 불균
형마저 초래하였다. 박정희 정권은 1970년대에 이 문제를 인식하고 농촌지원
을 위한 사업, 즉 새마을 운동을 착수하였다. 그러나 이미 급격하게 증가된
도시이주로 돌이킬 수 없는 사회 문제를 극복하기에는 역부족이었다. 농촌사
회에 빚더미를 안긴 도시집중화는 지금까지 계속되고 있다. 도시화 현상으로
젊은이들은 고용과 교육의 기회를 좇아 시골을 떠나게 되고 농촌에서 젊은이
들을 찾기 어려워졌다.

정권과 종교의 유착관계는 단순히 박정희 정권 아래에서만 이루어진 것은
아니다. 삼국시대에는 불교가 국가의 종교로 채택되었고, 이에 반하여 이조
시대에는 불교의 영향아래 유교를 받아들였다. 현대사를 통해서도 정치와 종
교의 강력한 결탁을 분명히 볼 수 있다. 이승만 정권아래에서 교회는 조건 없
이 정권에 협조하였다. 이는 이승만 대통령과 각료들 대부분이 기독교인이었
다는 이유에서였다. 사실 한국교회는 정치와 종교는 분리되어야 한다는 원칙
을 가지고 있었다. 그러나 강렬한 보수주의에 기초한 한국교회는 근본적으로
반공산주의적인 자본주의를 외쳐대고 있었다. 이러한 현상은 교회가 급격하
게 성장할 시기에 가장 명확하게 나타난다.[241]

교회는 박정희 군사정권과 그의 반공산주의 정책을 열렬히 환영했고 경제
성장만이 통일을 성취하는 유일한 길이라는 그의 주장에도 박수를 보냈다.
아울러 그의 궁극적인 목표가 반공산화 되는 것과 경제를 부흥하여 정치적
안정을 이루는 것이라는 사실에도 동조하였다. 한국교회는 정치적 안정을 위

240) Ibid, p.217.
241) 최오석, "기독교 정당론의 비판적 연구", 『복음과 상황』(1992년 5-6월호), p.74.

하여 반공을 외치는 그 누구와도 협조할 준비가 되었다. 특히 보수교단은 더욱 밀접한 관계를 갖는다. 물론 전쟁으로 인한 반공산주의 사상의 강세는 충분히 이해할 수 있지만, "민족보다는 이데올로기 논쟁을 택했고 '민족교회'보다는 맹목적인 반공교회를 택했다."는 서정민의 지적은 상당히 설득력 있는 것으로 받아들일 수 있다.[242]

대표적으로 교회와 박정희 군사정권과의 관계는 그의 정권연장에서 획일화되었다. 박정희 군사정권이 삼선개헌으로 그의 권력을 연장하려 하였을 때, 우연인지는 모르나 교회는 대규모 군중집회를 개최하기에 여념이 없었다. 이때 군사정권은 교회의 분열을 조장하거나 묵과하기까지 하였다. 그 이유는 교회와 교단들이 연합할 경우 군사독재에 대항할 수 있는 세력을 결집할 수 있다고 간주했기 때문이다. 비록 나라 전체와 진보교단은 군사독재에 강력하게 대항하였으나 보수교단들은 오히려 정권에 협조하였다. 사회 정치상황이 한국사회를 좀더 보수주의로 선회하게 함으로써 군사정권은 이것을 정치적인 힘으로 유용했을 뿐 아니라, 한국이 북한 공산주의의 위협 아래 있다는 사실을 강조함으로써 국민들을 설득하려 했다. 이러한 때 한국교회는 군사정권의 보호아래 대규모 영적 운동들을 차례로 개최하고 있었다.

이렇게 보수주의 교회는 끝없이 정부와 협조하면서, 혼탁한 정치 상황과 북한의 위협 아래서 대규모 신앙집회를 개최하였다. NAE는 NCC에 대하여 교회는 정치적인 면에서 반드시 중립을 지켜야 한다고 외쳐댔다. 종교와 정치의 분리를 주장하면서 이러한 정치 상황에서는 강력한 지도자가 필요하고 이런 의미에서 박정희 정권의 연장을 환영한다고 하였다.[243] 이와는 대조적으로 진보주의 교회는 박정희 군사정권의 사회구조적 죄악을 고발하였고, 민중신학의 조명아래 사회문제를 날카롭게 지적하였다.

해방 후 한국교회는 이승만 정권과 자유당의 타락으로 독재정치를 추인하였고 이로 인해 철저한 정치-종교의 결탁을 도모하였다. 경제발전의 과정에

242) 서정민, "한국전쟁과 기독교", 『복음과 상황』(1992년 5-6월호), p.141.
243) 전택부, *op. cit.*, p.333.

서도 교회는 물질주의와 경쟁주의가 온 사회에 강하게 대두하는 동안 박정희 군사정권의 보호아래 양적인 성장에만 초점을 맞추었다.

제3절 1970년대의 교회 성장

1. 대규모 영적전도집회

한국교회 성장에 직접적인 영향을 미친 1970년대의 대규모 전도집회의 기원은 1964년의 기도회에서 찾을 수 있다. 김활란 박사는 각 가정을 방문하면서 국내 전도운동을 계획하기 위한 기도회 개최를 위하여 각 교단의 지도자들과 함께 하는 자리를 마련하였다. 결과는 상당히 고무적이었다. 1965년 4만 명의 성도들이 서울운동장에 모여 집회를 개최하면서 절정을 이루게 된다. 이 운동의 슬로건은 '300만 명을 그리스도에게로'였다.[244] 이 집회는 교회의 성장과 각 교단의 화합이라는 차원에서 대단히 중요한 행사로 기록되고 있다. 이는 대규모 분열이 있은 후 처음 있는 행사로 교회성장의 도화선이 되었다는 점에서 의미가 있었다. 한국교회는 분열의 상처를 치유하고 복음전도를 위한 보다 나은 길을 선택한 것이다.

이 운동의 영향으로 1970년대에 여러 개의 대규모 전도집회가 국내 전도에 불을 붙였다. 1970년대 개최된 처음 집회는 1973년 빌리 그래함 전도집회였으며, 이 집회로 서울 여의도에는 1백만 명이 넘는 성도들이 5일 동안 대회장을 메웠다. 빌리 그래함은 세계에서 가장 강한 기독교인을 가진 나라로 대한민국을 칭찬했다.

---

244) Clark, *op, cit.*, p.316.

또 다른 대규모 전도집회는 김준곤 목사에 의해 추진된 '엑스플로 74' 였다. 이 집회의 목표는 "이 땅에 그리스도의 계절이 오게 하자"로,[245] 이 집회를 통해 3백만 기독교인 중 1/10을 조직하고 훈련하여 30만 명의 훈련생을 배출하였다. '엑스플로 74' 의 결과는 기대를 훨씬 뛰어넘었다. 1백 30만 명의 청중들이 첫째 날에 회집하였고, 그들 중 70% 이상이 그들의 믿음을 재확인하였다. 32만 4,000명의 요원들이 서울과 78개 지방으로 나뉘어 복음을 전하면서 수천 수만 명의 사람들이 그리스도를 영접하였다. 이러한 충격은 8월 한 주간으로 끝나지 않았다. 1973년과 1975년을 비교해 볼 때 성도 증가 비율이 33%에 이르렀고 헌금의 경우 64%나 증가하였다.

1977년, 성령 운동은 한국교회 역사상 가장 많은 군중이 회집된 복음화 대성회(The Holy Assembly of the Nation)에서 표현되었다. 이 모임은 몇몇 영향력 있는 부흥사들과 40일간의 금식으로 이 대회를 준비해온 신현균 목사에 의하여 이루어졌다.[246]

2. 영적집회와 교회성장

이러한 대규모 집회가 계속되는 과정에서 각 교단은 범국민적 전도대회에서 얻은 영적 힘을 통하여 개척교회를 세우는데 총력을 가하였다. 개척교회를 세우는 일에 합동교단이 가장 열성적이었다. 합동교단의 개척교회 운동을 '일만 교회 운동' 이라고 불렀다. 합동교단은 2년만에 1,200개의 교회를 개척하였고 1976년 1월까지 교회의 수는 2,484개에 이르게 되었다. 1978년 11월에는 3,884개가 되었고 교인 수는 이 기간에 배가가 되어 68만 명에서 1,00만

---

245) Han, Chul-ha, "Improvement of the Korean Church in the Evangelism of Asia", *Korean Church Growth Explosion*(Seoul: Word and Life Press, 1983.), pp.62-63.
246) *Ibid.*

명에 육박하였다.[247)]

통합의 경우 1971년 개최 된 제56차 총회에서 장기교회개발사업을 통과하고,[248)] 1974년부터 1984년까지 매 해 300교회를 개척함으로서 5,000교회를 목표로 하였다.[249)] 이 기간 동안 기장과 고신을 포함한 모든 교단들이 교회성장을 위한 유사한 프로그램을 진행하였다.

모든 성도들을 증인으로 훈련하기 위한 80 복음화 대회의 기본 조직은 지역교회였다. 이 사업에 협조할 교회들이 선정되어 개인들이 기도와 협동 프로그램, 그리고 전도사업에 참여하였다. 교사, 대학생, 여성, 어린이, 법률가, 의사, 장로, 고등학생 등의 73개 분과로 나뉘어 졌다. 한국교회의 90에 해당하는 1만 8,000여 교회가 이 운동에 동참했고 서울에서만 203개의 위원회가 활동하면서 지역교회에서 복음을 전파하였다.[250)]

〈표5-3〉년간 교회성장 비율(1972-1978)　　　　　　　　　　　　　　(단위:%)

년 도	성 장 비 율	교회의 수
1972		10,000
1973	11.0	11,100
1974	11.0	12,500
1975	11.5	13,700
1976	11.5	16,000
1977	12.0	19,000
1978	12.0	22,000

출처 : Cho, Tong-jion, "The Growth of Korean Mission and Contribution to the World Evangelism", *Korean Church Explosion*, p.114.

---

247) Kim, Chun-gon, "Korea's Total Evangelization Movement", *Korean Church Growth Explosion* (Seoul:Work and Life Press, 1983.), p.27.
248) 대한예수교장로회출판국, 『대한예수교 장로회 80주년 기념집』, p.222.
249) *Ibid.* p.242.
250) *Ibid.* p.290.

이러한 대규모 전도집회를 통하여 70-80명의 사람들이 유명한 부흥사들의 말씀을 통하여 예수 그리스도를 영접하였고 1만 3,000명의 사람들이 결신하였다. 이러한 70년도의 대전도 집회로 많은 교회가 개척되었다.

3. 범민족 전도운동

이러한 1970년대의 대규모 전도집회를 성공적으로 이끈 배경에는 JOY Mission, UBF, CCC, 네비게이토, YFC, SFC 등의 선교 단체들의 맹렬한 활동이 있었다. 이러한 학생 선교 단체들은 새로운 교인들을 양육하고 거리에서 복음을 전하였으며 대규모 전도집회에서 자원봉사자로 활약하면서 일익을 담당하였다.

이러한 엄청난 대규모 전도집회 외에 또 다른 특징적인 선교형태가 있었다. 1970년대 가장 복음이 활발하게 전파되었던 곳은 군대와 학교였다. 이 중 훈련병들이 6주간 교육을 받던 논산 훈련소는 가장 중요한 복음 전도지였다. 육, 해, 공군을 망라하여 군대에서의 군목 활동은 대단하였다. 복음은 또한 중학교, 고등학교, 대학교를 통하여 활발하게 전해졌다.

복음 전파의 기회는 어디든 주어졌다. 그 중 하나가 교도소였다. 대부분의 교도소에는 형목이 있었다. 군인은 군인에게 전도하고, 병원에서는 기독교인 의사들과 간호사들이 그리스도를 전파하였으며, 교도소에서는 형목이 이를 담당하였다. 기독교인 교사들은 비기독교 교사들을 전도하였고, 사무실, 법원, 학교, 병원 등 그리스도인들이 있는 곳은 어디서나 기독모임이 있었다.[251] 개인 사무실이든, 공장이든, 병원이든, 학교든, 군대이든 아니면 정부의 기관이든지 간에 어디든 신우회가 조직되었고, TV, 신문, 라디오 스포츠, 게임, 예술, 음악, 문학 등 모든 분야가 복음을 전하는 매체로 사용되었다.

251) Han, Kyoung-jik, "The Present and Future of the Korean Church", *Korean Church Growth Explosion*, p.351.

　또 하나의 한국교회 성장의 특징은 연예인 교회 같은 특수교회의 건립이었다. 많은 연예인들이 그들의 죄를 회개하고 그리스도를 신뢰하였다. 운동선수들은 기독교인 선수 모임을 갖고 할렐루야 축구팀을 구성하였다. 그들은 동료 선수들의 복음화에 박차를 가하였다. 기독교인 택시 운전사들은 복음전파를 위하여 교제의 모임을 가졌다. 기독교인들은 이렇게 특별한 방법으로 복음전도에 만전을 기하였고 이러한 운동은 기독교인들이 상상한 그것보다 훨씬 위력적인 결과를 낳았다.

　1965년의 '3백만 명을 그리스도에게', 1973년의 빌리 그래함 대회, 1974년의 엑스플로대회, 그리고 1977년 복음화대성회 등이 교회성장의 큰불을 붙였다. 이러한 대규모 집회와 운동은 모든 교단들이 참여하면서 교회 연합으로 이루어졌고, 이러한 연합 노력이 전 한국사회에 거대한 복음전도의 열정을 심었다. 한국교회는 빠르고 엄청난 속도로 성장했다. 이러한 측면에서 전도에 대한 연합 노력은 교회성장의 필연적 요소임을 부인할 수 없다.

제4절 한국교회 성장의 제반 요인

　6.25 동란, 중산화, 도시화, 산업화, 그리고 교회의 군사정권과의 관계, 대기업 등이 교회성장의 잠재적 요인이 되었다. 이것이 바로 한국교회의 경이적 성장을 이끈 정치, 사회, 문화 그리고 종교적인 요소들이다.

1. 정치적 요소

박정희 정권의 독재와 북한 공산주의의 끊임없는 위협은 교회성장의 가장 주요한 정치적 요소였다. 당시 군사 혁명론자들은 사회, 경제 목표를 달성할 수 있는 능력이 있지만 아직은 한국 땅에 총체적 민주주의를 실현할 수 있는 적합한 때가 아니며, 따라서 자유와 정의를 보장할 수 있는 통제된 준비단계가 필요하다고 주장하였다. 게다가 군사정권은 데모나 노동자 연합을 엄격하게 금지하면서 임금을 동결하고 물가상승을 억제하였다. 그럼에도 불구하고 강력한 반정부 노동쟁의가 발생하곤 하였다.[252] 군사정권은 이러한 저항이 결국 북한 공산주의가 남한을 흔들 빌미를 제공하는 것이며 또 북한이 침공할 수 있는 기회를 주는 것이라고 위협하면서 정부에 저항하는 세력에 대해 단호히 대처했다.

이러한 극단적인 정치적 불안과 북한 공산주의의 위협은 사람들을 두려움에 처하게 하였고, 결국 종교에서 위로를 찾게 만들었다. 더욱이 당시 사람들은 6.25 전쟁에서 적극적인 구제에 참여했던 교회야말로 그들의 심리적, 영적 짐을 내려놓을 수 있는 장소로 생각하고 있었다.

2. 사회적 요소

정부가 지나치게 빠른 속도로 경제개발계획을 추진하면서 발생한 도시화와 빈부의 격심한 경제적 편차가 주요한 사회요인이 되었다. 농업개발의 희망을 버리고 농촌을 떠날 수밖에 없는 상황으로 내몬 것은 격심한 소득의 차이였다. 이렇게 고향을 떠나 외지로 내몰린 이주자들이 마음의 안식을 찾을 수 있었던 것이 바로 교회였다.

---

252) Fransis Fukuyama, *op. cit.*, p.136.

〈표5-4〉 도시, 농촌의 인구와 개신교신자수의 증가비교　　　　　　(단위:명)

시대	개신교인수		도시인구		농촌인구		전체인구
1952	875,000	4.26	4,228,502	20.6	16,298,203	79.4	20,526,705
1969	3,192,000	10.29	12,934,089	41.7	18,082,911	58.3	31,017,000
1975	4,019,131	11.87	16,379,044	48.4	17,461,956	51.6	33,841,000
1984	8,337,308	20.78	25,668,822	64.2	13,877,207	34.6	40,107,535
1988	11,337,075	27.63	28,307,853	69.0	11,692,374	28.5	41,025,875

출처: William W. Boyer and Byung-man, *Ahn Rural Development in South Korea*, p.53, 한국사회연구회, 『한국의 지역문제와 노동계급』, p.35, 『현대 한국의 장로교 변동 연구』, p.43의 통계를 저자가 분석하여 자료화한 것임.

　　위의 표는 농촌인구의 감소와 도시인구의 증가, 그리고 개신교 인구의 증가를 비교한 것이다. 도시인구의 증가는 개신교 인구의 증가를 가져왔는데 그 비율이 각 항목과 동일하다. 다시 말해, 도시이주의 비율이 높아질수록 개신교 인구 역시 같은 비율로 증가하고 있다. 이처럼 젊은 농부들은 아무 대책 없이 그들의 고향을 떠나 도시에 거주하기를 희망하였다.

〈표5-5〉 농촌으로부터의 연령별 이주 현황(1960-1970)　　　　　　(단위:연령)

성별 ＼ 연령	10-14세	15-19세	20-24세	25-29세
남 자	38.7	61.8	66.3	37.4
여 자	28.4	38.4	56.3	51.4

출처: "Natioanal Agricultural Economic Research Institute", *Korean Agricultural Sect Study: Population and Migration Model of KASM3: Technical Documentation, Ministry of Agricultural and Fisheries*(1978), p.5.

　　위의 표는 수많은 젊은이들이 경제개발 과정에서 좀더 나은 삶을 찾기 위해 그들의 고향을 떠났음을 확연하게 보여주고 있다. 1960년대와 1970년대

교회성장에 막대한 영향을 끼친 대규모 이주는 여러 가지 특징적인 요소를 갖고 있다. 비록 소수의 노인들이 포함되기는 하였어도 도시 이주자의 대부분이 10-30세의 젊은이들이었다. 또한 여성 이주자의 비율이 남성에 비하여 훨씬 높다는 사실을 발견할 수 있다. 과거 유교 사회에서는 여성들이 자신의 고향을 떠나 외지로 나간다는 것은 상상도 할 수 없는 일이었다. 그러나 개인주의와 현대주의를 낳은 강력한 경제개발 물결은 유교 전통의 관념을 여지없이 무너뜨리는 놀라운 결과를 낳았던 것이다. 흥미롭게도 유교사상에서 탈출한 '우먼파워'는 한국교회 성장의 막강한 기초가 되었고 특별히 기독교를 확장하는 강력한 요인으로 작용하였다. 한국교회의 약 70%가 여성으로 구성된 이유가 바로 여기에 있다.

대부분의 이주자들은 대단히 힘든 일을 하였고, 대기업의 성장은 오히려 상대적인 빈부격차를 느끼게 하였다. 이로 인한 심리적, 정신적, 영적 박탈감은 교회를 찾게 했고, 안식처를 찾고자 하는 사람이 많아질수록 교회는 급격하게 성장하게 되었다.

〈그림5-3〉 도시인구 증가와 개신교 신자 수 증가 (단위:%)

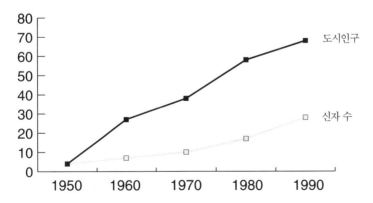

출처: Bereau of Statistics, *Economic Planning Board, Korean Statistical Yearbook*(1987), p.45, quoted William W. Boyer and Byung-man, Ahn, *Rural Development in South Korea*, p.53과 "철학종교연구", 『현대 한국의 종교 변동연구』, p.43의 내용을 필자가 분석 · 결합하여 정리한 것이다.

3. 문화적 요소

교회 성장의 문화적 요소는 바로 문화체계의 붕괴에서 찾을 수 있다. 한국인의 정신세계를 편성하고 있던 유교사상이 급격한 사회변화로 무너졌고, 정신적 문화적 공백상태를 양산하게 되었다. 이러한 때에 기독교는 급격하게 변하고 있는 현대사회에서 그들이 대처할 수 있다고 믿었던 서구 기술과 동일시되었다. 당시 한국인들은 보수주의, 권위에 대한 복종, 그리고 귀족주의에 바탕을 둔 과거의 낡은 유교사상으로는 더 이상 자신들의 삶을 지탱할 수 없다고 인식한 것 같다.

4. 종교적 요소

마지막으로 한국전쟁 이후 강력하게 추진되어온 대규모 집회의 영향을 들 수 있다. 한국전쟁 중에 북한에 거주하던 수많은 기독교인들이 남쪽으로 피난하였으며, 그들은 발길이 닿는 곳마다 교회를 세웠다. 북한 기독교인들은 좀더 보수주의에 가까웠으며 전도에 있어서도 대단한 열심을 보였다. 한국전쟁 이후 북한의 기독교인들은 한국 사회 전체에 지대한 영향을 미쳤다. 그들의 열정은 결국 대규모 집회로 이어졌고 한국역사에 있어서 가장 비참했던 시대의 아픔을 영적인 힘으로 감싸 안으려 하였다.

6.25 동란으로 인한 북한 기독교인의 남한 이주는 1950년대 교회성장의 기초가 되었으며, 한국교회가 더욱 성장할 수 있는 발판을 제공하였다. 더욱이 당시 박정희 군사독재와 북한 공산주의의 지속적인 위협으로 사람들은 희망과 용기를 선포하는 교회로 발을 돌렸다.

〈그림5-4〉전쟁 후의 급격한 교회성장　　　　　　　　　　(단위:백만)

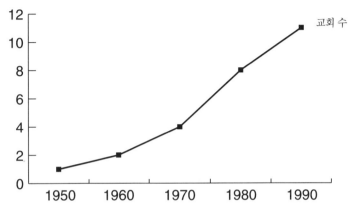

출처: 『현대한국 종교변동 연구』(1978), p.43.

제5절　사회문제 인식의 양극화

1. WCC와 NAE의 갈등

　교회가 사회 문제에 구체적으로 관여한 것은 1930년대 농촌지역의 빈곤퇴치를 위한 농촌계몽운동에서 찾을 수 있다. 그러나 보수주의자의 강력한 반대로 1937년 총회의 농촌부는 폐지되었다.

　장로교단 분열에 즈음하여 합동과 통합의 가장 큰 갈등 요인은 NAE와 WCC이었다. 1954년 WCC가 미국에서 회집되고 난 이후 총회에는 두 부류의 집단이 발생하게 되었다. WCC 대회에 파송되어 귀국 보고서를 제출한 명신홍 목사와 김현정 목사의 상반된 보고서가 결국 NAE와 WCC간의 갈등에 불을 지핀 것이다. 명신홍 목사는 WCC의 정책에 대하여 심각하게 비평하였고, 이로 인하여 1956년 경북 노회는 총회에 WCC의 신학적 정체에 관하여 질문 하는 청원서를 올리게 되었다. 총회는 5명의 연구위원을 위촉하였다. 그러나 연구위원들의 WCC에 대한 견해는 너무나 달라서 결국 다음 회기에도 적절 한 회신을 하지 못하였다. 그 결과 WCC와 NCC의 관계는 더욱 악화되었다. 1959년, 합동과 통합은 대전에서 제44회 총회를 개최하였으나 결국 이러한 문제로 분리되고 말았다.

한국 장로교회가 4개 교단으로 분리된 후 이러한 갈등은 더욱 첨예화되었 다. 보수진영(NAE)은 철저하게 진보진영(WCC)을 공격하였고, 진보진영 역 시 보수주의를 적대시하게 되었다. 그 주된 요인은 신학 그 가운데서도 사회 참여에 관한 문제였다.

보수진영은 진보진영을 다음과 같은 이유에서 공격하였다.

① WCC의 약점은 자유주의와 혼합주의이다.
② WCC는 개인구원을 저버린 단순한 사회참여 집단이다.
③ WCC는 공산주의를 용납한 용공주의 다시 말해서 친공산주의 집단이 다.[253]

보수진영은 교회란 사회에 관심을 표명하는 기관이 되어서는 안 된다고 주장하면서 사회에 관심을 두는 것은 곧 공산주의를 수용하는 일이며 기독교 의 진리를 변절시키는 것이라고 하였다. 기독교의 구원은 사회구원의 형태가 아닌 개인 차원에서의 구원이라고 주장하였다. 또 그들은 종교는 철저히 정 치와는 분리되어야 한다는 논리를 갖고 있었다.[254] 진실된 개혁신학은 축복에 초점을 두는 것도 아니요, 복음의 사회적인 면을 강조하는 자유주의도 아니

---

253) 1952년 22명의 국회의원들이 고신의 제안에 따라 WCC를 공산주의를 수용한다는 명목으 로 고발하였다.
254) 고재식, 『사회선교와 기독교윤리』(서울: 대한기독교서회, 1991.), p.7.

라고 하였다.[255]

반면에 진보진영은 보수진영을 '위선자요 속이는 자'로 간주하고 공격을 가하였다. 1969년 1월 김재준은 '한국교회는 어디로 갈 것인가?'라는 글을 발표하였다. 이 글에서 그는 NAE와 고신을 신랄하게 비판하고, '철저히 배제된, 그리고 자기 의에 도취된 율법주의'라고 비난하였다. 그는 현대 바리새파주의에 보수주의를 연결시켰다.[256] 진보주의는 예수 그리스도는 눌린 자와 가난한 자의 편에 서있었다는 사실에 근거하여, 따라서 사회구제는 그의 나라를 세우는 바른 길이라고 믿었다.

1970년대의 범민족 전도운동과 더불어 한국 기독교는 민중, 자유, 한, 사회참여신학, 사회문제 대처 등의 단어를 중심으로 다양한 진보신학의 행진에 돌입하였다. 사회참여를 주장한 신학교와 교단에 의하여 추진되어 오던 사회개혁과 인간의 권리신장운동 등은 정권을 연장하여 정치적 세력을 확장하려는 유신정권에 정면으로 대치하였다. NCC는 지속적으로 정부에 대항하였다. NCC는 개헌을 하여 삼선을 하는 것은 하나님의 뜻에 어긋나는 것이며 그것은 용납될 수 없는 옳지 않은 행위라고 저항하였다.

1969년은 1970년의 대규모 전도집회를 준비하던 해였고, NCC는 유신정권의 3선 개헌을 저지하는 성명서를 발표하면서 보수주의와의 갈등은 더욱 깊어갔다. 1973년 빌리 그래함이 이끈 집회 후, 박형규, 권오경 및 기타 많은 목사들이 남산에서 연합집회를 인도하던 중 정부를 전복할 음모로 개최된 집회라는 명목으로 체포 수감되었다. 인권을 외치며 도시산업선교에 관여했던 많은 목사와 성도들 그리고 학생들이 연이어 체포되는 사례가 발생하였다. 이로 인하여 1979년, NCC에 소속된 6개 교단의 대표들이 정부의 산업선교에 대한 왜곡된 태도에 유감을 표하는 성명서를 발표하였다. 또한 같은 해 통합교단은 '산업선교는 하나님의 사명'이라는 성명서를 재차 발표하였다.

---

255) 박아론, 『보수신학은 어디로 가고 있는가?』(서울: 총신대학출판부, 1990.)
256) 김재준, 그리스도신문, 1969년 1월 10일자.

2. 사회문제에 대한 이견과 양극화

이렇게 1970년대의 한국교회는 이념적인 면에서 두 개의 날개를 갖고 있었다. 하나는 예수 그리스도의 사역을 혁명적 사건으로 이해하고 사회 개혁을 강조하는 집단이, 또 하나는 개인적인 구원을 강조하면서 교회성장에 초점을 맞추는 집단이 그것이었다. 이 두 개의 극단은 그들의 길만이 옳은 길이며 그들의 신학만이 바르다고 주장하였고, 결국 교회성장에만 열을 올리거나 또는 사회 참여에만 열을 올리는 양극화 현상을 초래하였다.

진보진영은 거시적 입장에서 사회적 책임에 관한 견해를 갖고 있었다. 그들은 교회의 성장이라는 것이 농촌 피폐 결과와 맞바꾼 사건으로 이해하거나, 도시빈민의 증가 또는 가족해체의 결과로 해석하려 하였다. 그들은 오직 인간의 존엄성을 향상시키는 것이 그들의 목표라고 생각했다. 반면 보수진영은 교회가 어떻게 성장하고 복음에 어떻게 반응하느냐가 바로 가난한 사람들의 소외감에 대한 아주 중요한 사회적 반응이라고 생각하였다. 따라서 그들은 복음전파와 교회성장에 더 많은 관심을 가지는 것은 당연하다고 주장하였다.

여기서 우리는 양 진영 모두가 동일하게 사회문제를 바라보았으나 교회의 반응에 대해서는 서로 상이한 해결책을 제시하였던 것을 발견할 수 있다. 결코 보수진영이 사회에 관심을 가지지 않았다고는 말할 수 없다. 그들은 복음이 어떻게 사회의 지지를 형성하며 가난한 사람들이 교회에 나오면서 얻게 된 그 교훈과 지지의 효과를 알고 있었다. 그들은 예수그리스도와 복음의 의미를 가난한 자를 부유하게 하는 복음, 즉 좋은 소식으로 이해하였다.

제6절 한국교회 분화와 그 결과

1. 한국교회의 분화 원인

일차적으로 한국교회의 선교초기부터 분화의 요소가 있었다는 사실에 부인할 사람은 없을 것이다. 초기 한국교회에는 기독교를 수용한 사회의 두 계층, 즉 보수세력과 진보세력이 있었다. 한 부류는 엘리트 그룹으로서 기독교의 정신으로 정치적, 사회적 변화를 추구하려 하였다. 사회계몽, 교육, 의료, 사회사업, 여권신장, 그리고 농촌개발 등이 초기 선교사들의 도움으로 실시되었으며, 3.1운동을 중심으로 한 애국운동 등이 활발히 전개되면서 자연적으로 진보적 성격이 형성되었다. 또 다른 부류는 농민이나 백정 등 하류 그룹의 사람들로서 자연적으로 보수적 성향을 띄고 있었다. 물론 이러한 사회적 계급과 그 영향성에 의한 양분의 현상은 있었을지라도 사회적 측면에서 심각한 양극화는 형성되지 않았다. 그러나 근세에 이르러 역사적, 정치적, 사회적 격변기를 맞이하면서 한국교회는 외국교회의 이념전쟁에 결정적인 영향을 받으면서 한국교회의 특수한 상황과 어울려 상상을 초월한 양분화 현상을 초래하게 되었던 것이다.

사회적 관심에 영향을 미친 정치적 요소로서 6.25 전쟁은 보수적 성향을 가진 수많은 북한의 그리스도인들을 남하하도록 하였고, 결국 이들은 한국교회의 주요한 역할을 감당하게 되었다. 이 외에도 북한 공산주의자들의 계속적인 위협, 이것을 바탕으로 박정희 군사정권의 국민의 자유를 압박함으로써 더욱 더 보수성을 띠게 되었다.

이 극단적 현상은 1960년대 후반에 정치투쟁을 포함한 진보신학의 출현으로 인하여 좀더 심각한 신학적 양극화 현상으로 대두되었다. 비록 진보주의가 정치적 투쟁 즉 노동자, 농부, 그리고 가난한 사람들을 위한 선교에 적극적으로 참여하였어도 그것을 뒷받침할만한 논리적, 신학적 배경이 없었다.

그러나 민중신학이 출현하면서 진보주의의 사회참여는 더욱 공격적 형태를 취함으로써 보수주의는 그들을 독사의 자식, 변절자, 그리고 복음에서 떠난 탕자로 규정하면서 좀더 심각하게 공격하였다.[257] 즉 민중신학의 출현과 함께 한국교회는 개인구원과 사회적 참여를 바탕으로 돌이킬 수 없는 양극화에 몰입하면서 완전한 신학적 전쟁터가 되고 말았다.[258] 물론 이러한 이분법적 현상은 교회역사 속에서 지속적으로 형성되어 오고 있었지만, 한국교회의 경우 그 전례를 찾기 힘들 정도로 심각한 이유는 이 갈등과 반목이 다른 어떤 정당의 정치적 문제보다 더욱 격렬하게 진행되고 있기 때문이다. 믿음에 대한 양극화 구조는 강한 배타성의 특질을 소유하고 있다. 특히 보수교회는 진보에 대해 철저히 문을 닫아 걸고 진보교회의 사상으로부터 그들의 교회를 보호하기 위하여 진보교회와의 대화를 차단하였다. 이러한 배타성은 결국 사회적 관심의 부재 현상을 양산하기에 이르렀다.

안타깝게도 한국교회는 이러한 양극화의 현상으로 인하여 사회적 관심을 용공시비에 희생당하면서 60년대와 70년대에 이르러 한국교회가 주도해 왔던 사회복지적 기능을 정부기관과 민간단체에 넘겨주게 되었고 무리한 산업화의 과정에서 사회가 급변하고 사회문제가 고도에 달했던 80년대에 와서는 교회가 최소한의 사회봉사적 기능마저 수행하기를 꺼려한다는 비난의 소리를 듣게 되었다. 그 결과 1990년대에 들어 한국교회는 자신들이 외면했던 사회로부터 역으로 외면당하는 상황에 직면하게 된 것이다.

그럼에도 불구하고 이러한 양극화 현상의 끝없는 투쟁가운데서 이 두 진영 모두 자신들의 신학과 사회적 관심의 철학을 철저히 견지하면서도 서로에게 잠재적으로 또는 가시적으로 강한 영향을 주고받는다고 볼 수 있다. 근자에 진보교단의 사회의식은 정지되어 있거나 오히려 감소하는 추세라고 할 수 있다. 그들의 주된 관심은 급격한 사회 변화로 인하여 정치적 투쟁에서 사회

---

257) Choi, Moo-youl, *Korean Presbyterianism and Social Work- A Critical Analysis of the Social Work of Four Presbyterian Denominations-*, p.208.
258) 이원규, *op, cit.*, p.185.

봉사적 측면으로 빠르게 변하고 있다는 사실이다. 진보교단은 지금까지 민중신학과 해방신학이라는 철학적 준거틀을 의지하여 사회참여를 강력하게 추진하여 왔다. 그러나 지금의 진보진영은 교회성장의 파도를 타면서 상당한 영적기류가 형성되고 있음을 부인할 수 없다. 이와는 대조적으로 비록 지금까지는 보수교단이 교회성장을 중심으로 교인과 교회 수 확장에 지속적인 관심을 기울였다 하더라도 이 교단들 역시 심각한 전도에 어려움을 느낌으로서 사회봉사적 측면에서 해결점을 모색하고 있는 것이다. 이것은 지금까지 교회성장의 틀만 고집하던 보수교단이 서서히 진보교단과 마찬가지로 개인구원이라는 한 극에서 통전적 접근이라는 중앙점을 향해서 서서히 이동하고 있다는 것을 암시해 주는 것이다. 사실 그동안 한국교회는 오랫동안 서로 양극을 고수하여 왔고 이로써 교회의 일치를 이루지 못하였다. 그러나 이 두 극은 바야흐로 서로의 문제점을 서서히 인식하기 시작하였고, 서로의 약점을 상호 보완하기 위한 협조의 장으로 나아오지 않을 수 없는 시대적 요청에 몸부림치고 있는 것이다.

2. 한국교회의 분화와 개교회주의

김병서는 한국교회의 제반문제로서 ① 거대화를 표방하는 교회의 문제, ② 교회간과 교회 안의 계층성, ③ 상대적 빈곤의식과 기복성을 주장하였고[259] 서정운은 한국교회의 구조문제로서 ⅰ) 기구화, ⅱ) 자기중심성, ⅲ) 비대화(물량주의)로 보았다.[260] 결국 이러한 교회의 문제는 개인주의적, 개교회주의적 기복신앙으로 압축하여 생각해 볼 수 있다.

한국교회의 분화와 개교회주의는 밀접한 관계를 형성하고 있다. 왜냐하면

---

259) 김병서, "한국교회와 사회변동", 『한국 교회와 사회』(서울: 나단, 1996.), pp.340-341.
260) 서정운, "한국교회의 구조적 문제성", 『한국 교회와 사회』(서울: 나단, 1996.), pp. 367-369.

218 · 한국교회와 사회복지

개교회주의는 물량주의, 교회분열, 기복신앙 등과 함께 한국교회가 지닌 문
제점 가운데 하나로 지적되며 이러한 사항들이 긴밀하게 연결되어 있다는 것
이다. 물론 한국교회 분화와 개교회주의에 영향력을 행사한 다양한 요소들이
있겠으나 그 대표적인 것으로서는 사회적 요인으로서 급격한 산업화로 인한
도시화, 정치적 요인으로서 정부의 대기업제도 도입, 신학적인 요인으로서
교회성장이론 등이 정치, 사회, 경제적으로 혼탁기에 밀접하게 작용함으로서
한국교회의 사회적 관심에 결정적으로 영향을 미쳤던 것이다.

　보수와 자유주의의 분화, 급격한 성장과정에서의 교파분열 등은 원래 분
파성을 지닌 한국장로교회를 더욱 개교회주의로 전환하는 계기를 마련해 주
었다. 이원규는 한국교회 개교회주의에 중요한 영향을 미친 변수로서 한국교
회가 처한 정치, 경제적 환경이 한국교회로 하여금 개교회주의적 성격을 지
니도록 하는데 영향을 미쳤다고 보았으며, 정치적 환경의 좀더 특수한 형태
이겠지만 국가라는 환경 요소와의 관계가 한국교회의 개교회주의 형성에 작
용하였다고 서술하였다. 또한 다종교적 상황이라는 한국의 종교적 환경도 한
국교회가 개교회주의적 성격을 가지게 하는데 작용함으로서 각각의 종교들
이 경쟁상황 속으로 빠져들었다는 것이다. 게다가 세속화라는 문화적, 정신
적 환경과 대처해 나가는 과정에서 한국교회는 개교회의적 성향을 간직하게
되었다고 보았다.

　이에 대하여 필자는 서두에서 밝힌 바와 같이 한국교회의 개교회 주의에
영향을 끼친 요소로서 도시밀집화, 대기업제도, 그리고 교회성장이론 등도
상당한 영향력을 행사하였다고 보는 것이다.

　먼저 사회적으로 부정적인 현상이긴 하였지만 박정희 정권의 경제개발계
획에 의한 도시밀집현상이 한국교회가 성장하는 데 강한 영향을 미쳤지만 지
나친 성장과정의 열기로 인하여 한국교회가 개교회적인 성격을 고착하였다
고 보는 것이다. 이 경제개발개획의 추진을 위하여 대기업제도가 도입되었으
며 또한 이 대기업제도의 활성화는 인력 면을 무시할 수 없었기 때문에 저곡
가 정책을 수반함으로서 엄청난 도시화를 이룩하게 되었던 것이다. 실제로

박정희 정권의 저곡가정책은 생존의 위협을 받고 있었던 농촌의 삶을 더욱 황폐케 하는 요인으로 작용하였다. 이에 비하여 1960년대 도시인의 수입은 농촌의 2배에 가까웠으므로 도시, 특히 서울은 이주민으로 뒤덮이게 되었고 서울이 총 이주자의 70%를 흡수하게 되었다.[261]

도시밀집화 현상으로 인하여 도시의 교회는 급성장을 경험하게 되었다. 아이러니컬하게도 바로 이 시기에 한국을 강타한 교회성장이론은 이런 정치적, 사회적 상황과 잘 맞아 떨어져서 한국 정부의 대기업제도와 밀접한 정서적 관련을 맺으면서 교회성장에 불을 붙이기 시작하였고 교파의 분열과 함께 더욱 더 개교회적인 성격을 띠기 시작하였다. 이러한 상황 가운데 1970년대를 중심으로 강력하게 추진된 대규모 복음전도 운동은 가난한 자들의 애환을 영적으로 달래며 위로를 줄 수 있었던 교회로 몰려오게 되었고, 이들에게 교회는 하나님의 말씀이 무너진 영적 · 정서적 공백상태를 메워줄 수 있는 안식의 장으로 인식하게 되었던 것이다. 이와 때를 같이한 교회성장이론은 개인적 경영, 경쟁심, 그리고 사회적 관심의 저하 등에 있어서 유사하다고 하겠다. 개인주의는 결국 교인 쟁탈전과 상대 교회와 교단을 비난하는 등 바람직하지 못한 결과들을 초래하였다. 개인적 기업, 경쟁심 그리고 성장에 대한 열망이 교회가 성장하고 또 물질주의를 확립시켰던 것이다. 정부가 사회적 가치에 염두를 두지 않고 경제성장을 주도하면서 물질문화를 이룩한 것처럼 교회도 사회적 영적 가치를 염두에 두지 않고 교회성장이라는 미명하에 각종 비정상적인 성장을 합법화하면서 정부가 이룩한 물질문화에 상응한 물질문화를 창출하게 되었다.[262] 이러한 문제를 야기시킨 교회성장 이론의 가장 큰 문제점은 사회와 교회의 분열방지에 도전을 주지 못한 채 오히려 교회의 분열을 합법화하거나 조장하는 것이며, 한국사회의 보수성만을 더욱 강화하는 계기가 되었던 것이다.

---

261) Edwin Mills and Song, Pyoung-nak, *op. cit.*, p. 217.
262) Orlanddo E. Costas, "A Wholistic Concept of Church Growth", *Exploring Church Growth*, pp. 100-106.

이와 같이 시대적 상황에 고통 받는 이들을 위하여 이들이 교회에 거는 희망에도 불구하고 교회는 가난한 이들의 아픔을 싸매기에는 다른 일에 너무 분주하였던 것은 교회가 이들의 진실된 요구를 파악하기보다는 교인 불리기와 교회성장에 지나친 정열을 쏟았기 때문으로 볼 수 있다. 성도 수가 폭발적으로 성장함으로 교회의 예산 또한 증가되었기 때문에 교회는 이 기회를 통하여 경제적 바탕을 중심으로 교인 불리기에 전념하였던 것이다. 이러한 과정에서 교회는 자연적으로 중산계급에 눈을 돌리게 되었으며 그 결과로서 가난한 이들은 교회에서조차 소외될 수밖에 없었던 것이다.

3. 분화와 개교회주의의 결과

한국교회의 분화와 개교회주의의 결과는 반드시 부정적인 현상만을 초래하지는 않았다. 긍정적 측면으로서 신도의 증가와 공동체의 형성을 들 수 있다. 이는 개교회주의가 한국교회의 양적 팽창에 크게 기여하였기 때문이다. 개교회주의는 원리적으로 팽창주의적 속성이 있기 때문이다.

그러나 개교회주의는 대형교회의 형성과 교회간의 불균형을 가져오게 됨으로서 구조적 복잡성이 증대되어 공식화되고 관료제 현상을 초래하게 된다. 이러한 일련의 현상들은 교회의 목적전치 현상을 초래하고 심각한 교회의 정체성의 문제를 야기할 수밖에 없다. 또한 개교회주의는 사회에 대한 건전한 가치관의 근원지로서의 교회의 역할을 제대로 수행하지 못하도록 하고 교회를 개별교회 내부지향적으로 만들기 때문에 교회의 사회에 대한 관심을 약화시키는 결과를 초래하여 공신력을 상실하게 만드는 것이다. 이보다 더 심각한 문제는 교파나 기관과의 연합운동에 부정적 영향을 끼침으로서 사회를 향한 단합된 힘으로서 교회의 역할을 감당하기가 쉽지 않게 된다.

또 하나의 심각한 문제는 개교회주의로 말미암은 중산화 또는 귀족화를 들수 있다. 교회가 중산화됨으로서 가난한 자들이 상대적으로 소외될 수밖에 없다. 이는 일차적으로 대형교회가 가난한 이들로부터 소외감을 유발하거나 차별화를 실시하기 때문에 교회는 가난한 이들이 자유롭게 참여할 수 있는 장소로 인식되지 않게 되고, 비록 교회에 참석한다 하더라도 거리상으로도 가난한 지역의 사람들은 목회현장의 중심으로부터 소외될 수밖에 없게 된다. 프로그램 면에서도 교회에서 실시되는 대부분의 내용들이 가난한 이들보다는 중산계급에 치중되어 있어 접근이 용이하지 못하고, 교회에서 부유한 사람들의 목소리가 높아져 가고 그들이 교회의 모든 행정을 통제하였다. 따라서 상대적으로 가난한 사람들은 교회 안에서도 소외될 수밖에 없는 것이다.

교회가 개교회주의에 빠지면 사회로부터 불신과 반발을 가져올 수밖에 없다. 예를 들어 교회가 소유하고 있는 물질적 자원은 교회 자체 내에서 생산한 것이 아니라 교회 밖의 사회에서 들어온 것이다. 따라서 이러한 물질들은 교회에서 필요로 하는 최소한의 것을 제외하고는 다시 사회로 되돌려 필요한 일에 사용되어야 한다.

그럼에도 불구하고 보수신앙 자체가 전통과 권위를 보호하고 기본 질서를 옹호하는 경향이 있음과[263] 사회적 관심을 용공적 차원으로 이해함으로써[264] 사회문제에 대하여는 문을 닫을 수밖에 없었다. 사실 한국교회의 개교회주의는 교회성장에 있어서 공헌한 바가 많지만 반면에 결정적으로 사회적 관심에 부정적 역할을 감당하였다고 평가할 수밖에 없다. 이러한 개인주의적, 개교회주의적 요소 외에도 한국교회의 사회적 관심에 결정적으로 부정적 영향을 끼쳤던 요인으로서 보수와 진보의 철저한 대립으로 양산된 양극화 현상(polarization)을 들 수 있다. 이 양극화 현상은 전쟁을 방불케 할 정도의 심각한 이념논쟁으로 번지게 되었고 한국 사회의 사회적 기능을 마비시킨 중요한 한 요인으로 지적될 수 있다. 사실 사회복지적 측면에서 보수나 진보할 것 없이 공헌한 것이 별로 없어 보인다. 보수집단은 위에서 언급한 것처럼 사회적 관심을 용공사상으로 이해함으로써 사회문제에 대하여 처절히 저항하였고,

---

263) 이원규, *op, cit.*, pp.114-116.
264) 최무열, *op, cit.*, pp.263-265.

진보집단 역시 모든 노력과 관심이 정치적 투쟁에 집중되었기 때문에 이념적 측면에서 사회적 변동과 변화에는 민감하였지만 실제적 나눔에 있어서는 이렇다 할 공헌을 하지 못했다.[265]

이러한 역할의 상실은 결국 치명적인 결과를 초래할 수밖에 없게 된다. 사회학적으로 보면 우리나라의 정치적 불안과 경제적 불균형과 불안전한 가치관의 혼란과 제반 문제들이 교회성장에 영향을 끼쳤다면 정치와 경제, 사회, 질서가 좀더 안정되고 민주화되어지면 서구 선진 사회에서처럼 교회 성장이 약화될 수도 있다. 왜냐하면 안정된 사회복지가 이루어지면 경제적인 것과 사회적 정신과 육체적인 보상을 마련해 줌으로써 보상에 대한 기능적 대응물로 종교적인 것보다는 세속적인 것이 크게 부각될 것이기 때문이다.[266]

아울러 개인주의적, 개교회주의적 요소, 게다가 보수와 진보의 첨예한 대립으로 인한 양극화 현상은 결국 한국교회의 급속한 성장에 쐐기를 박았고 급기야 심각한 둔화현상에 시달리게 되었다. 60년대 이후 한국교회는 급속한 성장을 이루어 세계교회와 한국사회 전체의 관심을 끌었으나 1980년대 중반 이후 한국교회의 성장은 둔화되기 시작했고, 1990년대 들어선 신도수가 정체 혹은 감소 현상이 뚜렷이 나타났다.[267] 이와 더불어 한국교회는 선교적 측면에서 위기현상이 나타나게 되었다. 필자가 조사한 바에 의하면 대부분의 한국교회가 심각한 선교적 위기감을 느끼고 있으며 더 이상의 전도가 불가능하다고 밝히고 있다.[268] 노치준의 연구 역시 한국교회의 선교적 위기 및 신도의 감소를 정확하게 밝히고 있다. 그의 연구에 의하면 1990년대 한국교회 성인

---

265) 좀더 자세한 내용에 대하여는 최무열, "The Problem of the Present Dichotomy in Korean Mission and its Implication in terms of Social Concern", 『선교신학』, 한국기독교학회 선교신학회(1997년 창간호)를 참고.

266) 이원규, "도시산업사회와 교회", 『기독교사상』(1984년 7월호, 제29권), p.89.

267) 노치준, "90년대 한국교회 교인증감추세", 『목회와 신학』(1997년 11월, 통권 제101권), p. 120.

268) 필자의 연구에 의하면 어려움을 느끼는 정도의 차이는 있으나 어느 교단 예외 없이 한결같이 전도의 심한 어려움을 느끼고 있음을 호소하고 있다. 기장은 78%, 고신은 경우 89.4%, 합동 83%, 통합 78%로서 10개 교회 중 8개 교회 정도는 전도에 심한 어려움을 겪고 있다고

신도의 경우 정체 및 감소의 경향이 54.1%, 증가의 경향이 45.9%로 나타나고
있어서 전체적인 감소 및 정체의 현상을 보이고 있다. 심각한 것은 미성년 신
도의 경우 감소 및 정체가 68.8%, 증가가 31.3%로 감소로 성인에 비하여 미
성년 신도의 감소 폭이 훨씬 크다는 것을 알 수 있다.[269] 이렇게 한국교회의
성장이 둔화된 가장 심각한 문제는 중·고교생과 주일학교의 급격한 감소라
고 할 수 있다. 중·고생 교인이 감소하는 데는 한국사회의 인구변화가 어느
정도 영향을 미친 것은 사실이다. 그러나 문제는 그 편차가 전반적 인구구조
변화 추이보다 훨씬 크기 때문에 그 심각성을 감지하지 않을 수 없으며, 이러
한 청소년과 어린이의 감소는 교회교육을 등한시하는 교회 내적인 원인도 상
당히 크게 작용하였다고 볼 수 있는 것이다.[270]

밝혔다. 최무열, "한국 장로교 목회자의 사회참여 및 사회복지적 관심에 관한 조사 연구(장
로교 고신, 기장, 합동, 통합을 중심으로)", 『목회와 신학』(1998년 제12집), pp.391-393.
269) 노치준, "90년대 한국교회 교인증감추세 연구", 『목회와 신학』(1997년 11월호), pp.121-
122.
270) *Ibid.*

제6장 한국교회 사회복지에 부정적 영향을 미친 제 요인

한국 교회는 신앙의 양극화 현상으로 인하여 여러 가지 부정적인 결과를 초래함으로써 사회와 괴리되고 축복 중독증에 빠져 허우적거리고 있거나 상업주의에 물들어 있다는 강한 비판을 듣고 있다. 이러한 사회적 비판의 책임을 어느 한 쪽으로 돌려서 다른 한 쪽은 책임을 면할 수 있는 일이 아니다.

사실 보수나 진보 모두 한국 교회 발전의 주역이었으며 함께 가꾸어 온 동역자임에 틀림이 없다. 보수교단은 복음 즉 말씀의 능력으로 한국교회 성장에 크게 기여하였다. 보수교회는 부흥운동, 사경회, 성경구락부, 여름성경학교 등을 통하여 문맹퇴치운동에 기여하였고, 한국 사회가 정치적, 경제적 혼란기를 겪을 때에도 꿋꿋하게 복음을 제시함으로서 민족에게 복음을 통한 영적 희망을 불어넣었다. 복음의 능력은 결국 사회적 약자들의 삶을 변화시킴으로써 사회·경제적 삶을 풍부하게 하였으며 이제까지 도도한 영적인 흐름을 지켜 나왔다.

반면 진보교단은 그 나름대로 사회 개혁의 성격을 견지하면서 한국교회의 예언자적 사명을 충실히 감당함으로서 한국교회 발전에 중요한 몫을 담당하였다.

그러나 피차가 서로를 성장의 파트너로 인식하지 못하고 갈등의 상황에 빠지면서 교회의 중요한 복지적 사명을 등한시하는 결과를 낳게 되었다.

한국교회의 성장과 사회적 성격은 한국교회의 역사뿐만 아니라 한국의 역사적, 사회적, 정치적인 영향과 깊은 관련을 맺고 있다. 이러한 요소들은 단순히 개별적으로 사회복지에 영향을 미친 것이 아니라 복합적이며 전체적인 차원에서 부정적 결과를 낳았다고 볼 수 있다. 그 결과 한국교회는 사회적, 정치적 그리고 신학적인 차원에서 보수와 진보라는 양 극을 형성하게 되었다. 이 양극화 현상은 사회복지적 측면에서 많은 부정적 현상을 초래했기 때문에 이를 면밀히 검토하고 원인 파악을 함으로써 한국교회의 지속적 성장을 위한 복지선교의 대안을 마련할 수 있을 것이다.

제1절 국제적 요인

1. 에큐메니칼과 복음주의의 갈등

한국교회 방향, 특히 사회문제에 관심을 갖는 것과 관련하여 영향을 미친 것은 단순히 국내의 요인들만은 아니었다. 세계복음주의협의회(WEF), 세계교회협의회(WCC), 국제기독교협의회(ICCC) 등 외국 선교기관을 보는 관점의 차이가 근본적인 원인이기도 했다.

한국교회는 선교 초기부터 에큐메니칼적인 선교를 견지하였다. 1905년에 6개의 장로교와 감리교 선교부가 한국교회 공의회를 구성하였고, 하나된 교회로 교파 간의 갈등을 최소화하면서 선교적 노력을 감당하였다. 이러한 노력으로 1928년 한국교회는 예루살렘에서 개최된 국제선교대회에 참여하였고 한국교회협의회(KNCC)를 결성하였다. 해방 후 1948년 암스테르담에서 개최된 WCC 총회에 참여하면서 한국교회는 에큐메니칼 운동을 본격적으로 실시하게 된다. 그러나 한국교회는 WCC가 공산권 국가를 회원으로 영입할 뿐 아니라 그 신학이 진보적이라는 이유로 강력한 반에큐메니칼 운동에 부딪히게 된다. 이와 때를 맞추어 1942년 미국 세인트 루이스에서는 복음주의 운동 지지자를 중심으로 국내복음주의협의회(NAE)가 결성되었고, 1948년 암스테르담에서 WCC 총회를 개최하던 때를 맞추어서 같은 해, 스위스 클라렌스에서 WEF 총회를 개최하였다.

2. 국제적 갈등과 국내의 영향

국내적으로는 외국교회의 이러한 선교운동과 때를 같이하여 1948년에 김재준 목사의 진보적 신학에 대하여 불만을 품고 자퇴한 51명의 신앙동지회

회원과 10명의 보수성을 지닌 여학생이 중심이 되어 미국의 보수계통인 NAE
와 관련을 맺고 본격적인 반에큐메니칼 운동에 나서게 되었다. 이 반에큐메
니칼 운동은 기장이 장로교단으로부터 분리되면서 본격화되었다. 1954년 한
국 장로교회는 에큐메니칼 운동으로 격렬한 논쟁의 회오리 속에 휘말렸고,
미국에서 개최되는 WCC 대회 참가 여부를 놓고 전대미문의 논쟁으로 진통
을 겪었다. 특히 보수성이 강한 서북지역의 대표들은 WCC가 공산주의와 관
련이 있다고 주장하면서 WCC에 한국 대표를 파견하는 일을 적극 반대하였
고, 또 한편에서는 WCC는 그리스도의 하나된 공동체이며, 한국교회가 세계
교회와의 보조를 맞추기 위하여 반드시 참여해야 함을 주장하였다. 이 논쟁
은 결국 한국교회 전체에 급속하게 확산되었고 급기야 보수세력들은 에큐메
니칼 운동을 반대하면서 외국의 보수기관과 관계를 형성하기 시작했다. 1955
년 WEF의 회원이 된 NAE는 KNCC에 대하여 철저하게 항거하였다. 그 결과
양자간의 갈등은 노골화되었고 대치현상은 더욱 심화되었다. 국내의 NAE와
NCC의 갈등과 불화는 국외 기관들인 WCC와 WEF의 사상적 영향을 강력하
게 받았고, 한국교회는 양자간에 갈등의 늪을 통과하지 않을 수 없게 되었다.
이러한 적대적 분쟁의 대열에 또 하나의 근본주의적 성격을 띠고 나타난 것
이 매킨타이어를 중심으로 결성된 ICCC였다. 고신이 ICCC에 개입하면서 한
국교회는 더욱 치열한 에큐메니칼-반에큐메니칼의 전쟁터로 전락하고 말았
다. 반에큐메니칼 운동은 단순한 신학적인 상이점이나 반공산주의에 기인한
것만은 아니었다. 이는 아마도 북한 공산집단의 침공에서 어느 정도의 해답
을 얻을 수 있다. 사실 한국교회는 소련과 중국군이 연합하여 남한을 침공한
북한에게 가공할 만한 압박과 피해를 경험하였다.

NAE 입장에서는 한국을 침공한 소련이 WCC의 회원이라는 사실을 간과
할 수 없었다. 1956년 미국 NCC 총회에서는 메카이(J.A. Mackay)의 연설을
문제 삼았는데, 그는 이 연설에서 "미국의 교회는 다른 어떤 나라보다 중국과
의 관계를 가장 시급하게 해결해야 할 책임이 있다"고 천명하였다. 또한
1957년 미국 NCC 연구위원회에서는 중국을 정부적 차원에서 인정해 줄 것을

요청하였다. 이 양자의 경우 모두가 북한과 제휴하여 한국을 침공한 중국을 미국 NCC가 수용하려 한다는 것이었다.[271] 그러나 문제는 아무리 미국 NCC 가 중국문제에 관련하고 있더라도 그것은 어디까지나 국제 문제였지 국내의 문제는 아니었다는 점이다.

비록 이 문제가 정치적인 문제라고 하더라도 결국 이것은 신학적인 이유로 포장되었다고 볼 수 있다. 결국 총회는 WCC 문제로 심각한 대립을 경험하게 되었고, 박형룡 사건과 깊이 연관되면서 문제를 해결하지 못한 채 1959년 합동과 통합으로 분열되었다. NAE는 지속적으로 에큐메니칼 운동을 공산주의 운동으로 간주하면서 철저하게 공격하였으며 다음과 같이 주장하였다.

> "우리는 WCC를 인정하는 통합이 지금은 비록 공산주의를 지향하거나 자유주의
> 신학자들이 아닐지라도 앞으로 10년 후 친공산주의와 자유주의자가 될 것이기
> 때문에 미리 갈라질 수밖에 없다."[272]

우리는 이 주장에 대하여 심각하게 질문을 던져야 할 것이다. 한국교회에 치명적 상처를 주었고, 형제가 형제를 정죄하며, 교회가 사분오열된 상황에서 어떻게 분열을 정당화할 수 있다는 말인가?

이렇게 한국교회는 분열을 조장한 국제적인 요소들로 인하여 사회적, 정치적, 신학적으로 강한 영향을 받았다. 한국교회의 반에큐메니칼 운동의 진정한 이유는 이권다툼을 중심한 정치적인 문제였지 단순한 사회적, 신학적 문제만은 아니었다. 단적으로 말해서 한국교회의 분열의 책임은 물론 한국교회 자체에 있는 것이 사실이나 여러 면에서 우리와는 관련 없는 국제적인 요소에 의하여 조정되고 통제되어온 것을 부인할 수 없다. 실제적으로 한국교회는 외국신학과 사상의 피해자였다. 이런 의미에서 한국교회의 보수세력과 진보세력은 앞으로의 선교과업을 바르게 인식하기 위하여 서로를 중요한 동

---

271) 민경배, 『한국기독교회사』, p.482.
272) 김린서, "한국교회는 왜 싸우는가?", pp.14-15, 민경배, *Ibid*, p.482에서 재인용.

반자로 인식할 필요가 있다.

제2절 역사적 요인

1. 초기선교와 사회문제에 대한 이견

한국교회는 18세기에 시작된 선교 초기부터 사회적, 신학적으로 뚜렷한 두 개의 요소를 갖고 있었다. 기독교를 수용한 사회의 두 계층이 있었는데, 한쪽은 보수세력이며 또 다른 한쪽은 진보세력이었다. 한 집단은 주로 지식인층으로, 정치적, 사회적 변화를 추구하려 하였다. 사회계몽, 교육, 의료, 사회사업, 여권신장, 그리고 농촌개발 등이 초기 선교사들의 도움으로 실시되었으며, 3.1운동을 중심한 애국운동 등이 활발히 전개되면서 자연적으로 진보 성격이 형성되었다. 또 다른 한 집단은 사회적으로 낮은 계급으로, 백정, 농부, 그리고 여자들이 이 부류에 속하였다. 장로교회를 비롯한 대부분의 한국교회가 바로 사회적으로 열등한 사람들을 위한 선교를 감당하고 있었다. 그들의 보수경향은 장로교회를 중심으로 직접적인 전도운동과 성서보급 등을 통하여 전개되었고 강한 보수성을 유지하였다.

초기 한국교회는 사회개발과 전도운동에 초점을 맞추었다. 그러나 1907년의 대부흥운동은 한국교회를 보수성으로 선회하는 계기를 마련하였고, 또한 일본 제국주의의 압박은 자연스럽게 진보세력을 감소시켰다. 사회계몽 운동을 포함한 진보 활동이 급격하게 감소되었고, 결국 선교사들이 일본의 종교와 정치 분리정책에 동의하면서 사회계몽 운동은 그 위력을 발휘하지 못하고 좌초하게 된다. 바로 그 시기에 한국교회는 보수성, 근본주의, 반정치적, 그리고 대부흥 운동의 강한 영향으로 정치적, 사회적으로 보수성향을 나타내면서 신비주의, 경건주의, 그리고 개인적 부흥운동에 몰두하게 되었다.[273] 비록 이 시대가 보수와 진보의 양상을 띠긴 하였어도 이 현상을 단순한 양극화 현상으로 간주하기 어려운 것은 보수와 진보 사이에 심각한 대립은 없었기 때문이다. 도리어 양자는 선교에 있어서는 모두가 필요한 존재로 인식하고 있었고 철저하게 사회와 민족을 이끄는 데 있어서 공조하였다. 그러나 19세기 들어 장로교회가 모세 오경의 저작설과 여권신장의 문제로 보수와 진보의 간격은 크게 넓어졌고, 결국 한국교회에 양극화 현상을 초래하게 되었다.

2. 공산주의와 교회의 보수화

한국교회 양극화 현상에 결정적 영향을 준 또 하나의 역사적 사건은 6.25 전쟁과 그로 인한 북한 그리스도인들이 대거 남한으로 이주한 사건이었다. 평양을 중심한 서북지역은 한국교회 역사상 가장 왕성하고 빠른 성장을 기록하였던 곳이다. 이 지역은 경건주의 미국 장로교 선교사들이 선교활동을 하던 곳으로 보수성을 지닌 장로교회의 본산이었다. 그들은 공산주의에게 심각한 고통을 당하고, 교회가 철저히 파괴되는 등 수 많은 고난 속에서 많은 순교자를 배출하였다. 그래서 많은 성도들이 종교의 자유를 찾아 남한으로 피난하게 되었다. 6.25 전쟁 후 북한 특히 서북지역의 기독교인들은 총회에서 중요한 역할을 감당하였다. 총회가 진보주의 신학에 적대감을 표한 것은 공산주의를 직접 경험한 그들이 진보주의자들을 공산주의와 사회주의자로 동일시하였기 때문이었다. 이 일을 계기로 대부분의 한국교회는 사회참여에 대하여 강한 알러지 반응을 나타내게 되는데, 이유는 북한 공산주의가 사회주의의 우월성을 선전하면서 사회문제를 거론할 당시 진보주의 역시 사회 문제를 거론했기 때문에 동일시되었고, 따라서 사회참여는 적대시되었다. 북한

---

273) 이원규, 『한국교회의 사회학적 이해』(서울: 성서연구사, 1992), p.185.

그리스도인들의 남한이주로 한국사회 특히 한국교회에 보수주의가 강하게 형성된 것과 관련하여 보수와 진보 양자의 상이한 반응 역시 한국교회 사회의식에 중요한 영향을 미쳤다. 서로 다른 신학적 사고에 대한 역반응과 적대감이 결국은 아주 작은 문제에까지도 부정적으로 반영되었을 뿐 아니라, 그들의 정책 역시 상대방의 신학적 사고를 역행하면서 의도적으로 완전히 다른 방향으로 나아갔다. 특히 1970년대는 정치적, 신학적, 사회적 논쟁의 시대였을 뿐 아니라 선교와 사회 정책 그리고 정치적 전략에까지도 대치현상을 초래했던 시기이다. 예를 들면 보수교단은 1970년대 한국교회에 강력한 전도운동을 불러 일으켰던 '엑스플로 74'를 기준으로 거대한 부흥운동, 산기도, 철야기도, 그리고 성경공부 등을 주도하면서 전도운동에 매진하였다. 다시 말해서 보수교단은 산업화 과정에서 급진적 정치 투쟁을 선포하고 나선 진보교단에 대응하여 좀더 강력한 전도운동에 초점을 맞추었던 것이다. 진보교단 역시 고통받는 사회와 민족의 아픔을 무시하고 대중전도 집회에만 치우친 보수성에 대응하여 좀더 강력한 사회 참여를 주창하였다. 그 결과 한국교회 역사에 오명으로 기록될 수밖에 없는 보수와 진보의 양극화 현상을 양산하고 말았다. 보수교단은 단순히 교회성장에 치중하였기 때문에 사회에 대한 관심을 도외시하였으며, 진보교단은 정치 투쟁을 이념화하고 행동화함으로써 보수와 진보의 간격은 걷잡을 수 없이 넓어질 수밖에 없었고, 상대방에 대한 진정한 이해 없이 오직 자신들의 정책만이 최고임을 주장하면서 자신들의 정책을 따르기만을 강요하였다.

진보세력은 보수교단에서 중시하는 복음이 가난한 사람과 노동자에게 삶에 희망과 도전 그리고 영적 위로를 주는 힘으로 작용했음을 인지해야 한다. 또한 보수주의가 비록 방법은 다르더라도 한국 사회에 깊이 공헌하였음도 인정하고, 열린 마음으로 그리고 형제애로 접근해야 할 것이다. 이와 마찬가지로 보수주의도 진보주의가 한국 역사, 특히 정치적 암흑시대에 철저히 사회개혁을 위해 헌신하였음을 간과해서는 안 될 것이다. 보수주의와 진보주의 모두는 서로를 한국의 선교를 위한 중요한 동반자로 인식해야 한다.

제3절 신학적 요인

비록 사회문제에 대한 보수와 진보의 갈등이 다양한 역사적 요인에 의해 초래된 것이 사실이지만, 좀더 근본적으로는 신학적인 견해의 차이에서 발생했음을 알 수 있다. 한국교회가 분열하게된 직접적인 신학적 계기는, 19세기에 천국론, 지옥, 원죄, 그리고 영감설을 바탕으로 하여 보수주의가 철저히 주도권을 잡고 있던 총회에서 창세기 저작자 문제와 여권 신장 문제들이 거론되기 시작하면서 불붙기 시작하였다. 영감설을 바탕으로 한 그들의 신학적 주제는 두 집단 간에 상당한 갈등을 초래하였다. 진보주의의 선구자 김재준은 보수주의를 비판하고 그들을 신바리새인으로 간주하였고, 보수주의 역시 김재준을 자유주의자로 몰아 세웠다. 보수주의의 지주인 박형룡이 보수주의의 변할 수 없는 신조로 영감설을 주장한 이후 지금까지도 영감설은 보수주의의 원리로 받아들여지고 있다. 이 영감설을 지지하지 않는 사람들은 이단으로 간주되고 또한 변절자로 취급받게 되었다. 이러한 신학적 집착은 결국 사회 문제에 대해서도 극단을 초래하지 않을 수 없었다.

극단적 현상을 더욱 부채질한 것은 1960년대 후반에 정치투쟁을 포함한 진보신학의 출현이었다. 당시 진보주의는 노동자, 농부, 그리고 가난한 사람들을 위한 선교에 적극적으로 참여하면서도 이러한 정치적인 투쟁을 뒷받침하는 논리적이면서 신학적인 배경이 없었다. 그러나 민중신학이 출현하면서 진보주의의 사회참여는 더욱 공격적 형태를 취하게 되었고, 보수주의는 그들을 독사의 자식, 변절자, 그리고 복음에서 떠난 탕자로 규정하면서 좀더 심각하게 공격하였다.

보수주의 영감설에 대한 절대적인 신념, 그리고 진보주의를 이끈 민중신학의 출현으로 한국교회는 개인구원과 사회 참여를 이분하면서 돌이킬 수 없는 양극화에 몰입하게 되었던 것이다.[274] 물론 이러한 이분 현상은 전체 교회

역사 속에서도 지속되는 현상이지만, 특히 한국교회의 경우 그 전례를 찾아 보기 힘들 정도로 양극화가 심각하였고 반목과 갈등은 어떤 정당의 정치적 문제보다 더욱 격렬하였다.

믿음에 대한 양극화 구조는 강한 배타성을 특징으로 한다. 배타성은 특히 보수교회에서 좀더 선명하게 드러나는데, 보수교회는 철저히 진보에 대하여 문을 닫아걸고 진보교회의 사상으로부터 그들의 교회를 보호하기 위해 모든 대화의 통로를 차단하였다. 이원규의 조사에 의하면, 기장의 경우 다른 종교 와 교파에 대한 배타성은 13.5%, 통합은 46.6%이었다. 합동의 경우 58.5%로 가장 높게 나타났다.[275] 장로교회의 배타성이 특별히 높게 나타나는 이유는 무엇인가, 또 그 근본적인 요소는 무엇이며, 사회에 대한 관심과 배타성은 과 연 어떤 관계에 있는가?

첫째, 일신론에 근거한 기독교의 믿음과 교리는 근본적으로 다른 종교에 대하여 강한 배타성을 갖는다. 특별히 장로교회는 전통적으로 예배와 삶 속 에서 보수성을 견지하면서 다른 종교보다 월등하게 배타성을 유지하였다.

두 번째로 기독교는 타종교의 제사나 예배 형태 등에 대해서도 특별한 거 부감이 있다. 이 거부감이 장로교 자체로 전위되었다고 보인다. 기장의 신학 의 상이함과 사회에 대한 관심은 합동과 고신에게 사회참여에 대한 부정적인 형태로 전위되었고 통합에도 어느 정도 영향을 미쳤다. 이와는 반대로 합동 과 고신의 강력한 보수주의는 기장에 부정적인 영향을 미쳤기 때문에, 한국 교회는 결국 사회문제에 대해 적절하게 대처하거나 교회 나름의 사회사업을 뿌리 내리지 못했던 것이다. 한국 장로교회의 배타성은 또한 한국사회가 갖 는 보수전통에서도 영향을 받은 듯하다. 비록 근본주의 선교사들이 한국교회 의 보수성에 어느 정도 영향을 미쳤다 하더라도 그들의 사고를 한국에 100 전 위시키기란 불가능한 일이다. 선교사들의 근본주의 성향은 한국의 유교사상 에 강력하게 접목된 듯하다. 한국 사회가 새로운 교육, 기술, 그리고 사회계

---

274) 이원규, *op. cit.*, p.185.
275) *Ibid.* p.58.

몽 등으로 변화했다 하더라도 유교의 보수성은 선교사들의 근본주의 신앙에 상당부분 흡수되었다. 예를 들어 목사에 대하여 지극한 존경을 표하는 것, 군 사부일체 사상, 경건주의, 교회에서의 남녀 분리 등이 그것이다. 한국기독교 사회문제연구원에 의하면 90% 이상의 한국 그리스도인들이 그들의 신앙형 태가 보수적이라고 응답한 바 있다.[276]

보수성향은 한국사회와 한국교회에 깊숙이 뿌리를 내렸다. 그들은 자신의 세력을 끊임없이 안정시키기 위해 애썼고, 그 과정 중 주로 사회의 상위계급 에 초점을 맞춤으로써 자연히 사회문제에 대해서는 부정적인 거부감을 형성 한 것 같다.

제4절 사회적 요인

1. 교회의 귀족화

1960년대의 한국사회는 산업화와 정부의 경제개발계획을 중심한 도시화 로 특징지을 수 있다. 산업화와 도시화는 빈부, 가족체계의 붕괴, 산업재해, 그리고 다른 여러 사회문제를 양산하였다. 그 중에서도 가장 심각했던 것은 농촌 경제의 피폐와 이로 인한 도시 인구 편중의 문제였다. 당시 사회구조적 인 문제로 농촌에서는 아무리 열심히 일해도 생존하기가 어려웠다. 따라서 농촌의 젊은이들은 직업을 구하기 위해, 또 가족들의 생계를 위해 도시로 무 작정 이주하였고, 이들이 도시의 값싼 노동력을 형성하게 된다.[277] 이에 더욱

---

276) 한국기독교 사회문제 연구원, 『한국교회 100년 종합조사 보고서』(서울: 한국기독교사회문 제연구원, 1992), pp.109-115.
277) 염필형, 『한국교회의 새로운 선교』(서울: 이문출판사, 1989), p.101.

가세한 것은, 다음 단계로서 어느 정도 도시에 정착한 청년들이 농촌의 가족을 불러들이면서 상황은 더욱 악화된다. 아무런 계획 없이 무작정 도시로 몰려온 농촌 이주민들은 비참한 삶을 영위하게 되었고, 결국 거대한 도시빈민 지역을 형성하게 된 것이다.

1955년 도시인구는 전체인구의 24.5%이었다. 그러나 1966년에는 32.5%로 증가되었고 1975년에는 48.5%에 육박하였다. 1985년에는 놀랍게 증가되어 65.3%에 이르게 된다.[278]

1970년대 그리고 80년대는 엄청난 경제성장과 함께 도시집중은 가속화되었다. 도시화와 산업화는 개인주의와 이기주의를 양산하였고, 전통적인 사회통제를 약화시키면서 많은 사회문제를 야기했다. 아이러니컬하게도 이러한 부정적인 요소에도 불구하고 가족붕괴는 한국교회의 중요한 성장요인을 제공하여 주었다.

전통적으로 한국가족의 결속력은 대단히 강한 편이며 가족의 소속감 또한 아시아의 다른 어떤 나라보다 강한 편이다. 그러나 도시 집중화가 이러한 견고한 사회구조를 약화시켰고 도시에 이주한 사람들은 철저하게 소속감의 붕괴를 경험하게 되었다. 특히 고향을 떠나 도시에 안주한 농부들은 교회 외에 그들의 공허한 마음을 위로 받을 곳을 찾지 못하였다. 1970년대의 대단한 영적 부흥운동과 전도운동으로 교회는 몰려오는 사람들을 감당하지 못할 정도로 부흥하게 되었고, 강력한 전도운동으로 획기적인 성장을 기록하게 되었다. 이것은 단순히 전도운동의 결과만은 아니었다. 영적인 전도운동에 사회적인 요소가 밀접하게 결합되어 그러한 결과를 도출한 것이다. 한국교회는 경제 성장과 도시화에 부응하면서 1970년대와 80년대에 지속적인 교회성장에 초점을 맞추었다. 이러한 중에 장로교회를 포함한 한국교회는 위험하고 바람직하지 않은 현상을 만들어 낸다. 개인주의, 이기주의, 상업주의, 경쟁심, 그리고 지나친 교회성장 강조 등이 그것이다.

---

278) 이원규, *op. cit.*, p.74.

교회는 도시 집중화와 산업화에 발 맞추면서 전도운동의 확산을 배경으로 교회성장에 총집중하였다. 결국 도시에는 대형교회가 속속 들어차게 된다. 그 대표적인 예로 여의도의 순복음교회 조용기 목사는 장로교회를 포함한 모든 한국 목사들이 선망하는 교회성장의 모델이 되었다. 거의 대부분의 교회들은 교인 확장을 위하여 경쟁 상태에 돌입하였으며, 교회의 건물과 시설을 늘리기 위해 모든 노력을 경주하였다. 결국 교회는 교회성장이라는 미명 아래 목적 전치 현상을 초래하고 만다. 교회성장이 교회의 일차적 목표가 되었고 다른 모든 목적들을 대치하고 말았다.[279] 따라서 교회의 모든 에너지와 노력은 교회성장에 집중되었고 교인 수 늘리기에 투자되었을 뿐 아니라 거의 대부분의 한국교회는 교회의 성패를 오직 교인 수에서 계산하려는 경향이 발생하게 되었다. 이렇게 교인을 확장한 목사들은 점점 늘어가기 시작하였고, 결국 복음의 상업화 현상을 태동시켰다. 이러한 상황은 자기 교회와 교파를 선전하기 위해 다른 교회와 교파들을 중상하기까지에 이르렀다.

특별히 이러한 지나친 경쟁에 불을 붙였던 것은 무엇보다도 신학교의 급증과 자신의 교회와 교파를 확장하기 위한 도구가 되었던 저급한 교역자에 기인한다. 거대한 교회성장과 사회변화 결과, 한국교회는 귀족화 현상을 띠게 되었고, 따라서 교회의 행정도 역시 전문화, 제도화되기 시작하였다. 교회는 교회를 유지하기 위하여 더욱 많은 교인을 요구하게 되었고, 교육관, 버스, 수양관, 교회묘지 등 좀더 나은 시설을 유치하기 위해 발버둥치지 않을 수 없었다.

2. 대기업과 대교회주의, 그리고 교회성장이론

이러한 견지에서 우리는 또 하나의 질문을 던져 볼 필요가 있다. 과연

---

279) 이원규, "도시 산업 사회와 교회", 『한국교회와 사회』(서울: 나단, 1996.), p.319.

1960년대와 70년대의 교회성장이 단순히 도시 집중화와 경제성장으로 인한 개인주의적 사회 현상이었는가? 사회 현상 외에 교회성장을 가능케 한 신학적 요소는 없었는가?

당시 풀러신학교의 '교회성장이론'은 한국의 경제, 사회, 정치적 문제와 맞물려 교회성장의 이론을 뒷받침한 것으로 여겨진다. 사실 신학적인 뒷받침 없이 이런 어마어마한 교회성장이 단시일 내에 가능하지는 않았을 것이다. 풀러신학교의 '교회성장 이론'은 한국의 사회 상황과 정확히 맞아 떨어졌고, 따라서 교회성장을 가능케 했다. 손봉호는 풀러신학교의 교회성장이론이 한국교회에 어떠한 영향을 미쳤는지에 대하여 다음과 같이 기술하고 있다.

> "최근에 미국 캘리포니아 파사다나의 풀러신학교 세계선교신학교에 의하여 개
> 발되고 전해진 교회성장이론이 한국에 유입됨으로써 뉴피타고리안주의를 형성
> 하고 있다. 세계의 여러 부분에서 긍정적으로 공헌함에도 불구하고 일반적으로
> 한국에서는 유익보다는 손해를 끼쳤다고 생각한다. 이 물질주의는 오늘날의 반
> 그리스도적 성격을 띠고 있다. 물질문화의 배경에 대한 이해 없이 숫자만 강조
> 했기 때문에 한국의 목사들은 그들이 심취해 있는 정신을 인지하지 못한 것이
> 다. 결과적으로 현대문화에 대한 교회가 증거하는 사명은 빈약해 질 수밖에 없
> 는 것이다. 캘리포니아 크리스탈 교회의 로버트 슐러는 결국 이러한 숫자적 관
> 점에서 한국목사들에게는 영웅이 될 수밖에 없다. 숫자는 교회 훈령의 순결과
> 가르침을 능가할 뿐 아니라 숫자는 신앙의 질로도 대치되고 있다."[280]

당시 한국사회는 정부의 강력한 통제 아래, 개인기업 간의 지나친 경쟁심을 유발하면서 무한경쟁에 돌입한다. 정부는 개인기업을 육성하면서 사회 가치에는 무관심한 상태에서 단지 경제 성장을 목표로 경제개발에만 관심을 두었고, 그 결과 공동체 의식에 치명적인 손상을 입혔다. 이 손상은 경제 성장

---

280) Son, Pong-ho, *op. cit.*, pp.335-336.

으로 얼마든지 치유가 가능하다고 생각하였다. 그러나 그 결과 모든 사회는 경제 성장이라는 미명 아래 실제로는 사회분열만을 경험하게 되었다. 경쟁심은 결국 동료를 가상의 적으로 간주하게 되었고, 이러한 분위기 속에서 개인은 철저히 무시되었다. 1970년대는 한마디로 정부에 의해 조장된 '물질주의 문화' 라고 표현할 수 있을 것이다.

특별히 우리가 분명히 이해해야 할 것은, 정부가 정권연장을 위해 교회분열을 획책했으며 교회의 갈등에 상당히 관여했다는 사실이다. 예를 들어, 1970년대는 박정희 독재정권이 최고조에 달하던 때였다. 한국교회가 극도의 성장과 영적 부흥운동을 경험하고 있을 1975년에 박정희 대통령은 국가비상조치를 취하였고, 정부는 아무런 집회도 허가하지 않았다. 그러나 한국교회의 부흥회와 전도집회만은 허가해 주었다는 사실은 무엇을 의미하는가? 이 예외적인 사항에 대하여 정부의 의도를 식별하는 것은 그리 어려운 일은 아니다. 그것은 단순히 국민의 정치적 관심을 종교적 관심으로 전환하려 했던 것임을 쉽게 알 수 있다. 박정권은 교회가 연합하여 힘을 구사함으로써 정권에 대항하는 것을 피하기 위하여 교회의 분열을 묵인하는 동시에 대규모 전도집회를 허용했던 것이다.

당시 교회성장이론은 이런 정치적, 사회적 상황과 잘 맞아 떨어졌으며 한국 정부의 정책과도 상당히 비슷한 면(대기업 - 대교회)이 있음을 발견하게 된다. 한국교회에 만연된 교회성장이론은 당시 정책의 개인 경영, 경쟁심, 그리고 사회적 관심의 저하 등과 상당히 유사하였다. 개인주의는 결국 교인 쟁탈전과 상대 교회와 교단을 비난하는 등 바람직하지 못한 결과들을 초래하였다. 개인기업, 경쟁심 그리고 성장에 대한 열망은 교회 성장을 가능하게 하였고, 동시에 물질주의를 확립시켰다. 또한 성장지향주의는 성도의 증가, 예산 그리고 건물의 크기 등을 동반하였다. 이것은 정부의 성장문화와 병행하였다는 데에 주목할 필요가 있다. 당시 한국정부는 대기업을 육성하는 데 전력투쟁 하였다. 이와 마찬가지로 교회도 대교회를 지향하였다. 정부가 사회의 가치를 염두에 두지 않고 경제성장을 주도하면서 물질문화를 이룩한 것처럼,

교회도 사회적 영적 가치를 염두에 두지 않고 교회성장이라는 미명아래 각종 비정상적인 성장을 합법화하면서 정부가 이룩한 물질문화에 상응한 교회 물질문화를 창출하였다.[281]

교회성장이론의 가장 큰 문제점은 사회와 교회의 분열에 도전을 주지 못한 채 오히려 교회의 분열을 합법화하거나 조장하는 것이었으며, 한국사회의 보수성만을 더욱 강화한 데 있다. 결국 자연적으로 다른 교단에 대한 배타성만 짙게 형성될 수밖에 없었다. 이 분열을 정당화하기 위해 물질문화와 더불어 정치적 그리고 경제적 개입을 허락하였고 이로 인해 사회적 대가를 지불해야 했다. 만약 교회가 상대방의 견해를 상호 신뢰하고 어느 정도 이해해 주었더라면, 그리고 다른 형제들의 은사를 인정하고 복음의 하나됨으로 분열된 사회를 치료하였다면 얼마든지 정부의 조정에 대처할 수 있었을 것이다. 그러나 한국교회에 만연된 신학은 정부에 대하여 항거하는 다른 교단에 대하여 날카로운 비판을 서슴지 않았고, 한국교회가 나누어진 동기로 개별주의 교회, 경쟁, 물질주의, 사회와 교회의 분열, 한국사회의 보수 성격에 대하여는 전혀 문제 삼지 않았다. 경제성장과 연루된 교회성장이론은 미래 교회성장에 있어서 가치와 가치의 빈곤을 동시에 창출하였다. 교회성장이론은 영적인 빈곤에 대하여 대단한 영향을 행사한 것처럼 보인다. 그러나 이 이론은 문제의 기원에 대한 언급 없이 단순히 영적인 빈곤만을 내세우는 데 문제가 있었다.

3. 교회와 사회의 분리현상

한국의 사회 상황, 교회 분열, 그리고 교회성장이론 등은 당시 한국 상황과 정확하게 일치하였고 이로 인해 한국교회는 기대하지 않았던 놀라운 성장을 경험하였다. 그러나 이러한 경이적인 성장에도 불구하고 한국교회의 물질주

---

281) Orlanddo E. Costas, "A Wholistic Concept of Church Growth", *Korean Church Growth Explosion*(Seoul:Word and Life Press), pp.100-106.

의, 경쟁주의, 지나친 성장주의는 교회가 사회적 책임을 감당하는 데 결정적인 방해 요인이 되었다. 특히 보수교회의 경우 사활을 걸고 개인 구원에 모든 총력을 다했으며 결과적으로 개인의 영혼 구원에 모든 시간과 돈과 노력을 쏟게 되었다. 물론 그러한 결과 대교회를 형성하게 되었지만, 이는 모든 인적, 경제적 자원들이 교회성장에 집중적으로 소요되었기 때문이었다. 반면 교회성장에 가려 사회에 대한 관심을 가질 어떤 공간도 주어지지 않았다.

한국교회가 사회에 관심을 두지 않은 데에 부정적인 영향을 미친 또 다른 요인으로 사회와 교회와의 분리현상을 들 수 있다. 한국교회는 6.25 전쟁 중 많은 사람들에게 피난처를 제공해 주었다. 그리고 산업화 과정에서 많은 이주자를 위하여 그들의 상실감을 치료하고 정신적 지주의 역할도 감당하였다. 진보교단의 경우 산업화 과정에서 가난한 자들을 위한 대변인의 역할도 감당하였다. 그러나 현실적으로 많은 교회들이 그 지역의 요구에도 불구하고 교회의 사명은 복음전파에 있음을 강조하면서 단지 노인이나 청소년, 농부 그리고 노동자에게 참 부끄러운 정도의 관심밖에는 표현하지 못하고 있다. 실제적으로 한국교회는 사회 문제를 해결하는 데 전체 예산 중 단지 2.3%밖에는 사용하지 않았다는 부끄러운 통계를 갖고 있다.

이것은 단순히 한국교회가 사회에 대한 관심이 얼마나 부족한가를 단적으로 말해주는 것이다. 한국교회의 이러한 배타적인 현상에 대하여 홍근수 목사는, 보수 장로교회는 마치 열광주의자들과 작은 종교 집단처럼 사회와는 완전히 동떨어진 복음과 신앙을 갖고 있으며 이것이 바로 오늘의 현실이라고 비판하였다.[282]

사회참여 문제는 보수와 진보교단 사이에 항상 뜨거운 논쟁사항이었다. 월간목회는 보수와 진보 신학자들이 사회적 관심과 한국에 형성된 두 개의 극단적 문제를 해결하기 위해 합동과 기장을 대표하는 두 명의 신학자의 지상논쟁을 실었다. 기장의 대표인 홍근수는 교회 선교는 세속 사회 속에서 이

---

282) 홍근수, "역사 속에 실현되어야 할 하나님의 나라", 『월간목회』(1992년, 3월), p.67.

루어져야함을 강조하면서 사회성을 세속사회 속에서 찾으려 하였다. 그러나 합동의 대표인 신성종은 사회성을 그리스도의 교제의 차원에서 이해하였다. 홍근수는 지속적으로 사회적 구원을 주장하면서 해방신학과 민중신학을 바탕으로 교회가 오늘날 사회에서 어떻게 위치해야 하는지에 대해 나열하였다. 이에 반하여 신성종은 사회구원에 반대하면서, '사회참여란 사회에서 냄새만 풍길 뿐이며, 우리의 궁극적인 관심은 개인구원이지 사회 개혁이나 사회 체제 변화가 될 수 없다'고 못박았다. 불행하게도 홍근수는 신성종을 체제옹호자로 낙인찍어 버렸고, 신성종은 홍근수에게 '예수와 바라바 둘 중에 하나를 선택하라'고 하면서 해방신학에 사로잡힌 사탄의 신학자라고 정죄하였다.[283] 월간목회는 두 극단을 화해시키고 신학적 간격을 좁히기 위해 의도되었지만, 그 결과는 서로가 인신공격을 하고 더 많은 상처를 남기게 되고 말았다. 보수와 진보가 나누어진지도 40년을 넘어서고 있다. 그리고 이제는 그 문제를 넘어 서로가 협조하고 이해하여 성숙된 그리고 열매있는 바람직한 한국 교회를 건립할 시기가 되었다. 그러나 보수와 진보는 여전히 대치하고 있어 안타까운 일이 아닐 수 없다.

사회 분석적인 의미에서 또 다른 사회문제는 사회의 계층화이다. 한국교회의 성장은 도시에서만 나타나는 현상이었다. 도시의 인구는 계속 증가할 뿐 아니라 또한 수입도 증가하여, 교회는 그 수와 시설을 확대할 수 있었다. 그러나 반면 도시 집중화와 농촌의 피폐로 농촌교회는 수적인 면에서 점점 감소되고 있으며 또한 심각한 경제적 어려움에 직면하고 있다. 농촌교회는 도시교회 성장을 위한 모판의 역할을 감당하고 있다. 농촌교회는 젊은이들이 도시교회로 이주하기 전에 그들을 지도하고 양육함에 있어서 많은 노력을 경주하였다. 이러한 끊임없는 노력에도 불구하고 농촌교회로 인하여 성장된 도시교회들은 그들에게 관심을 주지 않을 뿐 아니라 도리어 당연히 그리스도의 한 형제로서 책임져야 할 바를 잊고, 점점 어려워지고 있는 농촌교회 문제에

283) 신성종, "예수인가 바라바인가?", 『월간목회』(1992년 4월호), p.63.

대해서 외면하고 있는 실정이다. 도시교회에 이주한 교인이 그들의 고향교회를 돕기 위해 헌금할 경우 도시교회는 이를 못마땅하게 여길 뿐 아니라 송금을 금지하는 경우도 있었다. 이런 어처구니없는 현상은 도시교회의 지나친 성장의 부산물이라고 할 수 있다. 특별히 교회성장을 강조한 도시교회의 이기적인 행위는 결국 사회적 관심에 무관했을 뿐 아니라 농촌을 포함한 한국 사회 전체에 중요한 문제로 자리잡게 되었다.

지금까지 보수주의의 사회적 관심의 부재에 대하여 비평을 하였지만 진보주의의 급진성도 보수주의의 폐쇄성만큼 위험하지 않을 수 없다. 실제로, 진보주의 교회는 보수주의 교회가 1970년대와 80년대에 걸쳐 교회성장에 관심을 가질 때 평등과 구조적 개선을 이루기 위하여 사회운동과 정치 투쟁의 신학으로 눌린 자들의 문제를 해결하기 위해 많은 노력을 기울였다는 점에 대하여 자부심을 가질 만하다. 그러나 그들의 노력은 중류층의 지지를 받지 못하였으며 투쟁을 위한 방법이 지나치게 공격적이고 과격하다는 의미에서 다른 교회와 교단의 지지를 받지 못하였다.[284] 진보주의 교회는 정치세력과 정권을 타도하기 위하여 학생운동과 연계하였고 정치적 성명서를 공포하면서 사회, 정치적 운동에 깊이 개입하였다. 정치인을 포함한 중류층 그리고 타 교단이 진보교회의 행동에 적대감을 표시하였던 이유는, 비성서적이며 그리스도인의 삶에서 문제를 해결하지 않고 도리어 현재의 정치 체계를 전복하려는 마르크스주의 이론을 포함한 급진적 이론에 근거를 두고 있었기 때문이다.

도시집중, 분별력 없는 교회성장, 사회와의 괴리, 계급화, 그리고 급진주의 등은 한국교회의 사회적 관심에 부정적 영향을 끼쳤던 중요한 요소들이다. 보수주의 교회는 1970년과 80년대의 사회적 상황을 견고한 신학적 배경인 교회성장 이론에 입각하여 최대로 활용함으로써 막강한 교회성장을 이룩하였다. 그 결과 사회적 책임은 교회성장의 그늘에 덮이게 되었고, 반면 진보주의 교회는 가난한 자를 해방하기 위하여 급진적 사회이론 아래 사회참여와 사회

---

284) 이원규, *op. cit.*, pp.110-111.

정의라는 이름으로 심각하게 정치 투쟁에 관여하였다. 이 두 극단은 돌이킬 수 없는 사회적 그리고 신학적 간격을 만들고 말았다.

제5절 문화적 요인

1. 문화적 유사성

한국교회의 사회적 관심을 이해하는 데 있어서 역사적, 철학적, 사회적 분석은 필연적이다. 그러나 위의 요소와 비교할 때 상이하면서도 독특한 형식을 갖는 것은 문화적 분석이다. 사회적 관심에 대한 문화적 분석을 논하기 전에 성경시대의 팔레스타인과 한국의 문화의 상이성을 비교해 보는 것은 유용하리라 생각된다.

1888년 역사가와 선교사로서 내한한 게일 목사는 그가 한국에서 선교를 개시하였을 때 성경의 팔레스타인과 한국의 문화에는 많은 유사성이 있음을 발견하였다. 이는 결코 한국과 이웃하고 있는 일본이나 중국에서는 발견될 수 없는 독특한 것이었다. 그가 발견한 유사점은, 인사를 할 때 '안녕' (peace)이라는 말을 쓴다는 것과 결혼 관습 중 '신랑이 온다 길을 쓸어라', 그리고 신부와 함께 즐기면서 밤을 지새는 것, 새벽의 닭 울음, 죄를 고백하는 것과 죄 씻기 위하여 제사함, 요한계시록 1:13절에 기록된 것처럼 가슴에 금실로 수를 놓아 다는 것, 흰 옷(막 9:13), 샌들, 침구를 개는 것(막 2:9-10), 장례 때 곡하는 것, 장례 때 재를 쓰고 거친 옷을 입는 것, 귀신들린 자를 고치는 것, 병의 원인을 악령에게 돌리는 것 등이었다.[285] 결과적으로 게일 목사는

---

285) 이장식, 『한국교회의 어제와 오늘』(서울: 대한기독교출판사, 1990), pp.200-225.

한국을 성서시대의 한 모델로 표현하였고 하나님의 나라로 들어가는 거룩한 나라, 아름다운 나라로 묘사하였다. 그는 성서의 관습에 대하여 이웃하고 있는 일본이나 중국에서 경험할 수 없었고 또한 외국인으로서 서구에서 경험할 수 없었던 것을 한국에서 느낄 수 있었다고 경탄을 아끼지 않았다.

2. 샤머니즘과 기독교

선교사 게일이 발견한 또 하나의 현상은 한국의 문화가 샤머니즘과 밀접한 관계에 있다는 점이었다.[286] 한국 샤머니즘의 두드러진 요소는 축복과 저주로, 이 축복과 저주는 철저히 세속적인 것이다. 한국 기독교에서 이러한 무속적인 요소는 상당히 효과적으로 사용되었다. 대표적인 예로, 설교를 지나치게 강조하는 것과 신자들의 지상에서의 축복을 기원함 등을 들 수 있다.[287] 실제로 기독교가 한국선교 초기에 무교로부터 많은 영향을 받았다는 사실을 부인할 수 없으며, 이것은 한국교회를 급성장시키는 한 요인이 되었다. 서명원은 한국 기독교의 무속 배경에 대하여 다음과 같이 분명하게 기술하고 있다.

"기독교가 한국에 전래되었을 때 체계적인 저항은 없었다. 도리어 무속과 애니미즘은 기독교를 부담 없이 받아들이도록 초석을 놓았다."[288]

"종교적 초석이 무속의 노력으로 초자연적인 존재를 받아들이도록 수 백년 전에 놓여졌고, 이 잘 숙성된 민속 종교는 기독교의 씨가 비옥하고 잘 준비된 한국 땅에 떨어졌을 때 엄청난 열매를 맺게 하였다."[289]

286) *Ibid,* pp. 215-223.
287) Son, Pong-ho, *op. cit.*, p. 336.
288) 서명원, *op. cit.*, p. 29.
289) *Ibid,* p. 30.

위의 사실을 참고해 볼 때 샤머니즘의 영향은 한갓 묘목에 불과하였던 기독교로 하여금 무언가 긍정적인 결과를 가져왔던 것이다. 우리가 특별히 관심을 가져야 할 일은, 한국문화의 무속적인 면과 기독교 교리의 통합이다.

샤머니즘의 영향을 받은 한국인의 독창적 성격과 기독교 고유의 호환성은 결국 기독교를 효과적으로 정착시킬 수 있게 한 도구였다고 여겨진다. 한국의 샤머니즘과 기독교의 유사성은 다음과 같다.

· 영적인 유사성 - 무당은 사람들을 축복하고 또 환자들을 치료하기 위하여 초자연적인 존재를 불러내는데 있어서 특별한 영적인 기교를 사용한다. 기독교는 성령의 능력으로 사람들을 위로하고 지도하며 치료하는 영적인 종교이다.
· 축복의 개념 - 샤머니즘의 가장 중요한 요소는 축복이다. 사람들에게 축복을 주기 위하여 영을 달래는 것이 샤머니즘의 궁극적 목적이라고 할 때, 기독교의 하나님은 그의 백성을 모든 민족으로부터 부르시고 그들을 궁극적으로 축복하시고 번성하도록 허락하시는 분이시다.
· 사람들의 한을 경감함 - 샤머니즘의 다른 한 면은 가난과 죽음, 전쟁, 병 등 온갖 인간의 문제의 결과로 발생하는 사람들의 한을 경감시키는 것이다. 한국인은 한국인들 가슴에 깊이 박힌 한을 제거해 줄 종교를 줄기차게 고대하고 있었다. 불교도 그리고 유교도 한국인의 그 깊은 상처를 치료하지 못했고 오히려 그들의 종교는 백성을 지배하였으며 그 한과 짐을 더욱 심화시켰다. 그러나 기독교는 모든 고통으로부터 그들을 해방시켰고, 그들이 기독교를 받아들였을 때 진정한 영 · 육간의 기쁨을 맛보게 되었다.

샤머니즘은 기독교와 어떤 면에서 상응하면서도 더욱 개인적이며 신화적인 요소를 갖는다. 이는 공동체와 공동체적 삶의 정신이 없기 때문이며, 윤리적인 요소가 배제되어 있기 때문이다. 영매를 통해 귀신과 접촉하는 것은, 저주와 축복을 위해 인간의 삶과 죽음을 통제하는 귀신을 조정하는 일이어서 자연히 세속적이었으며, 이 세속적 요소는 현존의 삶만을 강조할 수밖에 없었다. 따라서 한국에 들어온 타종교와 마찬가지로 기독교도 역시 샤머니즘의 영향을 받아 이기적이며 개인주의에 기초한 세속적 축복을 강조하게 된 것이다. 세속적 축복은 단지 개인의 축복에만 관심 갖기 때문에, 사회에 대한 관심이나 공동체 삶에는 전혀 관심을 갖지 않는다. 이 개인적이고 세속적인 축복은, 왜 한국교회가 사회에 무관심하고 사회 참여 문제에 대해 부정적인가에 대한 중요한 단서를 제공하고 있다. 다시 한번 우리는 개인의 축복에 몰두하는 샤머니즘과 지나친 교회성장과 축복에 사로잡혀 있는 한국 장로교회의 세속적 축복에서 공통점을 찾아볼 수 있다.

한국교회의 무속 요소 중 또 하나는 예배와 신앙형태의 무속화이다. 강단에서 치료와 축복이 강조될수록 교인의 수는 증가한다. 물론 예외의 경우도 얼마든지 있지만, 대부분의 교회는 치료와 방언 등에 근거한 표적에 치우쳐 있고 교역자 자신도 교회의 확장을 위해 카리스마적인 분위기를 연출하는데 관심을 쏟았다. 전통적인 예배를 고집하는 교회는 수적인 면에서 감소하게 되었는데, 이는 대부분의 교회가 교파에 관계없이 열광적인 교회로 탈바꿈하였기 때문이다. 이러한 과정에서 헌금 또한 강조되었는데, 그 헌금의 용도는 중시되지 않는다. 몇몇 교회의 성장은 목사의 카리스마적인 지도력에 의하여 이루어졌지만 결국 많은 교회가 독자적인 행보를 계속하면서 많은 문제를 야기했다. 이러한 면에서 한국 보수교회는 개인구원과 축복을 근거로 교회성장만을 강조하면서 사회문제를 무시하게 된 것이다.

또 한편 앞서 언급했듯이, 진보교회가 정치 투쟁을 통하여 사람들의 한을 경감하였다고 주장하면서 그들의 지주인 민중신학 속에 샤머니즘의 중요한 단어인 한의 문제를 얼마나 깊이 있게 다루고 있는지에 대해서도 깊이 생각해 볼 필요가 있다.

제6절 정치적 요인

1. 한국의 정치상황과 기독교

한국사회는 조선왕조 말기 힘들고 슬픈 역사를 경험을 하면서 세계 열강의 파워게임에 극심한 상처를 받았다. 특히 일본의 강점 40년은 한국 민족으로서는 참을 수 없는 고통과 울분의 나날이었다.

한국은 일본의 속국에서 독립하자마자 북한 공산집단이 러시아와 중국을 등에 업고 남한을 침공함으로써 또 한 차례 고통의 늪을 통과해야만 했다. 한국 전쟁 이후 제3공화국이 건립될 때까지 정치적 혼란과 무질서는 계속되었다. 그러나 박정희 군사 정권은 한국의 정치를 완전히 장악하는 듯 했고 결국 이는 제5공화국까지 연장된다. 끝도 없는 정치적 사건들이 두려움과 불확실성 가운데 계속되었고, 불행하게도 항상 이러한 상황은 독재정권이 그 집권 기반을 확고히 하기 위해 반공산주의 사상과 긴밀히 연결되어 진행되었다. 공산주의의 위협과 경제개발 정책은 독재정권을 연장하는 데 있어서 훌륭한 변명거리가 되었다. 그럼에도 불구하고 반정부세력이 1960년대 말에 진보교회의 협조 아래 독재정권에 대항하여 항거하였고, 정부는 무력을 이용하여 무참히 해산시켜 버렸다. 이 사건을 발단으로 갈등과 긴장은 서서히 고조되었고, 한국 장로교단은 사회 참여에 관하여 또 한번 열띤 논쟁에 휘말리게 되었다. 사실 불의한 정부에 대항한 항거정신은 신사참배에 반대하여 박해를 받거나 순교한 주기철 목사를 중심으로 한 순교자에서부터 시작된 것이라고 할 수 있다. 이 항거정신은 비록 고신 교단의 상징으로 인정되기도 하였지만, 진보교단에게 박정희 군사정권에 항거하는 정신적 지주를 제공하였다고도 볼 수 있다.[290] 이러한 항거정신은 전통적인 성서의 방법을 간과하고 진취적

---

290) 임태수, "성서 해석의 차이에서 오는 한국 교회의 갈등과 진통", 『진통하는 한국 교회』(서울: 한국기독교사회문제연구원, 1988), p.203.

사상을 배경으로 한 급진적 방법으로서 진보교단에 의하여 진지하게 채택된 것이었다. 극단적 논리 즉 '눈에는 눈, 이에는 이'라는 공식으로 사회문제를 해결하려는 시도는 결국 평화와 화해 대신 정부와 진보교단 사이에 심각한 대치현상을 초래하게 되었다.[291]

2. 정치참여에 대한 부정적 견해

진보교단과는 달리, 사회 참여에 대한 전체적 한국교회의 시각은 일반적으로 부정적이었다. 한국의 종교인식에 관한 갤럽조사에 따르면, 단지 19.1%의 기독교인이 정치적 문제에 동의하였고, 68.7% 반대하였다. 그리고 95%의 기독교인이 농부와 노동자들을 위한 데모에 참여하는 것을 반대하였다. 또 다른 조사는 한국교회의 사회참여에 대한 부정적인 견해를 더욱 선명하게 설명하고 있다. 1982년 현대 사회조사 연구소는 한국 기독교인의 사회 정의와 인권박탈에 대하여 조사하였는데, 오직 5.5%가 체계적인 저항에 찬성하였고, 36%는 복음을 중심으로 비평하고 고발해야 할 것이라고 말하면서 부정적인 견해를 나타내었다. 또한 61.9%가 교회는 기도회를 통하여 그 문제를 해결하거나 아니면 그러한 문제에 전적으로 개입해서는 안 된다고 주장하면서 완전히 부정적인 견해를 피력하였다.[292]

정치적 참여에 대하여 대부분의 한국 교회가 밝힌 부정적 태도의 이유에 대하여 논의하는 것은 가치 있는 일이다. 한국교회가 정치적인 문제에 부정적이었던 것은 바로 북한 공산주의자들에 의하여 처참하게 억압받았던 정치적 고통에 근거하고 있음을 알 수 있다. 이러한 이유 때문에 한국교회는 공산주의 특히 북한 공산집단은 영원히 말살되어야 한다는 철저한 반공정신으로

291) 이원규, *op. cit.*, p.78.
292) 현대사회연구소, 『한국교회 성장과 신앙 형태에 관한 연구』(서울: 현대사회연구소, 1982.), pp.153-155.

무장되었다. 특별히 보수주의자들은 더욱 철저한 반공주의자였다. 앞서 언급한 대로 서북지역의 장로교회들은 북한 공산주의에 철저히 박해를 받은 경험이 있고, 따라서 매우 보수적이었다. 이러한 지나친 반공정신 때문에 WCC와 NCC에 가입한 교단들은 친공산주의자로 취급되는가 하면 이러한 이유로 분열과 대치는 계속되었다.

보수교회는 교회가 북한 공산주의자들이 허락하지 않았던 예배의 자유와 권리를 허락해 준 박정희 군사정권을 결코 비방하거나 비평해서는 안 된다고 주장하였다. 보수교회는 만약 한국교회가 반정부적 태도를 취한다면 이것은 북한을 이롭게 하는 행위이며, 또 북한이 남한을 침공할 경우 예수를 믿는 것이 불가능해지기 때문에 정부가 아무리 불의하다고 하더라도 종교의 자유를 허락하는 한 정부에 도전해서는 아니 될 것이라고 주장하였다.[293] 따라서 반정부 태도를 견지한 진보교회는 신학적인 적으로 간주되었고 공산주의자로 취급되었다. 한국의 보수교회들은 불의한 사회체제에 항거하는 데 전혀 관여하지 않았고 도리어 미래 세계의 구원에만 더욱 관심을 가졌다.

제7절 종교적 요인

1. 네비어스 정책

네비어스 선교정책(Nevius Method)[294]은 한국교회 발전에 획기적인 공헌

---

293) 고재식, 『사회선교와 기독교 윤리』(서울: 대한기독교서회, 1991.), p.345.
294) 네비어스는 중국에서 선교를 하는데 있어서 '독립하고 자립하며 진취적인 토착교회'(independent, self-reliant, and aggressive native churches)를 목적으로 선교하는 것으로 본토인 전도인들에게 드는 경제적 지출은 최대한 줄이고 처음부터 자립의 원칙을 세워 빠른 시일 안에 독립과 자립을 이룬 진취적 토착교회를 세우는 방법이다. 한국기독교역사연구회, 『한국기독교의 역사 I』(서울: 기독교문사, 1991.), p.119.

을 하였다. 그러나 동시에 지나친 개교회주의와 자립주의로 교회의 사회적 책임과 공동체성을 상실하는 결과를 낳게 하였다. 또한 이 선교정책은 후에 복음과 사회개혁을 주도하면서 통전적 선교를 행하던 한국교회로 하여금 교회성장위주와 개교회주의의 결과를 낳게 하는 한 요인이 되었다.

스코트(W. Scott)는 네비어스 정책이 한국의 초기 기독교 선교단계에서 놀라운 성장의 결과를 가져 온 원인의 하나였음을 인정하면서도, 이를 절대화하는 과정에서 적잖은 부작용도 야기되었음을 지적하면서 다음과 같이 술회하였다.

"교회자치(self-government)를 지나치게 강조한 결과 교회 안에 계급조직이 생겨났는데 이 조직은 종종 교만한 임원진에 의해 좌우되었다. 교회 조직과 예배를 지나치게 강조한 결과 교회는 그리스도인 공동체와는 별개의 공동체가 되어 사회적 문제에 관심을 두지 않는 경향으로 흘렀다. 자급운영(self-support)을 지나치게 강조한 결과 교회 재정은 교회 조직을 운영하는 데만 필요한 것으로 인식되어 사회복지 같은 것을 위해 재정을 쓰는 것은 거의 생각지도 못했다."[295]

2. 사회문제에 대한 양극화 현상

사회적, 문화적, 신학적, 그리고 정치적 대처와 관련하여 진보교회와 보수교회는 양극을 형성하였다. 근본적인 문제는 서로를 이해하고 받아들일 수 있는 길이 전혀 없었다는 점이다. 오히려 양자는 그들의 정치적, 신학적, 사회적, 그리고 문화적 이념과 개념들을 상대방이 수용할 것만을 강요하였다. 이원규는 이 양극 현상을 정확하게 분석하였다.

---

295) 한국기독교사연구회, 『한국기독교의 역사』(서울: 기독교문사, 1991.), p.225.

"보수교회의 경향은 북한을 침공하던지 또는 공산주의를 멸절시킴으로 반공산주의 통일을 포함한 반공산주의 사상을 유지하는 것이다. 이와는 반대로 진보교회의 특징은 이념을 무시하고, 반공법을 철폐하며 국가 안전법을 수정할 뿐 아니라 극단의 경우 사회주의를 통한 통일까지 생각하는 초월적인 통일을 시도하려는 것 같다. 그러나 양자 모두는 환각에 빠져있다. 즉 보수주의는 만약 북한의 사회주의가 무너지면 정치적인 문제는 자동적으로 해결된다고 생각하며, 진보주의자들은 만약 남한 정부의 정치적 제도가 무너지면 통일은 자동적으로 해결된다고 믿으면서 정부를 공격하고 있는 것이다. 참으로 이해할 수 없는 것은 정치적인 변화와 자신들의 회개에 대하여는 전혀 관여하지 않는다는 것이다. 이것이야말로 한국교회가 현실감각을 상실하고 어느 한 쪽의 정치제도가 변화되면 통일이 가능하다고 믿고 있는 것이다."[296]

여기서 '양자가 모두 환상에 빠져있다' 는 이원규의 비평은 매우 설득력이 있다. 양자 모두가 다른 교단에 대하여 눈을 감았기 때문에 현실감각을 잃어버렸고, 그들의 교단을 정당화하거나 변호하기에만 모든 관심을 쏟았다. 이러한 현상은 가장된 현실감각에서 발생되었기 때문에, 결국 상대방을 공격하는 무기로밖에 사용되지 못하였다. 물론 북한 공산주의자들의 위협이 있었다는 것을 부인하지는 않는다. 그러나 보수교회는 '만약 한국교회가 반정부적 태도를 취한다면 이것은 북한을 이롭게 하는 행위이며, 또 북한이 남한을 침공할 경우 예수를 믿는 것이 불가능해지기 때문에 정부가 아무리 불의하다고 하더라도 종교의 자유를 허락하는 한 정부에 도전해서는 아니 될 것이다' 라는 주장은 이미 설득력이 없다. 아무리 공산주의에 대한 감정이 넓고 깊다 하더라도 그리스도 안에서 형제된 그들을 위협하고 원수 취급을 한다면 어떻게 그리스도의 공동체라는 견지에서 그것이 정당화될 수 있겠는가? 그것은 참으로 소견 좁은 일이며 교회의 사회적 책임을 약화시키고 무시하는 배타적인

---

296) 이원규, *op. cit.*, p.173.

행위가 아니겠는가? 이와 반대로 진보주의 역시 그들의 정치적 사회참여만을 고집하면서 형제인 상대방의 견해를 간과해 버린 사실에 대하여 분명하게 비평을 받아야만 한다. 진보주의는 KNCC를 중심으로 교회연합활동에 열심히 동참하였다. 그러나 결과적으로 다른 교단이 그 기관에 회원이 되기를 주저하는 것은 그들의 진보가 오히려 교회의 연합을 이룩하는데 방해 요소가 되었다는 사실도 인지할 필요가 있다. 사회주의 이론으로 일체를 이루려 하였던 그들의 시도 또한 분명하게 평가받아야 한다. 교회일치와 연합의 입장에서 양자는 모두가 상호관계와 연합에 초점을 두었어야 했다. 만약 양자가 대화와 협조를 통하여 한 목소리를 내었더라면 위에서 언급한 문제는 모두가 해결되었으리라 본다. 이러한 관점에서 한국교회의 두 극단, 즉 개인주의적 교회성장에 치우쳐 현실을 파악하지 못하는, 그리고 정치투쟁에 깊이 관여하여 발생한 사건들을 성서의 조명아래에서 평가해 볼 필요가 있다. 이러한 현상들은 하나님의 왕국을 기초한 신학의 부재와 복음의 선포, 사회적 관심의 통전적 사고의 부재라고 생각한다. 비록 한국교회가 선교초기에 통전적 접근을 시도하였지만 교회가 성장함에 따라 양극화의 늪에 빠지게 되었고, 하나님의 나라를 기초한 신학과 통전적 접근은 이제 하나님 왕국을 진술하게 증거하기 위해 한국교회에 절실히 요청되고 있다.

뷔네이 사무엘(Vinay Samuel)과 크리스 삭던(Chris Sugden)은 양극화에 대하여 논의하면서 양자는 모두 성서적이 아니라고 규정하고 있다.

"하나님은 다양하게 역사하시는 분이시다. 그러나 그의 목적은 언제나 동일하다. 만약 우리가 하나님의 특별계시와 일반계시를 구분하기 위하여 세속과 거룩의 단절을 시도한다면 우리는 하나님의 특별계시는 이스라엘과 또는 교회 속에서 그의 구원행동에 한정된다고 할 것이다. 이러한 가정은 결코 성서적이 아니다."[297]

297) Vinay Samuel and Chris Sugden, "God's Intention for the World", Church in Response to Human Need (Oxford: Regnum Books, 1987.), p.136.

실제로 한국의 보수교회는 세속과 거룩을 철저히 구분하여 하나님 나라의 영적인 그리고 개인적인 면만 강조해 왔다. 뷔네이 사무엘이 "많은 사람들이 하나님의 나라는 믿음에 있는 것이지 사회와는 아무 관계가 없다고 믿는다. 그들은 하나님의 행동과 하나님의 나라는 교회 안에 한정되고 있다"고 천명하였다.[298] 또한 그는 하나님의 의도는 단순히 인간성을 회복하기 위하여 왕국을 건설하는 것이 아니라 의와 정의를 이룸으로써 이루어진다고 하였다.

> "하나님이 그의 창조의 청지기들에게 인간성을 회복하기 위하여 인간의 역사 가운데서 아직도 일하고 계시다는 것을 믿는 것은 단순한 희망사항에 지나지 않을까? 신약 성경은 우리에게 역사 속의 하나님의 행동은 이스라엘과 모든 나라가 충성을 다하는 메시아에 맞추고 있음을 말씀하신다." [299]

마두라스 성명서는 좀더 우리의 삶의 모든 부분을 다루는 하나님의 나라에 대하여 정확하게 기술하고 있다.

> "우리가 알기로 하나님은 그 나라의 공동체의 일원이 되기 위하여 사람들을 부르셨다. 그들은 그들의 경제와 사회 그리고 정치적 관계 속에서 사랑과 정의의 모델이 되기 위하여 부르셨으며 사회 속에서 하나님의 도구가 되기 위하여 부르신 것이다. 우리는 하나님께 사회적 관심이 우리가 처한 상황에서 다양한 표현과 결과의 풍부함으로 복음의 동반자가 되었음을 감사드린다. 또한 우리는 어떤 새로운 상황에서 성경이 새롭게 하시기 위하여 부르신 우리의 전도적 유산에 대하여 감사드린다." [300]

---

298) Vinay Samuel, "A Theological Perspective", *Serving with the Poor in Asia*, p.146.
299) Vinay Samuel and Chris Sugden, *op. cit.*, p.137.
300) Text on Evangelical Social Ethics, 1974-1983, *Grove Booklet on Ethics*, No.58, edited by Rene Padilla and Chris Sugden, p.11.

사무엘은 계속하여 사회적 관심에 대한 하나님의 뜻에 대해 다음과 같이 주장하고 있다.

"통전적인 사역이란 의도적인 것이며 그러한 견해는 하나님의 나라를 바탕으로 한 성경의 주제이며, 하나님 나라는 복음의 기초를 제공한다. 하나님의 나라는 우리의 삶의 전체를 주관하기 때문에 복음은 그 내용과 영향에 대하여 통전적으로 이해되는 것이다. 우리의 삶 전체를 주관하는 그리스도의 통치에 중심한 하나님 나라의 신학은 하나님의 나라의 가치와 함께 공동체 속에 영향을 행사하고 영적인 도전을 마련하는 것이다. 개인들이 그리스도의 주권을 경험하는 것이 곧 통전적 사역의 주제인 것이다."[301]

심각한 분열을 바탕으로 한 양극화, 개인주의, 경쟁적 교회성장 그리고 물질주의 등 한국교회의 만성적인 문제만으로도 우리는 한국교회가 교회일치와 통전적 사역은 거의 이루어지지 않았다는 것을 알 수 있다. 따라서 하나님 나라를 표현하고 지역사회 속에서 열매를 맺기 위하여 한국교회는 절실히 그 신실성과 순수함을 회복해야 할 것이다. 이것을 위하여 한국교회는 통전적 사역의 효과성과 중요성을 다시 한번 인식해야 한다.

뷔네이 사무엘과 크리스 삭든은 효과적인 전도에 대하여 다음과 같이 논하고 있다.

"만약 우리가 하나님 나라의 견해를 받아들인다면 그 근본적인 질문은 오늘날의 역사 속에 하나님 나라의 표적이 아닌, 하나님의 나라에서 이루어질 개인 삶의 질과 협조적인 삶에 대해 어떻게 참가하고 표현하며 그리고 결실할 것인가에 있지 않겠는가? 하나님 나라의 선포와 행위를 가치 있게 실현하는 것은 교의학적으로 중요한 일이며 어느 하나라도 소홀히 할 수 없는 것이다."[302]

---

301) Vinay Samuel, "A Theological Perspective", *Serving with the Poor in Asia*, p.146.
302) *Ibid.*

이렇게 볼 때 한국교회의 본질적인 문제를 해결하기 위해서는 먼저 성서를 중심한 통전적 사고를 개발해야 할 것이며, 교단과 교단이 서로의 중요성을 인지하고 이해하려는 넓은 마음을 가질 때 비로소 한국교회의 미래는 밝아질 것이다. 무엇보다 우리가 갖지 못한 장점을 상대방이 가지고 있다는 사실을 인지할 때 아름다운 결과를 도출해 낼 수 있을 것이다.

제8절 부정적 요인의 극복

이 장에서 우리는 한국교회 사회복지에 부정적으로 영향을 끼친 요소들을 생각해 보았다. 물론 한국교회 사회복지에 긍정적 영향력을 행사한 요소도 적지 않았을 것이다. 그러나 전체적인 시각으로 비판해 볼 때 사회복지에 긍정적 영향을 끼친 요소보다는 오히려 부정적인 요소가 훨씬 많다.

사회복지에 대한 이러한 부정적 요소들은 물론 한국교회가 의도적으로 조장하려 했거나 사회적 사명을 감당하지 않으려고 회피했다고 볼 수는 없다. 그러나 한국의 특수한 사회, 정치, 경제, 문화, 신학적 요소 등 다양한 변수들이 한국교회의 복지사명 또는 사회적 관심을 표명하는 데 있어 상당한 걸림돌이 되었다는 사실을 부인할 수는 없다.

이 장에서 잠시 언급한 대로 세계교회협의회(WCC)와 세계복음주의협회(WEF) 등의 세계교회의 이념대립의 영향으로 한국 사회에서 강력한 교파간의 반목을 자아내었으며 이러한 갈등은 결국 사회문제를 중심으로 거론되었기 때문에 사회복지적 측면까지도 확대되어 부정적인 영향을 주지 않을 수 없었다. 이러한 국제적으로 대립된 신학적 이념은 결국 한국교회에 직접적인 영향력을 행사함으로서 표면상으로는 신학적인 문제로 인식되었을지 모르나 실제적으로는 사회적인 문제 즉 사회적 관심을 표명하는 집단을 용공시함으로써 교회의 사회복지적 관심에 대한 배려는 상대적으로 위축되었다.

사회문제를 중심한 신학적 대립은 심각한 양극화 현상을 초래하게 되어 결국 개인구원과 사회구원이라는 두 개의 타협할 수 없는 체계를 구축함으로서 보수주의는 사회적 관심을 좌악시키는 반면, 진보주의는 그 반동으로서 정치투쟁을 중심한 사회개혁을 부르짖음으로서 건전한 사회복지적 관심은 그 힘을 발휘할 수 없게 되었다.

또 하나의 부정적 요소는 북한 공산당의 침략으로 한국교회가 급격하게 보수주의로 선회한데서 그 이유를 찾을 수 있다. 한국교회는 사회적 관심을 공산주의로 도식화함으로서 '사회'라는 말을 곧 '공산'으로 해석함으로써 교회의 사회복지는 더욱 어려운 상황에 직면하지 않을 수 없었다.

이와 관련하여 국내의 불안한 정치적 요소 또한 교회의 사회복지 실현에 큰 걸림돌이 되었다. 일제의 강점, 해방, 그리고 6.25 사변 및 군사정권의 독재, 게다가 북한 공산당과의 대치 등을 중심으로 한 정치적 요소들은 결국 맹목적인 반공을 주장하면서 교회로 하여금 급격히 보수주의로 선회할 수밖에 없는 상황을 만들었다. 교회가 점차적으로 보수주의만을 고집하게 될 때 사회복지적 관심은 자동적으로 소멸될 수밖에 없는 것이다. 왜냐하면 보수주의의 맹종은 결국 철저한 개인구원만을 주장하게 되기 때문이다.

도시집중화, 대기업제도, 그리고 교회성장이론의 출현으로 한국교회는 급격한 성장의 곡선을 그리며 나아가게 되었다. 이러한 성장 제일주의와 물질주의, 교회의 상업주의는 교회가 마땅히 관심을 주어야 할 연약한 지체에 대하여 눈을 감아 버림으로써 고통당하는 지체들을 바라볼 수 있는 시각을 상실하게 되어 사회는 교회에 사랑이 없음을 비판하게 되었고 사회적 관심의 부재를 맹렬히 비난받는 상황에 이르렀던 것이다.

물질주의와 상업주의로 인한 사회복지적 관심의 부재 - 이는 단순히 사회적 상황에서 유래된 것만은 아닌 듯하다. 교회의 상업주의와 물질주의에 강력한 영향을 미친 문화적 요소로서 샤머니즘 문화와의 결속을 들 수 있다. 철저한 개인주의적 축복관을 가진 샤머니즘의 축복관은 기독교의 공동체적 축복관과 철저히 반대되는 개념이다. 이 개인지향적인 샤머니즘 축복관이 한국 교회를 지배함으로서 공동체의 유익을 추구하는 기독교적 나눔, 즉 사회복지 적 관심은 당연히 외면될 수밖에 없었던 것이다.

이처럼 한국의 다양한 경제, 정치, 사회, 문화적 요소들이 한국교회에 사회 복지가 뿌리내리게 하는데 있어서 부정적 영향을 행사하였다는 사실을 인지 하고 그 문제의 해결 역시 전문성과 다양성을 갖고 해결하여야 한다.

제7장 한국교회와 사회문제

한 국교회는 그 동안 항상 사회문제를 해결하는 위치에 있으면서 다양한 사회문제에 능동적으로 대처해 왔다. 특히 한국 초기선교에 있어서는 다양한 사회문제를 접하지 않으면 안 되었고, 이러한 사회문제에 대하여 부정적인 시각으로 바라보기보다는 오히려 적극적인 문제해결의 입장에서 교회의 태도를 견지하였기 때문에 사회를 이끌어가는 지도자적 입장을 고수할 수 있었다.

그러나 그 동안 성장제일주의에 입각하여 교회성장이 제일의 목적이 되면서 한국교회는 사회문제에 대하여 무방비한 상태가 되고 말았다. 빈곤의 문제는 말할 것도 없고 아동문제, 청소년문제, 노인문제, 장애인문제 등 어느 하나도 제대로 대처하지 못하는 실정이다. 사회의 문제는 개별적으로 존재하는 것이 아니라 언젠가는 사회의 전반적인 문제가 될 수 있을 뿐 아니라 교회 문제가 될 수밖에 없다는 점에서, 교회는 이러한 사회 문제에 대하여 계속해서 관심을 가져야 한다. 초기 한국교회처럼 적극적인 자세로 사회 속의 교회, 사회문제와 함께 하는 교회, 사회문제의 해결자로서의 교회의 역할을 감당할 수 있어야 한다.

따라서 본 장에서는 다양하게 부각되는 사회문제를 조명하고, 각각의 사회문제에 교회가 어떻게 대응할 것인지 모색해 보려한다.

제1절 사회변동과 사회문제

우리 나라는 1945년 8월 15일을 기하여 일본이 연합군의 공격으로 항복을 선언함과 동시에 일본의 폭정과 강압으로부터 해방되었다. 그러나 이러한 해방의 기쁨도 그리 오래 가지 못하였다. 한반도의 평화와 자유권을 위한 희망은 나라 전체가 자본주의와 공산주의의 이념의 장으로 탈바꿈하였다. 연합군

이 일본의 항복을 받은 직후 38도선 위에 주둔하고 있던 소련군은 소위 '인민
위원회'라는 조직을 통하여 군사 점령을 꾀하였고, 남쪽은 명목상으로는 한
국의 지도자를 앞세웠지만 미국이 직접 그들의 지도하에 군정을 실시하였
다.[303] 이러한 과정에서 미국은 남한의 총선을 감독하였고, 민주 공화국을 건
립하게 되었다. 한편 소련은 유엔의 결정을 무시한 채 소위 '사회주의 인민공
화국'을 세웠다.

1950년 6월, 소련은 북한 공산주의자들을 획책하여 남한을 침공하였고, 유
엔을 중심한 연합군과 또한 소련, 중공 및 북한이 합세한 대 격전을 맞게 되
었다. 무방비 상태에서 수도 서울은 사흘 만에 점령되고 말았다. 엄청난 피해
를 남긴 이 전쟁의 비참함은 몇 가지 통계로도 분명하게 알 수 있다. 30만 명
이상의 미군이 포로가 잡혔거나 전사하였으며, 15개국 연합군의 피해도 결코
적지 않았다. 미군과 함께 대항하고 싸우다가 전사했거나, 포로가 되었거나,
행방불명된 한국군 역시 30만 명이 넘었다. 게다가 엄청나게 많은 일반인들
이 희생되었다. 많은 사람이 전쟁의 희생자로 집을 잃었을 때 10만 이상의 소
년과 소녀가 고아가 되었다.[304]

이러한 전쟁의 틈바구니에서 1950년대의 한국사회는 재건과 극도의 경제
적 어려움으로 특징지을 수 있다. 수많은 피난민을 양산한 한국전쟁은 결국
배고픔을 해결하기 위한 일자리, 수요를 충족시키기 위한 소비재의 생산, 더
불어 국가 경제를 일으키기 위한 수출품을 생산코자 산업화의 필요성을 절감
하였다. 이러한 상황이 결국 한국 정부로 하여금 경제적인 부담을 안게 하였
고 전쟁 전에는 거의 전무하던 산업의 발전에 박차를 가하게 되었다.[305]

그러나 급격한 산업화의 과정은 결국 심각한 사회문제를 양산하게 되었
고, 부익부 빈익빈의 불평등한 사회 구조는 물론 다양한 사회문제로 걷잡을
수 없는 사회적 · 정신적 소용돌이 안으로 내몰리게 되었다. 사회문제는 교회

303) Shannmon McCune, *Korea's Heritage-A Regional and Social Geography*(New Jersey: Van Nostrand Company, 1966.), p.30.
304) O, Chae-Kyoung, *Handbook of Korea*(New York, Pagent Press, 1958.), p.30.
305) Clark, *op. cit.*, p.24.

의 존재자체를 위협하는 요소로서 자리 잡았으며, 급변하는 사회 상황은 사회문제를 경시하거나 외면해서는 결코 교회의 본연의 자세를 유지할 수 없는 지경에 이르게 되었다.

제2절 노인문제

노인문제란 고령으로 말미암아 노인에게 공통적으로 발생하는 기본적인 생존의 욕구와 문제를 노인 자신이나 가족의 노력으로 해결하지 못하는 상태를 의미하며 이로 말미암아 경제문제, 건강문제, 역할상실문제, 고독의 문제, 여가선용의 문제 등 제반 문제점을 수반하는 것을 의미한다.

전통적으로 한국사회는 장손이 부모를 모시고 자녀를 양육하는 3세대 가구 또는 대가족제도를 형성하였다. 생활의 형태도 농업사회를 바탕으로 사회도덕과 규범 면에서 유교문화를 중심한 강력한 가족중심의 자조집단을 형성하고 있었다. 이러한 이유에서 자녀들은 가족중심의 전통사회 규범에 따라 자연히 부모에게 순종하는 미덕을 배우게 되었다.

그러나 한국사회는 경제개발 5개년 계획 아래 산업화된 경제체제를 구축하면서 강력한 도시화와 급격한 경제성장을 경험하게 되고, 이는 확대가족체계를 붕괴시켰고 핵가족을 양산하였다. 핵가족의 양산과 더불어 한국사회는 1970년을 기점으로 한국사회는 각종 사회문제를 포함한 심각한 노인문제에 부딪히게 되었다.[306]

또 그동안 지속적인 경제성장과 더불어 생활수준이 향상되고 의학이 발달됨에 따라 평균수명이 1985년에 69.0세에서 1990년에는 71.6세로 늘어나고

---

[306] 진섭중, "한국의 노인복지를 위한 정책과 프로그램", 『영등포 사회선교 협의회 교육자료집』, p.102.

2000년에는 74.9세로 연장되었으나 일자리 상실로 인한 노인의 역할 부재는 또 하나의 커다란 사회문제가 되고 있다. 계속되는 의학의 발전은 노령화사회를 이끌면서 지금보다 더 큰 사회문제가 될 전망이다.

우리가 일반적으로 '고령화 사회'(Aging Society)라고 할 때 65세 이상의 인구 비율이 7% 이상인 사회를 의미한다. 또한 15% 선에 있는 사회를 '고령 사회'(Aging Society)라고 명명하며, 20%가 상회하는 사회를 '초고령 사회'(Super Aged Society)라고 할 수 있는데, 우리나라도 2020년 13.2% 그리고 2025년에는 무려 16.0%에 이를 것으로 추정되고 있어 우리나라도 선진국과 같이 조만간에 초고령사회에 진입할 수밖에 없는 심각한 상황에 놓여있다. 이러한 고령화 사회에의 진입은 평균수명의 연장과도 관련이 있다고 본다. 우리나라의 평균수명은 60년대 초 남자 51.1세, 여자 53.7세, 70년 남자 59.8세, 여자 66.7세, 2000년 남자 71.0세, 여자 78.6세 그리고 2020년에는 남자가 77.5세, 여자가 84.1세로 증가되어 선진국 수준에 이를 것으로 예측되고 있어 노인문제는 더욱 가속화 될 수밖에 없는 것이다.[307]

이러한 평균수명의 연장과 더불어 노인들은 생활비의 부족, 직업의 부족, 창의성의 감소, 기억력의 감소, 정신적 육체적 능력의 감소 등 복합적인 문제를 안고 살아가게 되었다. 또한 이러한 노인인구의 증가는 사회해체를 야기할 수 있는 몇 몇 심각한 문제를 동반하고 있다. 이는 곧 인간존엄성의 상실을 가져올 수밖에 없고 사회 · 문화적 갈등을 야기하는가 하면 나아가 '노인학대 및 유기'로 이어질 가능성은 가일층 높아질 수밖에 없는 것이다.

이런 측면에서 현대사회에서 노인들이 겪을 수밖에 없는 문제는 다음과 같다.

---

307) 2002년 통계청 자료.

1. 경제문제

노년이 되면 건강의 문제에서부터 시작하여 다양한 문제들에 직면하지만 그 중 가장 심각한 문제는 역시 경제적 문제이다. 노인 450명을 대상으로 실시한 이영하의 연구에서 노인들의 가장 큰 문제는 역시 경제적 문제임이 밝혀졌다.[308] 또한 한국노인문제연구소에서 실시된 연구에 의하면 약 33%의 노인들이 경제적 문제를 해결하지 못하는 것이 가장 큰 고민이라고 털어놓았다.[309]

대부분의 노인은 직업의 상실 등 경제사정의 악화로 빈곤에 직면하게 된다. 일정하게 정해 놓은 정년제는 노인들의 사회적 지위와 역할을 박탈하고 이로 인하여 정기적인 수입이 중단되면서 자연히 빈곤에 직면할 수밖에 없게 된다. 은퇴 후 노인들의 경제 상황과 삶의 문제는 서구의 사회와는 달리 사회보장 체계가 미흡한 우리 나라에서는 참으로 심각하다. 아직까지 얼마든지 활동할 수 있는 인력을 은퇴시킨다는 것은 국가적, 사회적 손실이 아닐 수 없다.

은퇴와 함께 급격한 노쇠현상을 맞게 되는 것은 바로 이러한 정신적, 사회적, 경제적 박탈감에 기인한다. 은퇴 후 노인들에게는 퇴직금이 지급되고, 그동안 저축한 약간의 돈이 있긴 하겠지만 이 시기에 그들은 자녀들의 결혼, 나이 어린 자녀들의 교육비 등 지출해야 할 부분들이 상대적으로 많아 연금이나 저축, 퇴직금 등 귀중한 재원을 소비할 수밖에 없는 상황에 처하게 된다.

우리나라의 경우, 얼마 전까지만 해도 군인이나 공무원, 사립학교 교원을 제외한 거의 대부분의 사람들은 연금혜택을 받지 못했다. 전국민을 대상으로 연금제도가 형성되기는 하였어도 제대로 자리를 잡기까지는 상당한 시일이 걸릴 것 같다. 혹 연금 혜택을 받더라도 연금관리에 많은 문제점이 노출되고 있다. 몇몇 회사들은 연금을 적립하기는 하지만 순수한 연금지급을 위하여

---

308) 이영하, "한국사회에 있어서 노인문제와 그 해결을 위한 방안", 『공주사범대학 논문집 제13집』(1975.), p.213.
309) 한국노인문제연구소, 『노인정 사용 노인을 위한 생활 실태 및 의식구조 조사 결과집』(1979.), p.17.

사용되지 않고 회사운영에 운용되기도 하는데, 회사가 도산하면서 그동안 적립된 연금을 한 푼도 받지 못하고 퇴직하게 되는 경우가 얼마든지 있다. 이로 인하여 사회는 점점 심각한 문제에 직면하게 되고 특히 연금수혜인인 노인들은 이중으로 고통을 겪게 된다. 우리 나라는 연금의 일시불 적출을 허용하고 있는데 대부분의 연금수혜자가 이것을 선호하는 이유는 엄청난 인플레를 감안한 것이며 또한 연금의 제도가 안전하지 않다는 인식에 바탕을 두고 있다. 이렇게 연금문제가 제도화되지 못한 상태에서 노인들은 더욱 경제문제로 불안을 느낄 수밖에 없다.

우리 나라 사람들은 안정된 여생을 즐기기 위해서는 1억 6천만 원, 월 평균 91만 원 가량 필요하다[310]고 밝히고 있다. 이 같은 사실은 저축 추진 중앙위원회가 1995년 7월 한달 간 전국 11개 주요 도시에 거주하는 만 30세 이상 세대주 1천명을 대상으로 설문 조사를 실시, 8일 발표한 '노후 생활에 관한 의식 및 준비 실태 조사' 결과 드러났다. 이들의 노후 대비책은, 금융기관 저축(94.5%), 연금 및 퇴직금(29.3%), 부동산 투자(25.5%), 주식투자(13.9%), 그리고 사채놀이(13.4%) 순이었다.

한편 노후 대비를 시작할 시기를 묻는 질문에는, 30대부터라는 응답자가 68.6%, 40대부터가 23.2%이었으나, 실제로 노후 생활을 위한 경제적 준비가 돼 있다는 대답은 23.3%에 그쳤고 45.7%는 준비중, 31.0%는 준비가 없다고 대답했다. 결국 노후 생활에 대한 준비가 되어있지 않는 30%이상의 사람들은 노후의 경제적인 어려움에 직면하게 될 것이다.

노인들이 당하는 경제적 어려움과 직장문제는 항상 그 맥을 같이한다. 현재 대부분의 노동자들은 50-55세 사이에 직장을 떠나게 된다. 이 시기에 직장을 떠나는 것은 육체적으로나 정신적으로 누구나 적합하지 않다고 여긴다. 더욱이 이 때는 자녀들의 양육조차 끝나지도 않은 시기이다. 자녀들의 양육비, 생활비, 그리고 자녀들의 결혼 문제가 해결되지 않은 시기에 퇴직의 고통

310) 국민일보, 1995년 12월 9일자 사회면.

은 그만큼 큰 것이며, 따라서 이 시기 노인들에게 구직문제는 가장 긴급한 삶의 문제로 대두될 수밖에 없다.

이러한 문제를 해결하기 위해, 노인들은 일자리를 찾게 된다. 그러나 재고용 되었다 할지라도 수입은 은퇴 전에 받았던 봉급의 절반수준을 넘지 못하는 것이 현실이다. 그럼에도 불구하고 노인들의 직업에 대한 선호도는 대단히 높다. 1986년 박재관의 연구에 따르면, 60세를 넘은 83.2%의 남자와 68.2%의 여성이 절대적으로 직업을 구하고 있다고 발표하였다.[311] 또한 1988년 송효석 역시 자녀들과 동거하고 있는 84.1%의 노인들이 직업을 원하고 있으며, 86.7%의 노인들이 그들의 자녀와 떨어져 독립하여 살기를 원한다고 하였다.[312]

노령인구의 증가는 노인의 직장문제를 좀더 심각하게 만드는 중요한 요인이 되고 있다. 노령인구가 많아진다는 것은 그만큼 일할 사람의 비율이 감소한다는 것이며, 이는 가정 경제에 영향을 미치지 않을 수 없다. 1995년 12월 12일자 국민일보 사회면에서, 서울의 65세 이상 노령 인구 증가율은 생산 연령 인구 증가율 220%의 1.3배인 360%나 된다고 밝히고 있다. 그리고 80세 이상의 후기 고령 인구 증가율은 두 배가 넘는 500%에 이른다고 밝혔다. 이처럼 노인의 수가 급속히 증가하는 데 비해 노인문제를 다루는 행정조직은 너무 미약한 상태일 뿐 아니라 노인을 위한 고용창출은 더욱 어려운 상황에 직면할 수밖에 없다.[313]

2. 가족문제 - 역할상실

노인들이 겪는 두 번째의 문제는 가족문제이다. 전통적으로 한국가족의

---

311) 박재간, "고령자 취업의 사회 복지적 접근", 『사회복지』(1986년 겨울호), p.9.
312) 송효석, "가족의 노인부양에 관한 조사연구", 연세대학교 미간행 석사학위논문(1988.), p.28.
313) 국민일보, 1995년 12월 12일자 사회면.

경우 둘째 이하의 자녀들은 부모를 떠나 독립하고 그 자녀들과 핵가족을 구성하지만, 큰아들은 부모를 공양하면서 살아가는 것이 미덕으로 인정되었다. 그러나 세대가 바뀌어 급격한 경제성장과 도시화의 여파로 장남 역시 경제문제를 해결하기 위해 부모를 떠나는 실정에 이르게 되었다. 1,049가구를 대상으로 한 한 연구에서 63%의 장남들이 부모를 떠나 자립하였으며 부모를 모시는 경우는 37%에 불과하였다.

결국 이러한 핵가족의 문제로 노인들은 상대적으로 많은 심적인 갈등에 직면하게 되는데, 고부간의 갈등, 가정 운영권의 유지와 상실, 안방의 차지, 그리고 자녀들이 일자리를 찾아 떠난 텅빈 집을 지키면서 느끼는 소외감, 농촌의 경제가 어려워 농촌을 등지고 떠나는 젊은이들로 인해 홀로 남게 된 노인들의 문제 등 문제는 매우 복합적이고 다양하다. 대부분의 노인들이 공원, 유원지나 버스터미널로 모여드는 이유는 한결 같이 이러한 심적인 공백을 메우기 위하여, 그리고 오로지 이야기 상대를 찾기 위해 사람들이 북적이는 곳을 찾는다. 이러한 극도의 외로움은 가출로 나타나게 된다. 한국 노인 복지시설 협회에는 가출 노인에 대한 상담이 지난 91년 61명에서 92년 66명, 93년 68명, 94년 75명 등 해를 거듭할수록 늘고 있다.[314] 이렇게 노인들이 거리로 내몰리는 이유는 바로 고부 갈등을 비롯한 가정문제에서 빚어지는 결과이다. 병든 노인을 싫어하는 자식들로부터 그들은 밖으로 내몰리고 있다.

3. 건강문제

노인들의 겪는 세 번째의 문제는 건강문제이다. 육체적, 정신적 건강을 유지하는 것은 노인들에게는 참으로 중요한 문제가 아닐 수 없다. 노인들은 갑자기 건강의 악화를 경험하게 된다. 그들은 건강이 악화될수록 자녀에게 의

---

314) 국민일보, 1995년 12월 12일자.

존할 수밖에 없게 된다. 노인들의 건강에 대한 한 연구 보고서에 따르면, 약 45%의 남성과 55%의 여성들이 자신들이 건강하지 못하며 이것이 노령에 관련된 것이라고 밝혔다. 양로원에 수용되어 있는 4,900명의 노인들을 대상으로 실시된 또 다른 연구에서는, 약 14.4%의 여성들이 현재 자신의 건강을 걱정하였고, 64%는 앞으로의 건강에 대하여 염려가 된다고 하였다.[315]

4. 여가활용 문제

네 번째로 노인들이 겪는 또 다른 문제는 여가활용이다. 개인적이며 자립적인 서구의 노인들과 비교해서 한국의 노인들은 가족 중심적이며 가족 의존적이다. 주로 가정에서 대부분의 시간을 보내거나 아니면 가까운 노인정에서 소일하게 된다. 그러나 실제로 여가를 선용할 만한 기구나 재미있는 오락, 기타 문화 프로그램을 실시하는 곳을 찾아 시간을 보낸다는 것은 거의 불가능한 일이다. 그들은 하루를 때우는 식으로 단순히 의, 식, 주에 의존하는 생활을 한다. 이러한 문제를 해결하기 위한 교회의 대처는 '노인학교'였다. 1972년 첫 노인학교가 평생교육원이라는 이름으로 태화관(태화 기독교 사회복지관)에서 시작되었다. 다음해 명동여자고등학교에 덕명의숙이 세워지면서 노인문제 해결을 시도하였고, 이어서 한국성인교육, 한국노인학교연맹, 적십자성인봉사회, YMCA, YWCA 등이 노인 프로그램을 시작하였다. 교회 역시 이 문제에 집중적인 관심을 갖기 시작하였다.

노인학교의 출현으로 노인들이 여가선용에 대한 문제가 어느 정도 해결되지 않았느냐고 반문할 지 모르나, 아직은 많은 노인들이 진정한 휴식을 취할 수 있는, 그리고 그들의 문제를 부담 없이 나눌 수 있는 적당한 장소가 부족하다. 비록 많은 노인학교가 생겨나고는 있지만, 목회자의 강력한 의지와 든

---

315) 중앙일보, 1984년 7월 25일자 제6면.

든한 재정으로 운영되는 곳은 몇 안 되며, 대부분은 경제적 어려움과 프로그램의 열악함으로 상당한 진통을 겪고 있다.

종교는 일반사람과 비교하여 65세 이상의 노인들에게 대단히 중요한 삶의 부분으로 인식되고 있다는 보고가 있다. 다시 말해 나이가 들수록 더욱 종교의 필요성을 강하게 느낀다는 사실이다. 이러한 측면에서 노인들에 대한 교회의 대처와 필요성에 대한 인식은 점점 확대되고 있다. 손은희의 연구에 의하면, 54.3%의 교회가 노인들을 위한 선교에 반드시 참여해야 한다고 응답하였고, 23.8%의 교회는 지역사회 중심으로 반드시 노인문제에 관여해야 한다고 응답하였다. 결국 77.1%의 교회가 노인선교에 참여하기를 바라고 있었다.[316] 그러나 이러한 분명한 요구에도 불구하고 노인들을 위한 복지는 실제로 그 수준이 매우 낮다. 그것은 노인선교를 위하여 교회의 사회복지 예산지출을 주저하고 있기 때문이다. 예를 들어 통합교단은 사회사업 측면에서 선두 역할을 하고 있으나 1990년의 경우 겨우 세 개의 교회만이 노인학교를 세운 정도였다. 다른 교회 역시 노인학교를 세우기는 하였으나 재정문제로 고통을 받고 있으며, 자체 프로그램에도 역시 어려움을 겪고 있어 통속적으로 운영될 뿐이라고 응답하였다. 대부분 노인학교를 운영하는 교회들은 노인들을 위한 잔치를 준비하거나 위로회, 관광 그리고 노인학교를 운영하지만 이러한 사항은 교회전체에서 원만히 언급되지 못하고 있다.

노인에 대해 연구하는 학자들은 노인들을 위한 효과적인 프로그램으로 다음의 내용을 제안한다. 성서연구, 노인합창단, 노인들을 위한 세미나, 지역사회 봉사 조직, 건강 체크, 노인 직업 알선 등이 그것이다. 그러나 교회는 이러한 프로그램에 대하여 아직도 대단히 미온적이다.

316) 손은희, "노인정 활성화를 위한 교회 자원 활용에 관한 연구", 숭실대 미간행 석사학위논문 (1990.), p.50.

5. 교회의 노인복지 프로그램

노인문제에 대하여 한국사회가 관심을 기울이기 시작한 것은 1980년대였다. 1981년에 정부는 노인들의 건강과 안정된 삶을 목적으로 노인복지법령을 공포하였다. 그러나 이 법령은 내실화되지 않은 하나의 준비 단계의 법령이라고 규정지을 만큼 사회복지 시행에 대한 규제가 느슨하였고 재정지원 체계도 명확하지 않았다.[317] 다음 단계로 정부는 절대 빈곤 노인들을 위하여 생활보호법을 제정하였다. 노인들을 위한 생활보호법이란 공공부조를 중심으로 한 가장 기초적 삶을 보장하는 사회복지법이다. 이러한 법령의 발표에도 불구하고 실제적인 수혜자는 극히 미약하며 노인문제는 여전히 산적한 가운데 방치되고 있다. 노인들이 구체적으로 겪고 있는 문제들은 너무나 다양하고 방대하여 다 거론할 수 없다.

노인에 대한 정부차원의 복지는 어차피 한계를 가질 수밖에 없다. 이러한 의미에서 노인에 대한 교회의 본격적인 개입은 1972년 종로 태화관에서 시작한 노인학교가 그 시초로 평생교육 차원에서 노인문제에 관심을 두었다. 그 후 1973년에 명동에 있는 천주교 여학생 회관의 덕명의숙(德明義塾)에서 노인 학교를 개강하였으며, 1974년 서대문구 문화촌에 인왕노인학교가 설립되고, 뒤를 이어 한국성인교육회, 대한노인회, 적십자장년봉사회, YMCA, YWCA 등에서 노인 학교 프로그램을 실시하였다. 서울을 중심으로 시작된 노인학교운동은 전국 각지로 번져 갔으며, 최근에는 교회가 노인교육에 관심을 가지면서 농촌에서도 노인학교가 운영되기 시작하였다. 1987년 한국노인문제연구소의 조사에 의하면, 노인학교 수는 서울에 236개소(38,192명), 전국적으로는 667개소(약 8만 명)로 조사되었으나, 10년이 지난 1997년에는 그 수가 더욱 증가되어 전국적으로 약 1,500개소에 15만 명 정도의 노인들이 노인교육 프로그램에 참여하고 있는 것으로 추정하고 있다.[318] 교회의 적극적인 노인문

317) 이성기, "노인복지 서비스의 현황과 과제", 『사회복지』(1985년 가을호), p.97.
318) 김수춘 외, 『노인복지의 현황과 정책과제』(서울: 한국보건사회연구원, 1995.), pp.77-78.

제에 대한 개입은 실로 고무적인 현상이 아닐 수 없다. 그럼에도 불구하고 실질적 노인교육의 교육적 프로그램은 아직도 미비한 점이 많이 있다.

프로그램이 미비한 이유는 국내에서 실시되고 있는 노인 교육 대부분은 노인학교 설립자의 자의로 운영되고 있다. 결국 이렇게 설립된 노인학교는 노인학교교육법에 의한 형식이나 절차를 밟아 등록하지 않고 시설, 장소, 교육내용, 학습시간, 강사, 자원조달 등 설립자에 의해서 결정되고 운영되기 때문에 그 숫자 파악이나 운영 실태 파악이 어려운 실정이다. 또한 일반 노인들이 노인학교 프로그램에 참여하려면 회비, 교통비, 점심값 등 약간의 경비가 들기 때문에 저소득층 노인들에게는 재정적인 부담을 주고 있다. 만약 이들 노인학교가 국가적으로 재정 지원을 받아 운영한다면 저소득층의 부담을 완화 시켜줄 수 있지만, 현재로는 보건복지부나 교육부의 어느 쪽의 지원도 제대로 받지 못하고 있어 시설과 재정이 빈약하고 전문성이 부족하여 운영상 많은 문제점을 갖고 있다.

일반적으로 교회에서의 노인 교육프로그램은 교회 노인들의 신앙생활에 관련된 교회학교의 '노년부'와, 교회 노인을 비롯한 지역의 일반 노인을 대상으로 사회봉사 차원에서 제공하는 '노인학교' 두 가지로 나눌 수 있다.

교회학교 노년부는 이름 그대로 노인들이 주일 또는 평일을 택하여 성경을 공부하고 복음을 전파하며 영적인 성장을 목표로 하는 평신도 중심의 신앙 교육이다. 이에 비해 노인학교는 좀더 구체적이며 교육적인 측면을 가미하여 교회에 나오지 않는 지역 노인들도 포함하여 그들의 노후 생활에 필요한 지식, 기술, 정보를 제공하고, 동시에 그리스도의 진리와 사랑을 전해 주는 교육 봉사이다. 따라서 노인학교를 운영하는 각 교회는 그 설립 목표와 학습 내용을 설정할 때 노인 성도들의 신앙 성장을 위한 교육 내용과 지역 노인들의 성공적인 노년 생활을 위한 교육 내용을 적절하게 배분하고 이에 걸맞은 프로그램을 개설하는 것이 필요하다. 즉, 신앙 성장을 위한 교육과 사회교육 측면의 내용이 포함되어야 한다.

6. 노인문제에 대한 교회의 역할

1) 영적성장을 통한 존엄성 회복

노인들에게 있어서 경제적, 사회적, 가족의 문제뿐 아니라 종교문제 또한 대단히 중요한 인생의 한 부분이다. 때문에 노인들의 종교적 삶은 소중하게 다루어져야 한다. 특히 영적인 성장은 곧 상실된 존엄성과 역할에 대한 보충적이며 보완적인 작용을 하기 때문에 교회가 역할 상실에 대한 보충적 지원 형태로 노인문제를 신앙적인 각도에서 바라본다면 좀더 근본적인 노인문제 해결에 접근할 수 있을 것이다. 하나님과 함께 하는 노년의 삶을 살도록 교회는 영성훈련 세미나, 성지순례, 성경학습, 성경통독, 영성개발과 같은 프로그램들을 노년기에 접어든 그들에게 적합하도록 구성, 조정하여 제공해 줌으로서 그들의 신앙의 질을 높일 뿐 아니라 이로 인하여 자아의 가치관을 새로이 정립할 수 있는 기회를 주어야 할 것이다. 실제로 가장 쉽게 영성을 잃어버릴 수도, 가장 쉽게 회복할 수도 있는 시기가 바로 노년이다.

많은 교회에서 노인을 위한 프로그램을 운영하고 있지만 이러한 영성을 바탕으로 한 프로그램보다는 강좌, 세미나, 캠프 등 흥미 위주의 프로그램으로 일관하는 것이 현실이다. 그들에게 진정 필요한 것은 오히려 육신의 평안함보다 영혼의 평안함이기 때문에 이러한 점에 더욱 관심을 가져야만 한다.

하나님과 함께 하는 노년의 삶은 결코 인생의 황혼기가 아니며 일반적으로 이해하는 소외와 슬픔과 상실의 시기는 더욱 아니다. 시편 92장 14절에서는 "늙어도 결실하며 진액이 풍족하고 빛이 청청하여 여호와의 정직하심을 나타내리로다"라는 말씀은 노인들이 오히려 결실의 결과이며 여호와의 사랑을 입은 자임을 설명한다. 사도 바울 역시 노인을 인생의 모든 역경의 통과자요 승리자로 묘사하고 있다. "그러므로 우리가 낙심하지 아니 하노니 겉 사람은 후패하나 우리의 속 사람은 날로 새롭도다"(고후 4:16). 이런 의미에서 노년의 삶은 생물학적으로 노쇠하여 가지만 신학적으로는 오히려 새로운 속 사

람의 생명이 약동하고 날로 새로워지는 시기로 파악할 수 있다. 이런 의미에
서 노인들의 영적인 회복과 성장은 곧 그들이 잃어버렸던 존엄성과 상실된
역할 회복으로 이어질 수 있다.

2) 가정역할 보조자

경제적, 사회적인 문제들이 노인들이 겪는 가장 심각한 문제로 받아들일
수 있겠으나 무엇보다도 노인들이 진심으로 바라는 것은 마음의 안정과 위안
이다. 교회는 가정에서 역할을 상실한 노인들을 위한 가정의 역할을 보조해
줄 수 있는 보조자로서 기능할 필요가 있다. 상처받고 의지할 곳 없는 노인을
위하여 교회는 편안한 가정과 같은 기능을 도모할 수 있어야 한다. 가정으로
서의 교회가 이루어야 할 과제는, 우선 지역사회에 속한 노인들의 심리를 파
악하고 그들을 정신적으로 안정시켜 줄 수 있는 교육받은 전문요원을 준비하
는 것이다. 노인심리에 대한 이해 없이 그들에게 진정한 서비스를 제공하는
것은 결코 쉬운 일이 아니다. 현재 교계 차원에서 노인의 심리 · 사회적인 측
면을 고려하여 이들에 대한 구체적인 서비스를 제공하려는 움직임은 부단히
일어나고 있지만, 실질적으로 활성화되지는 않고 있다. 아직까지는 이 부분
에까지 관심을 두지 못하고 있는 것이 한국 교회의 현 주소이다. 몇몇 대교회
에서는 이것을 실용화하여 프로그램화하고 있으나 여전히 그 수는 매우 미흡
한 실정이다.

이런 구체적 도움의 단계가 확산되어 질 때 교회가 노인들을 향한 가정으
로서의 역할을 충분히 감당해 나갈 수 있을 것이다. 이런 실제적 도움의 자리
가 형성되기 위해서는 위에서 언급한대로 교육과 훈련받은 전문가와 전문적
인 프로그램이 요청된다. 시혜적이며 일시적인 노인정 방문과 양로원 방문
등으로 할 바를 다했다고 주장할 것이 아니라, 꾸준한 노력과 조직적인 체계
가 교회 구조 속에 자리잡을 때 가정으로서의 교회가 형성될 것이라고 본다.

노인들이 교회 안에서 가정의 편안함을 느낀다는 것은 결국 자신들의 능

력이나 존재가 교회 안에서 부담 없이 수용되는 것을 의미하며 자신의 생애를 통하여 쌓아온 기술, 학문 또는 경험들이 최대한 발휘할 수 있는 장을 만들어 주는 것이다. 이를 통하여 노인들은 사회와 가정으로부터의 소외에도 불구하고 위안을 얻을 수 있을 것이다. 그러나 그들의 능력이나 기술도 한계를 가질 수밖에 없다. 이 한계성을 느낄 때 또 다시 소외감이나 한계점에 부딪힐 수밖에 없다. 교회는 이러한 노인들의 특성을 잘 감지하고 또 새로운 교육의 기회를 제공함으로서 교회에서 자신들의 부족한 점이나 모순까지도 수용할 수 있다는 생각을 가질 때 진정한 가족 관계가 형성될 수 있는 것이다.

3) 사회교육 제공자

노년의 자존심을 보존하는 것은 결국 자신이 가치 있는 존재라는 사실을 발견할 때만이 가능하다. 그러나 실제로 노인들이 자신의 삶이 가치 있는 삶이라고 규정하기까지는 많은 시간과 노력이 필요하다. 이러한 자긍심의 함양은 결국 교육으로 가능하다고 보는데, 이런 의미에서 노년에 적당한 교육은 참으로 의미 있는 일이 아닐 수 없다. 1997년 7월 16일자 영남일보에 대구시 노인종합복지관과 안심노인학교에서 노인여름캠프와 노인·아동 연합 여름캠프를 1박 2일 간 개최한다는 기사를 게재하였다.[319] 노인들을 위하여 어린이들과 어울릴 수 있는 캠프를 준비하였다는 것은 단순히 노년의 삶을 행복하게 하겠다는 의지보다는 교육적인 측면을 강조하고 있는 것이다. 교육함으로서 노인들도 원만하고 아름다운 노년을 맞이할 수 있다. 많은 교회에서 노인대학, 특별강좌, 노인들을 위한 꽃꽂이 강습회, 컴퓨터강좌 등 여러 가지 프로그램을 도입하여 재교육기관으로서의 역할을 감당하려 하고 있다. 이러한 일들은 결국 노인들이 도태될 수밖에 없는 시대적 상황 가운데서 그들의 능력을 격려함으로서 급격하게 변화는 사회 안에서도 꿋꿋하게 적응할 수 있는

---

319) 영남일보, 1997년 7월 16일자 사회면.

힘을 제공하려는 노력인 것이다. 이러한 급격히 변화하는 사회 속에서 적응하지 못하고 자신들의 외형적, 내형적 노화만을 인식하게 된다면 심각한 소외감에 빠져들 것이다. 따라서 노인들의 사회 부적응을 통하여 발생하는 소외감을 극소화시키려면 그들에게 사회적응훈련 프로그램을 제시해 주어야 한다. 노인들의 사회적응을 위하여 구체적으로 교육해야 할 내용들은, 지하철 이용방법, 관공서 이용방법과 농촌 노인들의 도시 적응훈련 등 기본적인 생활 속의 지식들을 들 수 있다. 급속한 변화가운데서도 노인들이 생존할 수 있도록 교회는 일반적인 프로그램의 진행보다는 노인들의 실생활에 실질적 도움을 줄 수 있는, 즉 환경의 변화에 적극 대처해 나갈 수 있는 재교육은 결정적인 역할을 할 수 있다.

재교육의 중요성에도 불구하고 모든 노인들이 다 재교육의 대상이 되는 것은 아니다. 이러한 재교육은 교육의 정도와 노인들의 건강상태 등을 고려하여 실시되어야 하며, 일방적이고 획일화된 교육내용은 가능한 지양해야 할 것이다. 물론 교회가 많은 노력을 해야겠지만 그들의 지적 능력, 학습 능력에 따라 재교육을 실시한다면 가일층 효과 있는 적응의 기회를 제공할 수 있을 것이다. 교회란 모두가 하나님의 자녀이며 하나님 앞에서는 존엄성을 지닌 하나의 독특한 개인이라는 사실을 노년에도 적용할 수 있는 기관이어야 한다. 따라서 그들의 유무식을 불문하고 교회가 사회에 적응하는 데 도움을 줄 수 있다면 건강하고 바른 노년생활을 즐기게 할 수 있지 않을까? 모두에게 골고루 부여된 하나님의 권리를 그들의 상황 즉 그들의 나이, 종교, 능력에 따라 한정되어서는 안 될 것이며, 교회는 바로 이러한 노년의 삶이 모두가 평등하고 아름답게 진행되도록 지대한 관심을 가지고 노인문제를 바라보아야 한다.

4) 중재자

91년 유엔 총회가 지정한 노인들을 위한 특별한 날(매년 10월 1일) 기념 학술 세미나가 성공회대학교 주관으로 1995년 9월 27일 서울문화회관 대강당에서 열렸다. '한국의 노인과 세계의 노인'을 주제로 열린 이 세미나에서 성공회대 이가옥 교수는 발표를 통해 '우리 나라 전체 인구의 9%를 차지하는 60세 이상 노인 가운데 54%가 자녀와 따로 생활하고 있으며, 노인 55% 이상의 한달 수입이 최저 생활비 20만6천원 이하여서 스스로 경제 사정이 매우 어렵다고 느끼고 있다'고 지적했다. 그러나 1999년 정부의 노인 복지 예산이 전체의 0.12%인 6백 12억 원에 불과해 일본의 17.3% 중국의 2.9%에 비해 크게 낮은데도 거의 방치되어있는 실정이라고 이교수는 지적했다.[320]

노인 복지 예산이 최저 생계비에도 못 미치는 0.12%밖에 안 된다는 것은 국가가 노인들을 위한 정책을 입안할 때, 올바른 방향을 제시해 줄 단체가 없다는 것이 문제이기도 하다.

아울러 강남대 고양곤 교수는 'OECD(경제 협력 개발 기구) 회원국 등 선진 외국에서는 일찍부터 고령 노인들을 위한 소득 보장, 의료보험, 주택, 사회 복지 서비스 등을 다양하게 개발해 왔다'고 상기시켰다.[321] 고교수는 선진 외국이 우리 나라와 비교할 수 없을 정도로 노인 복지 예산을 높게 책정하는 등 노인들의 삶의 질을 제고하기 위해 적극적 행정을 펴는 것은, 노인 부양을 사회 책임이라고 인식하기 때문에 가능하다고 피력하였다. 그러나 우리 나라의 현실을 볼 때 노인들에 관한 관심이 결코 높지 않으며, 따라서 획기적인 인식의 변화와 함께 노인 복지의 올바른 혜택이 당사자인 노인들에게 돌아 갈 수 있도록 누군가가 중재 또는 대변자의 역할을 해 주어야 한다고 주장하였다. 이는 곧 국가에만 책임을 미룰 것이 아니라, 교회가 효과적으로 국가를 견제할 수 있는 세력이 되어야 함을 의미하는 것이었다. 대변자로서의 교회의 직무를 충실히 수행하기 위해서는 교회에 산재한 전문가 즉 사회, 경제, 정치, 법조계를 망라한 많은 인적자원을 교회 또는 총회 차원에서 잘 활용할 수 있는 방안을 마련함으로서 좀더 원활하고 효과적인 결과를 도출해 낼 수 있다.

320) 국민일보, 1995년 9월 28일자 종합면.
321) 국민일보, 1995년 9월 28일자 종합면.

5) 건강 상담 및 치료자

예수 그리스도의 사역은 도움과 치료를 통한 변화의 사역으로 규정지을
수 있다. 그리스도의 사역이 많은 불우한 사람들의 복지와 치료에 중점을 두
었음을 볼 때 오늘날 교회의 사명 역시 치료자적 위치에 서야함은 당연한 일
이다.

위에서 언급한대로 노인들이 겪고 있는 심각한 문제 중의 하나가 건강문제
이며 의료문제이다. 많은 노인들이 이러한 문제에 방치되어 있으며 국가 차원
에서 충분하게 문제가 해결되지 않고 있다. 그렇다고 해서 노인들의 문제를
계속 방치해 두어야 할 상황은 더더구나 아닌 것이다. 따라서 교회는 국가가
생각하지 못하는 제3의 분야에 관심을 가지는 새로운 시각이 필요하다. 지방
자치 단체에서만이 이러한 시설에 관심을 가지거나 민간단체에만 미룰 것이
아니라 교회가 영혼 구원의 차원에서 적극적으로 개입해야 할 시점이다.

현재 우리 나라에는 노인 전문 병원이 전무한 상태이며, 정부지원 노인보
건센터를 갖춘 곳이 겨우 몇 개 있을 뿐이다. 치매전문요양시설도 서울 중계
동에 95년 8월에 개원한 것 하나뿐이다.

치매노인 돕기 행사를 주관한 사회복지법인 '사랑의 전화' 심철호 회장은
'최근 들어 노인문제에 관심을 갖는 사회 분위기가 확산되고 있는 것은 바람
직하나 모두 생색내기에 그치는 것 같아 아쉽다' 며 생각보다 훨씬 많은 노인
들이 질병에 시달리고 있는데도 대부분 병원에 갈 형편이 못돼 방치되어 있
다고 지적했다. 실제로 노인복지시설에 수용되어 있는 노인들은 그나마 어느
정도 의료 시설의 혜택을 누릴 수 있지만, 그러나 수용 시설 밖에 있는 노인
들에게 있어서는 실질적 의료혜택을 기대하기란 어려운 일이다. 단순히 국가
적 의료 서비스의 문제가 아니라 그들이 의료 서비스를 받을 수 있도록, 자신
들의 의지로 의료 서비스를 받을 수 있는 단계에 나아가도록 격려하고 또 안
내해 줄 역할이 필요하다. 이러한 의미에서 교회는 수용 시설 안에 있는 노인
들 좀더 국가에서 지원하지 못하는 소외된 노인들을 찾아 의료 혜택을 누릴

수 있도록 교회 차원에서 시도해야만 한다. 물론 국가에서 제공하는 의료보험이 있지만 무의탁, 독거노인에게 의료비는 무거운 짐일 수밖에 없고, 또 그들 스스로 의료 서비스를 받는 일은 결코 쉬운 일이 아니라는 사실을 교회는 인지하여야 한다.

제3절 청소년문제

1. 사회의 변동과 청소년문제

청소년문제란 청소년들이 가정이나 단체, 그리고 사회에 적응하지 못하여 발생하는 제반 문제로서, 청소년 범죄문제, 일탈문제, 비행문제, 가출문제, 폭력문제, 자살문제, 미혼모문제, 성문제, 마약 및 중독 문제 등을 포함한다.

청소년 비행과 관련된 문제 즉 가출, 미혼모, 매춘, 약물중독 등은 심각한 사회문제로 등장하고 있다. 교회는 미래에 이 땅의 주인이 될 청소년을 바른 길로 인도하고 보호하기 위하여 청소년 관련 문제에 대하여 깊은 관심을 표명해야 한다.

전통적인 한국 농촌사회에서는 청소년들이 사회적으로 충분한 역할을 감당하였다. 조기결혼은 성적 또는 사회적 갈등 유발을 저지하는 데 큰 도움이 되었다. 그러나 현대 산업사회에서는 고도의 전문기술과 숙련된 기술을 요구하기 때문에 교육의 기간이 늘어 날 수밖에 없고, 이로 인하여 젊은이들의 결혼이 늦어지게 되면서 사회적, 성적 역할의 갈등에 부딪힐 수밖에 없다. 청소년의 성(性)문제는 먹거리 문화의 변호에 따른 신체발달과 더불어 밀려오는 쾌락주의가 짧은 기간 내에 청소년들의 생리적 성적 성숙을 촉진시켰다. 그러나 사회적 역할을 할 수 있는 나이가 늦어짐에 따라 청소년들은 과거세대보다 훨씬 어렵고 힘든 기간을 보내야 한다.

일반적으로 청소년 비행은 가족 구성원, 친구 관계, 그리고 대중매체와 다른 요소들에 의한 교육적 환경의 차이에서 오는 갈등의 소산이라고 볼 수 있다. 대부분 청소년 비행의 원인은 가족문제에서 연유되고 있다. 법무부 교정국의 자료에 의하면, 52.8%의 비행청소년이 일탈가족에서 발생함을 알 수 있다.[322] 특별히 부모와의 갈등이 청소년들을 가정에서 분리하는 한 요인이 되며, 가족분쟁은 청소년들로 하여금 또래에게 관심을 돌리는 원인이 되고 있다. 가출하는 청소년들이 비행선상에 있다고 간주하는 이유가 바로 여기에 있다. 놀랍게도 비행 청소년의 65%가 가출을 경험하였다고 보고되었다. 따라서 가족기능의 약화는 곧 청소년비행의 주요한 원인이 된다. 청소년 비행은 그 빈도에 있어서 증가추세에 있을 뿐 아니라 그 내용 면에서도 좀더 조직적이고 잔인해지고 있어 더욱 문제를 심각하게 만든다. 또한 비행 연령이 점점 낮아지고 있다는 데도 문제가 있다.

부모의 문제와 함께 형제, 자매간의 정서적 관계도 청소년 비행의 한 요인이 되고 있다. 청소년 비행을 일으킨 형제, 자매와 그렇지 않은 청소년 가족정서와는 구조상 많은 차이점이 발견되고 있다. 12.5%의 비행청소년과 25%의 일반청소년은 형제와 자매가 그들에게 깊은 관심을 표명해 준다고 대답하였다.[323] 그러나 그들을 무시하거나 적대심을 갖는 항목에서는 비행청소년의 반응이 일반 청소년보다 훨씬 높았다.

친구 역시 청소년 비행에 영향을 미친다. 서울 소년소녀감별소의 자료에 의하면, 소년의 첫 번째 범죄 동기는 친구와의 관계였고, 그 다음이 우연히 범죄에 가담한 것이었다.[324] 친구들과의 좋지 못한 관계는 결국 청소년들이 범죄에 우연히 가담하든 그렇지 않든 간에 상당한 영향을 미치고 있음을 알 수 있다. 소년범죄와는 대조적으로 소녀범죄는 가장 많은 경우 우연히 범죄

322) 전재일, 양점도, "청소년 가정 환경적 요인 특성", 『사회복지연구』, p.66.
323) Moo-youl, Choi, op. cit., p.83에서 재인용.
324) 서울소년소녀감별소, 『비행소년의 감별』(1985.), p.40.

에 가담하였고 그 다음이 친구와의 좋지 못한 관계에서 비롯된 것이었다. 이러한 현상은 좋지 못한 친구 관계가 청소년 범죄에 얼마나 심각한 영향을 미치는지를 단적으로 말해준다.

청소년 범죄를 야기하는 또 다른 문제는 청소년에 대한 부모들의 지나친 간섭이다. 이는 주로 학생들을 좋은 상급학교에 진학시키기 위하여 일방적으로 엄격히 학교교육을 강조하거나 공부에만 매달리게 하는 경우이다. 경쟁사회 속에 살아가는 부모들은 그들의 삶의 가치를 그렇게 설정하고 이러한 가치에 기인하여 그들의 자녀들을 가르치고 성공적 삶을 강요하기 때문에 자녀들과의 갈등을 초래할 수밖에 없게 된다. 진실된 삶의 가치나 총체적 인간의 원리 등은 철저히 배제한 채 부모들로부터 이식된 왜곡된 가치는 결국 자녀들로 하여금 이기적이며 다른 사람의 감정에 대한 무시, 그리고 충동적인 인격형성을 부추기게 된다. 좋은 학교에 진학해야 한다는 강박관념이 한국 청소년들에게 가장 두렵고 피하고 싶은 주제인 것으로 보고되고 있다. 이러한 억압 때문에 청소년들은 그들의 부모의 요구와 기대에 부합할 수 없다는 자신감의 상실로 자살로 내몰리고 있는 것이다.

2. 가출청소년문제

한국청소년쉼터협의회 2003년 추정치에 의하면 매년 가출하는 청소년이 710만 명이라고 한다.[325] 또한 YMCA(1998)의 조사에 따르면 서울시내 중고등학생(2,374명)의 11.7%가 가출경험이 있고 76.4%가 가출 충동을 느껴본 경험이 있다고 응답했다.[326] 이런 현상으로 보아 우리 사회의 가출 청소년의 문제는 어쩌면 가장 심각한 문제로 등장하지 않았나 생각해 볼 수 있다. 이러

---

325) "집 좁아서…친구 데려온 적 없어요", 중앙일보, 2004년 3월 29일, 제5면.
326) 홍인종, "청소년 가출", 『교육교회』(장로회신학대학교 기독교교육연구원, 2000년 11월호 통권 285호), p.43.

한 가출의 문제는 해마다 그 수치가 점차 증가하고 있다는데 심각성을 두지 않을 수 없는 것이다.

〈표7-1〉 가출 청소년 현황

년도	1998	1999	2000	2001	2002	2003
명	15,316	17,894	18,442	18,276	14,865	13,374

출처: 경찰백서(2003).

위의 자료에 따르면 가출 청소년 현황은 98년부터 1만 3,000명-2만 명 선을 유지하고 있다. 하지만 이 현황 통계는 확인된 가출 청소년에 근거한 것이기 때문에 실제 가출 청소년은 이 수치를 훨씬 웃돌 것으로 평가된다.

이렇게 심각하게 발생하고 있는 청소년 가출의 원인은 우선 먼저 청소년 개인의 충동억제력 부족, 학습장애 등으로 볼 수 있지만, 가장 중요한 원인은 가정환경이다.

YMCA 청소년 사업부 조사에 의하면 가출 충동을 가장 많이 느끼는 상황에 대해서 부모와의 갈등49.9%, 부모와의 불화 5.3%, 부모의 폭행 학대 2.5% 등 부모님과의 관계에서 갈등을 겪거나 어려움일 때인 것을 알 수 있다. 따라서 청소년의 가출은 부모와의 관계에서의 어려움이나 갈등을 피하고자 가족을 떠나는 일종의 도피행위로 볼 수도 있다.[327] 결국은 가정이라는 터전이 그들의 성장발달에 부적합하기 때문에 숨쉴 공간을 찾아 탈출(가출)하게 되는 것이다. 가족구조나 가정 분위기 또는 부모의 자녀에 대한 훈육 태도나 이해의 정도에 관한 다양한 연구들은, 가출이 청소년 자신만의 문제가 아니고 가족 전체 문제에 대한 자녀의 표현일 뿐이라는 데 의견을 같이한다. 결손가정이나 양부모에 의해 양육되는 재구성된 가정에서의 부적응, 부모의 약물 중

---

327) 홍인종, *op. cit.*, pp.43-44.

독이나 알코올 중독, 부모의 폭력 행사, 가정 경제의 파탄 등도 청소년가출의 원인이지만 좀더 직접적인 원인은 부모자녀 관계에 있어서 심리적인 이해나 공감대의 유무이다. 부모와 자녀의 의사소통구조가 어떻게 형성되느냐가 가출 및 비행에 더 결정적인 영향을 미친다. 특히 부모의 자녀에 대한 훈육 태도는 청소년들의 사회화 과정과 비행행동에 결정적인 영향력을 행사한다.

대한성공회 봉천동 나눔의 집 청소년 쉼터에서 1996년에 실시한 조사연구 10대 청소년의 생활세계에 따르면, 언제 집안에서 가출하고 싶은 충동을 느끼게 되느냐는 질문에 대해 34.0%의 청소년들이 부모님이 무작정 야단을 치거나 때릴 때라고 응답한 데서 부모의 강압적인 훈육 태도, 특히 납득할 수 없는 구타나 책망이 청소년에게 가출하고 싶은 충동을 느끼게 함을 알 수 있다. 부모님이 하고 싶은 일을 못하게 할 때(27.9%)나 성적이 예상보다 나쁘게 나왔을 때(14.3%)란 응답도 많이 나왔는데, 이는 현재의 입시위주의 교육제도 아래에서 성적과 진학 문제와 관련된 부모자녀간의 의견, 희망의 차이가 부모-자녀관계에서 스트레스를 유발하는 직접적인 원인이 됨을 암시해 주는 결과라고 해석할 수 있다. 부모가 자녀가 하고 싶어 하는 일을 못하게 하는 이유가 주로 학업과 관련된 것들이고, 실제로 많은 청소년들이 상담 기관 등에 호소하고 있는 대부분의 문제가 입시와 관련된 부모와의 의견 차이임을 볼 때 이러한 사실을 확인할 수 있다. 학업성적 문제가 가족 내부, 주로 부모와의 관계에서 스트레스와 갈등을 유발하고 이에 대해 효과적인 대처방법을 찾지 못한 청소년이 가출충동을 느끼게 된다는 사실은 가출이 청소년 자신만의 문제가 아닌 부모를 포함한 가족 전체의 문제임을 말해주고 있다. 이 밖에도 부부 싸움을 심하게 할 때(19.3%)란 응답도 높게 나타나 부모-자녀간의 스트레스뿐만 아니라 부부사이의 갈등이 청소년들의 정서에 부정적인 영향력을 미침을 알 수 있다.

청소년 가출의 또 다른 환경요인은 학교이다. 가출은 곧 교출로 이어진다. 친한 친구가 없이 외톨이인 경우, 학업성적에서 오는 상대적 열등감이나 교사들로부터의 낙인, 입시와 성적에 대한 중압감, 비행집단과의 관계 등이 청소년 가출과 관련된 요소이다. 청소년들은 학교에 대한 애착을 갖지 못하고 비행집단에게 인정받고 용기를 과시하기 위해 가출을 하거나 비행집단과 집단적으로 가출을 하게 된다.

가정과 학교가 청소년들을 가정과 학교로부터 밀어내는, 벗어나게 하는 요인인데 반해, 가출청소년이 학교와 가정을 포기하고 문제행동을 더 오래 지속, 안주하게 하는 요인은 바로 사회 환경이다. 향락산업의 발달과 유해환경의 노출, 매스미디어의 무분별한 정보 제공, 실수나 실패를 한 청소년들을 용납하지 않고 소외시키며 낙인찍는 사회가 바로 그것이다.

청소년 가출은, 청소년의 탈출하고자 하는 욕구, 가정과 학교의 이들을 밀어내는 힘, 청소년들을 유인하는 유해한 사회 환경 등의 3가지 요인으로 발생한다.

가출 청소년을 어떤 시각과 관점으로 보느냐에 따라 이들을 위한 도움과 서비스의 양상은 달라지는데, 긍정적인 시각에서 부정적인 시각까지 다양한 관점들이 존재한다

가출 청소년은 문제집단이고, 사회에서 문제를 일으키는 집단이며, 못된 아이들로 보는 입장이 있는가하면, 청소년 가출을 포함한 일탈행동들은 대부분 아동에서 성인으로 이전되는 청소년기에 일어나는 성장과정의 일부이며 통과 의례적인 것으로 보는 관점도 있다. 또 다른 시각은, 가출청소년은 혼란스럽고 자연스럽지 못한 발달과업에 몰입되어 있거나 유해한 부모의 영향에 노출되어 있으므로 전문상담과 사회의 보호가 필요한 아이들로 보는 것이다. 이처럼 청소년의 가출은 자립의지의 표현이라는 긍정적 시각과 복합적이고 다양한 사회현상에 노출되어 많은 문제의 근원이 된다는 부정적 시각까지 다양하게 존재한다. 그러나 오늘날 갈수록 증가하는 가출이 비행을 동반하면서 새로운 사회문제로 대두됨을 볼 때, 이제는 가출을 비행, 범죄와 연결되는 전단계로 이해해야 하며 좀더 체계적이고 전문적인 개입이 필요하다

청소년문제의 특징은 이렇게 가정에 대한 불만 외에도, 학교생활 부적응,

유해환경의 문제, 개인적 요소 등 한 가지 이상의 복합적 요인이 상호작용하게 된다는 것이다. 최근 청소년 가출은 부모로부터의 독립이나 희망하는 공부나 취직, 직업훈련을 받기 위한 욕구에서 이루어지는 자립지향적 가출보다는, 환경도피적, 무목적적 가정 탈출형이 늘어나고 있다. 즉, 가정, 학교, 지역사회에 대한 강한 갈등과 욕구불만을 해소하기 위하여 가출을 선택하거나 가출을 외박 정도로 가볍게 생각하거나, 새로운 체험에 대한 동경으로 친구와 함께 가출하는 경우가 늘어나고 있다. 가출 경험 청소년뿐만 아니라 비가출, 일반청소년의 경우에도 가출 충동의 욕구를 경험한 청소년이 49.7%로 집계되어 직접 가출을 하지 않더라도 가출 가능성이 있는 청소년의 수가 많음을 알 수 있다.

4. 청소년 가출의 문제점

청소년 가출이 더욱 문제시되는 것은 가출로만 끝나는 문제가 아니라는 것이다. 청소년 가출은 유해한 환경에 접근하기 쉽게 하며, 청소년 비행으로 연결될 가능성이 굉장히 높다. 그리고 장기적인 가출 청소년은 유흥비 마련이나 생활비 마련으로 유흥업소나 윤락가에 발을 들여놓을 수도 있으며, 문란한 성관계로 인한 미혼모의 문제도 야기될 수 있다.[328] 집에서 나온 청소년들은 살아남기 위해서 필사의 노력을 하게 된다. 구걸을 하고 훔치고 일자리를 구한다. 사회에서는 비행이라고 부르는 것들이 청소년이 알고 있는 유일한 생존방법일 때가 있다.[329] 또한 거리에서 성에 쉽게 노출이 되고 성을 매개로 살아가는 경우가 많아 이로 인해 원하지 않는 임신을 하게 되고 어떻게 대처해야 할지 모르고 출산을 하고 낙태하기도 한다.[330] 그리고 이들이 다시 가

---

328) 임막례, "청소년의 가출 요인과 실태에 관한 연구: 경기도 중고등학생을 중심으로", 『서울신학대 상담대학원 석사 학위 논문』(2001년 2월), p.55-56.
329) 김지혜, 『가출 청소년 사례관리 지침서』(서울: 나눔의집, 2001.), p.13.
330) Ibid. pp.31-32.

정이나 학교로 돌아온다 하더라도 학교에 제대로 적응하지 못하게 되어 진로에 치명적인 타격을 입기도 한다.[331]

예를 들면 가출 청소년들은 친구의 부모님들이 전혀 알지 못하게 하기 위해 창고나, 주차장 등을 숙박공간으로 이용하고 있으며, 그곳으로 몰래 음식물을 나르거나 이불 등의 물품을 제공해 주기도 한다. 또래집단이나 선배 등과 함께 집단가출을 한 경우, 여관(19.0%)이나 공가(8.0%), 터미널의 대합실(5.1%) 등을 이용하는 것으로 나타났는데, 집단가출자들의 경우 타인으로부터 제지를 받지 않는 공간을 이용하기 때문에 집단혼숙을 하거나 본드, 부탄가스 등의 환각제를 흡입하는 경우가 많아 문제가 더욱 심각하다. 가출은 비행을 재생산해내는 전제조건으로 보이며 집단가출이 아니더라도 많은 경우 약물, 성, 집단폭행, 절도, 유흥업소출입 등의 공통적인 문제를 보여주고 있다. 더욱이 가출청소년은 가출기간동안 즐겨야 할 유흥비, 생계비 마련을 위해 유흥업소에 취업하여 접객행위를 일삼거나 절도와 폭력 등으로 금품을 갈취하는 등 심화된 비행양상을 보여주고 있다. 특히 가출한 이후에 의식주를 해결하기 위해 유흥업소에 취업하는 경우, 유흥업소의 업주들은 가출청소년들이 숙식할 수 있는 곳이 필요한 것을 악용하여 이들을 저임금으로 고용할 수 있다는 점에서 서로의 이해관계가 부합되고, 결국 장기가출을 조장하고 있어 청소년문제의 심각성을 더하고 있는 실태이다.

이렇듯 가출은 가출자체가 갖는 문제의 심각성 외에도 약물, 성문제, 폭행, 도벽, 절도 등의 비행을 동반하여 범죄로 연결되고, 저연령화과 집단화를 통해서 건강한 청소년기의 가장 유해한 환경이 되고 있다.

1) 교회의 대응

산업화 이후 교회에서는 다양한 접근방법으로 선교활동을 지속했다. 주로

---

331) *Ibid*, p.29.

빈곤지역에서 아동과 청소년을 위한 탁아소와 공부방, 어머니들을 위한 어머니교실, 노동자들을 위한 야학, 무료진료 등 지역사정에 맞는 활동을 전개해왔다. 이런 활동들 가운데 가출 청소년 쉼터는 선교영역과 사회복지영역이 조화를 이루면서 진행되어온 프로그램이다. 교회들이 가출 청소년의 문제에 관심을 가지게 된 것은 빈곤이나 노동지역에서 활동을 하면서 좀더 심화된 청소년문제를 접하게 되고 이 문제를 보다 효과적으로 해결하려는 노력에서 시작되었다. 앞에서 서술한대로 가출청소년의 문제는 다양하고 복잡하기 때문에 장기적이고 전문적인 활동이 요구된다. 이러한 측면에서 교회에서 운영하는 청소년 쉼터는 민간이나 관에서 운영하는 쉼터와는 차별성을 갖는다. 일반기관의 쉼터들이 상담과 보호에 중점을 둔 서비스를 행한다면, 교회에서 운영하는 쉼터들은 전문적인 상담, 보호 서비스 외에도 기독교 윤리와 치유에 사역에 입각한 공동체에 관심을 둔다. 대한성공회에서 운영하는 신림동 청소년쉼터 '우리세상'은 교회에서 가출청소년에게 관심을 가져야 하는 이유에 대해서 다음과 같은 신앙적 배경을 이야기한다.

"낮은 자, 보잘 것 없는 자, 상처받은 자, 초대받지 못한 자를 치유하고 섬기는 것은 교회의 본분이다. 가정으로부터 억압받고, 학교로부터 낙인찍히고, 사회로부터 버림받은 가출청소년들에게 하나님의 평등사상에 입각하여 그들을 존엄한 하나님의 지체로 회복시키기 위해 가출, 비행 청소년을 우선으로 섬기려 한다. 가출, 비행 등의 문제 청소년을 만나는 일을 통해 가난과 고통과 소외된 자를 그들의 본래의 자리, 하나님의 자녀의 자리로 되돌려 보내는 것은 하나님이 우리에게 주신 소명이라고 생각한다. 성경에 '내 형제 중에 지극히 작은 자 하나에게 한 것이 나에게 한 것'(마25:40)이라고 말씀하셨다. 또 구체적으로 가난한 자들의 고통을 해결하기 위해 제시한 방법으로는 '주릴 때 먹을 것을 주었고, 목마를 때 마시게 하며, 나그네 되었을 때 영접하고, 벗었을 때 입히며, 병들었을 때 돌보고, 옥에 갇혔을 때 와서 봄으로써(마25:35-36)' 등으로 표현되었다. 모든 청소년을 위한 다양한 사업을 하지만 가출청소년문제를 교회에서 복음의 메시지 특

히 가난과 상처에 찌들어 살아나가기 조차 힘겨운 청소년들에게 일차적 관심을
두고 예수님이 하셨듯이 따뜻하게 먹이고, 입히고, 사랑으로 포용할 것이다."

1990년대 초부터 가출청소년문제가 사회문제화 되면서 쉼터가 활성화되
었는데, 이보다 앞서 교회에서는 1980년부터 빈곤지역을 중심으로 가출 비행
청소년을 만나기 시작했고, 함께 살면서 보호에 중심을 둔 쉼터를 시작하였
다. 1990년대가 되면서 좀더 전문적인 접근이 이루어졌으며, 1996년 대한성
공회 청소년쉼터가 단기치료모델을 내놓으면서 쉼터의 전문화된 치료적 접
근에 새로운 계기를 가져왔다. 가톨릭에서는 가정공동체형태의 장기 그룹홈
이 진행되어왔고, 1998년에는 전국 32개의 쉼터를 엮는 '청소년상담소 쉼자
리 전국연합회'가 결성되어 각 교단이 정책적으로 가출 청소년의 문제에 대
처하기 위한 쉼터가 활성화되었다.

이러한 쉼터들은 각각 운영의 차별성은 있지만 비교적 가출 청소년 쉼터
로서의 전문 역량을 가지고 있는 곳이다. 기독교장로회에서 운영하는 '은행
골 우리집'과 '들꽃 피는 마을'은 가정의 기능과 대안학교의 기능에 초점을
많이 두고 있으며, '민들레 쉼터'와 '새날을 여는 청소년 쉼터'는 가족 치료
적인 접근에 중점을 두고 있다. 특히 '새날을 여는 청소년 쉼터'는 감리교 여
성회에서 운영하는데 여성운동의 관점과 위탁가정 등의 감리교 자원을 활용
한 다양한 활동에 관심을 두고 있다. 대한성공회에서 운영하는 쉼터는 전문
적인 사회복지 접근방법을 활용하는 곳으로, 단기치료 접근의 모델로 질 높
은 서비스를 제공하고 있다. 신림동 쉼터 '우리세상'은 일시 개방형이란 모
델을 표방하고 낮 시간엔 개방하여 다양한 문화적인 접근을 통하여 일반 청
소년과의 사회 통합적인 접근방법을 시도하며, 거리 상담 등의 현장 중심적
접근방법(out reach)으로 거리사회사업을 활성화시키고 있다.

이처럼 교회에서 운영하는 쉼티는 각 교단의 배경아래 특색 있게 운영되
고 있다. 문화관광부나 시·구 단위의 관에서 운영하는 쉼터가 실적에 밀려
양적인 서비스에 치중되고 있는 반면, 교회에서 운영하는 쉼터들은 소규모지

만 개별성이 존중되는 분위기를 유지하면서 기독교적인 치유사역에 초점을 맞춰 운영하기 때문에 가출 청소년의 치료과정에 좀더 적합하다. 특히 가출 청소년의 경우 일반 청소년보다 더 많은 비행을 저지르고, 가정문제로도 깊은 상처를 갖고 있기 때문에 집중적인 치료과정과 장기간의 관심이 필요하다. 특히 가정문제로 다시 돌아갈 수 없는 청소년에게 가정공동체 형식의 장기 쉼터가 필수적이므로 다양한 접근방법들을 가지고 교회가 이 역할을 감당해야 한다.

5. 미혼모 문제

1) 미혼모의 일반적 문제

청소년 비행 문제와 맞물려 미혼모의 문제는 현대 한국사회에서 새로운 문제로 부상하고 있다. 1960년대와 1970년대를 기점으로 한 급격한 경제성장으로 갑자기 수입된 외래문화는 도덕과 성윤리를 타락시키고 전통적 윤리의식을 퇴색시켜 버렸다. 이러한 윤리의식의 결여는 곧 미혼모와 매춘을 불러일으키는 한 중요 요인이 되었다.

보건복지부에 따르면 2000년 6월 말 현재 미혼모 시설에 입소해 있는 미혼모 739명을 대상으로 조사한 결과 16세-20세가 58.5%(432명)를 차지했다. 15세 이하도 4.1%(30명)나 된다. 호기심이나 쾌락처럼 무절제한 행동이 아니라 성과 피임지식을 전혀 알지 못하는 연령층이 절반 이상을 차지하는 것이다. 지난 89년 총 미혼모의 24.9%였던 10대 미혼모가 90년 31.4%(총 4,760명), 93년 32.4%, 96년 42.5%, 97년 47.9% 등으로 급증추세를 보이고 있는 것도 이를 뒷받침한다.[332] 이와 같이 미혼모 저연령화, 즉 15세 미만 미혼모가 50%

---

332) 국민일보, 2001년 7월 15일자 사회면.

이상을 차지할 정도로 청소년 미혼모 문제는 심각하다.[333] 서울시 소재 한 미혼모보호시설의 경우, 1998년 입소자 중 십대 비율이 55%이며, 이전에는 십대 미혼모의 경우 18-19세가 많았는데 이제는 15-16세로 점차 그 연령대가 낮아지고 있는 것으로 나타나며 이러한 미혼모들은 대부분이 가족과의 관계가 단절되는 경우가 많다.[334]

미혼모들은 학교와 직장을 그만두어야 하기 때문에 심각한 정서적 · 심리적 갈등을 겪게 된다. 재취업의 기회는 그만큼 줄어들게 되고 부모에게 더욱 의존하게 됨으로서 자주성을 상실하게 된다. 이처럼 청소년 임산부들은 사회와 가족에게서 점점 설자리를 잃게 된다.[335]

오늘날 미혼모 문제는 빠르게 증가하고 있으며 좀더 복잡한 양상을 띠고 있다. 예를 들어 1982년에는 미혼모의 46%가 가출이나 또는 심각한 가난 때문에 발생하였다. 그러나 1989년의 경우 64%의 미혼모들이 일반 가정에서 발생하였다.[336] 이러한 사실은 미혼모의 문제는 단순히 결손가정의 문제가 아니라 오히려 청소년 비행에 관련되어 있음을 추측할 수 있다. 미혼모의 문제, 매춘의 문제, 기타 다른 청소년문제들은 서로 밀접하게 연결되어 있다. 심각한 것은 미혼모의 연령이 점차 낮아지고 있다는 사실이다. 예를 들어 1982년에 미혼모의 평균연령은 22-23세였으나 1992년의 경우 17-18세로 현저하게 어려졌다.

2) 미혼모의 발생원인

미혼모 발생의 개인적 요인으로 심리적 요인을 들 수 있다. 어머니와의 갈등, 수동적이며 무기력한 아버지에 대한 갈등, 자기 처벌적인 행위, 자기주장과 독립된 선언으로서의 행위, 성장 발달과정에 제대로 성장되지 않은 것으

---

333) KBS 수요기획, "월드리포트, 10대의 성교육", 2002년 10월 2일 방영 내용.
334) 장재선기자가 찾은 마이너리티의 희망", 『문화일보』, 2004년 3월 16일자, 사회면.
335) 김한규, "우리나라 미혼모 문제와 대책", 『제2회 사회복지대회보고서』, p.74.
336) 애란원 소식(1989.), p.2.

로 인한 정서적 장애, 자아기능의 약화 등으로 미혼모가 발생하게 된다.

가정 요인으로는 한국여성개발원의 연구에 의하면 1/3 이상의 미혼모가 결손가정에서 발생한 것으로 나타나, 가정의 결손으로 인해 가정 본래의 기능을 수행하고 안정된 가족관계를 유지하기 어려울 때 규제되지 않는 성행동을 발생시킬 가능성을 보여준다.

문화적 요소로서는, 전통적인 유교의 영향으로 남녀의 격리가 강조되어왔고 혼전 성관계를 죄악시하여 절대적으로 금기시 하였다. 성에 대한 이중의 윤리관은 남녀차별 관습에 기인한 것으로, 남자에게는 좀더 묵시적이고 허용적이어서 남자의 성행동에 대한 비난은 극히 온건한 정도에 그치고 있는 반면, 여자들에게는 강한 비난과 처벌이 주어졌다. 이의 영향으로 우리 사회는 미혼부에게 책임을 묻는 대신 여성인 미혼모에게만 책임을 전가하였다.

사회적 요인으로서는 이성교제가 자유로워짐에 따라 성적접촉기회가 많아진 반면 성에 대해 무지하거나 그릇된 지식, 어른들의 그릇된 성행동, 대중매체 및 향락사업의 퇴폐적 성향이 청소년의 성에 대한 태도와 행동에 큰 영향을 미쳤다.

경제적 요인으로서 미혼모가 저소득층에 많이 발생하고 있는 것은, 경제적인 결핍이 직접적인 원인이기보다, 경제적 어려움 때문에 교육의 기회를 갖지 못하고 어린 나이에 취업을 함으로써 열악한 직업에 종사하거나 유흥업, 서비스 등 윤락의 가능성이 높은 직업에 종사하게 되어 미혼모가 되는 결과를 초래하고 있다.

또한 최근 중·고등학교 재학생에서 미혼모가 많이 발생되는데, 그 이유는 학교 교육이 입시 위주로 진행되면서 진학 가능성이 있는 학생에만 교육의 초점이 맞춰지고, 진학 가능성이 없다고 판단된 청소년들은 소외감과 자포자기로 비행을 초래하여, 중퇴 또는 자퇴하거나 가출하게 되며, 다음 단계로 성비행으로 이어지기 때문이다.[337]

337) 한상순, "미혼모의 실태", 『1992년도 미혼부·모발생 예방교육』(한국여성개발원, 1992.), p.26.

또 하나 사회구조적인 측면에서, 우리 나라가 산업사회로 바뀌면서 많은 공단이 세워졌고, 이곳에서 일하는 대부분의 중졸, 고졸 학력의 청소년들은 나름의 꿈과 진학하지 못한 좌절, 그리고 열악한 환경이 삶의 의욕을 저하시켜, 현실에 안주하거나 자극적이고 흥미 위주의 다른 분출구를 찾게 되었다. 이러한 방법 중 하나가 이성교제이다. 이들은 쉽게 사랑에 빠지고 관계가 깊어지나 지속적이지 못한 경우가 대부분이다.[338] 이 역시 청소년 미혼모의 문제가 된다.

이 외에도 문화적으로 성이 생명의 근원이 되기보다는 쾌락의 성으로 인식되어, 청소년들에게 흥미위주의 성 정보가 TV, VIDEO, 잡지 등을 통해 여과 없이 전달되면서 성충동의 자극에 무방비 상태로 내몰아져 있다.[339] 이 또한 주요한 원인이 되고 있다.

이러한 미혼모 발생의 또 다른 원인은 강간 등 강제에 의한 임신이다. 10.9%(81명)에 달하는 성폭력이 미혼모 발생의 주요 원인을 차지하고 있다. 미혼모 문제는 개인적 측면으로서 충동조절 능력의 결여이다. 삶에서 많은 유혹이나 어려움을 겪는 시기로, 이 시기의 청소년은 자아정체감이 제대로 형성되지 못하고, 충동조절 능력이 결여되어, 책임에 대한 부분보다 순간적인 쾌락을 즐기고 싶어하는 욕구가 강하다. 두 번째 낮은 자아정체감과 자신감의 결여는 자신을 무능한 존재로 인식하고, 열등시하는 것으로, 이는 사회적으로 부정적인 행동을 유발할 수 있다. 실제 조사에서도 성관계를 갖게 된 동기로 순간적인 충동 또는 사랑 때문인 경우가 많다. 그러나 강간 또는 설득과 강요도 23%로 십대의 미혼모들이 사회의 성폭력에 노출되어 있음을 알 수 있다.[340]

338) *Ibid*, p.27.
339) *Ibid*, p.27.
340) "청소년의 성문제 - 미혼모를 중심으로", http://mihonmo.21kr.net.

3) 교회(교단)의 대응

미혼모의 문제는 이제 교회가 적극적으로 대처해야 할 사회적인 문제로
등장하였다. 이러한 긴급한 사회 문제에 대하여 교회는 부족하나마 나름대로
원활하게 대처하려는 일련의 노력을 보이고 있다.

대부분의 미혼모 보호시설은 종교기관이다. 미혼모 문제의 해결은 개교회
보다는 교단적 또는 기관차원에서 대처하는 것이 훨씬 효과적일 수 있다. 따
라서 총회, 기관의 대처, 그리고 개교회적인 대처로 나누어 생각해 보아야 할
것이다.

〈표7-2〉미혼모 보호시설의 현황 (단위:명)

	시　설　명	정　원	현　원
서　울	은성직업기술원	35	17
서　울	구세군 여자관	35	32
서　울	자매복지회관	70	56
서　울	애란원	50	39
부　산	마리아 모성원	50	5
대　구	대구혜림원	50	6
광　주	인애복지원	30	14
경　기	에스터의 집	50	29
강　원	마리아 부녀보호지도소	40	20
충　남	일맥자매원	80	40
계	10개소	490	258

먼저 교단적인 대처로, 총회 및 교회의 기관을 통하여 미혼모들을 위해 전
폭적인 재정 지원을 해야 한다. 예장 통합의 경우 애란원 예산의 10%만을 담
당하고 있을 뿐이다. 좀더 광범위한 재정적인 지원을 절실히 느낌에도 불구
하고 총회의 도움은 충분히 미치지 못하고 있는 실정이다. 미혼모의 여러 가

지 복지사업과 미혼모 예방을 위해서 총회 차원의 다양한 협조와 재정적인 지원을 충분히 해주어야 한다.

또한 교회 연합사업의 하나로 미혼모를 위한 시설을 확충해야 한다. 미혼모가 계속 증가하고 있음에도 불구하고 이들을 충분히 수용할 만한 시설이 부족하다. 이러한 상황에서 교회들이 각 노회를 중심으로 그 지역의 미혼모들을 위한 시설을 마련하는 일은 시급한 사회문제 해결의 실마리가 될 수 있다.

다음은 미혼모들이 출산 후에 자립할 수 있도록 직업학교 또는 특수학교를 운영해야 한다. 사실 미혼모 보호기관에서 어느 정도의 직업 기술을 수행하고 있지만 현실적이지 못하고 단기적이어서 사회에 적응하는 데는 여전히 불충분하다. 많은 10대 미혼모들이 학교로 돌아가길 원하지만 학교는 학교의 위신과 다른 학생들에게 미칠 영향이 두려워 이들을 받아들이지 않고 있다. 대부분의 미혼모들이 학생이라는 점을 감안하여 전인적 교육의 이념에 따라 그들이 학교에서 학업을 계속할 수 있는 방안의 모색과 프로그램 개설이 필요하다.

4) 개교회 대응방안

출산 후 자녀 양육의 문제는 미혼모 문제 해결의 가장 중요한 부분이라고 볼 수 있다. 대다수의 미혼모가 아기를 양육할 능력이 없기 때문에 출산과 동시에 친권을 포기하고 입양을 의뢰하게 된다. 그중 특히 10대 미혼모는 아기 양육 능력이 전무하며, 연령이 높을수록 자신의 아기를 키우겠다는 의사를 가지고 있다. 총 입양 아동수의 80%이상이 미혼모의 사생아이다. 이러한 추세는 앞으로 더 확대될 것으로 예상된다.[341]

여성개발원 조사에 의하면 1984년에는 미혼모 중 아이를 입양시키겠다고 응답한 자가 92.7%, 아기를 키우겠다는 응답이 2.7%이었으며, 1991년에는

---

341) 조용원, "미혼모의 과거 현재 그리고 미래" (사목 통권 191호), p.40에서 재인용.

자신이 아기를 키우기 원한다는 응답이 20%이었고 입양시키겠다는 응답은 30%이었다. 그리고 시설에 보호하겠다고 응답한 사람은 25%로 나타났다. 자모원의 경우에도 연령이 높고 고학력일수록 자신의 아기를 키우기를 희망하고 있다. 그러나 출산한 아동의 입양이나 독신모로서 자신의 아기를 키우는 문제는 모두 미혼모에게 출산 후의 심리적 갈등과 고통을 주는 문제이다.

입양은, 미혼부와 결합할 수 없는 입장이라면 안정된 양부모 가정에서 성장하는 것이 아이를 위하는 입장에서 긍정적으로 받아들여지고 있다. 국내입양과 국외 입양에 있어서 어느 가정이든지 아이를 사랑해 줄 수 있는 가정을 희망하며 가능하면 국내에서 길러지기를 대다수가 바라고 있다. 해외 입양의 부정적 시각이 매스컴을 통해 알려진 까닭이다. 그러나 아직까지 국내입양은 활발하게 이루어지지 못했다[342]. 혈연을 중히 여기는 우리 문화가 쉽게 남의 아이를 받아들이려고 하지 않고, 자녀가 없는 가정에서 어른 중심의 입양과 친부모의 존재를 완전히 절연하는 비밀 친자 입적 입양 방법이 좀처럼 바뀌지 않고 있다. 입양 후에도 자신의 친자 소식을 듣기 원하는 미혼모에게 자기 아이의 소식을 들을 수 있도록 하는 것도 필요하며 입양에 대한 인식이 바뀌도록 교회가 도와야만 한다. 국내입양은 아직 발전단계에 있다. 해외 입양의 조기단절을 위하여서는 국내입양의 활성화와 사회인식의 변화가 선행되어야 할 것이다. 친부모 입양동기의 사유를 보면 다음과 같다.

〈표7-3〉친부모의 입양 동의 사유 (단위:명, %)

구 분	미 혼	가정빈곤	이 혼	혼외출생	기 타	합 계
1988-91	203	10	16	27	9	265
1992	142	8	4	5	0	159
1993	125	12	4	5	16	162
합 계	470(80.2)	30(5.1)	24(4.1)	37(6.3)	25(4.3)	586(100)

출처:성가정 입양원(사업보고서, 1988-1993)

342) Ibid.

교회가 대처할 수 있는 단기사업으로는, 이들을 위한 작은 공동체를 마련하여 미혼모들의 의식주를 해결해 주는 방안이 있다. 예를 들면 '사람 사는 정을 심는 모임'에서는 미혼모들을 위한 이런 단기 복지 대책을 실천하고 있다. 이 모임은 미혼모와 아이를 돌보는 단체로서 대학생과 주부와 직장인들을 주축으로 150명의 회원을 두고 있다. 1988년 신기남 변호사와 친구들의 모임에서 우리 나라가 해외입양아 수출 1위라는 말을 하며 한탄하다가 미혼모와 아이들을 따뜻하게 보호해줄 시설을 만들기로 하고 모임을 결성하였다고 한다. 이 모임은 '미혼모의 집'을 마련하여 미혼모들이 1년 간 머물면서 자립할 수 있도록 도왔다. 이 집에 들어오면 즉시 일자리를 알선해 경제적 독립심을 갖게 하도록 돕는다고 한다.[343] 이런 모임의 활동들은 충분히 개 교회에서도 실천할 수 있는 방안이다.

또한 교회는 여전도회원이 중심이 된 자원봉사자를 구성하여 지역사회의 미혼모들을 조사하고 그들을 애로사항을 적극 반영하고 도움을 줄 수 있을 것이다.

이들을 위한 장기사업으로는 교회 내에 상담전문 자원봉사자를 두어 예방 차원에서 청소년 상담소를 설치 운영하는 일이다. 예를 들어 경기 부천시 오정구 보건소는 사회의 주요한 문제로 떠오른 미혼모에 대한 의료 서비스와 직업 상담을 본격 실시하였다. 이 보건소에서는 미혼모가 아이를 안전하게 낳을 수 있게 조산원 경비 등 분만비용을 지급하고 산모에 대한 산전, 산후 의료 서비스를 제공한다. 보건소는 이러한 복지뿐만 아니라 보건소 직원과 관내 산부인과 전문의로 팀을 만들어 성교육 전문가를 초빙해 성과 임신, 출산 관련 상담을 해주고 성교육에 필요한 비디오 60여 종을 사들여 유선방송사와 산업체 학교 등에 나눠주어 성교육을 활성화하였다[344]. 이러한 미혼모를 위한 상담소의 운영이 교회에서도 전문적으로 이루어져야 하며 또한 이루어질 수 있다고 본다. 교회 내에 상담소를 설치하여 상담 목사나, 상담을 담당하는 전문 교역

343) 조선일보, 1995년 10월 5일자 27면.
344) 한겨레신문, 1996년 8월 21일자 23면.

자들을 두어, 대처하지 못하고 고민하는 미혼모들과 미혼모의 아이들을 위해 상담해줄 필요가 있다. 최근 SBS TV의 아침 방송인 '이계진의 독점 여성'에서 10대 미혼모를 도와주자는 프로그램을 방영했다. 이 프로그램에 애란원의 원장인 '한상순' 씨가 출연하여 말하기를, '대부분의 미혼모들은 출산후 자기의 아이를 입양했다는 죄책감과 상실감을 심하게 느끼게 되며, 그들을 받아주는 곳이 없을 때 다시 방황할 수밖에 없다'면서 '그러한 미혼모들에게 계속적인 상담원을 통해 도움을 주어야 한다'고 하였다. 이렇게 미혼모에게는 출산 전과 마찬가지로 출산 후에도 깊은 관심과 상담이 필요하다. 따라서 교회는 이러한 미혼모들에게 깊은 관심을 가져 줄 수 있는 상담소를 설치하여 운영할 필요가 있다. 또한 상담소에서는 '부모 성교육' 강좌를 개설하여 자녀에게 전문적이고 체계적인 성교육을 부모가 직접 가르칠 수 있도록 도와야 한다. 이러한 과정에서 청소년들의 성에 대한 호기심에서 발생할 수 있는 문제들을 예방할 수 있으며 미혼모 예방에도 큰 효과가 있을 것이다.

미혼모를 위한 또 다른 사업은 '가정 위탁 양육'이다. 정부에서 시범 가정 위탁을 실시하고 있다. 이와 함께 가톨릭은 '한마음 한몸 운동'의 하나로 입양 결연 사업을 추진했는데, 사업의 목적 중 하나는 미혼모가 자립할 수 있을 때까지 자녀를 맡아 키워주는 것이다. 가톨릭의 이러한 운동들은 우리 교회들도 얼마든지 참여할 수 있는 아주 좋은 예가 된다. 교회에서 설교와 세미나를 통해서 교인들에게 이 사업의 중요성을 일깨우고, 하나님의 이웃사랑의 명령을 소외 받은 미혼모와 그 자녀를 위하여 수행할 때이다. 미혼모들이 그들 스스로 자녀를 키울 수 있도록 교회의 여러 가정들을 통해서 위탁양육을 확산시키고 스스로 자립할 수 있도록 적극적으로 도울 때이다.

제4절 장애인문제[345]

1. 우리나라의 장애인 현황

장애인이란 지체, 뇌변병, 시각, 청각, 언어, 간질 등의 신체적 장애와 정신지체, 정신장애, 발달장애(자폐증) 등의 정신적 장애로 말미암아 일상생활이나 사회생활을 영위하는 데 있어서 문제가 있는 자이며, 장애인문제라 할 때 의료, 교육, 사회적 차별, 가족생활 등의 제 문제를 수반한다. 2002년도 장애인 실태조사에 의하면 우리나라 장애인 수는 약 144만 9,000명으로 95년보다 약 39만 6,000명이 증가하였고, 출현율은 0.74% 증가하였다. 이 중 재가장애인의 출현율은 인구 100명당 3.09%로 95년보다 0.6% 증가한 것으로 나타났다.[346]

〈표7-4〉 장애인 현황과 문제점   (단위: 명, %)

구 분		재가장애인	시설장애인	전 체
1995	장애인수 출 현 율	1,028,837 2.37	24,861 -	1,053,468 2.35
2000	장애인수 출 현 율	1,398,177 2.97	51,319 -	1,449,496 3.09

자료 : 남상만, 『21세기 장애인 복지론』(서울: 홍익재, 2003), p.98.

---

345) 초판과 개정판에 실은 이 부분의 글은 이계윤, 『장애인 선교의 이론과 실제』(한국특수교육
연구소출판부, 1996, pp. 241-253)의 내용을 중심으로 재구성하였음.
346) 남상만 외 저, 『장애인복지론』(서울: 홍익재, 2003.), pp.98-100.

하지만 장애인등록사업이 실시된 1989년의 등록 장애인 수가 17만 6,687명이던 것이 1999년에는 69만 7,513명으로 늘어났다. 장애범주가 확대된 2000년부터는 등록률이 급증했다.[347] 이처럼 장애 인구는 계속해서 늘어가고 있으며 장애 종류별 원인을 보더라도 후천적 원인이 지체장애 96.3%, 시각장애 96.3%, 청각장애 84.7%, 신장장애 93.6%, 심장장애 95.8%, 언어장애 61.4%, 정신지체 44.8%로 정신지체를 제외한 나머지는 후천적 원인이 상당히 높이 나타났다.[348] 보건복지부의 실태조사결과에 의하면 지체장애의 96.3%, 시각장애의 92%, 청각장애의 84.7%가 후천적 원인에 의해 발생되고 있고, 특히 전체 장애인 가운데 1/2분 이상을 차지하고 있는 지체장애인의 경우는 96%가 출생 후 각종 질병, 산업재해, 교통사고와 안전사고로 이 발생은 정신지체를 제외하고는 대부분 예방이 가능한 각종질환 및 사고 등에 의한 것으로 나타나고 있다.[349]

다행히 의학의 발달로 선천성 장애가 줄어들고 있으나, 산업재해와 교통사고, 공해로 인한 질병 등으로 후천성 장애가 계속 증가하고 있다. 재가 장애인은 97.7%, 시설 장애인은 2.3%로 추정된다.[350]

2. 교회와 장애인

한국사회는 정부의 장애인복지정책에도 불구하고 여전히 장애인을 무시하거나 차별하는 경향이 만연되어 있다. 한국교회 역시 장애인에 대하여 특별한 관심을 쏟지 않았다. 다행스럽게도 1988년 서울 올림픽을 기하여 장애인에 대하여 관심이 조금씩 고조되기 시작하였다. 특별히 1990년 들어 진보

347) 박경일 외 8명, 『사회복지학 강의』(양서원, 2003.), p.346.
348) 남상만 외 등저, op. cit., pp.101-102.
349) 박옥희, 『장애인 복지론』(학문사, 2003.), pp.337-341.
350) 부산 밀알 소식지, 2002년 10월호.

교단은 장애인에 대한 특별한 관심을 표명하고 있으며, 기장의 경우 77회 총회에서 사회부가 제출한 장애인 선교를 좀더 분명하게 인식하고 이 문제를 집중적으로 거론하였다. 이에 다른 교단들도 장애인에 대하여 점차적인 관심을 기울이게 되었다.

이제 막 한국교회에서 장애인에 대한 관심이 고조되기 시작했지만 전문성이 결여된 것도 문제이다. 장애인 선교단체의 영세성도 문제의 하나로 들 수 있다. 한국교회의 장애인 선교활동은, 전국적인 교단이나 초교파적인 지역사회의 연합을 중심으로 행하여지는 것이 아니라 열악한 구조를 갖고 있는 몇몇 선교단체나 개교회를 중심으로 한 일회적인 자선행위로 시행되고 있어 효과적인 성과를 기대하기에는 부족한 면이 많이 있다. 물론 최근 몇몇 대형교회들이 장애인에 대해 관심을 갖고 장애인 선교단체를 조직하여 활발하게 활동하는 것은 고무적인 현상이나 대부분의 선교단체들이 재정적으로 압박을 받고 있으며 독립적으로 운영하지 못하고 있는 실정이어서 이것만으로는 좀더 폭넓고 보편적인 장애인 치유사역을 감당하기에 역부족이다. 또한 장애인 치유사역에 대한 신학적 위상의 체계적 정립을 위한 관심이 없는 것도 장애인에 대한 편견을 조장하며 올바른 치유사역을 감당치 못하게 하는 이유 중 하나이다. 이러한 한국장애인 치유사역의 현실에서 지역사회 중심의 재활에 대한 조직적인 참여는 원초적으로 어려운 일인 것처럼 보인다. 교회에서조차 장애인은 저주받은 존재, 심지어는 골칫덩어리로 전락하고 있는 실정이다. 한국교회의 장애인 치유사역은 사실상 교회의 사회적 역할에 대한 압력과 교회 재정 속에서 극히 일부분만을 배려하는 범위 안에서 수동적이고 형식적으로 이루어지고 있다. 장애인 치유사역에 대한 당위성과 사명의식이 없이 동정을 베풀어주는 것으로 그 임무를 다했다고 만족하는 경향이 많다. 이런 한국교회의 현실을 종합해 보면 한국교회는 이제 심각한 자기반성과 함께 교회가 가진 장애인 선교회의 잠재력을 전국적 초교파적으로 가시화시켜야 할 것이다. 또한 장애인에 대한 교회 안팎의 인식을 개선시키기 위해 조직적인 노력을 모색하고, 장애인을 위해 사역할 목회자를 키워냄과 동시에 의료, 교육,

직업재활에 필요한 전문 인력을 양성해야 한다. 또한 장애인 치유사역에 대한 재정적 배려를 대폭 늘려 정부나 기업에서 감당하지 못하는 사각지대에 놓인 소외된 장애인들의 벗이 되어야 한다.

우리 나라의 경우 전통적으로 질병이나 장애를 가진 사람들은 신의 저주를 받은 사람 또는 전생에 죄를 지은 사람 등으로 인식되었다. 이러한 그릇된 고정관념의 영향으로 장애인들은 가족과 사회로부터 유리 또는 분리되었고, 치료나 재활의 기회마저 박탈당하게 되었다. 게다가 장애인들의 비정상적인 행동은 사탄의 행동으로 오해받기도 했다. 오늘날에도 장애인에 대한 편견은 좀처럼 사라지지 않고 있다. 다행히 장애인 인권선언이 발표됨과 동시에 사람들의 인식이 조금씩 바뀌고 있는 것은 다행한 일이다. 또한 의료기술의 발달과 장애인 교육, 재활프로그램의 개발로 이러한 인식에도 상당한 변화가 일어나고 있음은 참으로 바람직한 일이 아닐 수 없다.

3. 장애인복지선교의 일반적 문제점

위에서 언급한 대로 전통적으로 한국인들은 장애인들을 저주받은 사람으로 천대하였기 때문에 대부분의 가족들은 장애인을 집안에서 숨기며 생활하였다. 장애인들은 자연히 직업을 구하는데 차별을 느끼거나 재활의 기회가 박탈될 수밖에 없었다. 실제로 장애인을 위한 직업훈련이 있다고는 하지만 그들의 생활에 도움이 되지 못할 뿐 아니라 재활에도 큰 영향을 미치지 못하였다.

노동부는 1974년에 공장에서 장애를 당한 노동자를 위하여 장애재활센터를 시작하기는 하였으나 온전한 직업 훈련이라고 하기에는 많은 문제가 있었다. 실제로 전체 훈련생 2,896의 8%인 247명만이 취업할 수 있었다. 장애인 취업요구는 점점 높아 가지만 취업 기회제공은 그들의 요구에 거의 미치지 못하였다. 장애인들의 취업요구에도 불구하고 정부는 예산 부족을 이유로 그들의 요구를 무시하였다. 1980년에 발표된 노동부의 직업훈련 계획은 611개의 기관에서 5만 4,803명이 직업훈련을 받았으나 이 역시 장애인을 포함시키지 않았다. 다행히 1985년 청수직업훈련센터와 6개의 다른 기관들이 60명의 장애인을 직업훈련 프로그램에 참여시켰다.[351] 비록 이렇게 몇 개의 기관들이 장애인들을 위한 직업훈련 프로그램을 개설하였다 하더라도, 교사의 부족, 훈련형태의 단조로움, 그리고 훈련기구의 부족으로 원활한 직업교육을 실시하는 데는 무리가 있었다. 문제는 이러한 직업훈련기관들이 실제로 공장이 요구하는 기술자를 배출하지 못하였고, 게다가 장애인들의 신체적 조건에 맞는 공장 또한 갖추어지지 않았다는 점이다. 이것은 결국 노동력 상실을 초래하고 장애인들에게 희망대신 절망감만 가져다 준 셈이 되었다. 몇 개의 재활센터에는 저급한 직업훈련이 실시되었다. 고무인을 만든다든지, 라디오를 고치는 일, 연통을 만드는 일, 구두를 수선하는 일, 또는 한복을 제조하는 일 등이 주어졌지만 그들의 능력이나 재능, 흥미와는 상관없는 일뿐이어서 교육의 의미를 상실할 수밖에 없었다.

둘째, 장애인문제의 심각성은 그들의 가족과 부모들의 지나친 희생에서 찾을 수 있다. 유아 장애인의 출생은 가족 전체에 엄청난 문제를 야기한다. 부부는 서로에게 책임을 돌리려할 것이고 이러한 논쟁은 결국 가족파괴를 야기할 수밖에 없다. 특별히 한국적 상황에서 여성은 상대적으로 권위를 가진 남성의 집안으로부터 희생양이 될 가능성이 대단히 높다. 또한 유아 장애인의 출생은 형제관계에도 지대한 영향을 미친다. 장애인의 형제들은 그들의 부모님으로부터 왜곡된 죄성을 교육받을 수 있으며 친구들로부터 놀림감이 되기 때문에 열등감에 사로잡힐 가능성도 갖고 있다. 이러한 이유로 장애인은 형제나 자매를 증오하게 되고, 그러한 감정에서 탈피하려고 노력하게 된다. 그들은 사회가 그들에게 던지는 차가운 냉대를 인내하고 받아들여야 하는 냉혹한 현실에 마음의 깊은 상처를 경험하게 된다. 장애인을 형제로 둔

---

351) 이청자, "장애자직업재활의활성화과정과방안", 『사회복지』(1985년 겨울호), p.125.

30% 이상의 결혼한 형제들이 장애인 형제, 자매 때문에 고통당했다고 보고되고 있다.[352]

유아 장애인의 출생은 그들의 친척관계에도 영향을 미친다. 친척들은 장애인 가족을 가족으로 받아들이지 않고 도리어 창피스럽게 생각하거나 지나친 보호벽을 쌓음으로써 장애가족문제를 더욱 악화시키게 된다.

장애인의 세 번째 문제는 장애인에 대한 사회의 편견이다. 흔히들 "아침에 장애인을 보면 하루 종일 재수가 없다"고 하는 것은 그만큼 장애인에 대한 편견이 강하다는 것을 단적으로 말해준다. 또 다른 예를 들자면, 만약 어린이가 그의 어머니의 손을 잡고 길을 가던 중 이상하게 걷는 장애인을 대했을 때 대개 부모들은 그 장애인이 어렸을 때 말을 듣지 않아서 그렇다고 말한 다음 "만약 네가 말을 안 들으면, 저 사람이 가진 목발이 너를 내려 칠 거다"라고 말함으로서 어린이에게 장애인은 악한 사람으로 은연중에 투영하는 경우도 얼마든지 있다.

장애인의 네 번째 문제는 교회의 무관심이다. 비록 교회가 모든 사람을 위한 구원의 방주임에도 불구하고 장애인에 대해서는 여전히 주저하고 있다. 1988년 올림픽과 더불어 치러진 장애인 올림픽에서 한국교회는 장애인에 대하여 상당한 관심을 기울이는 듯하였다. 그러나 장애인 올림픽이 끝난 후 그들에 대한 관심은 완전히 본래의 위치로 되돌아가고 말았다. 실제로 많은 사람들이 장애인의 사회적 불평등을 강조하긴 하지만 그들은 사실 영적인 불평등을 함께 받고 있는 셈이다. 만약 그리스도인의 비율이 전 국민의 25%라면 그리스도 인 장애인 비율도 25%가 되어야 한다는 이론은 설득력 있다. 그리스도인 중 장애인 비율은 대단히 낮다. 1990년의 한 조사에 따르면, 청각 장애인은 30만 명, 시각 장애인은 15만 명으로 추산하였다. 그러나 이에 비해 청각 및 시각 장애우 그리스도인은 각각 1만 명, 1만 5,000명으로 추산하였다. 오직 3%의 청각장애인과 10%의 시각장애인만이 그리스도인인 셈이다.

---

352) 이성재, "장애인은 장외인인가", 『기독교사상』 (1988년 10월호), p.1.

이러한 사실은 그 시대의 교회가 장애인 선교에 대하여 아무런 관심을 기울이지 않았다는 명백한 증거이다.[353] 이러한 사실로 미루어 교회는 장애인을 진정한 교회의 구성원 또는 진정한 선교의 목표이기 보다, 오히려 짐스러워 하거나 하나의 시혜 대상으로 여겼던 것 같다. 다시 말해서 교회는 시각장애인 선교를 하나의 중요한 선교 과제로 생각하지 않을 뿐 아니라 선교의 보조적인 것으로 취급하는 인상을 지울 수 없다. 또한 장애인을 위하여 사역하는 교역자들이 자격을 갖추지 못했거나 실력 없는 목회자로 인식하는 경우도 없지 않았다. 어느 교단의 경우 '장애인 교회는 올바른 교회가 될 수 없다' 는 논리로 10년 동안 장애인 목사 안수를 거부한 교단이 있다는 현실은 한국교회가 얼마나 장애인에 대한 심한 편견을 갖고 있는지를 실제적으로 보여준다.[354]

장애인을 대하는 한국교회 교역자들의 태도야말로 장애인선교를 해결할 수 있는 근본적 열쇠임을 인식할 수 있다. 그러나 교역자들과 교회의 지도자들이 장애인에 대하여 갖는 관심은 거의 찾아볼 수 없는 것이 현실이다. 1988년 2월 장애인선교회에서 실시한 조사에 따르면, 27%의 목회자가 장애인과 함께 예배하는 것에 대하여 부정적인 반응을 보였으며, 50% 이상의 목회자가 장애인을 부목사 또는 장로로 피택하는 일에 대하여 주저한다고 보고되었다.[355]

교회의 장애인 복지선교에 대한 다섯 번째 문제는 예산문제로 인한 건강과 교육의 문제이다. 예를 들어 26%의 장애인들은 전혀 병원에서 치료를 받은 경험이 없으며, 66%의 장애인들은 한약국에서 치료를 받았을 뿐이라고 보고되었다. 근본적으로는 역시 경제적인 사정 때문이었다. 장애인들은 재활과 취업을 위하여 특수교육을 반드시 거쳐야 한다. 그럼에도 불구하고 실제로는 얼마의 제한된 장애인들만이 교육의 기회를 제공받고 있다. 장애아동 중 학

353) 안교성, "장애인은 교회의 문제이다", 『교육교회』(1990년 1월호), p.43.
354) 안교성, "장애자는 선교의 문제이다", 『교육교회』(1990년 9월호), p.36.
355) "심신장애에 대한 교회, 사회의 책임", 『기독교사상』(1984년 12월호), p.116.

교에 등교해야 할 연령의 24%가 경제적인 문제로 학교에 등록하지 못하였다. 교육의 문제를 구체적으로 살펴보면 다음과 같다.

① 중학교까지의 교육은 법적으로 의무화되어있다. 그러나 대부분 특수학교는 기숙사제도를 운영하거나 학교버스를 운영하고 있어서 경제적으로 어려운 장애 어린이들로 하여금 학교를 포기하게 하는 요인이 되고 있다. 더 심각한 문제는 학교는 부유한 어린이들을 선호하고 이로 인하여 가난한 장애인들의 교육은 더 어려운 상태에 빠지게 된다.
② 장애인들이 교육을 받거나 취업연수를 받는 학교 또는 기관들은 경제적으로 열악하고 또한 기술적으로 제 기능을 하기에는 문제가 많다.

여섯 번째 문제는 장애인에 대한 정부의 관심부족이다. 기본적으로 장애인에 대한 문제는 사회인식의 부족과 정부의 사회복지정책 부재의 문제라고 말할 수 있다. 장애인 정책 역시 편견과 몰이해 등으로 점철되어 왔다. 예를 들어, 장애인들이 빌딩, 공중화장실, 기타 또 다른 기구나 시설 등에 접근할 수 없음은 국가적으로 장애인에 대한 배려가 그만큼 부족하기 때문이다. 장애인들이 커브가 심한 길이나 지하철을 이용하는 데 엄청난 불편을 겪는 것은 휠체어가 통과할 수 있는 장치가 마련되지 않았기 때문이다. 비록 다른 사람의 도움을 받아 계단을 사용한다고 하더라도 장애인들은 결국 통로가 너무 좁아 통과할 수 없는 지경에 이르게 된다. 이것은 단적인 예일 뿐이다. 이 외에도 사회의 복합적인 많은 문제들로 장애인들은 사회 전반에서 고통을 받고 있다.

4. 장애인문제에 대한 교회의 대응

1) 장애인 인식개선 교육

이미 전 장에서 여러 번 언급한 사실이지만, 장애인 선교에서 가장 근본적이고 중요한 것은 잘못된 편견을 버리고 바른 인식을 가지는 일이다. 여기에서 모든 것이 출발된다. 교회는 교회 안팎으로 인식 개선을 위한 적극적인 홍보, 교육활동을 하여야 한다.

밖으로 홍보하는 일도 중요하지만 먼저 교회 안에서 철저하게 교육하여야 한다. 우선, 장애인을 단지 동정과 시혜의 대상으로 파악하는 분위기가 기독교 내에 널리 번져있음을 인정하고, 기독교가 먼저 '장애인'을 바르게 이해하고 그들에 대한 그릇된 편견을 깨뜨릴 수 있도록 노력해야 한다. 하나님께서 장애인을 우리의 이웃으로 주신 것은 곧 더불어 사랑하며 살라는 명령이다. 또한 장애인 중 후천적 장애인이 80%라는 사실은 우리 모두가 미래의 장애인 혹은 그의 동료가 될 수 있으며, 따라서 '장애인문제'는 곧 나의 문제로 자각해야 한다.

이러한 인식의 전환이 이루어지기 위해서는 목회자의 역할이 매우 크다. 아무리 목회자 상이 급격하게 변모한다 해도, 교회에 미치는 목회자의 영향은 거의 절대적이라고 할 수 있을 만큼 중대하다. 따라서 한 교회의 목자가 지니는 장애인에 대한 인식과 그에 근거한 목회 방침은 장애인문제에 지대한 영향을 미친다. 목회자는 이 문제에 대해 선도적인 지식과 관심을 갖고 교회를 적극적이고도 창조적인 사명을 감당할 수 있도록 인도하여야 한다.

2) 장애인 욕구 조사

장애문제 해결은 무엇보다 정확하고 공정한 연구, 조사가 선행되어야 한다. 지역에 살고 있는 장애인들의 욕구뿐 아니라 장애인 복지를 위한 지역 전반을 조사하는 것이다. 이것이 중요한 의미를 가지는 것은, 교회가 어떻게 장애인을 도와야 할지 지침을 제공하기 때문이다. 얼마나 많은 장애인들이 있으며, 또 그들이 어떻게 하루하루를 살아가고 있는지 무엇이 필요한지를 알아보면서 그들의 삶 속으로 찾아가야 한다. 그리고 그것을 바탕으로 보고서를 작성하여 자료를 만든다. 여기서 우리가 유의해야 할 점은 장애인의 욕구는 장애인이 규정해야 한다는 점이다. 교회에서 언급된 그간의 장애인 프로그램을 검토해 볼 때, 대부분의 계획이나 프로그램들이 실제로 장애인들의 욕구나 시급한 문제를 고려하지 않은 것 같다.

장애인의 욕구를 신중히 고려하지 않고 무작정 장애인들을 도우려 하는 것은 진정한 의미에서 장애인복지가 아니다. 장애인들의 욕구는 전혀 고려하지 않은 채 '주는 쪽' 나름의 추상적인 생각으로 내용을 결정하는 경우는 허다하다. 그러한 경우, 그것은 주는 쪽의 일방적인 자기 욕구 만족에 지나지 않는다.

그러므로 장애인 선교와 복지를 제대로 실시하려면, 교회가 규정한 욕구에 따라 프로그램을 세울 것이 아니라 장애인이 규정한 욕구에 따라 세우고 실천해야 할 것이다.[356)

3) 교회의 편의시설 설치

장애인들이 교회 건물을 자유롭게 이용할 수 있도록 교회 건물을 개선하는 것도 장애인 선교에서 대단히 중요한 일 중에 하나이다. 교회 안에 출입구, 경사로, 엘리베이터, 장애인 전용 화장실과 전용 주차장 등을 설치하여 건물에서 이동하는 어려움을 겪지 않도록 해야 한다. 교회 계단은 점자판을 부착하고 턱이 있는 곳에는 발판을 설치한다. 특히 새로 건축을 하는 교회는 반드시 편의시설을 마련하도록 해야 할 것이다. 편의시설에는 예산문제가 많이

356) 송재천, "교회의 장애인복지 프로그램과 선교", 『제3기 재가장애인 선교복지요원양성훈련』(서울: 한국밀알선교단, 1993.), p.60.

거론되지만, 오히려 편의시설은 비장애인과 장애인이 함께 이용할 수 있으므로 예상보다 적게 든다고 볼 수 있다. 이러한 부대시설들은 노인과 어린이에게도 몹시 필요한 것들이다. 이미 지어진 건물이라면 교회 안의 모든 공간을 장애인이 불편함 없이 사용할 수 있도록 개축하는 것도 고려할 수 있다. 재정이 어렵거나 현재 사용하고 있는 건물이 교회 소유가 아닐 경우에도 최대한 편의 시설을 갖추도록 노력해야 할 것이다. 그래서 주일뿐만 아니라 평일에도 장애인들이 유용하게 이 공간을 사용할 수 있도록 해야 한다. 영동교회는 원래 엘리베이터가 없는 교회였다. 그런데 몇 해 전 엘리베이터를 설치하였는데, 그것은 손봉호 장로가 장애인 한 명이 그것을 사용한다 하더라도 교회는 이 시설을 만들어야 한다고 주장하면서 이루진 것이었다. 모든 교회가 이런 인식만 가질 수 있다면 교회의 편의시설 설치는 그렇게 어려운 문제는 아니다.

4) 장애체험대회

장애인을 이해하는 가장 좋은 방법은 장애인과 만나는 것이다. 그러나 차선책이 있다. 장애를 간접적으로 체험하는 것이다. 이것이 바로 장애체험대회이다. 지체장애의 체험으로는, 각목으로 다리를 묶어 보행하기, 계단 오르내리기, 휠체어를 타고 시내 혹은 교회가 위치한 지역사회 돌아오기, 교회 내의 시설과 공간 이용하기, 다른 사람의 도움을 얻어 휠체어를 타고 계단 오르내리기 등이 있다. 시각장애의 체험은 눈을 안대로 가리고 10분 간 목표된 지점을 찾아오기, 케인(시각장애인이 사용하는 흰 지팡이)을 사용하여 거리를 활보하기, 점자로 성경 읽기 등이 있으며, 청각장애의 체험은 귀를 완전히 막고 대화하기, 성경 비디오 시청하기, 찬송하기, 언어(듣는 언어, 기록된 언어)를 사용하지 않고 수련회 기간 중 1시간 정도 대화하며 프로그램 진행하기 등이 있다. 이 외에 시각 장애인을 위한 책 녹음하기, 길 안내하기 등은 장애인을 도우면서 장애를 체험하는 좋은 계기가 될 수 있다.

보다 구체적인 프로그램은 다음과 같다.

- 1시간 이상 말하지 않고 대화하며, 1시간 뒤에 나누었던 대화 내용 확인하기
- 볼륨을 끄고 텔레비전이나 좋은 영화,비디오 시청하기 그리고 내용과 줄거리 나누어 보기
- 다리를 각목으로 묶어 100m 달리기
- 눈을 가리고 보행하기, 케인(흰 지팡이)을 짚고 정해진 길 찾아오기
- 휠체어 타고 시장 보기, 달리기, 지하철 타고 일정한 지점에서 만나기
- 장애인과 함께 걷기
- 장애인 돕기 1일 바자회
- 장애인 무료진료
- 장애인과 함께 연극 · 찬양의 잔치 공연, 장애인과 함께 가두 캠페인. 장애인과 함께 노방 · 축호 전도하기
- 장애인 초청 간증 듣기

5) 장애아동 입양 프로그램

장애인으로 가정을 상실한 사람에게 가장 궁극적인 해결방법은 가정을 제공하는 것이다. 우리 나라는 장애인과 고아 수출국이라고 불릴 정도로 이들에 대한 국내 처우가 상당히 열악한 현실이다. 이는 세계적으로 교회가 많은 준 기독교국가로서는 수치스러운 일이 아닐 수 없다. 따라서 교회는 장애인 입양에 힘써야 할 것이다. 이는 본질상 진노의 자식이었던 죄인이 하나님의 양자로 입양된 은혜를 경험한 그리스도인이 먼저 시도해야 할 중요한 사역 가운데 하나이다.

그러나 아무런 준비도 없이, 입양을 시도하는 것은 입양하려는 가정과 입양되는 장애인 모두에게 심각한 피해를 가져다 줄 수 있다. 그렇기 때문에 단

기 가정위탁프로그램을 통하여 장애인과 함께 사는 연습을 하고, 가족 구성원 모두에게 힘들지만 그래도 장애인을 가족구성원 중의 한 사람으로 받아들일 준비가 되었는가를 확인하는 절차가 있어야 한다.

물론 입양될 장애인에게도 그 가정의 일원으로서 들어갈 준비가 되어 있는가를 확인하여야 한다. 이러한 점진적인 노력을 통하여 장애아동 입양을 진행시킨다면, 많은 충격과 어려움을 해결하면서 아름다운 가정을 만들 수 있다.

6) 장애아 교육

장애인은 교육을 통하여 사회적응이 용이하다는 사실은 강조할 필요 없이 중요하다. 그러나 어떤 이는 교회 안에 장애아동부서나 학급을 만드는 것이 또 하나의 차별이라고 본다. 그렇지만 정신지체아동이나 청각장애아동, 자폐아동을 위한 교육부서는 별도로 운영하는 그들에게 적합한 교육 서비스를 제공하는 데 효과적이다. 학습장애아동이나 정서장애아동, 언어장애아동, 시각장애아동, 지체장애아동의 경우는 가능한 정상적인 아동들과 함께 교육하는 것이 바람직하다.

장애 아동들에 대한 교회 교육은 그 가족들을 신앙생활로 이끄는 확실한 통로가 될 수도 있다. 교회는 교회대로 순수한 신자를 얻을 수 있고, 교인들은 교사나 자원봉사자로 장애인 교육과 선교에 직접 참여하며 이웃 사랑을 몸으로 실천할 수 있어서 좋다. 불신자들을 전도하는 일뿐 아니라 교회 안에서 장애아동을 둔 부모들이 떳떳하게 아이를 교육시키고, 나아가 장애를 갖지 않은 사람들과 함께 예배를 보도록 이끌어내는 데에도 장애인들의 교육과 예배는 규모의 대소를 막론하고 교회마다 필수적으로 개설되어야 한다.

7) 장애아 조기교실 운영

교회에서 장애아를 위한 조기교실운영은 장애 아동의 발달을 도울 수 있는 좋은 방법이다. 발달 심리학자들의 연구에 따르면 인간의 학습 능력 발달 과정에서 가장 큰 영향을 받는 시기는 출생에서 첫 4년간이라고 한다. 다시 말해 성인 능력의 학습 능력의 약 50%가 이 시기에 형성된다는 말이다. 따라서 이 시기의 아동에게 교육적인 자극이 풍부한 환경을 마련해 주면 아동의 능력이 효과적으로 개발될 수 있다. 더구나 장애인은 장애 발생 당시부터 교육과 치료를 시작하는 것이 장애 경감이나 치료적 경제적인 면에서 훨씬 효율적이라는 것을 누구나 공감할 수 있다. 따라서 장애아동의 조기교육 기회의 확대와 어릴 때부터 통합 교육을 시키는 것은 바람직하다. 장애 아동들의 경우 장기적인 교육이 없으면 정상적인 기능마저도 퇴행되고 부정적인 문제 행동으로 발달될 가능성이 크다. 그래서 영유아기 때의 교육이 더욱 중요하다. 통합교육은 나름대로 장단점이 있지만, 교육적인 측면에서 볼 때 가장 바람직한 방법이라고 할 수 있다. 통합교육을 받은 장애아동은 그만큼 사회 적응의 가능성이 높아지기 때문이다.

장애인 가정 중에는 생활이 어려워 부득불 맞벌이를 해야 하거나 어머니 혼자 생계를 꾸려가며 아이를 키워 가는 가정이 많다. 이러한 경우 아이들을 맡길 곳이 없어 방에 묶어 두고 일을 나가는 경우도 있다. 때문에 가난한 가정의 장애아동을 위한 특수교육과 탁아소는 더욱 절실하다. 그러나 정부는 아무런 대책도 세우지 못하고 있는 실정으로, 교회가 이를 담당한다면 매우 유익할 것이다. 장애아동들이 하나님의 사랑 안에서 바르게 자랄 수 있는 길은 교회의 끊임없는 이해와 관심에 바탕을 둔 교육과 지치지 않는 사랑을 실천하는 일이다.

8) 장애인과 함께 예배드리기

장애인과 함께 예배를 드린다는 것은 결국 하나님 안에서 하나가 되었다는 공동체 의식에 대단히 중요한 일로 여겨진다. 물론 청각 장애인과 함께 예배드리는 것이 어려운 일이긴 하지만 관심만 있다면 불가능한 것은 아니다. 수화예배, 수화설교가 가능하다면 정말 좋다. 만약 수화로 하기 힘들다면 그날의 설교 내용을 미리 준비하여 주보에 싣던가 아니면 따로 준비해 두어야 한다.

시각 장애인들을 위해서는 점자 주보, 성경책, 찬송가, 기타 성경 교재들이 교회에 배치되어 있어야 한다. 점자번역을 하는 봉사 단체들이 꽤 있으므로 교회 안에서 역량이 미치지 않더라도 이들의 도움을 얻으면 쉽게 준비할 수 있다. 연로하신 어른이나 환자들을 위하여 성경, 찬송 테이프를 준비하는 것처럼 이들을 위한 점자 자료의 준비는 당연한 일이다.

그리고 예배실 구조도 이들을 고려해야 한다. 지금과 같이 빽빽하게 긴 의자들로 가득 찬 예배 실에서 뇌성마비 장애인들은 불편하게 앉아 있을 수밖에 없을 것이다. 또 휠체어를 이용하는 장애인들은 지금의 구조에서는 맨 뒤에서 예배를 드릴 수밖에 없다. 우리 지역에 이런 장애인이 한 사람이라도 있다면 교회는 그를 생각해야 한다. 장애인들의 특성에 맞게 예배실 구조를 바꾸어 보자. 의자의 앞뒤 간격-편한 의자 구비, 의자의 간격-휠체어 한대 정도는 거뜬히 지나갈 수 있게 한다. 이 간단한 변화는 노인들에게도 많은 도움이 될 것이다. 아울러 교회가 휠체어 몇 대를 구비하여 교회 내에서 장애인과 노인들이 이용하게 하면 더욱 좋다.

특히 중증 장애인이 함께 예배에 참석할 수 있도록 배려하는 것이 아주 중요하다. 중증 장애인에게 있어 작은 욕구의 충족도 커다란 기쁨이 된다.

교역자는 지역실태조사에서 만났던 장애인들의 가정을 우선 심방해야 한다. 하나님을 만나고 싶지만 교회의 턱이 높아 좌절하는 장애인은 지역마다 있다. 이것은 '함께 예배드리기' 위한 교역자의 의무이다.

9) 장애인 주일 지키기

매년 4월 셋째 주일을 장애인 주일로 지키는 교회가 늘고 있는데, 이 주간에 장애인을 생각하는 기간으로 정하여 작은 것 하나라도 실천해 보는 것도 좋은 방법이다. 교회 경사로 설치, 성경, 찬송 등을 점자로 번역하기, 장애인을 이해할 수 있는 교육 프로그램을 준비하여 교회 안에서 성도들을 교육하고, 무료 문화강좌 실시, 교회와 지역에 거주하는 장애인 중 필요한 사람에게 전동 휠체어 등 각종 보조기기 선물하기 - 이런 것들은 관심만 있다면 언제나 실천이 가능하다. 이런 준비가 어느 정도 갖추어지고 있다면 장애인들을 찾아가 교회로 초대하자. 처음에는 일회적인 초대에 그치고 말지도 모른다. 그러나 1년이 지나고 2년이 지난 어느 주일 아침에 장애아를 둔 부모가 그 어린이와 함께 우리 교회에 예배를 드리러 온다면 그것은 큰 시작이 될 수도 있다.

10) 자매결연과 가정방문

우리 주변에 많은 장애인들이 있음에도 불구하고 우리가 일상생활 안에서 그들을 자주 만나지 못하는 이유는 그들이 갖고 있는 사회적 편견과, 거의 전무하다시피 한 편의시설 때문에 집 밖으로 나올 수 없기 때문이다.

따라서 우리가 그들을 찾아가야 한다. 일반적으로 장애인들이 경제적으로 매우 어려운 상황에 있으므로 교회가 재정적인 원조를 해야 한다.

특히 생활보호대상자에 속하지 않는 경계선급 이상의 장애인에게 있어 물질적인 도움은 절실히 요구된다. 왜냐하면 대부분의 구제활동들이 생활보호대상자들에게만 주어지기 때문이다. 따라서 교회 안의 구역조직을 활용하여 1구역 1가정 돌보기, 구역 헌금으로 장애인 가정 돕기 등의 프로그램을 개발하면 다양한 가정을 구체적으로 도울 수 있다.

그리고 장애가 심하여 일상생활이 어려운 가정을 방문하여 청소, 심부름, 외출, 간단한 학습지도, 말 벗 등으로 장애인들에게 도움을 주는 것도 필요하다. 사실 장애아동을 양육하고 있는 부모들은 장애자녀로 인하여 외부 활동에 상당한 피로와 스트레스가 누적되어 있는 경우가 많다. 특히 중증장애아동을 가진 부모일수록 더욱 힘들다. 이런 가정에 주중에 정기적으로 방문해 대신 돌보아 주는 것도 큰 도움이 된다.

11) 장애인 시설 방문

재가 장애인을 방문하여 돕는 것도 중요하지만 시설 장애인들을 찾아가는 일도 매우 중요하다. 현재는 대부분 일회적인 방문이거나 지속적이라 하더라도 거의 시혜적인 차원이다. 이제는 이러한 형식적인 방법을 배제하고 평생을 두고 관계를 다져나간다는 마음에서 최소한 직접 몸을 부대끼는 만남이 이뤄져야 한다. 전술한 계획을 제대로 수행하기 위해서는 전문 인력뿐만 아니라 지원하여 섬기려는 사람들이 많이 필요하다.

재가 장애인의 경우와 마찬가지로 시설 장애인과도 자매결연을 맺는 것이 좋다. 이것을 통해 형제애를 구체적으로 나누어갈 수 있기 때문이다. 그래서 시설 생활에서 올 수 있는 외로움과 소외감을 해소시키며 건전한 정서발달에 기여할 수 있다.

12) 장애인 부모를 위한 성경공부

장애아 부모의 대부분은 장애에 대한 바른 인식을 가지지 못하고 있는 경우가 허다하다. 선천적 장애일 경우가 더욱 그렇다. 한 가정에 장애아가 나면, 부모뿐 아니라 온 가족에게 큰 충격을 안겨주게 된다. 이 충격은 선천적 장애가 원인 불명일 경우 더욱 복잡한 심리현상을 불러일으킨다. 부모는 "왜?"라는 해결할 수 없는 의문 속에서 고민하게 된다. 양육 과정에서도 부모가 짊어져야 하는 부담은 실로 크다. 때론 극도의 심리적 불안과 수치심으로 자신이 낳은 자식을 부정하기도 한다. 지금 기르고 있는 아이를 자신의 자식으로 도무지 용납하지 못하는 경우도 있다. 병원의 실수가 아니면 누가 고의로 아기를 바꾸었다고 생각하고 아이를 학대하는 경우도 있다.

우리 사회에는 장애에 대한 몰이해와 무지로 장애아를 낳은 산모를 바르게 바라보지 못하는 경향이 있다. 그래서 집안에서뿐 아니라 지역사회에서 얼굴을 들 수 없을 정도로 수치심을 느끼기도 하고, 시어머니가 며느리를 내쫓거나 모자 동반 자살이라는 비극이 발생하기도 한다.

이와 관련하여 장애에 관한 미신이 만연해 있는 것도 문제이다. 서구에서는 그것이 성스러운 계시나 혹은 나쁜 징조라는 식으로 만연되어 왔다. 또한 임산부의 이상한 체험이라든가 짐승과의 관계, 혹은 운명이나 선조들의 앙화, 윤회설 등과 같은 것에 관련하여 이에 대한 터무니없는 미신은 꽤 만연해 있는 편이다. 더욱이 근대에 이르러서는 '유전'이라는 과학적인 미신이 생겼다. 사실 장애 발생 원인 중에는 유전에 의한 것도 있다. 좀더 정확하게는 유전자의 문제라 할 수 있는데 결국은 인간타락의 결과로 말미암은 환경 파괴가 그 원인이라고 할 수 있다. 장애에 관한 잘못된 인식은 이해 부족에서 오는 것이겠지만, 동시에 잘못된 인간관에서 오는 것이기도 하다.

이런 경우에 처해 있는 장애아 부모들의 의식을 교정하고 위로하는 것은 무엇보다 중요하고 필요한 일이다. 성경공부를 통해 그것이 가능하다.

13) 야학 프로그램

모든 부모들이 그렇듯 자신의 어려움은 이겨나갈 수 있지만 자녀들에게까지 어려움을 안겨주려고 하지 않는다. 그래서 자기 희생을 통해서라도 자녀가 잘되는 것을 보려고 한다. 그렇지만 자녀들이 오히려 부모를 도와야 하는 경우가 있다. 부모가 장애인인 경우 자녀들이 겪는 어려움이다. 따라서 교회 청년들을 중심으로 장애인 가정의 자녀들의 학습 지도를 무료로 도와줄 수 있다면 이 또한 장애인 부모들의 부담을 덜어주는 의미 있는 일이다. 이러한 프로그램을 통하여 장애인 부모의 고민과 걱정거리를 함께 상담해 주고, 동시에 신앙적으로 극복할 수 있도록 지지해 준다면 이 또한 장애인 선교의 한 영역을 감당한다고 볼 수 있다.

또한 정규 과정의 교육을 받지 못한 중증 장애인들의 학업을 지속적으로 도와서 그들의 학구열을 승화시켜 주는 것도 매우 중요한 프로그램이다. 많은 장애인들이 장애를 극복하기 위해 공부하고 싶어한다. "당신은 무엇이 되기 위하여 공부하십니까?"라는 질문보다 "무슨 공부를 하고 싶으십니까?"라는 질문을 장애인은 받고 싶어한다. 때로는 만학도일 수도 있다. 혹 중간에 중단할 수도 있다. 그러나 이런 것들은 시작을 포기해야 할 이유가 되지 않는다. 왜냐하면 모든 사람들에게 적용되지 않는 법칙은 장애인들에게도 적용해서는 안 되기 때문이다. "먼저 시작하라. 그 다음은 하나님께 맡기자!" 이것이 장애인에게 가장 필요한 대답이다.

14) 그룹홈 설립과 운영

그룹 홈(Group Home)은 장애인들의 탈시설화를 통한 사회복귀 추세에 따라 미국에서는 1970년대부터, 일본에서는 1988년부터 시행되고 있다. 우리 나라도 1992년도 장애인복지사업의 하나로 소집단 가정제를 도입하여 장애인을 집단 격리 수용하는 정책에서 탈피하여 집단가정으로의 전환을 추진하고 있다.

그룹 홈이란 지역사회 안에 있는 보통 주택(아파트, 맨션, 독립주택)에서 소수의 장애인들이 공동으로 생활하고 그들의 능숙치 못한 일들을 전문가에 의해서 원조 받는 생활 형태이다. 집단가정의 근본적인 목적은 가족적인 환경 속에서 독립적인 생활기술을 배우는 것이며, 장애 정도와 특성에 따라 독립적인 생활을 영위할 수 있는 것에 궁극적인 목표로 삼고, 그것에 대비하기 위한 과도기적 훈련장이다.

그룹홈은 장애인의 자율성을 향상시키며 장애인과의 연결을 통해 장애인과 부모에 대한 정서적 지지를 할 수 있는 이점을 가지고 있다. 그리고 지역사회의 자원을 최대한 활용할 수 있어 전문가와 보호자들이 그 필요성을 절감하는 서비스이다. 그룹홈 거주자들은 대규모 시설 거주자들보다 지역 사회에 더 잘 적응하며, 직업 기술과 행동에 변화를 보였다. 또한 지역 주민들의 태도에서도 거부감이나 편견보다는 그룹홈을 돕게 되었다는 보고가 있다.

한국 교회는 이 그룹홈을 운영할 수 있는 인적 · 물적 자원을 가지고 있다. 교회가 열린 마음으로 그룹홈의 필요성을 인식한다면 좋은 성과를 얻을 수 있다.

15) 전문 사역자 양성

한국 교회가 장애인들에게 관심을 갖기 시작했다는 사실은 여러 증거들을 통해 나타난다. 많은 교회에서 장애인들을 위한 편의시설을 마련하고 교회 안에 장애부서를 마련하기도 한다. 그리고 각 교단마다 총회 안에 장애부서를 두는 움직임도 서서히 일고 있으며, 여러 선교회를 통해 섬김의 열매도 많이 맺어가고 있다. 또한 장애인 사역에 헌신하려고 하는 젊은이도 늘어가고 있다.

그런데 장애인 선교를 위하여 헌신하려고 하는 사람은 많지만 늘 문제가 되는 것은 훈련 과정과 헌신에 있어서 척박한 사역비 문제이다. 그래서 장애인 선교를 하는 사람에게는 사역비 후원에 대한 기도가 중대한 문제가 된다. 하지만 많은 후원자들은 장애인에게 직접적으로 제공되는 물질적 서비스만 고려하고 있을 뿐, 그 서비스를 효과적으로 전달하는 전문가, 이를 위하여 프로그램을 개발 · 연구하는 사람들, 장애인 선교를 홍보하고 사람들을 계몽하기 위하여 헌신한 사람들 그리고 그의 가족들에 대한 배려가 적은 실정이다. 장애인 사역에 헌신하기까지는 많은 시간이 걸리고 많은 과정을 거쳐야 하며, 때로는 대학원과 유학과정을 거쳐서 더욱 전문적인 사역자가 되어야 한다. 그런데 이를 위한 더욱 사려 깊은 투자가 희박하다. 결국 하나님께서 아브라함, 모세 그리고 많은 제자를 통하여 일하신 것처럼 사람에 대한 투자가 절대적으로 요청된다. 이 부분의 투자가 적으면 결국 장애인에게 전달되는 복음과 복지 서비스는 후진성을 면치 못할 것이며, 결국 장애인 선교 단체는 급증하나 효과적이고 전문적인 장애인 선교를 실천하는 곳은 찾아보기 힘들게 될 것이다. 따라서 교회와 성도들은 재정적인 투자뿐 아니라 외적인 투자 특히, 전문적인 사역자들에 대한 투자가 있어야 한다. 눈앞에 전달되는 서비스보다는 장기적인 안목에서 장애인들의 총체적인 재활을 위하여 투자할 수 있는 근본적인 대책이 마련되어야 한다. 심지어는 전문성은커녕 오히려 매일 어둡고 낙후된 장애인 사역만을 고집하는 사람들은 장애인 사역을 포기하도록 하는 분위기가 조성되어야 한다. 그리하여 가난하고 어려운 장애인 선교 단체라는 낙인보다는 늘 새롭게 발전하고 더욱 전문성이 두드러지는 장애인 선교가 되도록 하여야 한다. 이를 위해서 전문 사역자 양성과 이들의 사역 자체에 대한 기도와 투자가 있어야 한다.

16) 장애인 사경회 및 캠프

이 밖에 교회가 장애인 선교를 위해서 할 수 있는 프로그램을 들어보면 다음과 같다. 장애인들의 영적 도전을 위해 사경회를 여는 것이다. 그리고 장애인 캠프를 열 수도 있다. 상대를 이해하기 위해서는 상대를 만나보지 않고는 어렵다. 사경회나 캠프는 이런 기회를 제공해 준다. 그러기에 사경회나 캠프, 특히 장애인 캠프는 장애인 선교에 있어 없어서는 안 될 중요한 프로그램 중의 하나라고 할 수 있다. 그 기대 효과는 매우 크다. 교회는 선교 단체와 협력해서 규모 있고 짜임새 있는 프로그램을 진행해 나가야 한다.

제5절 자살문제

1. 자살의 현황과 심각성

자살문제란 개인에게 발생하는 사회적, 심리적, 생리적인 고통이나 위기를 스스로의 능력으로 이기지 못하고 그 어려움을 고의적으로 자신에게 죽음을 부과하여 발생한 문제를 의미하며 위기탈출의 가장 극단적인 방법으로 볼 수 있다.

청소년, 노인, 장애인문제와 더불어 현재 우리 사회에서 중요한 사회문제로 부각하고 있는 것이 자살문제이다. 특히 이 문제는 경제위기 이후 보편화된 현상으로서 모든 연령에서 발생하고 있다는 점과 그 원인이 점차 다양해지고 있다는 측면에서 중요한 사회문제로 다루지 않을 수 없다.

참으로 안타까운 것은 이러한 자살률이 해를 거듭할수록 급격하게 증가하고 있다는 사실이다. 연도별 자살현황을 보면 지난 97년에는 9,109명, 98년 IMF때는 1만 2,458명으로 급증했고, 99년 1만 1,713명, 2000년 1만 1,794명, 2001년 1만 2,227명, 2002년 1만 3,055명으로 증가했다. 또한 2003년의 경우는 지난 7월까지 6,500명으로 집계되고 있어서 이러한 증가 추세가 계속 유지되고 있는데, 2002년에는 1990년대 초반보다 약 2배의 자살사망률을 보이고 있다.[357] 놀라운 것은 이러한 수치는 우리나라 교통사고 사망률을 초과한 수치이며[358], 2002년 경찰청 통계에 의하면 인구 10만명 당 27.4명으로 헝가리와 함께 세계 공동 1위를 차지하였다. 10년 전 10위권 밖에서 맴돌던 우리나라 자살사망률이 1997년 IMF를 겪으면서 폭증해 세계최고수준이 된 것이다.[359] 총 자살건수에서도 역대 최고인 1만 3,055건으로 2001년의 1만 2,277건

---

357) 한미르 뉴스, "가난 비관"자살 3년 전 대비 2배 늘어, http://news.hanmir.com/news.php?d=030831&f=do195035 (2004년 4월 25일)
358) "자살, 교통사고 사망 첫 추월", 한국일보, 2003년 9월 26일자 A7면.
359) "자살률 세계최고… 국가차원 예방을", 조선일보, 2003년 12월 19일자 A12면.

에 비해 6.3%가 늘었다는 사실이다.[360]

주목할 만한 점은 이전까지의 자살은 입시에 대한 강박감과 이성 문제로 충격을 받은 청소년, 삶에 대한 회의에 휩싸인 노인층이 주류를 이루었다. 그런데 요즘은 30-50대가 경제적인 문제로 자살하는 경우가 늘고 있다.[361] 또한 오늘날은 경제적 위기로 인한 실업문제로 스스로 목숨을 끊은 경우가 현저히 늘어나고 있다.

이러한 중년층의 자살과 더불어 꾸준하게 증가하는 10대의 자살률도 무시할 수 없다. 1998년의 10-24세의 자살 사망자는 남자 656명, 여자 410명, 총 1,066명으로 인구 10만 명 당 남자 11명, 여자 7명, 전체 9명이 스스로 목숨을 끊었다. 이는 10세-24세 전체 사망자의 17%를 차지하는 숫자이며, 피살 사망 자수의 7.2배에 해당하는 수치이다.[362] 이와 같이 한국사회에서의 자살문제는 이미 위험수위에 육박했다고 해도 과언이 아닐 것이다.

2. 자살의 원인

유명한 사회학자 뒤르켕은 자살이 사회와 개인과의 관계단절에 의하여 결정된다고 보았다. 다시 말해서 자살자가 소속된 사회가 개인의 행동에 강제적으로 영향을 미치는 사회적 규제가 자살의 주요한 영향 요인이라고 하였다.[363] 이는 곧 개개인들의 자살을 단순한 행위로 보기보다는 개인들이 자살이라는 행위를 하도록 한 우리 사회에 초점을 맞추었다. 다시 말해서 사회와 자본주의적 경쟁에서 탈락하여 더 이상 사회적 요구를 수행하지 못했을 때 발생하는 현상으로 이해하였다는 측면에서 자살이란 결국 산업사회에서 발

360) "간밤엔 또 누가… '자살 증후군' 전염병처럼 확산", 한국일보, 2003년 8월 6일자 A9면.
361) "빈곤자살 가파른 증가세", 한겨레신문, 2003년 8월 12일자 사회면.
362) 홍의경, "청소년의 자아정체감과 자살생각과의 연관성 연구: 고등학생 중심으로", 『서강대 대학원 석사학위 논문』(1999년 8월), pp.30-35.
363) 서동우, "자살사망의 추이와 예방대책", 『복지동향 제59호』(2003년 9월호), p.37.

생하는 '사회적 타살'로 보거나 개인적인 중압감을 이기지 못함으로 오는 '스트레스성 자살'로 볼 수 있다.

자살의 원인은 너무나 다양하다. 어떠한 상황이든지 간에 위에서 언급한 스트레스를 해결하지 못하여 위기를 느낄 때 언제든지 자살로 이어질 수 있다. 이러한 다양한 원인 중에서도 특히 청소년 자살의 근본적인 원인은 가정의 문제로 볼 수 있다. 이 중 가장 심각한 문제는 역시 가정 문제다. 부모간의 갈등, 이혼, 지나친 잔소리, 부모들의 과도한 기대, 아버지의 음주로 인한 가정폭력 등이 자살의 직·간접적인 원인이 된다. 부모들의 싸움이나 이혼이 자기 책임이라고 여기고, 자기를 사랑하지 않아서라고 생각하기 때문에 죄책감과 배신감을 동시에 느끼기도 한다. 그런 환경 속에서 우울증에 걸려 자살을 시도하는 경우는 너무나 허다하다.

자살을 시도하는 청소년 가정은 대개 부모와 자녀의 극단적인 갈등과 긴장상태 그리고 폐쇄적인 가정 분위기인 경우가 많다. 특히 가정이 평화롭지 못하고 이혼을 한 가정의 청소년이거나 자기가 부모로부터 버림받았다고 생각하는 청소년일수록 자살을 많이 시도하게 된다.[364] 왜냐하면 근본적인 신뢰의 바탕인 가정의 붕괴는 아직까지 모든 시련을 극복하기에 충분하게 성숙하지 못한 청소년들에게는 더 이상 지탱할 수 있는 힘을 제공해 주지 못하기 때문이다.

가정의 문제와 더불어 청소년들은 자신이 스스로 자신에게 심한 컴플렉스를 느껴 자살하는 경우도 많다. 특히 자신의 외모, 신체장애, 건강을 비관해 스스로 목숨을 끊는 경우가 있는가 하면, 가난의 문제, 부모가 장애자라는 열등감 등이 중요한 자살의 변수로 작용하기도 한다. 그러나 무엇보다도 학교 성적에 대한 중압감과 성적에 대한 열등감을 들 수 있는데 이는 우리나라 청소년들의 경우는 학업에 대한 고민이 제일 많다고 볼 수 있다. 또한 자살에 있어서 심리적인 요소 역시 무시할 수 없는 변수로 작용한다. 90% 이상의 자

---

364) 최병목,『청소년 자살 예방론』(서울: 홍익재, 2002.), pp.245-251.

살자가 정신질환 또는 중독성 질환과 관련이 있다는 보고가 있다는 사실은 자살자의 심리적 상태가 자살의 중요한 변수가 될 수 있다는 사실이다.[365] 자살하는 사람들은 심각한 스트레스와 고통, 감정, 또는 좌절 등을 경험한다. 그들이 자살을 결심하게 될 때는 스트레스가 순간적으로 넘쳐 나게 될 때이다. 소위 우울증적인 자살이라는 형태가 있는데 이것은 한 사람이 계속되는 스트레스와 여러 가지 사건들 때문에 너무나 압도적이고 용인되기 어려운 수준의 감정 상태에 놓여 있게 될 때 마침내 이 억눌린 감정들이 자살로 돌변하는 현상을 말한다.[366] 그 한 예로서 세브란스 병원 응급실의 1998년과 2002년 자살환자를 분석한 결과 청소년 자살환자의 87%에게 치료가 필요한 정신과적 증상이나 문제가 있었고 이중 우울증이 66%나 차지한다고 밝혔다.[367]

이와 유사한 문제로서 다른 사람에게 향한 분노가 갑자기 자신에게 화살이 돌아갈 때 자살이 발생하기도 하며 조울증과 우울증으로 인해 자살이 많이 시도되기도 한다. 이는 곧 자살자 가족 중에 자살률이 높으며 가족적인 경향도 배제할 수 없는 요인으로 작용한다고 볼 수 있다.[368]

그러나 최근의 자살의 동향은 이전과는 다른 형태를 취하고 있다. 경제위기와 계속되는 불경기로 인하여 상대적 빈곤 및 채무불이행 등으로 인한 자살과 가족동반자살 등이 지속적으로 늘고 있다. 이는 자살 동기 중 빈곤이 차지하는 비율도 3년 전보다 2003년에는 2배 이상 급증한 것으로 밝혀져 빈곤이 자살의 또 다른 중요한 요인이 됨으로서 이를 자살이 아닌 사회적 타살의 한 현상으로 이해하는 학자도 있다. 만약 분명한 사회안전망이 구축되지 않을 경우 자살 행렬은 계속될 것이며 또 빈곤으로 인한 자살이 심각한 수준으로 늘어날 수밖에 없게 된다.[369]

---

365) 서동우, *op. cit.*, p.37.
366) 이하식, *op. cit.*, p.24.
367) "청소년 자살 환자 87% 정신과적 문제", 문화일보, 2003년 9월 29일자 31면.
368) 정혜경외 2명, "청소년의 자살충동에 영향을 미치는 예측요인"(한국청소년학회, 2003.), p.2.
369) "가난비관 자살 3년 전 대비 2배 늘어", 동아일보, 2003년 8월 31일, 사회면.

아래의 표는 청소년들의 자살원인에 대한 다양한 측면을 공개하였다.

〈표7-5〉 학생 자살자의 자살 원인 (단위: %)

자살 원인	사례수	비 율	자살원인	사례수	비 율
가족 갈등	30	41.1	이성 문제	2	2.7
경제 문제	5	6.8	동성친구문제	7	9.6
건강 문제	8	11.0	기타	7	9.6
학교 문제	5	6.8	무응답	3	4.1
정신·심리문제	6	8.2			

출처: 최병목, 『청소년 자살 예방론』(서울: 홍익재, 2002), p.228.

3. 자살에 대한 사회 및 교회의 대처

1) 예방

자살에 대한 치료책은 없다. 다른 사회문제와는 달리 자살은 사후 치료나 교육은 존재할 수 없기 때문에 가장 근본적인 치료책은 예방뿐이다. 자살을 미연에 방지하기 위하여 다양한 방법의 접근을 시도해 볼 수 있다.

무엇보다 먼저 자살은 가정의 문제가 가장 중요한 변수가 될 수 있기 때문에 철저한 가족유대를 활성화해야 한다. 지역사회적으로나 학교에서 많이 주최하여 가족관의 유대관계를 활성화 할 수 있는 레크레이션, 부모와 함께하는 체육대회 프로그램 등을 통하여 고통 받는 자들이 가정 안에서는 자신이 인정받는 존재라는 인식을 분명히 할 수 있어야 한다. 이로 인하여 청소년과 문제를 가진 사람이 스스로 자신이 가지고 있는 고민을 해결하고 건강한 에너지를 충전시킬 수 있는 기회를 열어 주는 것도 좋다고 본다. 자살의 가능성을 가진 사람을 위하여 학교 상담실, 교회, 사회복지관, 시민단체, 연구기관들이 협력하여 가족자원네트워크를 형성하여 가족 간의 대화와 애정표현 기술을 습득하고 문제해결의 능력과 기술을 향상할 수 있는 가족관계향상프로그램을 지원하는 일은 실질적인 대처방안이 될 수 있을 것이다. 특히 부모, 교사, 성인 등을 대상으로 올바른 자녀 양육법, 가족 간의 결속을 증진시키는 방법, 효과적인 스트레스 대처법 등에 대한 교육과 청소년 자살에 대한 사회적 경각심의 제고 및 교육이 절실히 필요하다고 본다.

자살문제를 예방하기 위해서는 무엇보다 자신이 얼마나 소중하고 귀한 존재인지를 인식시켜줄 가족과 주위의 친밀한 사람들의 역할이 중요하다. 또한 교회와 학교에서 선생님들이 수업시간에 학생에게 자기 성취적인 긍정적인 사고를 갖게 하는 방안의 하나로 자기성취예언적인 접근을 실시하는 것이 바람직하면 아무쪼록 사람들이 낮은 자존심과 문제해결 능력의 미숙으로 자살을 시도하기 때문에 긍정적인 자기 이미지를 증가시키고 긍정적인 의사결정 능력의 향상에 초점을 두어야 할 필요가 있다. 이를 위해서는 철저한 성경 교육이 절실하다. 청소년 수련캠프를 통한 자존감 형성이라든지 자기 사명과 소명에 대한 인식 등의 자기정체감의 강화가 무엇보다 중요한 예방책이 될 수 있는 것이다. 이와 더불어 교회는 먼저 개인에 대한 윤리 교육을 실시하고 생명의 존엄성과 신성 불가침성을 강조하고 이웃에 관심을 가질 수 있는 참된 교육에 힘써야 한다. 또한 정신 질환이나 심리적 불안정 요인을 치료할 수 있도록 깊은 관심을 가지고 이웃을 돌보아 줄 수 있는 다양한 프로그램을 활성화시켜 나갈 필요가 있다.

자살 예방을 위해서는 상담 활동의 강화 역시 중요한 예방책이 될 수 있다. 특히 지역사회에 위치한 생명의 전화나 사랑의 전화 같은 것을 지역단위로 더욱 조직화, 활성화함으로서 미연에 대처할 수 있으면 지역 단위로 자살방지위원회를 조직하고 위원회를 중심으로 모든 프로그램과 자살예방시설들을 관리하고 서비스를 제공하도록 하는 것도 좋은 방법이 될 수 있을 것이다. 그리고 기독교인을 중심으로 전화상담뿐 아니라 면접 상담 서비스도 함께 하며 언제든지 상담할 수 있는 창구를 마련해야 할 것이다. 그리고 학교에서는 청소년들의 자살 방지를 위해서 상담전문교사를 두고 자살 방지 훈련프로그램을 개발해서 상담 전문 교사 뿐 아니라 전 교사들이 모두 이 훈련을 의무적으로 받고 언제든지 학생들을 상담할 수 있어야 할 것이며, 교회는 교회 나름대로 성경을 근거로 생명의 소중함을 주일학교학생들에게 어렸을 때부터 교육을 시키고 중고등부와 청장년들에게 맞는 교육을 정기적으로 해야 하며 총회 차원에서 자살방지를 위한 교육공과와 프로그램들을 개발할 때 효과적인 방지책을 마련할 수 있을 것이다.

2) 관찰

자살예방의 또 하나의 방편으로서 자살의 가능성을 가진 자들을 잘 관찰하는 일이다. 자살을 시도하려는 많은 사람들은 거의 한결같이 자살을 시도하기 전에 여러 가지 형태로 자신의 자살에 대해 주변사람에게 경고하거나 일상적인 행동상의 변화를 통해 자기에게 관심과 도움을 줄 것을 간접적으로 표현하는 경우가 많다. 예를 들어, 죽고 싶다는 말을 자주한다든지, 평상시 좋아하던 물건이나 활동에 대해 관심을 보이지 않는다든지, 갑자기 학교성적이 하락, 섭식행동과 수면습관의 변화, 좋아하는 물건을 타인에게 전달하거나 버림, 노트나 일기장에 죽음 또는 자살에 관한 낙서 등의 행동을 나타나게 되는데 만일 이러한 일을 발견하였을 때 방관하지 말고 이들에 대하여 세심한 배려와 함께 전문가의 도움을 받음으로써 효과적으로 방지할 수 있을 것이다.[370]

자살을 발생하게 하는 사회적 요소 중의 하나가 대중매체라고 볼 수 있다.

---

370) "청소년 자살 미리 막을 수는 없는가?", http://www.bumokyoyuk.net/38-9.htm

우리 사회에서 큰 영향력을 발휘하는 대중매체와 미디어는 오히려 자살을 미화하거나 자살의 방법을 알려 주는 경향이 있다. 따라서 문제를 악화시키는 경우도 없지 않다. 특히 인터넷의 문제는 심각한 수준을 넘어서고 있다. 인터넷의 높은 활용도는 그 선한 영향력과 동시에 자살사이트의 증가와 동반 자살을 부추기는 원인으로 자리 잡고 있는데, 이러한 인터넷의 폐해에 대해서는 개인 및 가족적인 문제로만 대항하지 말고 공동체 차원에서 접근하려는 노력이 있어야 한다.[371]

제6절 이혼문제

1. 우리나라 이혼문제의 현황

이혼문제란 결혼하여 살아가는 부부가 일체를 이루지 못하고, 결혼생활에서 발생하는 다양한 문제, 즉 성격적, 정서적, 법률적, 경제적, 사회적, 심리적, 영적인 문제를 해결하지 못하여 법률상 부부관계를 해지함으로서 발생하는 문제를 의미한다.

심리학자 니콜(J. Randall Nichols)은 "이혼은 어느 순간에 결정되어지는 것이 아니고 결혼 중에 이미 시작되고 진행된다."고 주장하였다. 그의 주장에 의하면 결혼을 끝내자고 드러내어 놓고 말하기 훨씬 전부터 '이혼'은 벌써부터 진행되고 있다고 보는 것이다.[372] 이와 같이 오늘날의 다양한 시대의

371) 김향초, "청소년자살의 심리사회적 요인분석 및 예방대책연구"(한국청소년학회 1권 1호, 1993.), p.168.
372) 지홍구, "현대 가정의 위기와 교회의 역할: 이혼문제를 중심으로", 『서울신학대 상담대학원 석사학위 논문』(2000년 8월), p.48.

조류에 맞아 떨어져 제도적인 결혼관이 무시되고 이혼율이 급등함으로서 이미 이혼이 사회문제의 핵심에 이른 지 오래이다.

　우리나라에서는 산업화가 활발히 이루어지고 있던 1970년대부터 이혼이 증가하기 시작하였다. 지난 15년 간의 이혼율은 1980년에 인구 1,000명 당 이혼 건수가 0.6건이었던 것이 1995년에는 1.2건으로 급증하였다. 결혼에 대한 이혼율에서도 1980년에는 이혼이 2만 3,150건으로 결혼 17쌍에 대해 이혼 1쌍꼴로 이루어진 반면, 1995년에는 이혼이 5만 3,872건으로 결혼 6쌍에 대해 1쌍 꼴로 이루어졌다.[373] 같은 해 10만 쌍이 이혼 신청을 하였고, 그에 따라 20여만 명의 아이들이 자신의 의사와는 관계없이 부모로부터 버림받고 있는 현실이다.[374]

　이렇게 이혼은 지난 30여년 간 크게 증가하였는데 특히, 동거기간이 긴 부부가 이혼하는 비율이 크게 늘어 과거 자녀들 때문에 이혼을 꺼리던 사례가 줄어들고 있음을 시사해 주는데, 15년 이상 동거부부 이혼율이 1990년 11.9%에서 1999년에는 25.9%로 대폭 상승하였다.[375]

〈표7-6〉이혼문제 현황과 문제점　　　　　　　　　　　　　　　　(단위:천 명)

구분	'89	'90	'91	'92	'93	'94	'95	'96	'97	'98
이혼 건수	42.1	45.0	47.4	52.6	58.3	63.9	68.1	80.0	93.3	123.7

출처: 통계청 인구동태 발표집(1998)

---

373) 이영숙 , 『가족문제론』(서울: 신정, 2000.), p.31.
374) "버림받는 아이들", 한겨레신문, 1996년 12월 5일자 사회면.
375) *Ibid.* p.367.

2000년대에 들어 이혼율은 급격히 증가하여 2001년에는 혼인 대비 이혼 건수의 비율이 42.2%로 결혼한 2.5쌍 중 1쌍이 이혼하였다. 이는 20년 전인 1980년의 이혼율 5.8%에 비해 약 7배 정도 증가한 것으로 나타났고 조이혼율 은 2.8%로, 인구 1,000명당 이혼한 사람이 약 3명에 이른다는 것을 의미한다. 2002년에만 14만 5,300쌍이 이혼해 매일 398쌍이 이혼한 것으로 나타났다.

〈표 7-7〉 이혼율 변화추이 (단위: 건수, %)

연도	조이혼율	결혼에 대한 이론율	연도	조이혼율	결혼에 대한 이혼률
1980	0.6	5.8	1985	0.9	10.3
1990	1.1	11.5	1995	1.5	17.1
2000	2.5	35.9	2001	2.8	42.2

출처 : 통계청, 『인구동태 통계연보』(2002.)

이런 급격한 이혼의 증가로 인하여 이혼당사자들에게도, 그 자녀에게도, 사회적으로도 큰 문제점을 초래하고 있을 뿐 아니라 양 집안에도 결정적인 문제점들이 양산되고 있다. 이러한 이혼부부에게 미치는 문제로는 가사 유지 비와 아동양육비로 인한 경제적인 문제와 이혼은 개인에게 인생의 실패자라 는 느낌을 갖게 하는 정서적인 문제 및 지금까지 관계를 맺어 온 친척과 사회 관계에서의 문제를 지니고 있다. 자녀에게 미치는 문제도 매우 큰 것으로 나 타나고 있는데 부모의 뒷받침 감소는 자녀의 부진한 학업, 낮은 자아존중감, 비행과 같은 문제점들을 증가시킬 수 있는 것으로 나타난다.[376] 이러한 문제 점 외에도 위자료나 고정적 수입이 부재로 인한 경제적인 어려움, 즐거움과 자존감 상실로 인한 심리적인 갈등, 부모의 역할의 부재로 인한 자녀와의 원 활한 관계의 불가 등으로 들 수 있겠다.[377]

---

376) Ibid. p.184.
377) 월러스타인 주디스. S 공저, 『우리가 꿈꾸는 행복한 이혼은 없다』(서울: 명진, 2002.), pp.56-72.

2. 이혼의 원인

오늘날의 급격한 이혼 발생의 원인은 단연 산업화와 여성지위의 향상, 가치관의 변화가 주된 원인으로 작용한다고 볼 수 있다. 산업화는 생활양식의 변화, 가족 규모의 축소, 가족관계의 변화 등이 주원인이 되었고, 또한 성취감, 특이성, 자기중심성의 가치를 보편화시킴으로서 이혼율 상승의 원인을 제공하였다. 위에서 언급한 바와 같이 여성의 사회경제적 지위의 변화는 여성의 지위상승을 가능하게 하였고, 여성의 교육수준이 높아지면서 자신의 정체성의 확립이 가능해 졌고 아울러 경제적 독립을 꾀할 수 있었기 때문에 이러한 다변적인 요소가 이혼을 증가하게 한 중요한 원인들이 될 수 있다. 그 한 예로서 1995년에는 전체 취업자 중 여성이 차지하는 비율이 40%를 유지하면서 여성은 경제적 자립심을 갖게 되었다. 또한 가족관계에서 부부관계로 바뀜에 따라 부부자신의 정서적 만족을 중요시하게 되어 결혼생활에서 부부관계로 바뀜에 따라 부부자신의 정서적 만족을 추구하게 됨으로서 결혼생활에서 기대했던 욕구충족이 이루어지지 않을 경우 이혼도 가능하다는 인식이 보편화됨에 따라 가족구조의 급격한 변화를 경험하게 되었다. 따라서 가사분담 및 자녀양육에서 동등함을 주장하는 아내의 입장을 이해하기가 쉽지 않아 부부간의 갈등을 야기하고 급기야는 이혼에까지 이르게 된다.[378]

이러한 사회변화의 요인을 제외하더라도 일반적으로 나타난 이혼의 원인으로는 성격차이, 배우자의 외도, 경제 파탄, 불신 등이 있지만, 중요한 것은 남성과 여성이 이혼하게 되는 원인이 다르다는 것이다. 남성은 성격차이 (19.3%), 경제파탄(10.6%), 배우자의 외도(9.4%), 본인의 음주(6.6%) 등의 순이었고, 여성의 경우는 배우자의 외도(19.7%), 성격차이(11.3%), 경제파탄 (6.9%), 배우자의 신체적 폭력(6.4%) 등이었으며, 남성이 이혼의 원인을 제공

---

378) 이무영, 이소희, "이혼발생에 영향을 미치는 요인 분석", 한국가족복지학회(2003년 8권 2호), p.42.

하는 경우는 본인의 외도, 신체적 폭력, 부인에 대한 간섭 및 학대 등인 반면에 여성이 원인을 제공하는 경우는 가출, 경제적 낭비, 거짓말 등이었다.

이러한 요인들과 더불어 이혼의 법적인 용이성 또한 중요한 한 원인을 제공해 준다고 하겠다. 산업화와 도시화가 본격적으로 진행되기 시작한 이후 제도적으로 이혼을 허용하게 됨으로 법적인 이혼율이 증가하는 현실에 직면하게 되었고 이혼에 대한 태도가 허용적인 방향으로 변화하기 시작한 점 등으로 이혼율은 더욱 증가하였다.

또한 가부장적인 권위가 아닌 상호간의 인격이 존중되어지는 인격의 독립이 확보된 부부의 성 역할의 변화, 이혼법의 변화, 마지막으로 이혼에 대한 시각의 변화가 이혼문제의 주된 원인이라고 볼 수 있다.[379]

3. 이혼문제에 대한 사회 및 교회의 대처

이혼문제의 해결 역시 자살문제와 마찬가지로 최선의 치유책은 예방교육이다. 교육이라 함은 올바른 결혼 교육을 의미하는 것이며, 이러한 장기적인 교육을 통하여 미연에 이혼을 예방할 수 있다. 무엇보다 먼저 결혼하기 전에 가족생활에 대한 교육을 교회와 가정은 물론 학교에서 시행해야 한다. 이혼과 관련해서 발생가능한 일반적인 가족문제나 자녀문제를 예측하고 통찰하여 대처할 수 있도록 하는 교육을 실시해야 한다. 교육내용은 가족관 및 부부관 교육, 이성간의 관계 특성, 대인관계의 역동성 및 가족 내 인간관계에 대한 교육, 부부관계 향상 교육, 가족 의사소통 교육, 문제해결 능력 향상교육, 갈등 해결 방법 등이다. 이처럼 이혼이 미치는 부정적 영향을 생각할 때 예방이 최선책이며, 일단 결혼하여 부부가 되면 이혼하지 않고 행복하게 살도록 사전에 충분한 교육이 실시될 때 훨씬 효과적으로 가정생활을 영위해 나갈

---

379) "이혼가족을 위한 대책연구", http://www.healthis.org/7En_book/data/h0000024.htm

수 있다. 무엇보다 중요한 것은 부부관계나 가족생활을 원만히 유지하고 있는 부부를 대상으로 부부관계의 질적 향상을 위한 교육프로그램을 실시하여 미연에 이혼을 예방해야 한다.

불가피하게 이혼을 하였을 경우 신속한 이혼 후의 대책이 수립되어야 한다. 이혼 후의 남녀에게는 좀더 다양한 대책이 필요하다. 이혼 후의 남녀는 일시적으로 또는 계속적으로 편부모가족이 되므로 결국 편부모가족을 위한 대책이 필요하며, 아울러 이혼 후의 문제와 적응에 영향을 미치는 요인들이 고려된 대책이 필요하다. 이혼한 부부를 위하여 선진국처럼 일정한 기간 동안 정부차원에서 자녀양육비 및 교육비 보조, 의료비 보조, 편부모수당 지급, 경제적으로 곤란한 가정에게는 생계비 지원, 직업 훈련의 기회를 제공하고 취업을 알선을 도모하는가 하면 생활복지를 위한 경제적 지원, 자녀양육 및 교육보조, 다양한 심리적 지지프로그램을 실시함으로서 위기상황을 극복하는 데 큰 도움이 될 수 있을 것이다. 그러나 불행하게도 우리 한국의 상황에서 이러한 대책은 그리 쉽지 많은 않지만 민간차원, 즉 교회 차원에서 편부모와 자녀들을 돌볼 수 있는 즉각적인 대책을 수립하면 문제를 극소화 할 수 있을 것이다.

이러한 즉각적인 개입과 더불어 치유를 위한 상담이 반드시 요구된다. 이혼의 위기로 인하여 심각한 분리현상이나 우울증에 빠질 것이 아니라 새로운 기회를 얻은 것으로 여기고 긍정적으로 받아들이며 전 배우자와의 감정은 되도록 빠른 시일 내에 정리하고 정상적이고 폭넓은 인간관계 확립에 힘쓰도록 전문적 상담을 통한 도움이 절대적으로 요청된다. 가능하다면 이혼의 원인 즉 위기의 원인에 따라 상담 및 치료방법 다양하게 적용되어야 할 것이다.[380] 또한 이혼을 고려하고 있거나 결심한 부부를 대상으로 부부관계 회복을 위한 화해, 만족스러운 이혼을 위한 조정 및 중재, 부부당사자의 판단을 돕기 위한

---

380) 오해춘, "현대 가족 문제의 원인 및 해결방안에 관한 연구", 『세종대 행정대학원 석사학위 논문』(2000년 8월), pp.41-44.

이혼관련 법률상담의 기회를 제공할 수도 있다.[381]

　이혼으로 인하여 가장 큰 충격을 받고 이혼의 문제를 극복하기에 가장 힘든 과정을 겪어야 할 사람은 자녀들이다. 따라서 이혼가족의 자녀에 대한 돌봄 역시 절실히 요청된다. 무엇보다도 성숙한 자녀들에게는 부모의 세심한 배려가 있어야 한다.[382] 이혼한 가정의 자녀를 대상으로 한 한국가족학연구회의 결과에 의하면, 자녀들은 부모가 이혼한다는 사실을 미리 알려주기를 바라며 (응답자78.9%), 그러한 경향은 딸(86.4%)이 아들(66.7%)보다, 그리고 연령이 많아질수록(초등학생 55.2%, 중학생 80.3%, 고등학생 이상 91.5%) 더 강하게 나타났다. 이혼한 자녀들은 부모의 이혼 자체가 강한 충격인데다 준비되지 않은 상태에서 이혼이 이루어지게 될 때 그들이 겪는 혼란은 말로 표현할 수 없을 정도로 중하게 느껴질 수밖에 없는 것이다. 따라서 자녀가 이해할 수 있고 마음의 준비를 하여 스스로 대처할 수 있는 기회 제공이 있어야 할 것이다.[383] 사회의 모든 사람들은 부모가 이혼한 자녀들에 대한 편견을 버리고 다른 아이들과 똑같이 대하는 자세가 필요하다.

　이혼한 가족에 대한 교회의 대처 역시 대단히 중요하고 긴급한 문제라고 볼 수 있다. 우선 교회는 이혼가족을 위한 정부 및 민간의 자원과 이혼가족을 연결시켜주고 편부모를 위한 정부의 지원과 함께 민간 사회복지기관의 이혼가족을 위한 경제적, 정서적, 실질적 지원서비스를 파악하여 이혼가족들이 서비스를 받을 수 있도록 최선의 도움을 제공하며, 이혼 가족들을 위한 상담의 장과 자조집단의 장을 마련하는 것이 무엇보다 중요하다. 아울러 교회의 전문가를 동원하여 이혼한 부모를 위한 부모교육을 실시하고 치료하며, 할 수 있다면 이혼한 가정의 자녀를 위한 집단프로그램을 실시하여 구체적인 도움을 줄 수 있어야 한다.

---

381) "이혼 전 상담절차 의무화", 중앙일보, 2004년 3월 26일자 사회면.
382) Sara Smilansky, 『이혼 가정 아동』(서울: 학지사, 2002.), pp. 25-27.
383) 지흥구, *op. cit.*, pp.67-70.

제8장 한국교회 사회복지 수행의 제 문제

제1절 한국교회의 사회복지 수행의 일반적 문제점

전통적으로 사회의 사랑과 존경을 받으면서 성장하였던 한국교회는 사회의 아픔과 고통에 민감하게 반응하면서 성장하여 왔다고 해도 과언이 아닐 것이다. 그러나 오늘날의 한국교회는 과거에 지역사회로부터 받았던 그 사랑과 존경을 상실해 버리고 오히려 사회에서 지탄의 대상이 되고 있다는 지적은 이미 오래 전의 일이다. 오늘날의 한국교회가 사회부터의 공신력을 상실하고 문제집단으로 전락하게 된 원인은 무엇일까? 그것은 한마디로 표현해서 교회가 마땅히 수행해야 할 그 기본적인 사명을 망각함으로서 오는 결과라고 볼 수 있다.

우리가 이 문제에 대하여 바르게 접근하기 위해서는 먼저 도미노 현상을 이해할 필요가 있다. 도미노현상이란 어떤 한 사건을 통하여 다른 사건들이 연속적으로 발생하는 경우를 두고 하는 말이다. 예를 들면 한 역기능적인 가정의 경우 부모가 돈벌이에 혈안이 되어 자녀에게 관심을 가지지 않게 되면 결국 그 자녀는 가출하거나 탈선하게 되고 학교생활에 적응하지 못하게 되며 이 일로 인하여 자식만을 믿고 살아온 부모는 그 갈등을 이기지 못하고 서로에게 책임을 전가하면서 결국은 그 가정이 파선하고 만다. 이 일은 결국 한꺼번에 많은 동요를 불러일으키게 되어 학생이 속한 학교, 교회, 부모, 그리고 부모의 양가에까지 심각하게 영향을 미치게 되는 것이다. 이렇게 어떤 한 개체가 그 본질을 상실하고 다른 곳에 관심을 갖게 될 때 심각한 문제가 발생할 수밖에 없게 된다.

교회의 기능은 위에서 언급한 바와 같이 말씀을 전하는 일, 가르치는 일, 그리고 봉사하는 일로 양분할 수 있다. 그러나 교회는 근본을 외면하고 부수적인 일에 관심을 가짐으로 교회의 진정한 정체성을 상실함은 물론 존재론적 위기에 봉착할 수도 있는 것이다. 다시 말하면 교회의 성장이라는 명목으로 교회가 세속적인 가치관에 전염되어 그 본질을 상실하게 된 교회는 심각한 질병에 노출될 수밖에 없는 것이다. 약물에 중독 된 사람을 치료하기가 쉽지 않듯이 교회 역시 그 본질을 상실하고 세속적인 가치관에 의하여 교회의 존재의미를 찾으려 한다면 틀림없이 수많은 문제점들을 양산할 수밖에 없게 된다.

물론 오늘날의 한국교회가 과거의 잘못된 신앙적 사고와 성장지향주의를 탈피하고 사회를 섬기는 교회로서 발돋움하기 위하여 지대한 노력을 경주하고 있는 것은 사실이다. 그럼에도 불구하고 여전히 대 사회적인 문제에 대해서는 만족할 만한 수준에 이르지 못하였다. 다시 말해서 아직까지도 한국교회는 그 본질을 상실함으로써 오는 많은 문제점들 가운데 허우적 거리고 있다는 것이다.

1. 맹목적인 교회성장과 사회문제에 대한 경시풍조

제4장에서 이미 언급한 바와 같이 한국교회 성장의 경로는 다양하다. 교회성장의 주된 원인제공은 1965년의 '300만 명을 그리스도에게', 1973년의 빌리 그래함 집회, 1974년의 엑스플로, 1977년의 복음화 대성회 등을 통한 대규모 전도집회였다. 이와 더불어 영적인 측면이 아닌 사회적 측면으로, 급격한 경제개발로 인한 사회의 불안과 공백, 북한 공산당의 위협, 그리고 박정희 정권의 독재로 인한 정치적 대립 역시 민족의 마음을 교회로 향하게 한 동기로 이해할 수 있다.

그러나 이러한 엄청난 교회의 성장에도 불구하고, 한국교회는 성장 및 부흥의 측면에서 사화문제에 대한 몇 가지의 문제점을 안고 있었다. 그것은 곧 지나친 교단중심의 성장, 상업주의, 자본주의적 개인경쟁으로 인하여 발생한 사회 문제에 대한 무관심이었다.

앞서 잠시 언급한 바와 같이 장로교가 일차적으로 4개 교단으로 분열된 후

교회는 분열에 분열을 거듭하여 교단과 교회는 숫자 늘리기에 급급하였고 개교회 성장을 위하여 모든 노력을 경주하였다. 이러한 교인과 교회확장 운동은 개인주의적인 경쟁심을 유발하였고, 모든 교회가 예외 없이 이 사상에 감염되었다. 지나친 열망 그리고 교회성장의 열정은 철저한 개인주의적인 경쟁심을 유발하였던 것이다.[384]

교권경쟁은 한국교회의 선교에 있어서 가장 바람직하지 못한 결과를 양산했다고 해도 과언이 아니라고 본다. 대한민국의 모든 교회가 선교에 대하여 거론하고 있고 또한 이 일을 위하여 각 교단과 교회가 무엇인가 해야 한다고 생각하고 있었다. 이러한 선교의 열정은 결코 비난과 비판의 대상이 되어서도 아니 되거니와 비판할 수도 없다. 그러나 이러한 선교의 동기가 거의 대부분 교권성장을 위한 경쟁의식에서 비롯된 것이라는 점에서는 결코 그 문제를 지적하지 않을 수 없는 것이다. 비록 경쟁의식이 교회성장에는 중대한 영향력을 행사하였다 할지라도 이러한 경쟁적 교회성장이 한국교회와 선교 특히 사회문제에 있어서는 상당히 부정적으로 자리했던 것을 부인할 수 없는 것이다.[385]

경쟁의식에 근거한 비정상적인 교회성장, 그리고 사회적 관심을 무시하면서 까지 이룩한 교회성장의 결과가 무엇인가? 그것은 초대교회가 지역사회로부터 칭찬을 받았던 상황과는 달리 교회가 사회로부터 강력한 비판의 대상이 되고 말았다는 점이다.[386] 교회의 성장기인 1979년에 한국교회 전체 헌금 중 24.04%가 교회운영에, 38.45%가 직원 임금에, 16.78%가 교육비에, 그리고 15.5%가 선교 및 전도비에 사용되었다고 보고되었다. 그러나 이 선교비도 개교회를 위한 전도나 또는 개척교회를 설립하는데 사용된 것이었다. 대형교회는 건물을 세놓거나 부동산을 구입하거나 교인의 수를 늘리면서, 그리고 수

384) 서명원, *op. cit.*, p.76.
385) Kim Myoung-hyuk, "Korean Mission in the World Today and Its Problems", *Korean Church Growth Explosion*(Seoul: Word and Life Press, 1983.), p.130.
386) 전택부, *op. cit.*, p.331.

입을 올릴 수 있는 유치원 등을 부설하면서 새로운 투자에 힘을 올렸다. 그러나 진실로 교회의 도움을 필요로 하는 교회주위의 주민들에게는 실제적인 도움을 주지 못했다. 이러한 교회 운영과 비교할 때, 성도들이 원하는 헌금의 사용용도는 많은 차이가 있었다. 1.9%가 교회운영에, 13.4%가 전도와 선교에, 20.2%가 교육에, 그리고 62.8%가 사회의 서비스에 쓰이기를 희망하였다.[387]

2.교회의 지나친 보수사상으로 사회문제 경시

교회의 사회문제에 대한 관심에 직접적인 영향을 주었던 또 하나의 요소는 보수주의였다. 물론 오늘날의 보수주의를 열린 보수로 간주할 때 이러한 보수주의가 신앙의 전통을 고수함으로서 순수한 믿음을 견지하였다는 측면에서는 대단히 긍정적인 평가를 받고 있다. 그러나 교회확장기의 보수주의는 사회문제에 관심을 둔다는 것을 곧 신앙의 순결을 변질시키는 것으로 도식화함으로서 이를 신앙정통의 일탈행위로 간주하였다. 이러한 보수적 사고는 결국 개인구원만을 강조함으로서 지나친 개인주의와 개교회주의를 양산하였다. 이런 현상으로 말미암아 2.3%의 교회만이 사회에 참여하였고, 나머지 76.8%는 사회문제에 대하여 아무런 관심을 표명하지 않음으로서 교회의 대사회적 관심의 공백상태를 불러오게 되었던 것이다.[388]

1984년 갤럽조사연구소의 한 보고서에 따르면, 66%의 비기독교인들이 교회는 그 목표와 사명을 잃었고, 또 74의 기독교인들이 현대교회는 교회확장과 헌금 강조를 일삼으며 진실을 추구하기보다는 교회건물 확장에 에너지를 투여하고 있다고 비평하였다.[389]

387) 한국갤럽조사연구소, 『한국인의 종교의식』, p.155.
388) 이원규, "변동사회와 교회의 책임", 『기독교사상』 (1989년 10월호), p.254.
389) Ibid.

이렇게 교회성장기의 한국교회는 오직 그들이 속한 교단과 소속 교회의 확장만을 위해서 활동한다는 비판을 피해갈 수 없게 되었던 것이다. 다시 말해서 개교회주의와 개인구원을 강조한 보수사상이 비록 엄청난 교회성장을 가져왔을지는 몰라도 이것이 결국 비기독교인으로 하여금 기독교 선교의 핵심적인 한 부인인 사회문제에 대하여 부정적으로 이해하는 한 동기를 제공해 주었다고 볼 수 있다.

성장기의 한국교회는 예수 그리스도의 사역의 통전적 접근에 대하여 심각하게 고민할 수 있는 여건을 마련하지 못했다. 다시 말해서 과연 예수 그리스도의 사역을 두 개의 극단 즉 사회구원과 개인구원으로 나눌 수밖에 없었는가? 그리고 예수 그리스도가 단순히 가난한 자를 일으키고 포로된 자를 해방한 혁명분자로 밖에 볼 수 없었는가? 아니면 그리스도의 통전적 복음을 오직 영적인 문제에 매달려 개인구원을 주창하면서 사회의 어려운 상황을 애써 외면하면서까지 지그시 눈을 감아버리고 단지 사람들을 부지런히 긁어모으기에 급급한 시대적 부흥사로서 존재할 수밖에 없었는가라는 진지한 물음에 대하여 함께 고민하고 아파하며 생각할 그런 사회적 분위기를 조성하지 못했던 것이다.

사실 초기 선교사 시대의 교회성장은 철저한 보수신앙의 바탕 위에 깊은 사회적 관심을 표명하면서 균형적인 성장을 이룩하였다. 일본정부의 처절한 억압과 신사참배 문제에도 불구하고 교회는 그 내용 면에서 질적인 성장을 계속하였다. 그리고 전쟁 중 한국 교회 역시 북한 공산주의자들의 처참한 압제 속에서도 꿋꿋하게 보수적 신앙을 유지함으로서 70년대에 획기적인 교회성장의 초석을 마련하였다. 그러나 불행하게도 한국교회는 진보와 보수의 갈등적 요소는 사회참여라는 문제로 깊어만 갔고, 또한 이것은 신학적 그리고 사회적 이슈에 있어서 양극화 현상으로 치닫게 되었다. 보수교회는 교회성장에 지나친 중점을 두었고, 반면에 진보교회는 정치적 그리고 사회적 투쟁에 전념하였던 것이다.

3. 목회자와 교회 지도자들의 복지의식의 부족 및 윤리의식의 결여

사회봉사를 실시하는 데 있어 목회자의 영향력은 지대하다. 따라서 이 항목에 대해서는 추후 거론할 것이지만 한국교회의 문제점들이 상당한 수준 목회자에 관련되어 있다는 점에서 이를 잠시 거론하지 않을 수 없다. 이는 그만큼 교회에서는 목회자가 절대적 영향성을 가지고 있기 때문이다. 분명하게 말하자면 목회자 특히 담임목회자가 어떠한 사고를 가지고 목회에 임하느냐에 따라 교회의 방향성은 철저하게 달라질 수밖에 없다. 이처럼 건실한 목회자에게서 건실한 성도가 나오게 마련이고 건실한 목회자와 건실한 성도가 하나가 될 때 그 교회는 온전한 교회라고 평가받을 수 있는 것이다. 반대로 목회자가 세속적인 가치관으로 바르지 못한 사고를 가질 때 그 교회와 성도들 역시 부정적인 삶의 결과를 양산할 수밖에 없는 것이고 바르지 못한 설교를 들은 성도에게서 올바른 삶을 요구한다는 것 역시 기대하기 힘든 것이다. 목회자가 올바른 생각으로 행복한 삶을 추구하면 성도들도 행복하게 되고 목회자가 나눔의 삶을 실시하면 성도들 역시 목회자를 본받아 그리스도인으로서 나눔을 실시할 수 있는 것이다.

한국의 목회자들은 전통적으로 선비적 고상함과 스승으로서의 숭고한 삶을 살도록 요구되어졌다. 그러나 이러한 성도들의 요구가 결코 그들이 취득한 지식이나 설교만으로써 충족되거나 그 이미지를 완성시킬 수는 없는 것이다. 오히려 이러한 삶은 목회자들이 먼저 서민의 벗이 되어 구체적으로 성도와 지역사회를 섬기는 그 섬김의 정신으로만 극복할 수 있는 것이다. 기독교야말로 불교나 동학도, 즉 천도교보다 더 철저한 무계급주의이며 평등주의이며 동포주의를 표방하는 종교이다. 따라서 한국에 있어서 목회자들은 철저히 서민, 즉 평민으로서 서민을 위하여 봉사하며 섬기는 종이 되어야 할 것으로 본다. 거듭 말하면 무엇보다 목회자들에게 필요한 요소는 종의 정신이라고 단정할 수 있으며, 이 종의 철학을 바탕으로 행동하는 목회자, 섬기는 목회자,

봉사하는 목회자 상이 정립되어야 할 것이다.

4. 교회의 물량주의

물량주의란 숫자에 급급하여 신앙성숙에는 무관심한 것을 의미한다. 아무리 좋은 이론이라도 그것이 삶의 현장과 연결되지 않으면 그 가치를 상실할 수밖에 없다. 설교의 말씀이나 성경연구 및 제자운동은 해가 거듭될수록 향상되고 있으나 사회문제를 해결하려는 의지와 사회를 섬기려는 그리스도의 사랑은 더욱 고갈되어 갈 뿐만 아니라 아직까지도 더 많은 성도, 더 큰 교회를 추구하면서 70년대의 구태의연한 교회의 물량주의에 대한 생각은 그 꼬리를 감출 생각을 하지 않고 있다.

1986년 연탄가스로 사망 후 3일 만에 냉동실에서 살아난 여집사가 한국교회를 뒤집어 놓은 사건이 있었다. 그 후 그 사건이 조작된 것임이 매스컴을 통해 밝혀졌음에도 불구하고 그 간증사건은 계속적으로 진행되고 있고 큰 교회들은 그 여집사를 계속적으로 초청하면서 '성도들이 은혜만 받으면 됐지 그것을 따져서 무엇하느냐'고 비판한 적이 있었다. 안타깝게도 이러한 유사한 사건들이 아직까지 끊이지 않고 자행되고 있음은 역시 교회만 성장하면 된다는 물량주의에 근거한 사실이 틀림이 없다.

이러한 물량주의는 교회의 건축과 교인 불리기와도 밀접한 관련이 있다. 또한 물량주의는 교회가 분열됨으로 말미암아 사회와 교인들의 삶이야 어떻든 교회를 늘리고 성전을 건축하고 물질이 늘기만 하면 된다는 상업주의에 기인하기 때문에 많은 사회병리적 현상을 동반한다.

또 하나의 단적인 예는 전 가족이 집단자살을 시도하여 사회적 문제가 된 적이 있다. 놀랍게도 그들이 출석하는 교회는 80년대 당시 100억을 들여 교회를 짓는 와중이었으며 성도 불리기에도 혈안이 되어 있었다. 그들이 그 교회의 집사이면서도 스스로 목숨을 끊을 수밖에 없었던 것은 전세금 몇 백 만

원을 해결하지 못해서였다. 물론 교회를 건축하는 일은 선교적 차원에서 대단히 중요한 일임에 틀림이 없다. 그러나 안타까운 것은 교회가 이렇게 사회적 약자에 대해서는 전혀 관심이 없으면서도 그렇게 무리하게 건축을 시도하려는 의도가 순수하게 100% 하나님의 영광을 위해서가 아니라고 하는 사실이다. 오히려 이러한 건축을 통하여 순수한 선교적 사명을 감당하기 보다는 그 교회의 목회자와 교회의 지도자들이 좀더 큰 교회, 좀더 많은 성도들을 통하여 만족하고 그로 인하여 존경을 받겠다는 불신앙적인 발로가 아닌가 염려될 뿐이다.

시각장애자가 따로 존재하는 것이 아니다. 10년 뒤를 바라볼 수 없는 성도와 교회가 바로 시작장애임에 틀림없다. 솔로몬도 그렇게 열성을 다하고 엄청난 물질을 들여서 성전을 건축하였으나 그 성전은 결국 파괴되고 말았다. 유럽의 교회가 엄청난 물질을 들여 교회를 건축하였지만 지금은 박물관으로서의 기능만 유지하고 있을 뿐이다. 가시적인 교회는 진정한 교회가 아닌 것이다. 참된 교회는 그 목적과 방향성이 올바른 교회인 것이다.

물론 상당히 오래전 이야기지만 대구에서 김윤진이라는 중학교 1학년 학생이 동생을 남겨 두고 스스로 목숨을 끊은 사건이 있었다. 어른들의 지독한 빚 독촉 때문에 부모는 집을 나가고 혼자 초등학생 동생을 돌보던 그였지만 어른들의 등살과 밀려오는 가난의 문제로 인하여 결국 동생을 책임지지 못하는 죄책감을 가지고 그 아까운 목숨을 거두어야만 했다. 놀랍게도 윤진 학생이 살던 그의 집 주위에는 교회가 자그만치 5-6개나 있었다는 것이다. 안타깝고 부끄럽게도 이 사건은 그만큼 한국교회는 부지런히 무엇인가를 하고 있는 듯하지만 지역과 사회문제만큼은 전혀 관심을 표명하지 않고 있다는 단적인 예를 제시하고 있는 것이다. 만약 윤진 학생이 살고 있던 동네의 어느 한 교회라도 교회의 사회적 기능을 제대로 수행했더라면 그 기능을 올바로 했더라면 그러한 일은 결코 발생하지 않았을 것이다.

부끄럽게도 오늘날 교회의 부동산 투자나 부동산 늘리기, 이자 챙기기 등 그 부의 축적 현상은 실로 심각한 수준에 이르렀다. 교회는 이와 같이 부동산에 투자할 뿐만 아니라 묘지, 기도원, 교육관, 토지 등 참으로 많은 분야에 투자하고 있는 것은 이미 잘 알려진 사실이다. 그러나 만약 한국교회가 이것을 해결하지 않으면 중세교회의 전철을 뒤밟게 된다는 사실을 깊이 명심할 필요가 있다.

러시아 공산혁명은 러시아 교회의 과도한 부의 축적으로 이루어졌다. 러시아 인구의 85가 기독교인이었음에도 부동산만 늘리고 권력에 빌붙어 민중의 부를 외면함으로 말미암아 사회로부터 외면당하고 말았던 것이다. 이러한 교회는 결국 사회와는 단절되고 또 하나님의 선교와는 아무런 관련 없는 세속적인 교회로 전락할 수밖에 없는 것이다.

다음의 글은 교회가 교회의 본래의 사명을 감당하지 못하고 물량주의와 부의 축적에 사로 잡힐 때 어떠한 결과가 발생할 수도 있는지를 경고한 것이어서 소개하고자 한다.

영국 스코틀랜드 에딘버러에서 서쪽으로 한두 시간 가다 보면 새인트 앤드류스라는 대학이 나옵니다. 거기서 세인트 앤드류스 해변가를 거닐다가 충격적인 교회, 곧 화재가 난 채로, 흉측한 모습 그대로 방치되어 있는 큰 성당을 목격하였습니다.

그러나 예배당 뜰 안에는 성도들의 묘가 아름답게 정리되어 있는 교회 대지를 보게 되었습니다. 그런데 어째서 무너진 교회당을 보수재건하지 않고서 이대로 방치하고 있을까 궁금하던 차에 안내를 맡은 동역자 목회자로부터 그 연유를 듣고 큰 충격을 받았습니다. 제가 해외유학에서 얻은 지식도 없지는 않겠으나 거기서 받은 교훈은 저의 목회의 방향을 결정적으로 제시할 만한 것이었습니다.

본디 이 세인트 앤드류 성당은 주교(추기경)가 있던 대성당이었습니다. 루터의 종교개혁 봉화가 1517년에 올랐는데 그보다 200년 전 그곳 세인트 앤드류스에는 종교개혁의 불길이 먼저 치솟았고 그 성당을 사정없이 태워버렸다는 것입니다.

스코틀랜드 영웅 '존 낙스'도 세인트 앤드류스 대학교를 나온 사람이었고 그 역시 루터나 칼빈의 정신을 스위스에 가서 배웠던 분이지만 아마 이곳에서 대학을 다니면서 무너진 성당이 주는 교훈을 통하여 교회의 본질에 대하여 확실하게 배웠으리라 생각되었습니다.

요컨대 민중의 애환과는 관계가 없는 '세인트 앤드류스 성당'은 교회의 엄청난 헌금으로 예배당을 짓고 거룩한 사제복을 입은 주교의 영원한 하늘나라에 대한 설교로서 그 교회는 일대 부흥기를 맞이했었다고 합니다.

교회는 그 교회 내적 성장에만 급급하여 전제군주와 귀족의 편이 되어서 산업혁명 그 이전의 가난한 민중과는 너무 먼 거리에 있었다고 합니다. 그곳 교회의 주교는 그 도시의 영주와 함께 거들먹거리면서 미사의 집례만을 장엄하게 하는 것으로 교회의 사명을 다하는 줄 알고 있었습니다. 이것을 본 민중은 교회의 참된 의미를 되새겨보는 기회가 되었으며 민중의 삶과 무관한 교회는 이 역사에 필요치 않다고 판단한 끝에 그들은 힘을 규합하여 칼을 들고 주교관에 들어가 그 주교를 살해하였고 그 성당에 불을 지르며 파괴해 버렸다고 합니다.

한국교회의 총 헌금은 10조 원을 초과한 지 오래다. 그 중 교회의 유지비에 82.9%를 소비한다는 것이다. 교회가 재정을 바르게 사용함이 없이는 신앙 역시 바르게 정립될 수는 없다. 만일 한국교회가 계속해서 개인주의적이고 교세주의적인 신앙에 불을 붙이고 교회출석과 헌금만을 부채질한다면 결코 그럴 리는 없겠지만 언젠가는 위와 같은 무서운 현상이 우리에게도 발생하지 않는다는 보장은 없는 것이다.

5. 축복중독증과 사랑비만증

오늘날의 한국교회의 성도들을 진지하게 진단해 본다면 조금 과장된 표현으로 축복 중독증 또는 사랑 비만증에 걸려있는 환자의 모습이라고 할 수 있을 것 같다. 모두가 축복 받겠다고 아우성이며, 산으로, 기도원으로, 교회로 몰려드는 데는 상당히 익숙해져 있다. 그러나 정작 그리스도인으로서의 삶을 나누거나, 물질을 나누는 데 있어서는 어느 정도 생존의 문제가 해결되었음에도 불구하고 그 어느 때보다 더욱 집요하게 물질에 집착함으로써 경건과 절제 그리고 나눔이라는 그리스도인의 기본적 삶의 윤리적 기준은 힘없이 무너져 버리고 말았다.

게다가 모두가 사랑 받는 데는 너무나 익숙해졌고, 나누는 데는 인색하여 육적인 비만은 물론 영적인 비만의 위험도가 그 수준을 넘어선 지 오래인 듯하다. 축복 중독증 환자나 사랑 비만증 환자의 유해성은 말기 공주병 환자보다 훨씬 심각하고 경계해야 할 질병으로 추정된다. 말기 공주병 환자야 자신의 착각과 환상에 빠져 헤맨다하더라도 적어도 타인에게는 치명적 어려움을 전가하지 않는다. 그러나 축복중독증과 사랑비만증 환자는 자신의 영적인 삶뿐만 아니라 타인에게도 심각한 정서적, 정신적, 사회적 피해를 주는 데 문제가 있는 것이다. 자신만의 배를 불리려는 비정상적인 욕구 때문에 결국 타인의 것을 착취하지 않으면 안 되는 상황에 몰입하고, 이 과정에서 형제를 시기하고 미워하여 자신의 이익을 추구하려 하기 때문에 형제의 유익 따위는 안중에도 없게 되어 사회 전체가 심각한 질병에 휩쓸릴 수밖에 없는 것이다.

세계에서 가장 돈을 밝히는 민족으로서 중국, 대만, 홍콩, 한국이 선정되었다. 돈을 밝힌다는 것은 우리의 민족의식이 그만큼 물질주의에 빠져 있다는 증거이며, 나누지 않음을 시사하는 부끄러운 현상이 아닐 수 없다. 그러나 문제는 우리 민족 특히 한국의 기독교인만큼 축복 중독증에 걸린 민족과 집단이 없다는 사실에서 우리는 우리의 문제가 그 얼마나 심각한 것인가를 다시한번 생각해 보아야 한다. 축복중독증과 사랑비만증은 타인에 대한 관심이 자리를 잡지 못하도록 하는 암적인 요소이다. 이 암의 뿌리를 철저히 제거하지 않는 한 언젠가는 자멸 또는 자궤할 수밖에 없는 것이 우리의 운명이다. 이 위급한 질병인 축복중독증과 사랑비만증은 하루 속히 치료되어야 한국교회와 한국의 그리스도인들이 정상적이며 바른 신앙의 삶을 유지할 수 있는 것이다.

성경에서는 축복의 개념을 '의도적인 나눔'(intentional sharing)으로 규정하고 있다. 하나님은 이스라엘 민족 전체의 평화와 안녕을 위하여 '의도적인 나눔'을 실현하시려는 강한 의지를 갖고 계셨다. 그분의 이러한 의지는 성경 전체의 맥을 꿰뚫고 있으나 죄된 인간은 하나님의 이 강렬한 의지에 동조하기는커녕 철저히 축복중독증과 사랑비만증에다가 모든 재물과 명예와 학식은 자신이 이룬 결과임을 천명하는 자아도취성 성취우월증이라는 신종 영적 질병을 추가함으로써 걷잡을 수 없는 속도로 하나님의 나눔의 의지를 말살시키고 인간의 쾌락과 독식만을 주장하고 있다.

위에서 밝혔듯이 질병은 치료되지 않으면 사망으로 이어질 수밖에 없다. 과연 우리 한국사회, 특히 기독교회가 당면하고 있는 것은 무엇인가? 그것은 축복중독증, 사랑비만증, 그리고 자아도취성 성취우월증의 긴급한 치료인 것이다. 감사하게도 이 질병에 대한 백신은 이미 성경에서 오래 전 아니 창조의 시각으로부터 하나님은 예비해 두셨다. 그것이 곧 하나님의 근본적 의도인 '의도적 나눔'에 있는 것이다. 한국교회가 이 '의도적 나눔'을 실천하는 한 당면하고 있는 위급한 질병들은 대부분 빠른 시간 내에 치료되어질 수 있다. 그러나 자신의 질병을 인식하고 있음에도 불구하고 치료를 지연시키거나 거부한다면 그야말로 선택은 오직 하나뿐인 것이다.

축복중독증과 사랑비만증과 더불어 한국교회 성도들의 또 다른 문제점은 기복신앙이라고 할 수 있다. 이러한 기복신앙은 결국 자기 자신만의 유익을 추구하기 때문에 타인의 삶에 무관심해진다. 기복신앙의 특징은 철저히 개인적 복에 귀속되는 것이다. 다시 말해 남에 대한 관심을 배제되는 것이 샤머니즘의 특징이다. 이러한 사상이 한국교회에 깊숙이 침투하여 결코 웃지 못할 현상들을 초래하고 있는 것이다. 샤머니즘적 기복신앙과 기독교의 축복관은 철저하게 그 형태와 근원이 다르다. 샤머니즘적 축복은 개인적인 축복에 국한되지만 기독교적 축복은 축복의 공유라는 차원에서 그 발생과 목적이 현저하게 다른 것이다. 그러나 오늘날의 교인과 교회는 이러한 사실을 전혀 인식하지 못한 채 지나치게 말해서 황당무계한 축복관에 사로잡혀 자신의 배를 불리는 일에 관심이 있는 듯하다.

모 기도원에서는 정초 집회에서 부적을 만들어 기도원에 온 성도들에게 나누었다. 그들은 동전 뒤에 붙일만한 작은 부적에다 '축사'라는 글귀를 붙이게 하였으며 이것을 1년 내내 소지하면 불행을 막고 축복을 받을 수 있다고 하면서 이것을 팔았다. 이것을 통하여 만사형통 할 수 있다는 어처구니없는 일들을 저질렀다.

뿐만 아니다. 성동구의 한 장로교회는 추수감사절 헌물을 경매한 사실이 있었다. 이미 그 전해에도 실시하여 톡톡히 재미를 보자 그 해에는 좀더 체계적인 헌물경매를 실시한 것이다. 호박 1개 백만 원, 밤 5톨에 30만 원. 재미있게도 그 전년도에 사과 몇 개를 사 간 사람의 간증은 이 경매에 불을 붙였는데 그가 전년도에 사과 한 알을 샀는데 그 해에 감당하지 못할 축복을 받았다는 것이었다. 이 간증이 끝나자 성도들은 우르르 몰려 헌물을 값비싸게 구입했다는 것이며 물건이 없어서 팔지 못했을 뿐 아니라 헌물 경매를 통하여 판금액이 억대를 넘었다는 사실이다.

이처럼 한국의 교회와 성도들은 축복에 그들의 삶을 전당 잡힌 듯하다. 그러나 이 시점에서 우리가 분명하게 짚고 넘어가야 할 것은 우리가 하나님의 자녀가 됨으로서 이미 엄청난 축복의 반열에 들어섰고 또한 이미 엄청난 축복을 받았다는 사실을 인지하지 못하고 있는 것이다. 참 축복의 비결이 무엇일까? 그것은 이사야 58장과 요한복음 12-13장을 참고해 볼 때 하나님의 뜻대로 그의 선하신 뜻대로 살아 드리는 것이다. 하나님의 관심이 가난한 자들과 약한 자에게 있는 것처럼 우리도 하나님의 사람들을 돌보고 관심을 가질 때 하나님은 한없는 축복을 우리에게 주시는 것이다.

6. 성도의 맘모니즘과 소비풍조

교회가 물량주의와 상업주의로 인한 질병을 앓게 되면 성도들도 자연히 물량주의의 희생자가 될 수밖에 없다. 분명히 자본주의와 기독교의 복음은 전혀 다른 위치에 있으며 동일시의 대상이 될 수도 없다. 그럼에도 불구하고 기독교는 자본주의의 자본으로 성장을 촉진하고 있으며 자본주의와 기독교를 동일시하고 있다. 또한 자본주의는 돈으로 천국을 보장 받을 수 있는 것처럼 착각을 유도하고 있다. 엄격히 말해서 자본주의의 최고 목표는 돈이며, 기독교의 최고 목표는 하나님인 것이다.

맘모니즘과 물량주의에 길들여진 오늘날의 성도들 역시 재물이라면 정신을 차리지 못하는가하면 무절제와 낭비벽으로 인하여 근검과 절약으로 나눔의 삶을 살아가는 그리스도인의 참된 가치관을 상실함으로서 낭비와 사치로 인한 죄책감과 양심의 가책 등은 전혀 의식하지 않고 살아가고 있다. 다시 말해서 언제부터인지 한국 기독교와 성도들은 무절제와 낭비 풍조가 하나님의 축복이라는 이름 아래 성행됨으로서 기독교의 본질이 점차적으로 부패되고 있다. 어지간한 모임은 고급 호텔에서 개최되고 있고, 아울러 소위 조찬기도회 같은 종교행사도 호텔에서 개최하게 되었을 뿐 아니라 총회가 모이면 총대를 대접하는 것도 으레 호텔에서 개최함으로서 충분히 절약하여 선한 일을 감당할 수 있음에도 불구하고 이를 전혀 인식하지 못하고 있는 것이다. 놀라운 것은 성가대 예산만도 2억이 넘는 교회가 많은가 하면 성가대 연습 후에는 반드시 유명 뷔페에서 식사를 하고 거룩하게 봉사해야 할 솔리스트들과 오케스트라 단원에게 돈 봉투를 내밀어야 하는 이런 현실에서 우리가 과연 어떻게 근검과 절약이 기독교인의 사명이라고 설교할 수 있을지 걱정이 앞서지 않을 수 없다.

철저한 절제와 경건을 강조하던 한국 초기 교회의 이미지가 지금은 어디로 가 버렸는지 도무지 찾아볼 길이 없다. 기독교가 처음 전래될 당시 우리 한국은 개혁해야 할 많은 사회적 과제들을 안고 있었다. 복음을 받고 구원을 얻은 우리 신앙의 선배들은 그들의 활동영역을 개인과 가정의 차원에서 시작하여 일반사회 영역으로 확대해 갔던 것이다. 그것이 바로 당시로서는 하나님 나라를 확장하는 일이었다. 술과 담배 아편을 금지하는 절제운동도 그러한 차원에서 전개되고 있었던 것이다. 우리는 과거 우리 사회에 만연된 사회악 즉 술, 담배, 아편 및 공창을 금지함으로서 빛과 희망을 잃은 사회를 구원하기 위하여 몸부림쳤던 사실을 다시 한번 상기해야 하거니와 과거 한국 교직자들이 강단에서 신자들에게 청교도적인 근검과 절제와 경건을 요구했던 그 자세를 이제 다시 되풀이하여 강조해야 할 때가 이른 것 같다.

오늘날 우리 사회에 만연된 과소비의 형태는 말로 다 표현할 수 없는 수준에 이르렀다. 영국과 미국 등 유명한 백화점 세일 기간에는 한국 여성들이 싹쓸이함으로서 '한국인 출입금지' 라는 팻말이 나 붙을 정도라고 하니 과히 얼마나 심각한지 짐작해 볼 수 있겠고, 30대 재벌들이 국민총생산량의 80를 벌어들이면서도 법인세는 오직 31%만을 납부하는 비양심적인 경제행위가 문제인가 하면, 넥타이 하나에 50만 원, 스타킹 30만 원, 핸드백 500만 원, 커피세트 600만 원, 침대 2,000만 원, 양탄자 5,000만 원 등 일반인으로서는 상상도 할 수 없는 과소비가 우리 사회에 버젓이 활개를 치고 있다. 놀랍게도 1년에 오락비 지출은 평균 52%씩 증가한다고 하니 실로 우리나라의 장래가 걱정되지 않을 수 없다.

이 모든 것이 경제성장 제일주의가 가져온 경제적 부도덕성에 그 원인이 있다. 1960년대 이후 경제성장주의는 사회복지, 경제정의는 외면한 채 그리고 국민의 도덕성이나 정신건강과는 무관하게 오로지 경제, 물질, 돈이라는 용어로 철저하게 이해됨으로써 물질가치를 최고의 기치로 삼는 풍조가 조성되었다. 또한 사람들에 대한 평가 역시도 인격이나 성품보다는 철저하게 물질적인 용어로 이루어지게 되었고 또한 인격이나 성품보다는 철저하게 소유와 소득으로 사람됨을 이해하려는 풍조가 만연하게 되었던 것이다. 황금 만능주의, 돈이면 안 되는 것이 없다는 생각의 확산, 이것은 오늘날 우리 사회의 도덕성의 위기를 초래한 결정적인 요인인 것이다.

이러한 배금주의 풍토는 나아가서 수단 방법을 가리지 말고 돈을 벌자는 부도덕성을 유발시켰던 것이다. 그래서 우리 사회 구석구석에 돈 벌고 돈 쓰는 일에 있어서 윤리적인 분별력을 흐려 놓았다. 권력형 부조리라는 말이 생겨나게 되었고 땅 투기, 아파트 투기, 큰 손 놀려서 바람 일으키기, 날림공사로 원가 절감하기 등의 신출귀몰한 방법으로 돈을 긁어모으기에 혈안이 되었던 것이다.

가장 무서운 것은 이러한 소비풍조는 결국 생명을 경시하게 된다. 어떤 수단과 방법으로도 돈만 있으면 된다는 풍조가 발생한다. 물질만능주의는 편법주의와 함께 생명경시 풍조를 조장한다. 또한 만능주의 풍토는 사치와 낭비 풍조는 물론 향락주의를 조장하게 된다. 또 한 가지 사회의 부도덕성을 야기시킴으로서 사회문제로 인한 사회의 질서를 파괴하게 된다.

문제는 사회의 귀표가 되어야 할 교회까지도 사회적인 방법을 그대로 모방하여 성장제일주의를 구축하기에 혈안이 되었으며 이러한 소비풍조에 편승하여 아무런 죄의식 없이 성도의 삶을 유지하고 있으며 교회는 교회 나름대로 이러한 사회적 병리현상을 아무런 여과 장치 없이 수용함으로서 교회경영이라는 미명하에 그 위험성을 점점 강하게 노출시키고 있다.

7. 사회의 약자에 대한 무관심

하나님이 가장 기뻐하시는 일은 고아와 과부를 그 환란 중에 돌아보는 것이다 (약1:27). 또한 '우리 강한 자가 마땅히 연약한 자의 약점을 담당해야 할 것이니라' 는 로마서 13장의 말씀은 오늘날의 교회가 사회적 약자에 대하여 어떤 태도를 견지해야 할 것인가를 명확하게 서술하고 있는 중요한 암시라고 하겠다. 그렇다면 성경에서 말하는 이 시대의 고아와 과부는 누구인가? 그들은 사회적으로 가장 대우받지 못하는 장애인일 것이다. 장애아를 가진 부모님은 죽으면서도 제대로 눈을 못 감고 죽는다는 사실은 이들 상황의 비극성과 장애인들이 얼마나 사회적 냉대를 감수하며 살아가야 하는 비참한 현실을 반영한다.

남서울교회 홍정길 목사가 한 때 장애인 학교를 건립할 때 지역주민으로부터의 강력한 반발에 부딪혔다. 반대자들은 텔레비전 인터뷰에서도 그들의 목소리를 부끄러운 줄도 모르고 높였다. 장애인 학교를 세울 경우 자신들의 자녀 교육에 보통 어려움이 많지 않다는 논지였다. 알고 보니 그 소요의 주동자는 모 교회의 여전도회 회장이었으며 '이곳에 장애 학교를 세우지만 않으면 우리가 가서 자원봉사를 하겠다' 는 말까지 덧붙였다고 하니 실로 혀를 찰 노릇이다.

이들이야말로 로마서가 말하는 '우리보다 연약한 존재' 인 것이며 이 사람들이야 말로 예수의 몫이었고, 교회의 몫이며 성도들의 몫인 것이다. 그러므로 맹인들과 농아들 그리고 지체 부자유자들이 성도들과 함께 앉아서 예배를 드릴 수 있는 교회를 만들어야 하고, 소외된 나그네인 외국인 노동자들과 조선족 교포들 그리고 최근에 늘어난 탈북자까지도 따뜻이 그리스도의 사랑으로 품어주어 저들이 교회에 가득 모여 함께 예배드릴 수 있어야 장애 교회가 아닌 것이다.

장애인과 함께 살아가는 교회가 건강한 교회요, 장애인과 함께 예배하는 교회가 바른 교회요, 장애인이 대우받는 사회가 건강한 사회인 것이다. 이런 의미에서 여기에 우리가 할 일이 있는 것이다. 교회들은 저들의 아우성에 귀 기울일 필요가 있고 저들의 눈물을 닦아주어야 할 때가 된 것이다. 왜냐하면 예수의 사회적 약자에 대한 사역이 바로 오늘의 교회와 성도들에게 위임되었기 때문이다.

8. 지역사회에 대한 무관심

지역사회와 사회로부터 외면당하는 교회는 더 이상 교회로서의 정상적인 기능을 할 수 없을 뿐 아니라 더 이상 성장을 기대할 수 없음은 너무나 자명한 이치이다. 이러한 개교회의 성장둔화는 자연발생적으로 세계선교에 치명상을 입힐 수밖에 없다. 이런 견지에서 볼 때 오늘의 교회가 지극한 정성을 쏟아야 할 부분이 있다면 바로 지역선교이다.

그러나 실상 한국교회는 이 중요한 일을 무시하고 지역사회에 대하여 너무나 무관심하다는 비판을 받고 있다. 물론 근본적 문제는 교회 자체에 있음을 부인할 수 없다. 이는 지금까지 교회가 지역사회를 위해 공헌한 것이 없기 때문에 발생한 것이어서 그 근본적인 원인제공자는 다름 아닌 교회라고 비판하는 사실에 대하여 아무도 항거할 수 없는 것이다.

옛날에는 마을에 교회가 들어서면 마을 회관보다 더 유익하다고 하여 반가움을 표시하곤 했다. 그러나 지금은 지역사회 주민들에게는 교회가 자기네들끼리만 먹고 노는 곳으로 인식됨으로서 주민들은 교회가 도움을 주는 것이 아니라 오히려 자신들에게 피해를 끼친다고 생각하고 있는 것이다. 그 한 예로서 어느 목회자가 신림동에 교회를 신축하려 하였으나 주민들의 강력한 반대에 부딪혀 그 계획은 무산되고 말았다. 그 이유는 교회가 세워지게 되면 집값이 떨어지게 된다는 이유에서였다.

이는 위에서 잠시 밝힌 바와 같이 교회가 지역사회 문제에 대하여 아무런 관심을 표명하지도 않았고 또 그들을 위하여 아무런 봉사도 실시하지 않았기 때문에 발생한 문제였다고 본다.

결론적으로 우리는 하나님의 축복으로 부유한 세대에 살고 있다. 실제로 세계의 부유한 그리스도인들은 이 세계의 모든 재원의 85%를 소비하고 있음은 실로 놀라운 일이 아닐 수 없다. 하나님의 의도는 모든 그의 백성들이 동일하게 행복한 삶을 영위하는 것이지만 부유한 그리스도인들은 더욱 부를 추구하여 결국은 하나님의 경제정의를 저버리고 약한 형제들은 고통을 당할 수밖에 없는 것이다. 문제는 부유한 기독교인들은 이것을 당연한 것으로 착각하며 그들의 소유를 즐기고 있는 것이다.

이러한 부의 편재는 한국사회에도 만연되고 있으며 부유한 그리스도인,

그리고 부유해진 한국의 기독교는 상업주의에 기초하여 부의 편재를 오히려 자랑하는 듯한 인상을 받게 된다. 이러한 비성서적 삶의 양식은 결코 사회를 변화시킬 수 없으며 오히려 교회와 사회의 괴리감을 더할 뿐이다. 이러한 견지에서 그리스도인은 자신의 소비를 축소하고 근검·절약하여 약한 형제를 생각하고 나눔의 자리로 나와야 하는 것이다.

제2절 사회복지 정책 결정과정에서 목회자의 영향력

개신교의 특성상 목회자의 복지의식은 교회의 사회사업 및 복지프로그램의 추진과 계획에 결정적인 영향력을 행사하며 사회봉사 분위기 형성이나 정책수립에서도 핵심적인 역할을 감당한다. 이는 목회자가 교회 사회사업 추진의 중심이 되기 때문이다.

교회에서 실시하고 있는 프로그램은 대부분 목회자가 그 계기를 마련하는 것으로 나타났다. '한국교회의 사회봉사의 조사연구'에 의하면, 교회 사회사업 프로그램은 62.8%가 목회자가 계기를 제공하였다고 응답한 반면, 사회복지전문가라고 응답한 경우는 1.3%에 불과하다. 이러한 사실을 통하여 교회가 사회봉사와 사회사업에 관련된 프로그램을 정책화하는 데 목회자의 가치관이 얼마나 강하게 작용하는지를 이해할 수 있다.

〈표8-1〉프로그램이 처음 시작되도록 계기를 제공한 사람 (단위: %)

구　　분	응답자수(%)
목 회 자	62.8
일반 제직	17.6
교인 및 산하기관	13.8
사회복지 전문가	1.3
교단 및 후원단체	2.6
매스컴/행정당국	1.4
기　타	0.6

출처: 한국교회의 사회봉사의 조사연구, p.136.

또한 프로그램 실행에 결정적인 역할을 하는 사람도 목회자임을 알 수 있다. 이는 곧 교회의 사회복지 프로그램과 목회자가 상호 깊은 연관성을 갖고 있다는 사실을 암시해 주는 것이다.

〈표8-2〉 프로그램이 구체적으로 실행되고 발전하도록 결정적인 역할을 한 사람 (단위: %)

구　　분	응답자수(%)
목 회 자	62.8
일반 제직	17.7
교인 및 산하기관	17.6
사회복지 전문가	1.0
기　타	0.9

출처: 한국교회의 사회봉사의 조사연구, p.136

이러한 현상은 성규탁의 연구에서도 동일하게 지적되고 있다. 즉 사회봉사활동에서 주도적 역할을 하는 사람은 제직이 41%로 가장 많고, 다음으로 목회자가 33.7%로 나타났다. 이는 목회자가 교회 사회봉사활동에 중요한 위치를 점하고 있음을 시사하고 있는 것이며, 사회사업 프로그램 전반에 대하여 목회자의 의견이 상당히 반영되고 있음을 알 수 있다.

〈표8-3〉사회봉사 활동의 주도자 (단위: %)

변 수	구 분	빈도수	%
사회봉사활동 주도자	교 단	15	4.4
	목 회 자	116	33.7
	장 로	12	3.5
	제 직	141	41.0
	일반교인	43	12.5
	합 계	327	95.1

출처 : 성규탁 외, 『한국교회의 사회복지 참여에 관한 연구』, 연세대학교 신학대학부설 한국기독교문화연구소, p. 21.

한편 신정환의 연구에서도 목회자의 결정권이 교회 사회사업 추진에 강한 영향력을 행사하는 것으로 밝혀졌다. 아래의 표에서 사회복지 프로그램의 결정권의 소재를 보면, 목회자가 22.28%, 당회 20.65%, 제직회 11.41%의 순으로 나타나 목회자가 사회복지 프로그램을 결정하는 비율이 가장 높음을 알수 있다. 이는 목회자는 당회장, 제직회장을 겸함으로서 이 두 그룹의 결정사항에 대하여 상당한 영향력을 행사한다고 볼 때 목회자와 교회 사회사업의 밀접성을 충분히 상상해 볼 수 있다.

〈표8-4〉사회복지 프로그램 결정권의 소재   (단위:%)

변 수	구 분	빈 도 수	%
사회복지 프로그램 결정권의 소재	목 회 자	41	22.28
	당 회	38	20.65
	제 직 회	21	11.41
	사회복지직원	1	0.54
	기 타	5	2.72
	무 응 답	78	42.4
	합 계	184	100.0

출처: 신정환, 『목회자들의 사회복지의식과 개신교회 사회복지사업실태』, 대구대학교 대학원, 1989.

이러한 면에서 목회자의 사회복지의식을 연구한다는 것은 곧 교회의 복지의식과 사회사업 전반을 이해하는 데 중요한 계기가 됨을 알 수 있다. 따라서 시대별, 교파별 복지의식을 조사함으로써 목회자들의 복지의식의 변천은 물론 전체적인 교회 사회사업의 윤곽을 파악해 볼 것이다.

제3절 사회복지 수행에서 목회자의 의식문제

1. 사회문제에 대한 목회자의 반응 유형

목회자들의 사회복지의식[390]은 일반적으로 시대에 따라 변할 수밖에 없음

---

390) 한국교회 목회자의 복지의식에 관한 연구는 다음의 글을 참고할 수 있다.

을 전제하고, 또 교단별로도 사회에 대한 관심의 정도에 따라 다른 신앙의 양상을 나타낼 수밖에 없음을 인정하면서, 사회문제에 대한 교회의 태도를 대략 네 가지 유형으로 나누어 생각해 볼 수 있다.

① 지역사회복지에 전혀 참여하지 않고 종교에만 전념하는 극단적 보수교단이나 교인,
② 개인상대의 봉사에는 참여하는 보수교단이나 교인,
③ 소집단 상대의 봉사, 지역사회 및 기관시설봉사에 참여하는 비교적 온건보수로서의 진보적 신앙을 지닌 교단이나 교인,
④ 지역사회개발을 포함한 사회개혁운동 등에 관심을 갖는 진보적 신앙집단 등이다.[391]

한국에는 첫 번째 유형의 극단적인 보수세력이 존재하지는 않는다고 볼 때, 나머지 세 가지 유형을 보수, 중도, 그리고 진보로 나누어 생각할 수 있다. 아래의 표는 이러한 세 가지 부류를 사회적 측면에서 각 교단별로 좀더 세밀하게 배치하고 있다.

임병환, "한국 개신교 목회자의 사회복지 의식에 관한 소고", 『서울신학대학원 석사학위논문』(1993); 방희덕, "목회자의 사회복지 개발에 대한 태도", 신학논단. 『김찬국교수회갑 기념논문집』(1987, 제17권); 곽자선, "한국기독교 목회자의 복지의식과 사회복지 서비스에 관한 연구", 『중앙대학교 사회개발대학원 미간행 석사학위논문』(1988.); 한국자원봉사능력개발연구원, 『한국교회 사회봉사사업 조사연구』(서울: 성광문화사, 1990.); 신정환, "목회자들의 사회복지의식과 개교회 사회복지사업실태", 『대구대학교 대학원 미간행 석사학위논문』(1989.); 성규탁 외, 『한국교회의 사회복지 참여에 관한 연구』(연세대학교 신학대학부설 한국기독교문화연구소, 1991.).
391) 『한국교회 사회봉사사업 조사연구』, p.50.

〈그림8-1〉교단별 신앙노선

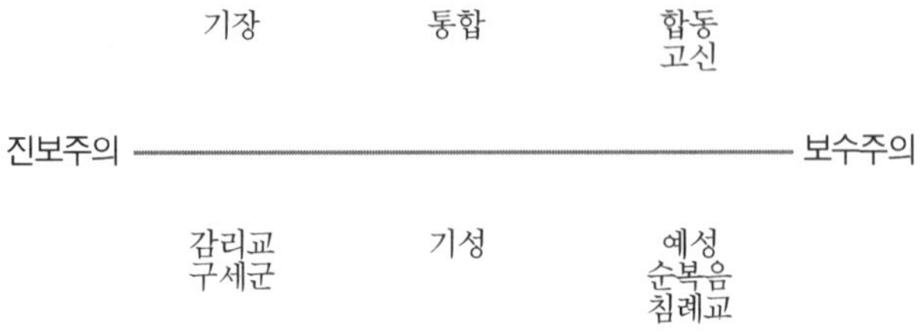

```
                기장            통합          합동
                                              고신

  진보주의 ━━━━━━━━━━━━━━━━━━━━━━━━━━━━━━ 보수주의

                감리교          기성          예성
                구세군                        순복음
                                              침례교
```

출처: 노치준, "한국교회 분열의 정치 사회적 배경", 『복음과 상황』, p.7

＊ 본 연구는 목회자의 사회복지 의식이 교회의 복지의식과 교회 사회사업 전반에 영향을 미침을 인지
하고, 각 교단별로 이러한 목회자의 의식이 사회사업 실행 면에 얼마나 영향을 미치고 있는지를 조
사한 것이다. 이는 교회사회사업을 이해하는 데에 중요한 자료가 될 것이다.

2. 목회자의 사회의식

위에서 언급한 바와 같이 교회의 사회복지 정책을 수행하는 데 있어서는
목회자가 가장 영향력을 깊이 행사함을 인식할 때 목회자의 사회의식은 바로
교회의 사회복지 수행에 있어서의 핵심적 요소라고 말할 수 있다. 이런 관점
에서 필자는 한국교회를 대표한다고 볼 수 있는 장로교회 목사의 사회의식을
심도 있게 연구함으로서 한국교회 사회복지의 방향성을 모색하였다.[392]

1) 그리스도사역에 대한 목회자의 이해

그리스도의 사역에 대하여 목회자들이 어떻게 이해하는가는 목회자들의
사회복지 의식과 밀접한 관계를 형성하고 있다. 만약 목회자가 그리스도의

---

392) 본 연구는 필자가 장로교 4개 교단을 대상으로 연구하였다. 장로교 4개 교단 즉 합동, 고신,
통합, 기장이 각각 그 신학적인 면에서나 사회적인 면에서 나름대로 분명한 독특성을 유지
하면서 발전하여 왔으며, 특히 사회에 대한 관심 측면에서 각각 분명한 차이점을 드러내고
있기 때문에, 이러한 독특성과 이질성은 한국 교회의 다양한 단면을 함축하고 있을 뿐 아니

사역을 통전적으로 이해한다면 교육, 선교, 사회봉사의 통전적 사역을 감당할 수 있겠지만 그렇지 않다면 결국 그들의 목회는 편중된 방향으로 나아갈 수밖에 없기 때문이다.

〈표8-5〉 각 교단 목회자들의 그리스도 사역에 대한 이해 (단위: %)

	기 장	고 신	합 동	통 합
영 적 차 원	1.3	0.0	3.8	1.3
순 수 복 음	2.7	26.7	31.6	19.7
복음 · 봉사	73.7	70.7	60.8	70.7
혁 명 적	21.3	0.0	2.5	8.0
무 응 답	1.0	2.6	1.3	0.3
합 계	100.0	100.0	100.0	100.0

그리스도 사역의 이해에서 기장의 경우 다소 급진적 경향을 볼 수 있다. 영적차원은 1.3%, 순수복음 역시 1.3%, 복음 · 봉사 73.7%가 말씀의 선포와 사회적 봉사로 표시하고 있긴 하지만, 21.3%가 혁명적 사건으로 해석하고 있다는 사실이다. 이것은 타 교단에서 나타나지 않는 현상으로 기장의 신학적 신앙형태의 급진적 성격을 잘 묘사해 주고 있는 것이라고 할 수 있다. 고신은 순수 복음과 봉사에 한정된 것을 볼 수 있는데, 약간의 차이는 있으나 합동과 통합의 중간적 위치에 있다고 할 수 있다. 특이한 것은 전체적으로 합동이 사회문제에서 고신보다 폐쇄성이 강하게 나타나는 것을 볼 수 있다. 순수 복음적인 면에서 합동이 31.6%, 고신은 26.7%, 봉사+복음 면에서도 고신 70.7%, 합동은 60.8%, 단순 영적 차원에서도 고신 0.0%, 합동은 3.8%를 나타냄으로 보수적인 동향을 짙게 나타내고 있다. 이 또한 고신의 성격을 대변해 주는 것

라, 한국교회의 사회문제에 대한 대응방안을 충분히 대변할 수 있기 때문이다. 그리스도 사역의 이해는 곧 교단의 성격과 방향, 그리고 신학적 성격을 어느 정도 분명하게 밝히는 것이다. 왜냐하면 대체로 각 교단의 신학과 신앙형태의 형성은 그리스도의 사역을 어떻게 이해하느냐에 따라 결정될 수 있기 때문이다.

이라 볼 수 있다. 통합은 53명, 즉 70.7%가 복음과 사회적 봉사로 이해하였다. 즉 통합은 기장보다 개혁적이지 못하며 그리스도의 사역과 교회의 기능을 말씀의 선포와 사회적 책임의 균형에 비중을 둔 것을 볼 수 있다. 또한 그 분포도 다양하여 신학적인 다양성이 인정되고 있음을 보여 주고 있다. 통합은 신학적으로 보수성향을 띠면서도 사회참여나 연합 사업에 적극적이긴 하지만 사회참여에 대한 급진적인 면을 피하겠다는 의지를 나타낸다. 그러나 약 8%가 혁명적인 사건으로 이해하고 있다는 사실은 또한 신학적으로 합동, 고신과 기장의 중간적 위치이면서 복합적인 요소를 지니고 있어, 이러한 중간적인 태도 때문에 교단의 정체성이 뚜렷하지 못하다는 비난을 받을 수도 있다.

2) 현재의 전도사역에 대한 이해와 대책

한국교회는 1970년대에 고도의 경제성장과 함께 교회성장을 동시에 이룩하였으며, 교회성장의 신학과 열정적인 전도, 그리고 선교적 정책과 전략으로 교회성장 측면에서 세계의 이목을 집중하기에 충분하였다. 그러나 1990년대에 들어서 한국교회 성장의 한계에 대해 알리는 여러 글과 선교 보고서는 한국교회를 긴장시키고 있다. 이 연구에서도 모든 교단이 예외 없이 전도에 대한 어려움을 호소하고 있다.

〈표8-6〉현재의 전도사역에 대한 이해   (단위:%)

	기장	고신	합동	통합
큰 어려움이 없으며 변화가 필요치 않다	9.3	8.0	10.1	14.7
새로운 전도의 돌파구 시도의 필요성	53.3	74.7	58.2	48.0
선도의 한계를 느끼며 갈수록 어려움 직면	32.0	14.7	20.3	32.0
무 응 답	5.4	2.6	11.4	5.3
합 계	100.0	100.0	100.0	100.0

현재의 전도사역에 대하여 어려움을 느끼는 정도의 차이는 있으나 각 교단이 한결 같이 전도의 심한 어려움을 느끼고 있다. 기장은 85.3%, 고신의 경우 89.4%, 합동 78.5%, 통합 80%로, 10개 교회 중 8개 교회 정도는 심한 전도의 어려움에 시달리고 있음을 발견할 수 있다. 1970년대는 전도의 황금기를 구가하는 복음의 추수기라고 표현할 수 있다. 그러나 그 황금기가 끝나고 전도 위주의 방식으로 지금까지 줄기차게 달려왔던 한국교회는 이제 새로운 국면을 맞이하고 있다. 주요한 요인으로 경제적, 정치적 안정을 들 수 있으며, 공산주의의 붕괴로 인한 탈냉전 시대 분위기가 조성되었고, 국민소득의 향상으로 오락문화의 발달과 소비 지향적인 사회로의 전환은 이상적인 선교의 결실을 거두기에는 상당한 장애요인이 되고 있다. 지금까지 한국교회의 큰 장점은 열심 있는 전도였지만, 이 가장 중요한 무기를 사용함에도 불구하고 계속하여 한계를 느끼고 있다는 사실은 한국교회에 중대한 교훈을 던져주고 있으며, 또한 한국교회의 새로운 도약을 위해 그야말로 새로운 전략과 돌파구를 찾아야 할 때가 왔음을 단적으로 의미하고 있다. 보수교단의 경우 전도에 대한 기술을 가지고 있을 것이고 또한 이제까지 줄기차게 추진해 왔음에도 불구하고 전도에 대한 동일한 수준의 어려움을 느낀다면 전도와 선교에 대한 새로운 방향 전환이 이루어져야함을 의미하지 않는지 심사숙고해 볼 필요가 있다. 장로교회의 전도의 어려움은 장로교회의 문제에 국한된 것이 아니라 한국교회의 전반적인 입장을 의미하기 때문에 그 심각성은 더욱 가중된다.

그러나 이러한 와중에서도 참으로 특이한 것은 통합의 경우 200-400명의 교회는 대부분이 많은 어려움을 겪고 있고, 성도 수가 400-1,000명의 경우 76.92%는 어려움을 겪고 있으나 23.08%는 어려움을 겪고 있지 않다고 응답하고 있다. 역시 1,000명 이상의 교회도 대부분이 어려움을 겪고 있다는 결과이다. 고신의 경우도 역시 400-1,000명의 교회의 12.5%가 어려움이 없다고 응답하고 있으며, 합동의 경우 역시 19%가 문제가 없다고 응답하고 있다. 그러나 기장의 경우는 이 현상이 나타나지 않고 있다. 여기에서 몇 가지 의문이 생기지 않을 수 없다. 이 현상은 어떤 역학관계가 있는 것일까? 우연의 일치인가? 아니면 이 400-1,000명의 교회가 이상적인 교회로 관리하기에 편리하고 목회자의 손길이 닿을 수 있어서 그러한가? 재정적인 면이나 인력관리 면이나 프로그램 면에서 형평에 맞는 사업과 선교를 수행하기 때문에 그러한가? 가장 전도의 어려움을 적게 느낀다면 그 사실이 말해 주는 의미는 무엇인가? 그렇다면 왜 기장의 경우는 이 현상이 일어나지 않는 것인가? 이 문제에 대해 명확한 해답을 제시하기란 쉬운 일은 아니다. 그러나 단적으로 나타난 이러한 현상에 대하여 깊이 연구해 볼 필요가 있다. 특히 한국교회의 지속적인 성장을 위한 작은 모델을 만들어 낼 수 있는 가능성 때문에 의미가 있다. 문제는 한국교회 전반에 나타난 현상을 그대로 수용하고 대책을 수립하는 것이 2000년대의 한국교회가 재도약을 할 수 있는 길이다.

한국교회는 지금 전도의 한계에 직면하여 새로운 돌파구를 모색하고 있으며, 모든 교단이 이러한 사실에 동의하고 있을 뿐 아니라 중요성을 공감하고 있는 듯하다. 이러한 위기상황을 어떻게 대처하는가에 따라서 한국교회는 새로이 운명지어질 것이다. 그러나 이러한 상황에도 불구하고 특별한 대안 없이 흘러가고 있는 듯한 인상을 받는다. 이 위기 상황을 극복하기 위한 각 교단의 정책은 다분히 보수적이며 폐쇄적인 현실을 벗어나지 못하고 있는 듯하다.

〈표8-7〉돌파구를 위한 새로운 전도 방법 (단위:%)

	기장	고신	합동	통합
전도 전문가의 교육을 통한 분위기 쇄신	0	16.0	15.2	12.0
새신자 양육을 통한 일대일 전도	17.3	49.3	41.8	18.7
지역사회 활동과 봉사를 통한 장기전도	70.7	24.0	30.4	61.3
무 응 답	12.0	10.7	12.6	8.0
합 계	100.0	100.0	100.0	100.0

한국교회의 전도의 한계를 극복하기 위하여 기장의 70.7%는 사회봉사 활동과 봉사를 통한 장기적 전도를 선택하였고 제자훈련을 통한 일대일 전도를

병행하기를 원하는 것 같다. 기장의 경우 새로운 전도방법으로 강력한 사회봉사를 제기하고 나선 것은 그렇게 놀랄만한 일이 아니다. 왜냐하면 기장은 사회활동에 기술 축적이 되어 있을 뿐 아니라 자원의 면에서도 어느 정도 준비된 상태이기 때문에 교회의 성장으로 예산이 뒷받침될 경우 충분한 가능성을 가지고 있기 때문이다. 그러나 위의 표에서 복음적 균형이 이루어지지 않을 경우 또 다른 사회 활동에 치중할 가능성도 있어 우려되는 면도 없지 않다. 말씀의 선포와 순수 사회봉사의 균형이 이루어진다면 축적된 기술과 자원으로 좋은 결실을 맺을 수 있다고 전망된다.

이와는 대조적으로 고신의 경우 역시 말씀 선포로서 돌파구를 찾겠다는 의지를 표명하고 있다. 이 난국의 타결책이 전도의 전문가를 초청하여 전도 분위기 쇄신과 새신자 양육을 통한 일대일 전도가 65.3%라는 거의 압도적인 수치를 나타내고 있음도 그리 놀랄만한 일이 아니다. 왜냐하면 고신의 경우 전도에 대한 기술 축적이 이루어졌으며 또한 그 방법으로 교단의 발전을 이룩한 이상, 그 방법을 강조하는 일은 자연스러운 일이다. 그러나 위의 표에서 보이듯이, 지역사회의 봉사와 활동은 가장 낮은 수치를 맴돌고 있는데 이는 매우 위험한 요인이 아닐 수 없다. 고신의 경우 새신자 양육을 통해서만 교회의 돌파구를 찾겠다는 것이 전반적 현상이다. 49.3%가 이 사실을 인정하고 있으며, 16%는 전도의 전문가를 초청해 선교의 돌파구를 찾겠다고 하는 것이다. 전체적으로 65.3%가 지역사회 선교와는 상관없이 전도운동에 치중한다는 것은 위험의 소지가 있지 않나 염려스럽다.

합동의 경우 교육 프로그램에 참석한 경우라도 새신자 양육에 대해 41.8%가 선호하고 있다. 그만큼 벽이 두텁다는 이야기이고 전통적인 것을 고수하려는 움직임으로 볼 수 있다. 이러한 사실은 두 가지로 분석 가능하다. 첫째, 어떤 교육을 받았는가 생각해야 하며, 교육의 질을 점검해 보아야 할 것이다. 둘째, 지적된 바처럼 새로운 분야에 개척을 시도할 용기가 없든지 아니면 기술의 부족으로 늘 익숙한 전도의 전통을 고수하겠다는 것이 아닌가 생각된다. 1970년대의 대부흥에서는 얼마든지 가능했으나 이제는 선교의 터전을 달리할 때가 왔음에도 불구하고 24%만이 지역사회를 통한 장기적 전도에 나서 겠다고 했다. 결코 복음적 선교방법을 비판해서가 아니라 적어도 지역사회 봉사를 하나의 전도의 수단으로 생각하지 않는 데 대한 비판이 필요하지 않나 여겨지기 때문이다. 지역사회 봉사를 의식적인 활동이나 구제적 차원으로 해석하는 이상 여기에 대하여 관심을 가질 수도 없을 뿐 아니라 항상 연중행사로 치러질 수밖에 없다.

또한 여기에서 합동의 교단이 어떠한 정책을 지속적으로 펼쳐 왔는지를 살펴 볼 수 있는데 즉 전도와 새신자 양육 훈련 즉 직접적인 전도활동이 교단의 방침이었고 또한 선교로 이어졌으며 상대적으로 지역사회를 등한시 해왔음을 알 수 있다. 또한 사회봉사를 전도의 차원에 그리고 통전적인 선교로 이해하지 않기 때문에 이러한 현상이 나타날 수밖에 없다.

통합의 경우 문제해결의 방법 역시 다양한 분포를 보이고 있다. 전도 분위기를 쇄신함이 12.0%, 새신자 양육이 18.7%, 지역사회 봉사활동이 61.3%로 나타나, 역시 2000년대의 선교의 방향은 지역사회 중심의 교회가 되어야 함을 어느 정도 반영해 주고 있다.

전체적으로 한국 장로교회는 1970년대의 환상적인 꿈에서 아직 벗어나지 못하고 있다. 따라서 미래에 대한 문제해결의 방향도 새로운 선교의 터전을 육성하기보다는 과거의 방법을 그대로 답습하고자 하는 강한 보수 성향을 나타내고 있다.

전체적으로 66.3%의 응답자들이 교단의 신앙노선이 전도 사업에 치중되어 있는 것으로 답변하고 있다. 사회봉사사업에 치중하고 있다고 답변한 경우는 모두 6.3%에 불과하여, 신앙의 사회성에 대한 강조보다는 복음주의적 신앙노선이 단연 우세한 것으로 나타났다.

3) 사회복지 프로그램 실천에 대한 문제점

목회자가 목회 현장에서 사회복지 프로그램을 실시하는 데 있어서의 문제점으로 지적된 것은 기장의 경우 목회자들이 교회의 사회복지활동을 단순한 차원의 봉사로 이해하지 않고 사회사업에 대한 인식의 정도가 높다고 평가할 수 있으며, 단순한 구제차원에서 지역선교를 실시하지 않겠다는 의지로 평가할 수 있다. 장애의 요인으로 예산의 부족과, 프로그램을 실행하는데 전문 인력의 부족을 들 수 있다. 그러나 예산 부족의 경우 교회의 성장이 뒷받침된다면 수준 높은 지역선교를 펼칠 것으로 기대된다. 사실 다가올 제2의 한국선교를 위하여 특히 지역선교를 위하여 전문인력 양성은 시급하며 여기에 한국교회의 성패가 좌우될 가능성도 없지 않다. 과학적인 분석과 조사, 예산의 뒷받침과 전문인력의 양성을 지속적으로 추진하기 위해서라도 한국교회는 지역사회 선교에 눈을 뜨고 투자해야 할 때이다.

고신과 합동의 경우 목회자의 의식 부족을 가장 두드러지게 꼽고 있으며 그 다음이 재정부족의 순이었다. 사실 목회자의 의식에 따라 지역선교는 분명히 다르게 전개되기 마련이다. 또한 목회자가 바른 의식이 있을 때 기대치 또한 상승될 수 있다. 사회봉사 프로그램을 실시하는데 있어서 교역자의 역할은 대단히 중요하게 작용하며, 교역자가 지역사회의 프로그램에 관심을 가지지 않는 이상 선교의 효과는 기대하기 힘들다. 예산 역시 그러하다. 선교비에 엄청나게 투자하지만(해외선교, 국내 개척교회) 지역선교를 낭비라고 생각하기 때문에 예산의 반영이 이루어지지 않고 있다. 지역선교 역시 선교의 차원에서 이해할 때 예산의 반영이 가능한 것이다. 만약 지역선교를 예산의 낭비라고 생각한다면 해외선교야 말로 엄청난 자원의 낭비임이 틀림없다. 전도와 지역사회 선교를 별도로 생각해서는 안 된다. 이것 역시 한국교회 전체적 문제이다.

분명한 것은 목회자의 의식은 곧 총회의 의지와 상당한 관련이 있다. 총회가 시대의 상황을 바로 판단하고 정책을 수립해 나간다면 목회자들의 의식수준도 상당부분 변화를 가져올 것이다. 기장의 경우, 예산의 부족으로 지역선교가 원활하게 진행이 되지 못한다면 그 예산을 뒷받침하는 교회성장이 요구되며, 교회성장 없는 사회참여는 허구라고 말할 수 있다. 사회봉사는 의식만으로 이루어지는 것이 아니라는 중요한 교훈을 주고 있다. 아울러 고신, 합동, 통합의 경우 경제적인 문제보다 목회자의 의식이 주요한 원인이 된다고 생각할 때, 신학과 철학 없는 사회선교는 단순한 구제행위에 지나지 않을 뿐 아니라 복음을 가장한 교회성장의 허구성을 여지없이 드러낸다고 할 수 있다. 이러한 면에서 장로교회는 갈등과 반목보다는 서로를 인정하고 필요한 부분을 협조하는 공조체제를 견지할 때 진정한 형제의식을 창출해낼 수 있을 것이다.

4) 사회복지 활동을 위한 지역사회 조사 실시 여부와 만족도

특정한 일을 계획하거나 수행하는 데 있어서 시장조사나 지역조사는 첫 번째로 수행해야 할 가장 기초적인 단계임은 두말 할 필요가 없다. 교회는 지역사회에 속하였고 지역사회 안에 존재하기 때문에 지역조사는 지역의 교회가 되기 위한 필수과정이다. 그러나 한국교회는 이러한 기본적인 부분에 전혀 관심이 없는 것 같다. 지역조사를 시행한 경우는 대단히 적으며, 이에 대한 의지 또한 약함을 지적하지 않을 수 없다.

〈표8-8〉지역사회조사 실시 여부   (단위:%)

	기 장	고 신	합 동	통 합
실시해 보았다	45.3	25.3	25.3	44.0
실시해 보지 않았다	25.3	41.3	48.1	26.7
해보고 싶다	26.7	30.7	20.3	25.7
무 응 답	2.7	2.7	6.3	3.6
합 계	100.0	100.0	100.0	100.0

기장의 경우 45.3%로 가장 높게 나타났다. 조직적으로 지역선교에 임하고자 하는 의지로 표명될 수 있을 것이다. 그러나 고신의 경우 지역조사를 실시

한 경우가 25.3%에 지나지 않고 있으며, 합동도 약 25.3%에 그치고 있어, 선교정책은 지역사회와 무관하거나 지역을 무시한 정책을 수립한다는 결론이 나올 수밖에 없다. 자연히 해외선교-해외선교도 엄밀한 의미에서 연구조사가 선행조건이다-나 직접적인 전도방법에 의존할 수밖에 없다. '해보고 싶다' 역시 합동이 가장 낮은 수치를 기록하고 있다. 그러나 고신의 경우 약 30.7%의 가장 높은 비율을 나타냄으로 통합, 기장보다 오히려 높은 의지를 표하고 있다. 물론 통합과 기장의 경우 상대적으로 참석해 본 사람이 많기 때문에 상대적으로 낮은 수치일 수 있으나, 고신의 경우 무언가 새로운 요인이 작용하고 있음을 암시한다. 통합의 경우 '해 보았다'는 44.0%, '해보고 싶다'의 경우 26.7%, 즉 70.7%가 '해보았거나 해보고 싶다'고 응답함으로서 필요성에 대하여서는 대단히 긍정적인 반응을 나타내고 있다.

비록 구멍가게를 개업하더라도 기초조사를 하는 법인데, 한국교회는 영혼 사업에 열을 올리면서도 기초 조사조차도 외면하고 있다. 특히 보수교단일수록 조사비율은 상당히 떨어지고 있는데, 교단 전체적으로 살펴 볼 때 33.3% 만이 선교의 전략을 가지고 사회봉사와 지역사회조사를 통하여 선교를 준비하고, 나머지 70% 가량은 준비도 없고 아무런 조사와 근거도 없이 주먹구구식의 선교를 하고 있는 것이다. 믿음이란 대전제로 과학적이고 논리적인 방법들은 전혀 무시하고 있는 것이 아닐까? 특히 보수교단의 경우 22.5%, 즉 5개 교회 중 1개 교회만이 지역조사를 중심으로 목회를 해 나간다는 결과를 보이고 있다. 지역 없는 교회란 있을 수 없고 지역조사 없는 선교란 있을 수 없다. 지역사회의 성격 파악 없이 안일하게 목회하고 있는 한국교회는 참으로 보통 심각한 문제가 아닐 수 없다. 한국교회는 선교에 대한 보다 체계적인 정립이 필요하다. 지역사회의 현상을 파악하지 않고 선교정책을 수립하는 현단계에서는 체계적인 선교의 열매를 기대할 수 없기 때문이다. 따라서 다시 한번 지도자의 교육과 지역조사의 필요성이 강력히 제기되어야 한다.

선교의식과 문제의식을 가지고 교회의 장기적인 선교전략을 위하여 지역사회조사를 실시하는 것은 인적 · 물적 여건에서 결코 쉬운 일은 아니지만 일단 조사를 실시하였을 경우 얻어지는 결과는 대단히 크다. 지역사회조사에 참여했던 대부분의 응답자는 조사를 통하여 얻은 결과에 대단히 만족함을 나타내고 있다.

〈표8-9〉 지역사회조사를 통하여 얻은 결과   (단위:%)

	기장	고신	합동	통합
지역에 대한 교회의 사회적 책임	75.0	31.8	51.7	60.4
전도를 위한 효과적이며 새로운 전략	11.2	50.0	24.2	11.8
바람직한 결과가 없었다	2.9	4.6	6.9	6.9
지역문제에 대처하기에는 문제가 있다	10.9	13.6	17.2	20.9
무 응 답	0.0	0.0	0.0	0.0
합 계	100.0	100.0	100.0	100.0

기장은 지역사회조사를 통해 얻은 결과 중 75%가 사회에 대한 교회의 책임을 느꼈다고 응답했다. 즉 지역사회가 무엇을 원하며 또 어떠한 방향으로 교회가 지역사회를 위하여 공헌할 것인가를 분명하게 알게 되었다. 지역사회의 욕구를 모르고는 선교는 불가능하다. 그러한 면에서 사회적 책임을 느꼈다는 것은 고무적인 일로 평가된다. 그러나 고신의 경우 기장과는 상반된다. 물론 좋은 결과를 나타내긴 하였지만 지역사회를 보는 견해의 차이를 발견할 수 있다. 특이한 것은 진보적인 교단일수록 사회적 책임을 가지고 접근하고 있으며 보수적인 교단일수록 전도의 전략을 배웠다고 응답함으로써 지역사회조사에 임하는 태도 역시 다르다는 것을 알 수 있다. 비록 합동의 경우 50%가 사회적 책임을 논하였으나, 전략 면에서도 24.2%라는 높은 치수를 나타내고 있는데 이는 곧 '전략을 배웠다' 즉 지역조사를 전도의 측면에서 바라보았음을 알 수 있다. 특히 고신은 31.8%가 사회적 책임을, 50%가 전도의 새로운 전략을 배웠다고 표명함으로서 4교단 중 독특하게 전도 전략 면에 치중되어 있는데, 전도의 어려움을 가장 실질적으로 느낀 교단이기 때문인지는 모

르나 전도 전략이 두드러지는 것은 참으로 특이한 현상이다. 합동의 경우도 타 교단과 동일하게 사회적 책임이 높게 나타났으나, 통합의 경우 지역문제에 대처하기에는 문제가 있다는 항목에 가장 높은 수치를 드러내고 있어, 이 현상은 통합 교단자체가 운영하는 프로그램에 개교회의 문제를 비교함으로 발생한 문제가 아닌가 생각한다. 개교회의 프로그램은 아무래도 소규모일 수밖에 없으며 전문적인 면에서 총회의 사업과는 비교할 수 없는 것이므로 개교회에 적합한 프로그램을 개발하는 것이 지역선교를 성공적으로 끌어낼 수 있는 비결이다.

목회자의 교육과 지역사회조사는 선교의 전략 면에서 그리고 사회의 봉사의 측면에서 당위성이 있다. 한국교회의 지도자가 바로 이 문제에 적극적이지 못하기 때문에 다른 방법으로 돌파구를 찾게 된다.

현대목회는 여러 가지 요인으로 목회자들에게 시간적인 여유를 빼앗아 가버렸다. 특히 주간 중 여러 차례의 설교준비에 대부분의 시간을 보내야 하며, 심방, 목회행정, 여러 가지 회합 등으로 선교에 대한 깊은 생각을 정리하고 정책을 세우는 일은 쉬운 일이 아니다. 이러한 이유 때문에 중요하게 다루어져야 할 지역사회조사가 극소수의 교회에서만 실시된 것을 위에서 언급하였다. 그러나 지역사회조사의 확대를 위하여 구체적인 문제점을 발견함이 좀더 지역선교를 효과적으로 대처할 수 있는 길임을 깨달아야 한다.

〈표8-10〉지역사회조사를 실시하지 못하는 이유 (단위:%)

	기 장	고 신	합 동	통 합
시간이 없다	20.9	28.2	18.0	33.3
방법을 모른다	44.2	33.3	30.0	23.0
필요성을 느끼지 못한다	18.7	18.5	12.0	20.5
무관심 때문이다	16.2	20.0	40.0	23.2
무 응 답	0.0	0.0	0.0	0.0
합 계	100.0	100.0	100.0	100.0

기장의 경우 20.9%가 시간이 없어서, 44.2%가 방법을 몰라서, 16.3%가 필요가 없어서, 18.6%가 무관심 때문인 것으로 나타났다. 기장은 가장 활발히 사회참여를 실행하는 교단으로, 44.2%가 '방법을 몰라서'라는 사실은 참으로 이해하기 어려운 그리고 충격적인 일이 아닐 수 없다. 물론 지역사회조사 면에서 가장 앞섰지만 교단이 가장 기초적으로 도와주어야 할 조사방법에 있어서 개교회가 갈팡질팡하고 있다면 이 또한 중요한 문제가 아닐 수 없다. 총회의 사회부는 사회선교의 정책을 수립하는 일이 급선무라고 할 수 있겠으나 개교회의 실제적인 문제를 해결할 수 있는 기관으로 전환되어야 한다. 근본적이고 기초적인 개교회 지역사회 봉사 프로그램이 무시되거나 소외되고 대국적인 정책이나 대외적인 정책이 우선시 되는 경향은 올바른 정책이라고 평가받을 수 없다.

고신 역시 기장과 비슷한 양상을 나타내고 있다. 지역사회 조사방법에 있어서의 문제점을 제기하고 있는 면에서 기장과 다를 것이 없다. 33.3%가 방법을 모른다고 응답하고 있는데 이 책임을 개교회에 지우기에는 무리가 있다. 총회에 엄연히 사회부가 존재하며 정책을 입안하지만 과연 개교회의 요구에 관심을 기울이는지 질문해 보아야 한다. 이것은 총회 사회부의 기능이 단순한 구제차원에서 형식적으로 실시되고 있음을 단적으로 증명하는 것이며, 총회가 지역사회 조사를 위하여 연구팀을 구성하여 구체적으로 도울 수 있는 방법에 대하여 조금도 관심과 노력을 쏟지 않는다는 단적인 예가 아닌가 생각한다. 각 교단의 사회부에서는 사회조사를 실시할 수 있는 제도적 장치를 마련하는 것이 필요하며, 개교회의 요구 즉시 도움과 자문을 줄 수 있어야 한다. 이러한 문제는 비단 고신의 문제뿐만 아니라 합동과 통합도 동일한 현상이며 같은 문제이기도 하다. 또한 무관심 때문이라고 솔직하게 응답하는 경우가 많았는데 이 무관심의 문제도 결국은 총회의 사회정책이 면밀하게 전달되지 않았기 때문으로 분석된다.

위에서 열거한 사항들은 개교회에 국한된 문제만은 아니다. 오히려 한국교회의 전체적인 문제점일 수 있으며 지역사회와 교회는 별개의 독립체라는

인식이 만연해 있기 때문이다. '필요성이 없다'의 경우 모든 상황을 다 안다
고 해석한다면, 통속적으로 안다는 것인가, 아니면 과학적이고 전문적인 방
법론에 의하여 안다는 것인가? 아니면 지역사회조사 자체를 거부하는 이유인
지 불분명하다. '시간부족'의 경우 대부분의 시간은 교인들 관리와 설교준
비, 심방이나 회의참석 때문에 바쁘다는 것이며, 따라서 지역사회에 관심을
둘 시간적 여유가 없다는 것을 나타낸다. '무관심'의 경우는 참으로 무책임
하다. 도대체 선교의 대상인 지역사회에 관심을 갖지 않고 어디서 선교를 수
행하겠다는 것인지 이해하기 곤란하다. 지역사회를 배제하고 교회 부흥을 실
시하겠다는 것인데, 이것이 과연 가능할까? 이것이 오늘날 한국교회가 안고
있는 근본적이며 실제적인 문제의 한 단면이다. 지역사회에 관심을 두지 않
으면서 교회의 급진적 부흥을 가져오려 하는 이중적인 사고가 팽배해 있다.
이런 착각과 오만에서 벗어나지 않는 이상 한국교회의 새로운 도약은 불가능
하지 않을까 조심스럽게 진단해 본다.

5) 사회봉사 교육 프로그램 참여도와 기대치

목회자나 교회의 지도자들의 사회참여의 인식 정도는 사회복지 프로그램
수행에 있어서 견인적 역할을 감당함은 물론이거니와 성패를 좌우하는 중요
한 요소이다. 이러한 견지에서 지도자의 교육 프로그램 참여도는 지역사회
선교를 위한 중요한 주춧돌이 될 것은 자명한 일이다.

기장의 경우 '교육 프로그램에 참여해 보았다'가 74.7%로 다른 교단에 비
하여 월등히 높은 수치를 나타내고 있다. 이렇게 높은 수치의 참석률은 실제

〈표8-11〉사회봉사 교육 프로그램 참여도   (단위:%)

기 장	고 신	합 동	통 합
74.7	36.0	34.2	61.3

적인 효과나 선교적 측면에서 상당한 결실이 있으리라 예상된다. 그러나 이 예상과는 달리 정치적 공헌 외에 실제적 현상 즉 사회봉사 실시율은 가장 낮게 나타나고 있는데, 그 원인은 무엇일까? 교세의 열세와 개교회의 농어촌 편중이 중대한 원인이 되는 것은 사실이다. 그러나 이러한 실질적 이유 외에 또 다른 요인은 기장의 신학적, 정치적 성격상 교육 프로그램 참여의 내용이 상당 부분 의식교육에 편중되었을 가능성을 배제할 수 없다. 다시 말해서 순수한 사회봉사적 그리고 지역사회 선교를 중심한 교육은 아닌 것으로 풀이된다. 따라서 이 74.7%의 교육율은 100%의 신빙성을 부여할 수 있는 것인가 조심스럽게 짚어 보아야 하겠다.

고신의 경우 기장의 절반 수준인 36.0%가 참가하였다고 말하고 있다. 전체적으로 그렇게 높은 수준은 아닌 것으로 나타났으나 28.0%가 '참석하고 싶다'는 의도를 표시함으로서 사회참여에 대한 인식의 향상과 교육 프로그램의 중요성이 점차적으로 고무되고 있음을 나타내고 있다. 그러나 합동의 경우 교육 참가율은 34.2%로 다른 교단에 비하여 가장 저조하다고 할 수 있는데, 참석을 희망한 수도 22.8%로 고신에 비하여 낮은 편이다. 교육 참가율의 저조는 전적으로 교단의 정책과 관련이 있는 듯하다. 아무리 개인이 관심이 있더라도 교단적 차원에서 배려되지 않으면 추진력이 있을 수 없으며, 또한 사회부 자체가 존속하지 않기 때문에 사회교육을 실시할 수 없는 것은 너무나 당연한 사실이다. 사회부가 있다 할지라도 의식의 전환이나 사회선교에 대한 신학적 지원이 없을 경우 하나의 모험일 수밖에 없기 때문에 이 분야에 관심을 둘 수 없게 된다.

통합의 경우 교육 참가율은 61.3%로 기장의 74.7%에 미치지 못하나 상당부분 참석한 것으로 나타났다. 18.7%가 해보고 싶다고 응답한 것은 적극적 반응으로 해석할 수 있다. 통합의 경우 총회 사회부의 사업의 일환으로 총회와 노회 차원에서 강력하게 이 교육을 실시해 왔다. 아울러 사회 지도자 교육의 영향을 상당하게 받았을 것으로 분석된다. 보수교단의 경우 총회나 노회 차원에서 지속적이며 체계적인 교육을 계획하며 실시하여 의식을 전환하는 일이 무엇보다 시급한 일의 하나다.

대부분의 교육 프로그램 참가자들이 교육을 통하여 깨달은 바 있었으나 기술, 자원, 예산의 문제로 사업을 망설이고 있음을 알 수 있다. 그 원인은, 대교회의 사례들이 중점적으로 다루어지기 때문에 중·소 교회의 모델을 제시하지 못했기 때문이라 판단된다.

〈표8-12〉 사회봉사 교육 프로그램 참석의 결과   (단위:%)

	기 장	고 신	합 동	통 합
자극을 받아 준비중	40.0	16.9	17.7	43.4
예산, 기술, 자원 문제로 주저함	58.0	61.0	64.5	46.3
관 심 없 음	1.4	22.1	17.8	10.3
무 응 답	0.6	0	0	0
합 계	100.0	100.0	100.0	100.0

기장은 프로그램 면에서 40%가 준비중이며, 58%가 예산의 문제로 주저하고 있다. '관심 없음'에는 1.4%만이 응답하여 지역사회에 대한 깊은 관심을 가지고 있음을 분명히 나타내고 있다. 기장의 경우 사회참여의 실천의지가 대단히 높게 나타나고 있으나 '예산이나 기술, 자원의 문제로 주저함'이 결코 적지 않은 문제로 지적되고 있다. 그러나 고신과 합동의 경우 그 양상이 너무나 흡사하게 나타나고 있는데, 실천의지는 대단히 부족하며 도리어 다른 요인의 부족을 원인 삼아 회피하려는 경향을 볼 수 있다. 비록 사회봉사에 대한 의식의 전환은 있었으나 실천에 있어서 과감히 도전하지 못하고 주저하고 있으며, 실제 사회봉사 프로그램을 실시하지 못함으로 인하여 기술축적이나 방법, 전략에 문제가 있음을 단적으로 설명해 준다. 또한 보수교단의 경우 이 분야가 생소한 분야이기 때문에 모험을 해야 한다는 위험성과 예산보다는 기술적인 면에서 더 문제를 안고 있는 듯하다.

통합의 경우 교육 프로그램을 통한 도전을 행동화하려는 의지가 강하며 아울러 전반적으로 어려움이 가장 적게 나타났다.

기장의 경우 예산의 어려움을 느낀다면, 고신이나 합동의 경우 기술이나 자원의 어려움을 느끼고 있고, 반면 통합은 기술축적과 사회사업에 대한 친숙함으로 주저함이나 두려움 없이 사업을 실행할 수 있기 때문이라고 분석된다.

기대치는 사회봉사 사업과 지역선교를 실시하는 데 있어서 대단히 중요한 요소로 평가된다. 왜냐하면 새로운 사업에 대하여 희망을 가지고 접근하는 것과 부정적인 접근과는 그 결과뿐 아니라 사업에 임하는 태도에도 큰 차이가 있기 때문이다.

전체적으로 사회봉사를 실시할 경우 각 교단의 기대치는 대체로 높은 편이다. 아울러 몇 가지 문제점도 발견된다.

〈표8-13〉지역사회 봉사에 대한 선교적 기대치 (단위:%)

	기장	고신	합동	통합
전도의 문이 열리고 성도의 사회의식 변화	26.9	41.3	19.0	32.0
당장 효과 없으나 선교의 터전을 마련	14.7	9.3	10.1	18.7
당장 효과 없으나 주민의 태도 변화	57.3	46.7	62.0	21.7
큰 차이점도 없고 선교의 효과도 없음	0	0	2.5	12.0
불신자로 말미암아 목회자가 지칠것	0	0	0	6.7
무 응 답	0	2.7	6.4	8.9
합 계	100.0	100.0	100.0	100.0

기장의 경우 '선교의 터전을 마련할 것' 과 '주민들의 반응이 달라질 것이다' 라는 간접적 기대가 72.0%나 된다. 반면 즉각적인 기대는 26.9%로 전반적으로 비교적 높은 기대를 갖고 있다. 단, 즉각적 기대가 타 교단에 비하여 약한 편이다. 원인은 기장의 경우 농촌 편중이 심하기 때문에 아무리 교회가 사회 프로그램을 실시한다 하더라도 보수적이며 피폐화된 농촌에 선교의 새 바람을 불어넣기에는 역부족이라는 생각이 짙게 깔려 있다고도 볼 수 있다.

사실 도시 집중화 현상으로 한국의 농촌교회는 큰 위기에 봉착해 있다. 도시교회가 부흥하기까지는 농촌교회의 보이지 않는 헌신이 있었음을 알아야 하며 아울러 한국교회가 계속적인 부흥을 위해서는 농촌교회를 향한 결단이 새로이 요구된다. 농촌교회는 못자리 역할을 충실히 감당했고 또한 감당하고 있는 현 시점에서, 농촌교회의 새바람을 형성하기 위해서는 즉각적인 기대가 작용하도록 도시교회의 각별한 배려가 있어야 할 것이며, 특히 농촌교회를 선교지로 인정하고 집중적인 선교의 후원과 정책적 배려가 있어야 한다. 무엇보다 농촌교회 목회자의 최저생계비 지원, 프로젝트 지원 등이 선교차원에서 강력히 이루어져야 하며, 생활비 보조의 차원을 넘어서 농촌 선교를 담당하는 선교사로서의 위치로 격상하지 않는 한 진정한 의미의 농촌교회 부흥은 기대하기 힘들다고 본다. 세계선교가 우리의 과업이긴 하지만 이 열정을 반정도만 국내 특히 농어촌 선교에 쏟는다면 한국교회는 새로운 전기를 마련할 수 있다. 25%의 기독교 신자에 왜 만족해야 하는가? 한국교회는 여기에 만족감을 갖고 느슨해진 선교정책을 펴고 있는 듯하다. 우리의 목표는 결코 25%에 머무를 수 없다. 바울의 고백처럼 '내 생명이 끊어지는 한이 있더라도 동포들의 구원' 만은 이루어 졌으면 좋겠다는 민족사랑의 마음이 지속적으로 한국교회 속으로 특히 농촌교회로 돌려져야 한다. 이제는 눈을 안으로 돌려야 할 때이며 선교의 거품을 차단하고 내실을 다져야 할 때이다. 내실 없는 결실은 망할 수밖에 없다. 세계선교가 결코 우리의 우상이 되어서도 안 되며 세계의 자랑을 집중시키기 위한 도구가 되어서도 안 된다. 우리의 농촌이 죽어가고 우리의 어촌이 죽어 가는데 세계선교에만 매달려 모든 것을 투자하여 개교회의 이름과 영광을 들어내야 할 것인가? 그리스도의 지상명령인 '땅 끝까지' 의 의미를 결코 과소평가 하거나 세계선교를 결코 부정적으로 평가하는 말이 아니다. 다만 내실 없는 노력은 생명이 길지 못함을 안타깝게 생각하면서 그 안타까움을 토로할 뿐이다. 단적인 예로 유럽 특히 영국의 교회가 수없는 선교사들을 해외로 보냈으나 본국교회의 쇠퇴로 말미암아 그 많은 선교사들이 눈물을 흘리며 철수한 사건을 무엇으로 설명할 수 있으며, 교회성장이 정체된 한국의 상황 가운데 '그러한 일이 결코 우리에게는 있을 수 없다'는 지나친 낙관론이 과연 홍수처럼 밀려오는 문제들을 일언지하에 감당할 수 있는지에 대해서 한국교회는 진지하게 생각해 보아야 할 때이다. 모든 것은 균형이 중요하다. 복음과 사회적 관심의 균형, 부모의 입장에서도 훈계와 사랑의 균형, 목회의 현장에서도 영적인 은사와 말씀의 균형, 한국교회는 이 균형을 잃은 지 오래인 듯하다. 특별히 농촌교회와 도시교회의 균형이, 해외선교와 국내선교의 균형이, 도시목회자와 농촌목회자의 형제의식의 균형이, 도시교회의 발전과 농촌교회의 발전의 균형이 절실히 요구되는 때이다. 따라서 기장의 간접적인 기대는 한국교회에 말없는 메시지가 되길 바란다.

고신의 기대는 어느 교단 못지 않게 대단히 높다. '당장에 좋은 효과가 있을 것이다'가 41.3%, 또한 주역주민의 태도의 변화 초래가 46.7%, 거의 90% 가까이 좋은 기대를 가지고 있다. 앞의 문항에서 '지역조사를 실시해 보고 싶다'의 경우에도 고신의 경우가 가장 높게 나타났는데, 이 조항 역시 고신이 가장 높은 수치를 기록하고 있음은 사회봉사 입장에서 강력한 의지를 표명하고 있다고 보아야 한다. 기대치의 중요성은 곧 바로 교회의 비전과 이어지기 때문에 고신의 입장으로서는 참으로 밝은 선교의 전망을 가지고 있다고 평가된다. 높은 기대치는 높은 가능성을 예시하기 때문이다.

문제점으로 지적될 수 있는 것은, 합동의 경우 기대치가 현저히 낮다는 점이다. 19.0%만이 좋은 효과를 기대할 수 있을 것이라고 응답하였는데 나머지는 2차적인 현상 즉 주민들의 태도가 달라질 것이라는 데 그쳤다. 왜 이렇게 기대치가 떨어지는가? 그것은 사업에 대한 두려움과 실시해 보지 않은 초기 공포로 해석할 수 있을 것 같다. 미약한 기대감으로는 사회선교를 실행하기가 어렵다.

통합의 경우 기대치가 고신에 훨씬 미치지 못하고 있다. 교육 참여율은 대단히 높으며 다른 항목에 전반적으로 대단히 긍정적 반응을 보인 통합이 유독 이 문제에서 타 교단에 비하여 현저하게 낮은 수치를 나타내는 것은 왜일까? 극단적으로 타 교단에서 발견되지 않는 현상, 즉 '차이점도 없고 선교의 효과도 없을 것이다' 라든지, 심지어 '불신자들의 교회사용으로 발생하는 부작용으로 목회자가 스스로 지치게 될 것이다' 라는 극단적으로 부정적인 응답도 18.7%나 차지하고 있다는 사실은 참으로 이해하기 힘든 부분이다. '나름대로 지역선교를 실시해 보았지만 큰 차이가 없을 뿐더러 도리어 부작용만 나더라' 라는 선험적 자만에서 비롯된 것인지, 아니면 지역선교에 대한 지나치게 단기 효과만을 기대한데서 오는 체념인지 알 수 없다. 만약 그러하다면 통합의 사회선교정책은 철저히 재점검해 보아야 할 필요가 있다. 왜냐하면 통합의 경우 총회와 노회의 사회부를 중심으로 교육 프로그램과 지역 사회 프로그램을 연속적으로 개발하고 실시해 왔음을 고려할 때, 위에 나타난 현상은 심각한 문제로 제기되지 않을 수 없기 때문이다. 다시 말하면 비록 총회가 의식을 가지고 지역문제에 대처한다 하더라도 개교회에 구체적인 적용이 불가능하거나 역반응을 나타낸다고 하면 이러한 현상이 발생할 수도 있기 때문이다. 통합의 이 독특한 현상을 지나치게 진지한 방향에서 검토한 경향이 없는지 염려된다.

제4절 목회자의 종합적 복지의식
- 기타 연구 자료 : 시대별, 교단별, 사안별 조사연구

본 연구와 더불어 목회자의 복지의식을 보다 심도있게 다루기 위해 기존의 다른 연구결과를 함께 검토해 볼 필요가 있다. 특히 시대별, 교단별, 사안별로 다양한 연구자료를 분석하는 것은 의미가 있을 것이다. 따라서 본 절에서는 목회자의 복지의식에 대한 기존 연구 중, 방희덕, 신정환, 성규탁의 연구를 중심으로 내용을 검토해 볼 것이다. 먼저 각 연구자들은 나름대로 특정한 교단을 중심으로 연구를 전개하고 있기 때문에 보수, 중도, 진보의 형태를 염

두에 두어야 한다. 방희덕의 연구는 연대를 중심으로 감리교와 성공회가 중심이 되었으며, 신정환은 대구를 중심으로 초교파적으로, 성규탁 역시 연세대를 중심으로 초교파를, 그리고 필자는 앞에서 장로교 4개 교단을 중심으로 연구하였다. 이렇게 네 연구자들이 시대별, 교파별, 그리고 사안별로 다르게 접근하고 있기 때문에 목회자들의 종합적이며 복합적인 사회복지의식을 도출해 낼 수 있을 것으로 안다. 중복된 항목은 특히 교파별, 시대별 차이점을 도출해 낼 수 있음으로 이 점 역시 유익할 것이다.

먼저 방희덕은 목회자의 복지의식 가운데 개입의 당위성, 교회의 사회활동 모색, 지역사회 발전과 책임의식, 사회사업에 대한 교회의 역할, 사회복지 프로그램 개발의 의식, 그리고 교회 자체가 실시하는 프로그램 등에 초점을 맞추어 조사를 실시하였다. 방희덕은 목회자의 철학적 측면과 실천적 측면을 고루 접근하려고 시도한 것 같다. 그의 조사 대상은 감리교 목회자가 중심이 되고 있으며, 다수 장로교 목회자가 포함되어 있긴 하지만 연세대에 재학중인 목회자라고 밝힌 것으로 보아 보수적 경향을 가졌다기보다는 온건 또는 진보적 목회자라고 가정해 볼 때, 교회의 사회사업 참여에 있어서도 다소 진보적 성향을 띨 수밖에 없다고 볼 수 있다. 또한 이 조사의 시기가 1985년이므로 민주화가 정착되지 않은 정치적 혼란기 내지 정착기이었으므로 더욱 진보적 성향을 드러낼 것으로 보아야 한다.[393]

'지역사회 복지 개입의 당위성'에 대하여 '지역사회 전체를 위한 교회의 개입이 반드시 있어야 한다'는 응답자가 70%이었고, '하는 것이 좋다'가 29%로서 적극적으로 개입해야 한다고 응답한 경우가 99%에 이르렀다. 이는 대부분의 목회자들이 교회가 이웃을 위해 무엇인가를 해야 한다는 인식에 있어서는 거의 절대적인 지지를 보내고 있다. 그러나 실제 프로그램과 비교해 볼 때 이는 턱없이 높은 수치여서 전적으로 신뢰하기에는 문제점이 있는 것으로 드러났다. 다시 말해 이상과 현실에 있어서 그 차이점이 너무 심하게 나

---

393) 방희덕, "목회자의 사회복지 개발에 대한 태도", 『신학논단』(1987년 6월호).

타나며, 이는 목회자들의 철학적 수준에 실천적 수준이 따르지 않는 이중적인 모습을 나타내고 있다.

'교회의 사회적 활동방법 모색'에 있어서 '깊이 한다'가 23%, '가끔 한다'에 응답한 목회자가 64%로 가장 많다. '보통' 또는 '별로'라고 대답한 목회자를 하지 않는 편으로 간주할 때, 31%에 해당되는 목회자가 사회활동을 모색하는데 있어서 미온적인 태도를 취하거나 무관심한 것으로 나타났다. 목회자 자신이 교회의 봉사활동을 위한 실제적인 연구활동에는 거의 참여하지 않은 것으로 나타나고 있다. 이는 아직도 가시지 않은 교회성장의 환상에 목회자들이 도취되어 교회의 사회활동에 대한 배려가 기독교의 본질에 해당될 수 없다는 논리에 밀리고 사회문제를 등한시하는 시대적 세태를 반영하는 것이라고 볼 수 있다.

'지역사회발전과 책임의식'에 대하여는 '지역사회발전과 책임이 교회에 있는가'에 대한 항목에서 '전적으로 있다'고 주장하는 응답자가 29%, '어느 정도 책임이 있다'고 보는 목회자가 64%로 가장 높게 나타났으며, '말하기 어렵다'는 응답이 7에 머물렀다. 이는 5년 후 연세대학교 신학대학부설 한국기독교문화연구소가 조사한 수치와 거의 일치하고 있다. 이 조사에서도 조사된 수치 역시 '전적 책임'이 14.8%, '상당한 책임'이 55.8%, '다소 책임'이 27.9%로서 '전적 책임' 면에서는 한국기독교문화연구소의 수치가 떨어지지만 전체적인 면에 있어서 거의 같은 보조를 취하고 있다. 그러나 '어느 정도의 책임이 있다'는 항목을 방희덕은 '책임회피'로 규정한 반면, 한국기독교문화연구소는 긍정적인 현상으로 풀이하였다. 어쨌든 대부분의 목회자들은 교회가 사회문제에 개입하는 데 있어서 원칙적이며 원리적인 면에서는 긍정적인 사고를 갖고 있는 것으로 나타났다.

'사회사업에 대한 교회의 역할'에 있어서 '교회는 교회 내적 사업을 위주로 하는 것이 좋다'고 응답한 경우가 11%이었고, '사회사업을 외적으로 하며 전문사회사업기관을 원조해야 한다'는 입장이 89%로 나타났다. 그러나 이것은 방희덕이 지적한 대로 관념적이며 철학적인 범주를 넘어서지 못하고 있음

382 · 한국교회와 사회복지

이 아래 항목에서 분명하게 나타나고 있다. '사회복지 프로그램 개발에 대한 의식'으로서 75명이 '교회의 독자적인 프로그램 개발'로 사회사업 활동방법을 강구하겠다고 주장했으며, 나머지 24명은 '사회사업기관을 교회가 도와야 한다'는 개발방법을 제창하였다. 여기서 추론할 수 있는 것은 대부분의 목회자들이 사회사업의 개념뿐 아니라 전문사회사업에 대한 이해가 부족하다는 것과 또한 소속교회를 통해서만 사회사업을 수행하겠다는 의식이 뿌리깊게 내포되어 있음을 발견할 수 있다. 그러나 이는 필자의 입장에서 볼 때, 개신교의 특성상 개교회주의적 성향을 탈피하기 어렵기 때문에 오히려 이를 비판하기보다는 개신교 특성에 맞는 사회사업을 정착하는 편이 훨씬 효과적이라고 판단된다. 예를 들어, 개교회에 교회사회사업이 정착되어 성도들을 교육하고, 사회적인 측면에서 목회자를 보조하며, 자원을 조직한다면 오히려 교회라는 조직된 사회를 통하여 더욱 바람직한 사회활동을 추구해 나갈 수 있기 때문이다.

'교회자체가 실시하는 프로그램'에 대하여는, '사회복지 프로그램을 실시하고 있다'는 교회가 23%, '실시하지 않는다'는 교회가 77%로 상당한 교회가 사회활동과는 거리가 먼 것으로 나타났다. 이는 위에서 지적한 목회자의 철학적 범주와 실천적 범주의 상이점에서 그 원인을 발견할 수 있다. 엄밀히 말해서 목회자의 의지나 태도가 곧 사회활동으로 직결된다는 가설을 검증할 수 있는 결정적 단서를 제공해 주는 것이다.

방희덕은 "대부분의 목회자들이 관념적으로는 매우 이상적이며 능동적인 자세를 취하고 있으나 실천적인 면에서는 매우 소극적이며 책임을 회피하거나 또는 체면유지를 위한 과시적인 프로그램의 운영뿐이어서 상반된 태도를 보이고 있다"고 결론짓고 있다.[394] 아울러 그는 "교회는 인적, 물적 자원이 다른 사회단체보다 다양하기 때문에 전문사회복지사에 의한 자원봉사활동이나 사회사업에 대한 계속적인 훈련과정을 마련하여 교인 전체를 전문인력으로

---

394) 방희덕, "목회자의 사회복지 개발에 대한 태도", 『신학논단』(1987년 6월호), p.471.

활용할 수 있는 곳이기도 하다. 역사적으로 보나 사회적으로 보아 교회만큼 조직화된 조직이 이 사회에는 없다. 따라서 조직과 이념과 물적 자원을 통합하여 활용할 수 있다는 점을 간과하지 말아야 한다"고 덧붙이고 있다.[395] 이는 참으로 바른 지적으로 보인다. 교회는 많은 인적, 물적, 시설 자원을 갖추고 있음에도 불구하고 쓸모 없는 신학의 논쟁으로 교회의 중요한 사명을 상실 또는 유기하였다는 비판을 사회로부터 받고 있기 때문이다.

연세대학교 신학대학부설 한국기독교문화연구소는 1990년 "제10회 목회자 신학세미나"에 참석한 목회자들을 상대로 '교회의 사회봉사 실태'를 조사하였다.[396] 이 조사에서 목회자의 복지의식에 관련된, 교회의 사회적 책임, 목회자의 사회문제 인식, 사회봉사의 목적, 그리고 복지관과의 관계 등 주로 정책적이며 원리적인 측면이 조사되었다.

〈표8-14〉 사회 약자에 대한 교회의 책임 인식 (단위:%)

변 수	구 분	빈도수	%
사회적 약자에 대한 교회의 책임 인식	전적으로 책임이 있다	51	14.8
	상당히 책임이 있다	192	55.8
	다소 책임이 있다	96	27.9
	별로 책임이 없다	3	0.9
	전혀 책임이 없다	0	0.0
	합 계	342	99.4

출처: 성규탁 외, 『한국교회의 사회복지 참여에 관한 연구』(연세대학교 신학대학부설 한국기독교문화 연구소, 1991), 〈표8-15〉, 〈표8-16〉의 출처도 위와 동일.

---

395) *Ibid.* p.472.
396) 1990년 6월 25일부터 7월 6일까지 연세대학교 연합신학대학원에서 주최한 『제10회 목회자 신학세미나』에 참석한 344명의 목회자가 설문의 대상자였다. 교파를 초월한 전국적 규모의 교육행사로서 지역, 학력, 교파 등 목회자들의 주요 특성을 고루 반영하고 있다. 성규탁 · 김동배 · 은준관 · 박준서, 『한국교회의 사회복지 참여에 관한 연구』(1991년 9월).

'교회의 사회적 책임' 에 대하여는 방희덕의 연구와 마찬가지로, 빈민, 농민 등 사회적 약자에 대한 교회의 책임에 대한 교회 인식은 매우 높게 나타났다. 책임이 없다고 한 목회자들은 0.9%에 불과하며, 책임이 있다고 한 목회자들은 70.5%로 나타났다.

〈8-15〉산업사회 문제에 대한 교회의 개입범위에 대한 인식　　　　　(단위:%)

변　수	구　분	빈도수	%
산업사회 문제에 대한 교회의 개입 범위에 대한 인식	적극적으로 개입해야 한다	106	30.8
	어느 정도는 개입해야 한다	201	58.4
	확실한 입장을 취하기가 어렵다	24	7.0
	가급적 개입을 않아야 한다	10	2.9
	전혀 개입하지 않아야 한다	0	0.0
	합　계	341	99.1

교회가 현대 산업사회 문제에 대해 개입해야 한다고 한 응답자는 89.2%나 되었다. 따라서 대부분의 목회자들이 사회문제에 대한 교회의 책임을 인정하고 이러한 문제의 해결을 위해 교회가 노력해야 한다는 인식에는 공조하고 있다.

〈표8-16〉사회봉사 활동의 목적　　　　　(단위:%)

변　수	구　분	빈도수	%
사회봉사 활동의　목적	선교사업의 일환으로	95	27.6
	주변의 불쌍한 이웃을 돕기 위해	24	7.0
	지역사회의 욕구에 부응하기 위해	9	2.6
	교회의 본질적 사명 중의 하나	207	60.2
	합　계	335	97.4

또한 목회자의 교회사회봉사에 대한 인식도 비슷하게 나타났다. 사회봉사 활동의 목적을 선교사업의 일환으로 간주하는 목회자는 27.6%인 반면에 이를 교회의 본질적 사명으로 생각하는 목회자들은 60.2%나 되어 대다수가 선교 및 교육의 기능과 같이 사회봉사도 교회의 필수적 기능으로 보았다. 이는 추후 거론할 신정환의 연구 결과와 일치한다. 그의 연구에서 '기독교 자체 목적의 하나' 라고 응답한 경우가 92.39%에 이르고 있음은 실로 목회자들이 적어도 인식 면에서는 사회사업을 기독교의 중요한 실천적 측면으로 받아들이고 있다는 것을 알 수 있다.

교회의 사회사업은 교회의 인적, 물적 자원으로 사회복지기관을 도움으로 효과적인 접근을 실시할 수 있다. 그러나 많은 목회자들이 사회복지기관과 단편적인 관계만을 맺고 있는 것으로 나타났다. 47.4%의 목회자들이 복지관과 일시적인 관계를 형성하고 있으며 전혀 관계가 없는 목회자도 23.3%에 이르고 있다. 또한 전문적인 사회복지 교육을 받아 본 경험이 있는 목회자가 21.8%에 불과하다고 응답한 것은 위에서 밝힌 목회자들의 사회문제에 대한 인식과 실천에는 많은 차이가 있을 뿐 아니라 사회사업에 대한 진정한 이해와 관심이 적음을 반영하고 있다.

한국기독교문화연구소가 밝힌 목회자들의 사회봉사에 대한 태도는 비교적 높은 인식과는 달리 실제 사회봉사 활동에는 상당히 낮은 관심을 보이는 있으며, 이러한 현상은 위에서 방희덕이 지적한 대로 목회자들이 사회봉사의 당위성을 긍정적으로 인식하고 있기는 하나 사회봉사 실천에는 소극적이라는 사실을 뒷받침 해 준다.

신정환의 연구에서는 목회자의 복지의식 측면에서 사회복지에 대한 설교의 실시정도, 사회복지에 관한 피교육 경험유무, 사회복지 교육 희망여부, 희망하는 사회복지 교육, 신학교의 사회복지학과 개설 여부, 사회복지사업의 실시여부 등을 연구하였다.

사회복지사업을 주제로 하는 설교 실시 정도에서 '가끔 한다' 고 응답한 경우가 65.76%로 가장 높게 나타났고 '하지 않는다' 가 14.13%로서 대부분의 목회자가 기독교의 사회복지 실천의 필요성을 주장하고 있음을 나타냈다. 이는 이념적으로 또는 관념적으로는 사회복지의 필요성을 절실히 느끼고 있다는 의미로 해석할 수 있으며, '기독교 사회복지 활동의 필요성'에서 더욱 분명하게 나타나고 있다. 필요성에 대한 태도를 보면 목회자들의 55.98%가 '매우 필요하다'고 생각하고 있으며, 39.85%가 '필요하다'고 응답하여 거의 모든 목회자들이 필요성을 인정하는 것으로 나타나고 있는데, 이것은 방희덕의 연구나 한국기독교문화연구소에서 밝힌 목회자들의 복지의 필요성의 인식과 거의 정확히 일치하고 있다. 이는 목회자들의 기독교 사회복지활동이 성서의 뜻을 실현하는 한 방편으로 받아들이기 때문이다. 흥미로운 것은 연령과 목회경력별로 다르게 나타나고 있는데, 연령과 경력이 적을수록 사회복지의 필요성을 더 강하게 느끼고 있는 것으로 보아 시대가 지나갈수록 기독교의 사회복지활동이 더 활발히 전개될 것을 예견할 수 있다.[397] 사회복지에 관한 피교육 경험 유무, 희망 여부, 그리고 희망하는 교육에 있어서는 대다수의 목회자들이 대단히 적극적인 태도를 나타내었다. 사회복지 교육 유무에 대해서는 '있다'가 38.59%, '없다'가 61.41%로 상당수의 목회자들이 사회복지 교육에 참가한 사실이 없는 것으로 나타났는데 이는 곧 기독교 사회복지사업이 원활히 진행되지 않는 중요한 원인으로 지적할 수 있다. 구체적인 교육의 기회가 주어지지 않았음으로 방법론과 구체적인 계획을 실시하는 데는 무리가 있는 것으로 보인다.

사회복지 피교육 희망여부에 대해서 '원한다'가 64.67%로 대단히 높은 수치를 나타내고 있고 '절대 원한다'가 16.85%, '그저 그렇다'가 14.13%로 80% 이상의 목회자들이 '적당한 교육의 기회가 주어지면 교육을 받고 싶다'고 말함으로서 사회복지 교육 훈련에 강한 욕구를 나타내었다. 이는 참으로 고무적인 현상이라고 볼 수 있는데, 만약 80% 이상의 목회자들이 적절한 교육과정을 거치기만 한다면 교회사회사업에 대한 새로운 장이 마련될 것으로

---

397) 신정환, *op. cit.*, p.32.

전망할 수 있다.

희망하는 사회복지교육으로는, '세미나'가 65.22%, '대학의 전문교육'이 14.13%, '특수훈련'이 12.50%로서 대체로 전문 교육보다는 비교적 부담이 없는 세미나를 선호하고 있는 것으로 나타났다. 효율적인 교회 사회사업이 되기 위해서는 목회자의 복지의식 함양이 무엇보다 중요하다고 본다. 지도자 배출의 가장 효과적인 방법으로, 신학대학 내에 사회복지학과를 설치하는 것이라고 가정할 때 이는 참으로 중요한 문제가 아닐 수 없다. 신학교의 사회복지 과목 및 학과 설치의 필요성에 대하여 목회자들은 다음과 같이 반응하였다.

〈표8-17〉 신학교의 사회복지 과목 및 학과 설치의 필요성에 대한 태도 (단위:%)

변 수	구 분	빈도수	
산업사회 문제에 대한 교회의 개입 범위에 대한 인식	적극적으로 개입해야 한다	106	30.8
	어느 정도는 개입해야 한다	201	58.4
	확실한 입장을 취하기가 어렵다	24	7.0
	가급적 개입을 않아야 한다	10	2.9
	전혀 개입하지 않아야 한다	0	0.0
	합 계	341	99.1

출처:신정환, 『목회자들의 사회복지의식과 개교회 사회복지사업실태』, 대구대학교대학원, 1989.

'반드시 할 필요가 있다'고 응답한 목회자는 33.15%이었으며, '할 필요가 있다'가 58.70%로서 가장 높게 나타나 있다. 이 두 항목을 합칠 경우 91.85%라는 절대적인 수가 신학대학 내에 사회복지 과목 또는 학과를 설치할 필요가 있다고 인식하였다.

실제로 이러한 요구와 기대는 현실화 된 것 같다. 1999년 현재 일반 사회복지학과나 사회사업학과의 증설은 물론 상당히 많은 신학대학 내에 사회복지학과가 개설되었고, 따라서 앞으로의 교회 사회사업의 전망은 밝을 것으로 기대한다.

'사회복지사업의 실시여부'에 대하여는 71.74%가 그렇다고 응답하였고, 아니라고 한 경우가 28.26%에 달하였다. 이는 어떤 형태든지 교회가 사회복지사업을 실시하고 있는 것으로 나타내고 있다.

또한 교회 사회사업의 목적으로는 '사랑의 실천'이라고 응답한 경우는 100%로서 가장 높고 나타났고, '기독교 자체 목적의 하나'라고 응답한 경우가 92.39%, '전도를 위한 수단'이 53.80%로 나타났다. 이는 위의 두 연구자들의 견해와 마찬가지로 목회자들이 성서의 가르침대로 사랑의 실천적 중요성을 강하게 인식하고 있다고 보겠다.

제5절 교회 사회복지 활동을 위한 목회자 복지의식의 전환

앞 절에서는 목회자들의 사회적 관심과 사회복지의식, 그리고 사회복지에 관련된 교회의 프로그램 전반에 대하여 논의하였다. 단순히 일반 성도나 교회의 사회복지 프로그램 연구에 집중하지 않고, 목회자들의 복지의식을 조사한 것은 교회의 사회복지 실천, 특히 의사결정 과정과 사업실천의 실제에 있어서 목회자들이 차지하는 영향이 그만큼 지대하다고 생각하기 때문이다. 실제로 교회에서 실시하고 있는 사회복지 프로그램은 그 교회에 소속되어 사회복지기관에서 봉사하고 있는 사회복지 전문가의 영향보다는 목회자의 영향이 훨씬 강하며, 이러한 교회의 구조를 감안할 때 목회자의 복지의식 변화는 곧 교회전체의 대 사회복지 인식의 변화를 추구할 수 있다는 점에서 가장 중요하다. 다시 말해서 목회자의 의식과 행동이 교회의 사회복지 실천과 사상에 결정적인 영향력을 행사하므로 목회자의 의식전환은 성도들의 사회복지 참여를 유도하고 나아가 성도들의 신앙성숙을 꾀할 뿐 아니라 사회 속의 교회로서 통전적 선교를 감당할 수 있게 하기 때문이다.

그러나 이러한 까닭에도 불구하고 실제 한국교회 목회자들의 사회복지에 대한 인식은 그리 밝지는 못하다. 그 이유는 이미 앞장에서 밝힌 대로 역사, 사회, 정치, 경제, 문화, 신학 등 다양한 요소들이 한국교회가 사회복지에 관심을 갖는 데 부정적 영향력을 행사하였기 때문이다. 이러한 부정적 영향으로 지금까지 한국교회는 보수와 진보의 극단적인 이분법의 사고로 교회의 대사회적 관심에 주저함을 나타내었다. 이러한 사회적 문제에 대한 극단적 사고는 결국 지나치게 사회문제에 개입함으로써 다른 이념을 가진 교단을 자극하거나, 반대로 자신들의 신앙적 이념에만 충실하여 사회문제를 철저히 외면함으로써 사회적 공신력을 상실하게 되어 서로가 그리스도 안의 한 공동체라는 연대의식을 형성하는데 있어서 결정적인 장애 요소가 되었던 것이다. 본 연구에서도 목회자들의 이러한 양분화된 신앙적 요소가 사회문제를 얼마나 다르게 인식하고 있으며, 그 이념적 차이가 실제 목회활동을 얼마나 다르게 해석하고 있는지 명백히 보여주고 있다. 이러한 예는 각 교단의 예수의 사역에 대한 이해와 사회참여에 대한 태도에서 보다 분명하게 나타나고 있다. 그리스도의 사역 이해에서 기장은 다소 급진적 현상, 즉 예수의 사역이 사회개혁에 치중되었다는 항목의 수치가 가장 높았고, 반면에 고신은 사회참여에 대하여 약 50%가 부정적인 반응을 보였으나, 합동의 경우는 보다 심각하여 용공으로 간주하거나, 피하고 싶은 주제, 무관심의 상태가 약 70%에 이름으로서 각 교단이 사회문제에 대한 접근에 있어서 극렬한 대립 또는 갈등이 표출되고 있음을 나타내고 있다.

대부분의 목회자들은 교회의 복지사명을 감당하거나 또는 지역사회를 섬기는 일에 있어서 대단히 추상적 관념을 가지고 있는 것으로 나타났다. 원론적인 입장에서 교회가 사회에 대하여 관심 또는 책임을 가져야 한다는 사실에는 공감하면서도 실제적인 봉사에 있어서는 대단히 소극적이었다. 특히 연세대학교 신학대학부설 한국기독교문화연구소가 조사한 바에 따르면, 약 70%가 전적으로 교회가 사회에 대한 책임이 있다고 응답한 반면 약간의 책임이 있다고 응답한 경우도 27.9%로 대부분의 목회자들은 사회나 지역문제에 직접적으로 개입해야 하는 당위성에 대해서는 이견이 없는 것으로 나타났다.

그러나 교회의 사회복지 실천에 있어서는 목회자들의 높은 참여의지와는 달리 정반대의 현상이 나타나고 있다. 실제로 사회복지 프로그램에 참여하는 교회는 23%에 머무르고 있어 위에서 지적한 대로 목회자의 철학적 범주와 실천적 의지가 서로 다르게 작용하고 있는 것이 확인되었다. 이는 곧 목회자들이 사회봉사의 당위성을 긍정적으로 인식하고 있기는 하나 사회봉사 실천에는 소극적이라는 사실을 뒷받침해 주고 있다.

이렇게 목회자와 교회가 사회복지 실천을 주저하거나 활발하게 대처하지 못하고 있는 것은 한국교회가 통전적인 입장에서 복음과 사회의 관계를 이해하지 못하고 이를 항상 분리한데서 이유를 찾을 수 있다. 보수교단은 보수교단 나름대로, 진보교단은 진보교단 나름대로 사회복지 실천에 있어서 취약점을 가지지 않을 수 없었다. 예를 들면, 기장의 경우 예산과 전문 인력의 부족이 사회복지 실천의 장애물로 부각되었다. 예산과 전문인력은 결국 교회성장과 관련된 것이라 생각해 볼 수 있다.

교회성장이 바탕 되지 않은 상태에서 복지 프로그램을 수행하게 될 때 자연히 예산 및 인력 부족 문제가 따를 수밖에 없다. 비록 그들이 전문성을 갖추었다 할지라도 통전적 프로그램 진행에는 한계에 다다를 수밖에 없다. 이와 반대로 고신과 합동의 경우 목회자의 의식부족과 사회복지의 기술 부족이 가장 큰 문제점으로 드러났다. 지금까지의 보수교단은 지역사회나 사회문제에 관심을 표명하기보다는 직접 선교에 보다 많은 정열을 쏟은 것은 사실이다. 이로 인하여 해외선교나 국내 개척선교에는 많은 재원을 투자하지만 지역선교 또는 사회복지 선교를 인적·물적 낭비라고 생각해 왔기 때문에 이 분야의 기술 또는 철학이 정립되지 않았다. 이처럼 각 교단이 지나치게 전통적 방법만을 고집하게 될 때 교회의 균형 잡힌 사명을 감당하는 데 있어서 항상 장애를 만나거나 부족함을 호소하지 않을 수 없다. 보수교단은 복지선교를 교회의 중요한 사명으로 인식하고 선교의 차원에서 이해할 때 바람직하고 균형 있는 선교의 자리로 나아갈 수 있으며, 진보교단은 나름대로 복음의 능력을 과소평가하지 않고 복음을 통한 교회성장이 부족한 재정적?인적 자원을 지속적으로 공급함으로써 바람직한 선교의 자리로 나아갈 수 있음을 인식할 필요가 있다.

이 연구를 통하여 교회가 얼마나 맹목적이며 비과학적인 선교를 감당하는가를 살펴 볼 수 있었는데 그 근본적인 문제로서 대부분의 교회가 지역사회에 속해 있으면서도 지역사회 선교를 효과적으로 감당하기 위한 지역사회조사를 거의 실시하지 않았다고 하는 사실을 알 수 있다. 안타깝게도 거의 대부분의 목회자들이 지역사회조사를 실시하지 못한 이유에 대하여 '방법을 알지 못하여서' 라고 대답한 점은 실로 충격이 아닐 수 없다. 이러한 현상은 보수교단뿐 아니라 진보교단에서도 공통적으로 나타나는 현상으로써 그만큼 교회는 선교에 사회과학적인 방법을 사용하는 데 무지하였거나 주저하고 있다는 사실을 밝혀준다. 이는 곧 각 교단의 선교정책 설정에 문제가 있음을 시사하는 것으로서 총회가 지역교회의 선교를 위하여 구체적 정보를 제공하거나 필요한 지식을 교육하지 않음으로써 발생하는 문제라고 볼 수 있다.

교회가 가진 이러한 문제점에도 불구하고 급변하는 사회 속에서 교회는 새로운 방법을 모색하고 있다. 이것은 사회복지 참여에 대한 기대라고 할 수 있는데 이제 보수나 진보 할 것 없이 더 이상 교회는 사회문제와 지역의 문제를 방치할 수 없는 수준에 이르렀다는 사실에 동의하면서 21세기 선교를 향한 효과적 방안을 찾아 더욱 고심하여야 한다.

아직 교회의 사회복지 실천에 결정적 영향력을 행사할 목회자들의 복지의식은 완전하게 고착되지 않았거나 형성단계에 있다고 보아야 할 것이다. 이러한 중요한 시점에 한국교회는 목회자들이 올바르게 사회를 인식하고 사회와 함께 걸어가는 교회가 되기 위하여 사회복지에 대한 교육의 장을 마련함이 가장 시급한 문제라고 본다. 이 교육을 통하여 사회복지에 대한 인식전환은 물론 구체적이며 바람직한 정책을 계획하고 올바른 프로그램을 개발할 수 있는 안목을 제공해야만 한다.

제9장 한국교회 사회복지의 방법 모색

제1절 교회의 지역사회 선교에 대한 인식전환

1. 지역사회에 대한 편중된 인식으로 인한 선교의 어려움

전통적으로 목회자들과 교인들은 교회와 사회를 하나의 분리된 개념으로 이해하였고 또한 목회자들의 설교를 통해서도 이러한 사상은 공공연히 파급되었음을 부인할 수 없다. 그러나 성서는 이러한 개념들이 결코 분리된 개념이 아니라 유기체적 관계로 결합된 통합적인 개체로 받아들이고 있다. 그 예로서 영국의 저명한 구약학자 크리스토퍼 라이트(Christopher Wright)는 그의 저서 "Living as the People of God"[398]에서 세 가지의 도식 즉 신학적, 경제적, 사회적 도식으로서 일종의 삼각형 구도로 구약성경을 이해하였다. 신학적 도식은 하나님, 경제적 도식은 땅, 그리고 사회적 도식은 사람으로 도식화하였고 이 세 가지 요소들을 서로 조화시키고 연관시킴으로서 구약의 전 과정을 이해하였던 것이다.[399] 이 글에서 그는 하나님의 통치의 패러다임을 신학과 사회 그리고 경제로부터 분리적인 개념으로 이해하지 않았고 상호보완적이며 상호기능적인 역할을 감당하고 있다고 주장하였다. 이러한 사회와 교회의 관계성은 신약성경에서도 중요한 위치를 차지하고 있다.

크리스토퍼 라이트가 밝힌 대로 구약의 이스라엘뿐만 아니라 예수 그리스도가 선포한 복음에도 강력한 사회적 측면을 강조하고 있으며 초대교회의 성도들과 사도들도 이러한 신학적 원리를 바탕으로 교회의 사명들을 감당하였다.[400] 결국 이러한 원리들은 웨버와 뒤르깽의 종교의 사회적 기능으로 응집

398) 신정환 역, 『현대를 위한 구약윤리』(IVP)
399) Christopher Wright, Living as the People of God(London, Inter-Varsity Press, 1992.), p.19.
400) Karl Kautsky, The Foundation of Christianity, trans. H. F. Min(New York, 1953.), p.274.

되고 있는데 그들에 의하면 결국 종교란 사회 전체의 구성원을 통합하는 통합적 기능을 가지고 있음을 알 수 있다. 이러한 종교의 통합적 기능은 베버와 뒤르껭뿐만 아니라 오데아(O' Dea)도 강조하고 있는데 그 역시 "종교는 개인을 거룩한 존재와 관계시킴으로서 의미 있는 영역으로 통합시키며 그가 속한 집단의 가치와 규범을 의식적으로 재확인시킴으로써 그의 집단을 통합시킨다"고 주장함으로서 종교가 사회의 통합적 기능에 중요한 역할을 감당하고 있음을 역설하였다.[401] 결국 그들의 주장은 종교란 그 나름대로의 고유하고도 특별한 영적인 사명 외에 사회적인 사명이 중요한 종교적 요소임을 강조하고 있는 것이다.

이에 더하여 호켄다이크(J. C. Hoekendijk)는 그의 책 '흩어지는 교회' (The Church Inside Out)에서 "교회가 다른 사람을 위해 존재함으로써 자신의 정당성과 참 모습을 입증해야 한다고 하였고 교회는 스스로 존재하지 못하고 또 확실히 그 자신을 위해서도 존재하지 않는다. 교회는 세상과 공존(co-existence)하는 것도 아니고 다른 사람을 위한 존재(pro-existence) 곧 세계를 위한 존재인 것이다"라고 역설하였다.[402] 이는 곧 교회가 일차적으로는 지역사회를, 그리고 해당 국가와 세계적 차원에서의 봉사로 나아가야 할 것을 암시하고 있는 것이다.

한국 초기선교의 역사를 살펴보더라도 한국교회는 사회의 문제에 대하여 근시안적인 시각으로 접근하지 않았고 도리어 민족이 고통을 당할 때마다, 그리고 사회가 문제에 처할 때마다 적극적인 해법을 제시함으로써 통전적인 선교를 감당하였던 것이다.

그러나 1970년대를 기점으로 활발하게 전개된 교회 성장운동으로 지나치게 영혼구원만을 강조함으로써 지역교회에 대한 사회적 괴리현상을 초래하게 되었고, 이것이 2000년대에 들어 돌이킬 수 없는 선교적 걸림돌로 작용하

---

401) O' Dea, *Sociology and the Study of Religion: Theory, Research, Interpretation* (New York: Basic Book, 1979.), p.207.
402) 호켄다이크, 이규준역, 『흩어지는 교회』(서울: 대한기독교서회, 1979.), p.78.

게 되었음을 부인할 사람은 아무도 없을 것이다.

이러한 잘못된 교회의 대 사회관은 여러 가지 문제점을 도출하기도 하였다. 박종삼은 이러한 문제의 발생 원인으로서, 첫째 지역교회와 지역사회를 완전히 분리해 놓고 지역사회 주민들의 영혼을 구원하는 사업에만 치중해 온 현상이며, 둘째 지역사회는 마치 교회를 위해 존재하기 때문에 모든 선교활동은 교회중심의 것이어야 한다는 신조와 태도가 그것이고, 셋째 우리 나라 지역교회는 교회가 존재하고 교인들이 생존하고 있는 지역사회에 무관심하고 현장을 알려고 하지 않는다는 문제[403]임을 지적하였다. 그의 말을 종합해 보면 교회와 사회는 상호 유기적인 관계가 아니라 상호 대립적인 관계로 인식하였고, 사회중심이 아니라 교회중심적 사고에서 기인한 것임을 밝히고 있다. 이는 교회가 지역사회를 선교적 파트너로 인식하지 않았다는 데 그 문제점이 있다.

이렇게 1970년대의 한국교회는 이념적인 정쟁에 휩쓸려 교회의 사회봉사적 사명을 외면한 채 복음주의와 자유주의라는 갈등의 도가니 속에서 사회적 관심에 대한 견해를 달리하여 더욱 교회의 장래를 흐리게 하고 있다. 이러한 극단적 현상을 더욱 부채질한 것은 1960년대 후반에 정치투쟁을 포함한 진보신학의 출현으로 인하여 보다 심각한 신학적 양극화 현상이 대두되었다. 그 가운데서도 전도와 선교를 동일시함으로서 사회봉사를 격하시키려는 일련의 움직임도 있었다.[404] 비록 진보주의가 정치적 투쟁, 즉 노동자, 농부, 그리고 가난한 사람들을 위한 선교에 적극적으로 참여하였어도 그것을 뒷받침할만한 논리적, 신학적 배경이 없었다. 그러나 민중신학이 출현하면서 진보주의의 사회참여는 더욱 공격적 형태를 취함으로써 보수주의는 그들을 독사의 자식, 변절자, 그리고 복음에서 떠난 탕자로 규정하면서 좀더 강력하게 공격하

403) 박종삼, "지역교회와 지역사회 복지선교", 『한국교회와 사회봉사』(서울: 대한예수교장로회 출판국, 1991.), p.133.

404) David Bosh, "The Scope of Mission", *International Bulletin of Missionary Research*, Vol II, No3(July, 1987.), p.98.

였다.[405] 다시 말해서 민중신학의 출현과 함께 한국교회는 개인구원과 사회적 참여를 바탕으로 돌이킬 수 없는 양극화에 몰입하면서 완전한 신학적 전쟁터가 되고 말았다.[406] 물론 이러한 이분법적 현상은 교회역사 속에서 지속적으로 형성되어 온 것이지만 한국교회의 경우 그 전례를 찾기 힘들 정도로 심각하다고 말할 수 있는 것은 이 갈등과 반목이 다른 어떤 정당의 정치적 문제보다 더욱 격렬하게 진행되고 있기 때문이다. 믿음에 대한 양극화 구조는 강한 배타성의 특질을 소유하고 있다. 특별히 보수교회는 철저히 진보에 대하여 문을 닫아걸고 진보교회의 사상으로부터 그들의 교회를 보호하기 위하여 진보교회와의 대화를 차단하였다. 이러한 배타성은 결국 사회적 관심의 부재현상을 양산하기에 이르렀던 것이다.

안타깝게도 한국교회는 이러한 양극화의 현상으로 인하여 사회적 관심을 용공시비에 희생당하면서 60년대와 70년대에 이르러 한국교회가 주도해 왔던 사회복지적 기능을 정부기관과 민간단체에 넘겨주게 되었고 무리한 산업화의 과정에서 사회가 급변하고 사회문제가 고도에 달했던 80년대에 와서는 교회가 최소한의 사회봉사적 기능마저 수행하기를 꺼려한다는 비난의 소리를 듣게 되었다. 그 결과 1990년대에 들어 한국교회는 자신들이 외면했던 사회로부터 역으로 외면당하는 상황에 직면하게 된 것이다.

1) 통전적 선교개념으로 재인식해야 할 지역사회

위에서 언급한 대로 이러한 한국교회의 심각하고도 팽팽하였던 분화현상과 양극화 현상도 1974년도에 실시된 로잔 대회 이후에 진보와 보수 간에 서서히 평정을 찾기 시작하였다. 특히 로잔 언약에 획기적인 공헌을 하였으며

---

405) Choi, Moo-youl, *Korean Presbyterianism and Social Work- A Critical Analysis of the Social Work of Four Presbyterian Denominations-*, (Dissertation of Wales University, Ph.D, 1996.), p.208.
406) 이원규, 『한국교회의 사회학적 이해』(서울: 성서연구사, 1991.), p.166.

탁월한 복음전도자이며 설교가인, 존 스토트(John R. W. Stott)는 '교회가 사회봉사에 참여하는 것은 복음주의의 유산'이라고 말하면서 교회의 사회적 사명에 경각심을 더하였으며 이것이 진정한 성경적 이해라고 피력하였다.[407] 그리고 그의 사상을 집대성하여 사회참여를 선교의 동반자로 보았다.[408] 근거로서 그는 18-19세기 유럽과 미국에서 일어난 신앙부흥운동이 단지 믿지 않는 자를 전도하는 운동, 개인의 신앙심을 일깨우는 운동이 아니라, 남을 생각하고, 사회 속의 믿는 자들의 역할을 생각하게 한 운동으로 어지럽던 영국사회를 일으킨 원동력이 되었으며, 불신자를 전도하고 자신의 하나님과의 관계 회복을 넘어 적극적으로 타인을 생각하고 사회에 관심을 가짐으로서 광범위한 사회개혁을 이루게 되었던 것이다.[409] 결국 이러한 노력들은 지금까지 그리스도인의 책임을 말할 때 그 강조점을 그리스도인 개인에서 교회 자체로 옮기게 되었다. 교회 자체로 옮겼다는 것은 그만큼 교회가 대 사회적 책임을 가지고 있다는 인식에서 비롯된 것이었다.[410]

이는 곧 교회가 지역사회를 선교의 파트너로 인식하지 않을 때 교회의 사역은 교회 내로 국한될 수밖에 없다는 것을 전제하는 것이다. 그러나 지역사회를 선교의 파트너로 인식할 때 교회의 봉사적 사명이 단순히 교회 안의 신도들만이 대상이 될 수 없고 이제는 나아가 사회 전체를 하나님의 나라로 변화시키고 초청하는 방향으로 확장되고 선회되어야 한다는 당위성을 발견할 수 있는 것이다. 또한 실제로 사회는 교회에 대하여 시대적 요청에 따른 변화에 대처하기를 요구하고 있으며 이러한 교회에 대한 대 사회적 참여 요구는 해마다 증가 일로에 있는 것이다.[411]

이러한 점을 미루어볼 때 이제까지는 교회와 사회를 이념적 산물로서 서로 대치적 개념으로 이해함으로서 외면하였으나 사회, 즉 지역사회는 결코

---

407) John Stott, *Christian Mission in the Modern World*(London, Falcon Book, 1979.), p.29.
408) *Ibid*, p.67.
409) 조항준, "한국교회의 영성이해와 영성생활에 관한 연구", 『서울신학대학교 대학원 석사학위 논문』(1997.), p.74.
410) 조종남, 『전도와 사회참여』(서울: 생명의 말씀사, 1992.), p.30.
411) 이원규, *Ibid*, p.166.

교회가 적대시해야 할 대상이 아니라 교회의 영적인 능력과 사회개혁의 정신에 의하여 새롭게 개혁되고 변화되어야 할 매체로 인식해야 하는 것이며, 진정한 교회의 봉사의 대상이 되어야 하는 것이다. 지금까지는 교회가 성장이라는 명분 하에서 단순히 교회 안에서 안주하려는 경향이 짙었다고 볼 수 있으나 교회가 교회답게 되는 것은 역시 사회 특히 지역사회 속에서만 가능하다는 원론적인 법칙에 근거하여 사회를 변화시키는 전위대의 역할을 감당해야 할 것이다. 이런 의미에서 '교회의 의식은 물론 교회의 사회봉사는 socialization이 아니라 societalization으로 전환되어야 할 것'이라는 이원규의 지적은 옳은 것이다.[412]

교회가 속한 지역이 아니라 교회 자체의 성장에만 관심을 가짐으로써 사회적 공백을 가져오게 되었다는 사실에 대하여 차기천은 보다 구체적인 원인을 제시하였다. 그는 한국교회의 신앙고백과 신학사상에 봉사의 실천이 강조되지 않은 점과, 한국교회가 개교회 중심적 구도로 인한 연합활동의 어려움, 봉사활동은 교회공동체 차원보다는 말씀에 감동받은 개인 성도의 책임정도로 인식된 점과, 복음전도와 사회봉사를 별개의 것으로 생각하는 교회지도자들의 인식에서 비롯되었다고 보았다. 이는 곧 담임 목회자의 목회적 여건의 부족과 지역사회 봉사에 대한 전문성 결여와 실천적 분야의 정보부족으로 들었다.[413]

여하튼 우리가 위에서 제시한 여러 가지 문제를 중심으로 직접적인 질문을 던진다면 과연 '지역선교 없는 교회부흥이 가능한 것인가'인 것이다. 결코 그렇지 않다. 보다 분명히 말해서 한국교회는 지역사회 문제의 해결 없이 성장에 대한 해결책은 결코 나올 수 없다는 결론에 도달할 수밖에 없는 것이다. 왜냐하면 한국교회가 극심한 선교적 위기에 봉착해 있기 때문이며 이러한 선교적 위기는 교회가 속한 지역사회에서 영향력을 회복하지 않고는 결코 이루어질 수 없는 사안이기 때문인 것이다.

412) *Ibid.*
413) 차기천, 『지역사회 선교를 위한 봉사프로그램 가이드』(서울: 좋은생각, 1994.), pp.17-18.

필자는 본 서에서 한국교회가 선교적 위기를 직면하고 있으며 이 선교적 위기를 타파하기 위해서 지역사회의 요청에 응답하는 교회로 자리잡아야 할 것을 강조하였다.[414] 지역교회가 무너지면 세계선교도 몰락할 수밖에 없다는 사실을 명시하면서 지역교회의 지속적 성장의 방편으로서 사회봉사에 대하여 거론하였다.

오늘날의 사회는 다양한 문제를 내포하고 있고 교회가 위치하고 있는 지역사회도 많은 문제에 포위되어 있다. 이러한 상황 가운데 지역사회를 이해하고 선교적 접근을 시도하기 위해서는 무엇보다 지역사회와 문제를 정확히 파악해야 할 필요가 있는 것이며, 이 문제를 중심으로 지역사회가 요청하는 프로그램을 실시함으로서 지역선교의 초석을 더욱 돈독히 다질 수 있는 것이다.

2. 교회 본질로서의 지역사회 선교

교회의 기능을 보다 세부적으로 구분하게 될 때 예배(Leiturugia), 말씀선포(Kerygma), 친교(Koinonia), 교육(Didake)와 함께 봉사(Diakonia)를 본질로 보아야 한다. 그럼에도 불구하고 전통적으로 교회는 사회의 봉사적 사명을 본질로 인식하는 데 있어서 인색함을 감추지 아니하였다. 한국교회 역시 이 봉사적 사명을 인식하지 못하고 기형적 성장을 거듭함으로서 사회로부터의 외면은 물론 교회 성장의 정체라는 무서운 현실에 직면하고 있는 것이다.

한국교회는 교회에 대한 사회의 닫혀진 마음들을 어떻게 치료할 것인가? 어떻게 무너진 교회의 공신력을 회복할 것인가? 반드시 성장해야만 하는 것이 교회라면 이 성장의 둔화기에 접어든 한국교회가 무엇으로 성장둔화를 극복하고 건전한 성장을 도모하여 사회를 계도해 나갈 것인가에 대한 진정한

---

414) 필자는 지역복지 선교의 당위성으로서 ① 한국교회의 선교적 위기, ② 공신력의 회복, ③ 교회갱신의 방편, ④ 성도들의 신앙성숙, ⑤ 신도의 개발, ⑥ 교회조직의 활성화, ⑦ 지역사회센터로서의 교회를 들었다.

해답은 무너진 교회의 봉사적 사명을 교회의 본질로 회복하는 길밖에 없는 것이다. 다시 말해서 이 급변하는 사회, 즉 사회문제의 극대화로 인하여 지역사회 공동체가 고통을 받는 상황 가운데서 교회가 교회로서 자리매김하기 위해서는 교회가 위치한 바로 그 지역사회의 문제에 관심을 보이고 또 그들을 그리스도의 사랑으로 보듬어 안는 사랑의 봉사 외에 아무런 직접적 해답을 제시할 수 없는 것이다. 이는 곧 미래사회의 교회의 사명은 전통적인 방법만을 고집하기보다는 시대적 상황을 고려하여 봉사적 사명으로 전환할 수밖에 없다는 것이다. 그렇다고 해서 교회의 또 다른 본질 중 하나인 복음의 선포를 등한히 해도 좋다는 말은 결코 아니다. 필자의 견해는 단지 잃어 버렸던 교회의 봉사의 사명을 복음 선포의 수준으로 끌러 올려서 두 개의 바퀴가 공히 일정하게 굴러가도록 해야 한다는 의견을 피력하는 것이다. 미래의 사회는 자기 중심적 사고에서 타인 중심의 서비스로 전환될 수밖에 없다고 미래학자들은 예견하고 있다. 마찬가지로 미래교회는 자기 중심적 교회관에서 타자에 대한 관심으로 그 중심이 이동할 것은 너무나 분명한 일이다. 앞에서 잠시 언급하였지만 한국교회는 이미 부분적으로 이러한 중심이동의 현상이 교회 및 교단 내에서 발생하고 있다. 이성희는 '산업사회에서의 교회의 관심은 교회성장이었으나 정보사회에서의 교회의 관심은 사회적 책임이라는 본질적 전환을 모색할 수밖에 없다' 라고 주장하였다.[415] 이는 실로 한국교회의 방향성과 미래를 정확하게 예측한 결과가 아니라고 말할 수 없다. 이러한 새로운 시도의 중심점에 위치한 것은 바로 전통적인 제자도의 교육도 아니요 한국교회를 휩쓸었던 교회 성장이론도 아니요, 또한 한국교회가 가장 선호하였던 부흥회를 통해서가 아니다. 그것은 이미 위에서 언급한 대로 한국교회 성장을 위한 새로운 변형의 시도 가운데 가장 뚜렷하게 부각될 관심사는 디아코니아가 될 것이다.

필자는 지금까지 교회의 봉사적 사명을 영혼구원 차원에서 이해해야 한다

---

415) 이성희, "한국교회의 사회적 책임의 현실", 『한국교회와 사회적 책임』(서울: 장로회신학대학교 출판부, 1994.), p.100.

고 피력하였다. 지금까지 한국교회는 교회의 봉사적 사명을 단순한 구제 차원에서 그리고 중세교회의 시혜의 차원에서 이해하고 수행해 왔을 뿐이다. 그러나 이 전문화 된 사회 속에서 교회의 사회봉사활동은 단순한 사회사업의 활동이 아니라 그들의 영혼까지도 사랑하는 행위가 되는 것이다. 이것은 곧 '선포된 복음'과 '실천된 복음'의 차이를 의미하는 것이지 부차적이거나 선별적인 차원에서 이해되어서는 안 된다. 이 둘은 '복음'이라는 차원에서는 동일한 것이며 행해지는 방법에 있어서 그 기능을 달리할 뿐이라는 사실을 이해할 필요가 있다. 따라서 '교회는 사회사업을 하는 곳이 아니라 영혼을 구원하는 곳'이라는 입장은 어느 한쪽만을 고집하여 전체라고 우기는 편협된 생각이며 이러한 행위는 교회로 하여금 사회에 대한 책임을 회피함으로서 교회의 발전은 물론 사회의 발전까지 저해하는 무서운 독소적 요소를 가지고 있음을 인식할 필요가 있다.

만약 이러한 편협적이고 편파적인 생각을 고수함으로서 교회가 사회에 대한 책임을 완벽하게 수행하지 못할 때 어떠한 결과를 초래할 것인가? 이에 대하여 이원규는 교회가 신앙의 본질을 상실하게 된다고 보았고, 교회는 기복종교로 전락할 수밖에 없으며, 사회의식이 강한 지성인과 젊은 층으로부터 교회가 외면당할 수밖에 없음을 경고하고 있다.[416] 반면 교회가 사회봉사의 사명을 교회의 본질로 인식하고 성실하게 감당할 때 이는 하나님이 바라시는 통전적인 선교를 감당할 수 있게 되는 것이다.

분명한 것은 지역사회와 사회로부터 외면당하는 교회는 더 이상 교회로서의 정상적인 기능을 할 수 없다. 또한 지역사회로부터 외면당하는 교회는 더 이상 성장을 기대할 수 없다. 그리고 성장의 둔화는 자연히 세계선교에 치명적일 수밖에 없다. 이러한 견지에서 세계선교에 대한 열정과 함께 우리가 지극한 정성을 쏟아야 할 부분이 있다면 그것이 곧 지역복지선교이다.

---

416) 이원규, "지역사회현실과 교회의 봉사", 『사회봉사의 신학과 실천』, 숭실대학교 기독교사회연구소(기독교 사회봉사 목회자 훈련 교재, 1992.), p.142.

한국교회는 폭발적인 성장과 함께 세계선교에 지대한 관심과 열정으로 중심적인 역할을 감당해 왔다. 그러나 이제 우리는 세계선교의 모판이 되는 지역선교에 얼마나 심도있게 생각해 왔는지 솔직하고 진지하게 되물어야 할 때가 온 것 같다. 과연 세계선교와 지역선교는 분리해서 생각할 수 있는 것일까? 이에 대한 대답은 한 마디로 '아니오' 다.

사실 세계선교에 관심을 가지고 달려온 교회들은 '세계선교야 말로 지역선교를 유지시킬 수 있는 유일한 비결'이라며 독자적 행보를 계속하였으며, 반대로 한편에서는 '지역교회 성장 없는 세계선교는 허구'임을 주장하였고, 선교의 양분화를 경험하게 되었다. 이러한 양분화 또는 양극화는 한국교회를 가장 혹독한 시련으로 몰아넣은 한 원인임을 생각할 때, 지극히 경계해야 할 그리고 당연히 배격되어야 할 요소이다. 왜냐하면 신앙의 성숙은 곧 사회의 변화를 동반한다는 보수주의의 허구가 이미 지적되었고, 또한 사회적, 정치적 변혁은 신앙의 성숙을 유발한다는 진보적 사고 역시 벽에 부딪히고 있다는 사실을 우리는 지금까지 너무나 분명하게 인지하였기 때문이다.

이처럼 한국교회 안에서 사회적 관심에 대한 양 진영의 처절한 싸움이 계속되었으나 결국은 양 진영 모두가 선교의 중요한 파트너로 인식하고 부부의 관계로서, 새의 양 날개로, 그리고 조개의 양면(Cameo)으로 상호 분리해서는 안 될 중요한 부분으로 받아들인 것처럼, 세계선교와 지역선교의 조화야말로 21세기를 준비하는 한국교회가 마땅히 극복해야 할 당면과제다.

3. 지역복지 선교의 당위성

1) 한국교회의 선교적 위기

지속적인 세계선교를 위하여 오늘날의 한국교회가 지역선교에 더욱 박차를 가해야 할 구체적 이유는 무엇인가? 그것은 먼저 한국교회가 심각한 전도의 위기를 맞고 있다는 점과, 상실된 공신력을 회복하기 위함이다. 실제로 많은 교역자들이 더 이상 예전의 방법으로는 전도가 되지 않는다고 아우성이며, 전도와 교회성장이 주무기였던 보수교회 목회자들조차도 기존의 방식으로는 더 이상 교인 늘리기는 불가능하다는 것을 인정하고 있다. 이제 우리는 과거의 구태의연한 방식으로 전도의 열매를 거둘 수 없는 시대에 살고 있다. 70년대와 80년대 초만 하더라도 교회는 낫으로 베는 추수를 감당하였지만 이제는 이삭을 줍는 심정으로 지역을 섬기며 사랑의 선교를 펼치지 않으면 성장을 기대하기 어렵다. 지금 우리는 사회를 감싸고 치료하며 섬겨야 할 시대에 살고 있다. 우리가 지역을 섬기지 않으면 지역도 우리에게 관심을 주지 않는다. 어쨌든 지역교회는 지속적으로 성장해야 한다. 따라서 지역사회의 요청에 응답하지 못하는 교회는 더 이상 성장할 수 없음을 분명히 알아야 한다. 또한 지역교회가 무너지면 세계선교도 몰락할 수밖에 없다는 사실을 우리는 명심할 필요가 있다.

2) 공신력의 회복

전도의 위기 문제와 더불어 공신력 회복을 위한 지역선교 역시 중요한 문제로 인식되어야 한다. 이미 기독교 후기시대(Post-Christianity)라는 말이 유행한 지도 오래다. 기독교는 이제 내어줄 것을 다 내어준 '별 볼일 없는 존재'라는 뜻으로, 생명력 없는 기독교를 비꼬는 말이다. 한국의 기독교는 사회에서 공신력을 상실하고 비난의 대상이 되고 있다. 조금 심하게 표현해서 사회에 아무런 영향을 끼치지 못하고 도리어 사회발전의 장애물로 인식되는 상황에서 어떻게 교회는 존재가치를 논할 수 있으며 전도의 사명을 감당할 수 있을까? 한국교회는 이 질문에 대하여 그리고 자체 갱신을 위하여 과감한 용단과 처절한 실천 의지가 요구된다. 사실 이제 교회가 주변에 생기는 것을 환영하는 사람이 거의 없을 정도로 교회에 대한 기대는 실추되었다. 과거에는 교회가 이사를 가면 자신의 집을 팔아 교회 옆으로 이사를 하였지만 이제는 교회가 들어서면 지역 주민뿐 아니라 교인들까지도 결사 반대하는 참으로 이해할 수 없는 기이한 현상이 속출하고 있다. 사회와 철저히 괴리된 한국교회 – 이는 자본주의적 가치관의 영향을 너무 많이 받아 양적이고 가시적 성장에만 관심을 기울여 진정한 영적 성숙을 등한시한 결과가 아닌지 조심스럽게 질문해 보아야 할 것이다. 기독교의 정신과 일치할 수 없는 자본주의 경제원칙과 성장주의가 한국교회의 전형적 발전형태가 되면서 교회는 거대화, 대형화를 추구하게 되었고, 이에 따른 건물, 조직, 기구뿐 아니라 행사와 집회도 대형화되었다. 결국 개교회주의 형태를 띠게 되었고 사회적 책임의식은 약화되었다. 이것은 철저히 한국교회가 교회의 중요한 사명인 봉사의 사명을 상실하고 가시적인 현상에만 몰입한 결과에서 발생한 부산물일 수밖에 없다. 사회와의 괴리현상과 공신력의 상실은 결국은 교회성장의 둔화라는 치명적인 결과를 한국교회에 안겨 주었다.

L.A에서 흑인 폭동이 발생하였을 때 그 지역에 위치한 아랍인 교회 하나가 흑인들에 의하여 불태워졌다. 이 교회를 담임하고 있던 아랍인 목사는 불을 끄기 위하여 동분서주하였지만 주위의 흑인들은 아무도 도움의 손길을 주지 않았다. 도리어 그들은 팔짱을 끼고 킬킬대고 있었으며 어떤 이는 조소의 박수까지 서슴지 않았다. 이 사실을 목격한 아랍인 목사는 지금까지의 자신의 목회가 얼마나 지역 주민과 담을 쌓은 목회인가를 발견하고 자신의 목회가 철저하게 잘못되었음을 시인하였다. 그 후 그는 철저히 지역주민을 위하여 헌신하고 함께 호흡하였다. 얼마 후 그 불탄 교회를 다시 짓게 되었을 때 놀랍게도 교회에 출석하지도 않던 흑인들이 헌금을 냈고 노력봉사 또한 아끼지 않았다. 그 교회는 비로소 지역 속의 교회로 존재하게 되었던 것이다.

3) 교회갱신의 방편

교회의 역사를 보면, 그 시대의 상황에 어떻게 대응하느냐에 따라 쇠퇴와 성장을 경험했음을 알 수 있다. 지역사회 봉사 즉 나눔과 섬김의 사역은 성도들의 신앙을 견고하게 하며, 교회 안에 사장되었던 평신도의 잠재력을 개발하고, 교회를 건강하게 성장시키는, 교회갱신에 좋은 방법이다. 부를 축적함은 교회의 타락을 의미한다. 지역복지선교는 나눔의 차원에서 이해되기 때문에 지속적인 교회 갱신에 효과적인 방편이다.

4) 성도들의 신앙성숙

나눔과 섬김의 지역사회 봉사는, 믿음과 삶의 조화, 받는 것과 주는 것의 균형, 그리고 지역사회를 향한 구체적인 봉사의 실천으로 문제를 극복할 수 있다. 지금까지 한국교회 특히 지도자들은 성도들에게 교회 안에서의 봉사만을 강권함으로써 기형적 신앙을 양산하였다. 제직의 기능이 무엇인지를 바로 이해하지 못하고 결국 지역사회와 관련 없는 교회로 전락하게 된 것이다. 성도들은 교회의 물량주의로 기형적인 축복 관념에 사로잡힌 성숙되지 않은 신앙을 소유하게 되었다. 그러나 지역사회에서의 봉사는 성도들이 말씀을 중심한 신앙을 생활의 실천으로 옮겨서 완숙한 신앙의 모습을 가능케 해 주는 일이 된다.

5) 평신도의 개발

지금까지 한국교회는 성도가 자신의 은사를 개발하고 그 은사를 중심으로 사역을 감당하지는 못하였다. 교회가 성도들을 교회 안에 가두어 두려고 했기 때문이다. 그러나 지역복지선교는 평신도들의 은사를 개발하여 본인이 적극적으로 선교의 현장에 동참하게 함으로써 자원개발은 물론 효과적인 선교의 장을 마련할 수 있다. 이러한 측면에서 평신도의 능력을 개발하는 것은 대단히 중요한 선교전략이 된다.

6) 교회 조직의 활성화

교회의 구성원이나 그 교회가 위치한 지리적, 사회적 환경에 따라 조직과 지도방법은 달라야 한다. 성도들의 봉사와 참여는 새로운 조직을 모색하고 교회의 기존 조직이 가진 경직성을 깨뜨리고 열린 자세로 프로그램을 활성화할 수 있는 역동적인 방법이 된다.

7) 지역사회센터로서의 교회

사회봉사를 통하여 교회가 명실공히 지역센터로 기능하게 된다면, 더 이상 남의 교회가 아닌 우리 지역사회 교회라고 생각하게 될 것이다. 사실 지역사회를 위하여 복지선교를 담당하는 많은 교회들은 한결같이 지역사회의 센터로 자리 매김하고 있다. 요즈음에는 교회가 사회관을 건립하여 사회 안의 교회로 자리하려는 움직임이 강하다. 이러한 현상은 대단히 바람직하다고 할 수 있으며 이러한 운동들은 지속적으로 확산되어야 할 필요가 있다.

그러면 '지역선교 없는 교회 부흥이 가능할까?' 결코 그렇지 않다. 분명히 말해서 한국교회는 지역사회 문제를 해결하지 않으면 교회성장을 기대할 수 없다. 오히려 나눔과 섬김의 지역선교야 말로 한국교회의 최후의 보루라고 감히 말할 수 있다. 왜냐하면 상실된 공신력과 도덕성을 회복하는 지름길이 지역선교이기 때문이다.

한국교회는 참으로 많은 축복을 하나님으로부터 받았다. 영적, 경제적, 그리고 사회적 축복을 동시에 받았다. 이 많은 축복을 어떻게 의미 있게 사용할 수 있을까? 신명기에 보면 이 축복은 나눌 때 진정한 의미를 부여받을 수 있다고 말씀하고 있다.

"매 삼년 끝에 그 해 소산의 십분 일을 다 내어 네 성읍에 저축하여 너의 중에 분깃이나 기업이 없는 레위인과 네 성중에 우거하는 객과 및 고아와 과부들로 와서 먹어 배

부르게 하라 그리하면 네 하나님 여호와께서 너의 손으로 하는 범사에 네게 복을 주
시리라"(신14:28-29).

이러한 구약의 나눔의 삶이 아니더라도 그리스도께서 낮은 자로서 낮은
자를 섬기신 것이 아니라 '주와 선생으로' 저희의 발을 씻기셨음을 상기할
필요가 있다. 한국교회가 축적된 부와 힘으로써 지역사회를 섬길 때 놀라운
선교 효과를 거둘 수 있음은 두말할 나위도 없다. 오늘날 교회의 문턱이 높아
져 교회를 들어올 수 없는 많은 사람들이 있음을 기억하고 교회의 귀족화를
탈피하여 종의 정신으로 지역 안에 들어가 섬길 때만이 소망이 있음을 기억
할 필요가 있다.

교회의 성장은 단순한 양적인 성장만을 의미하지 않는다. 오히려 영적, 지
적, 사회적, 윤리적 측면에서 고루 성장하여야만 진정한 하나님의 교회라고
할 수 있을 것이다. 한국교회는 지금까지 양적인 성장에 치우쳐 사회의 문제
와의 관계를 거부했고, 그 결과 성장의 정체현상을 맞고 있다. 사회란 결코
교회가 거부해야 할 적대적인 대상이 아니다. 교회에 의해 새롭게 변형되어
하나님의 뜻이 구체적으로 실현되어야 할 선교의 장이다.

교회가 지역사회를 봉사와 선교의 현장으로 받아들이지 못한다면 그것은
진정한 의미에서 주님의 몸된 교회라고 할 수 없다. 교회는 지역사회 안에 존
재하면서 지역사회를 책임져야 하고 동시에 섬겨야 한다. 교회는 반드시 지
역사회 안에 복음을 전파해야 하는데 그것은 교회가 지역사회의 구체적인 문
제에 관심을 갖고 적극적으로 참여할 때만이 가능하다.

8) 목회자 인식의 변화

교회의 성숙과 성장은 거의 전적으로 목회자의 의식에 달려 있다고 해도
과언이 아니다. 목회자의 의식에 변화가 일어나고 변화에 대하여 민감하게
대처하려는 의지가 개발될 때 교회는 변화하게 마련이다. 목회자의 의식에

따라 교회는 성격을 달리한다. 목회자가 균형 감각을 가지고 목회할 때 그 교회는 건실한 교회가 될 수 있기 때문에 목회자의 사회복지의식을 함양시키는 일은 무엇보다 중요한 일이다.

9) 여성인력의 활용

교회의 갱신은 여성인력의 활용에서 시작되어야 한다. 여성이 교회발전의 일익을 담당할 수 있도록 문을 열어야 한다. 여성인력을 묶어두면 교회의 활성화는 둔화될 뿐만 아니라 여성의 종교활동을 보장하는 타종교로 몰려갈 수밖에 없다. 특히 보람을 느끼고 그리스도의 사랑을 실천할 수 있는 형태로 전환된다면 교회의 발전은 물론 신앙의 성숙을 가져올 수 있다는 점에서 여러 모로 유익한 결과를 갖게 된다. 현재 부서의 개념은 너무 성별 개념을 가지고 나누는 경향이 있다. 이제는 남녀 공동의 '두레전도부' 등으로 개편할 필요가 있다. 남녀가 하나로 전도 공동체, 봉사 공동체로 태어나 힘있는 선교협력체를 이루는 것은 중요하다.

10) 평신도 인력의 활용

교회의 인적자원을 제대로 활용할 수 있는 것은 복지목회의 성공을 예견하는 것으로 이해할 수 있다. 21세기는 전문화 시대인데 구태의연한 방법으로 목회에 임할 수는 없다. 당회나 제직회, 혹은 각 기관이 실제적인 일을 할 수 있는 사람들로 구성되어 교회가 이제는 평신도가 참여한 팀 사역으로 전환되어야 한다. 왜냐하면 교회도 시대의 요청에 따라 효과적인 대처를 하지 않으면 몰락할 수밖에 없기 때문이다. 목회자 개인의 능력에 의지하기보다는 교회 전체가 사회를 향해 나아가되, 평신도가 전문화된 각 분야의 목회자들을 통해 훈련받고 상담하며 현장에 나가서 일하도록 장을 마련해 주어야 한다. 평신도에게 이러한 사역을 맡길 때 목회자의 평신도의 관계는 서로가 동역자로 인식함이 매우 중요하다.

11) 교회 재정구조의 개편

교회 예산편성에 있어서 순수한 사회봉사비로 책정한 예산은 불과 몇 퍼센트에 지나지 않는다. 사회봉사를 진행하고 있는 경우에도 일시적이고 전시효과적인 경우가 많고, 그나마도 주로 어린이나 청소년을 대상으로 한 프로그램에 국한되어 있다. 교회의 봉사는 권위주의적 제도에 의해서 제공되는 것이 아니라 성도들의 헌신적인 자원봉사를 통해 제공되는 것이라고 볼 때, 교회 구성원들은 사회봉사를 위한 무한한 자원이 아닐 수 없다. 이러한 사실을 인지하고 교회재정의 새로운 개편이 요구된다.

12) 가난의 영성 - 청빈의 삶

그리스도인이란 가진 것을 다른 이와 나누고 다른 이에게 자기 마음을 여는 사람, 봉사하는 사람, 다른 이의 하소연에 귀를 막지 않는 사람이다. 복음적인 그리스도인들은 과감하게 결단력 있는 처세를 한다. 대가를 바라지 않고 공동으로 자금을 거출하여 운영하거나 자기네 생활비 지출을 지도자에게 정기적으로 보고하는 등의 특수한 생활 양식을 취한다. 특히 타인들을 위하여 존재하고 가난한 사람들과 하나가 되겠다는 결의, 고난당하는 사람과 한 덩어리가 되어 살아보려는 결의를 가진 사람들이다. 이와 같이 그리스도인의 공동체인 교회는 그 존재 목적을 자신들을 위한 것이 아니라 타인의 유익에 두었을 때, 자신의 모든 영광이 온전히 주님의 영광으로 감사할 때, 바른 존재 목적을 찾을 수 있다. 이 가난의 영성-청빈한 삶은 청지기 의식을 바탕으로 하여야 한다. 모든 것이 하나님의 은혜요, 그 은혜로 주신 것을 관리하고 유지하는 것임을 인지할 때 바른 물질관, 경제관을 갖게 된다.

13) 사회봉사체제로의 구조 갱신

교회가 지역사회와 원활한 관계를 형성하기 위해서는 사회봉사체제로서의 교회구조를 갱신하는 것이 우선되어야 한다. 이 일을 원활하게 추진하기 위하여 사회봉사위원회의 조직을 당회에 두고 사회봉사에 대한 구체적 계획을 수립하고 연구한 후 실시하여야 한다. 선교회의 명칭도 봉사의 의미를 갖은 명칭으로 바꾸는 것도 좋은 방법이다. 또 구역별이나 혹은 몇 개의 구역을 묶어서 지역 내 소년 소녀가장, 노인세대, 거택보호자, 노인정 등 구체적인 봉사의 현장을 책임지게 하는 것도 고려해 볼 수 있다. 구역원들의 인적자원을 활용하고 구역 헌금을 봉사를 위한 비용으로 사용한다면 봉사의 영역은 폭발적으로 늘어날 수 있다.

14) 주체의식 개발

지역주민이 주체의식을 갖고 지역문제에 능동적으로 참여하는 것은 곧 지역사회의 발전은 물론 국가발전의 원동력이 되는 중요한 요소이다. 교회는 지역주민의 주체성과 자발성을 확립하는 계기가 되어야 한다. 따라서 주민의식을 개발하며 강화시키기 위하여 청년교실, 주부교실, 노인학교, 한글학교, 시민강좌, 도서관 운영, 소식지 발행 등 다양한 방법을 모색하고, 다양한 접촉의 기회를 찾아야 한다.

15) 통합 프로그램 개발

지역사회의 복지향상을 위한 사회봉사가 되도록 힘써야 한다. 교회는 지역주민들의 가장 큰 관심사가 무엇인지, 그리고 신체적, 정신적, 경제적 도움을 필요로 하는 사람들이 누구인지를 파악하여 복지에 대한 통합적인 시각을 갖고 적절한 사업을 시행해야 한다. 이를 위하여 주민들의 권익을 위한 지역개발사업, 맞벌이 부부를 위한 탁아사업, 공부방, 독서실 운영, 신용협동조합, 장학사업, 알뜰시장, 농산물 직거래 등을 생각해 볼 수 있다. 그러나 구체적인 사업은 동회나 구청의 사회복지사와 협의하는 것이 좋다.

16) 지역교회와의 연대

지역 내 교회들과 연대하여 지역사회의 개발과 사회구조 개선을 도모하는 사회봉사가 되어야 한다. 지역 내 타 교회들간의 연대는 필수적이다. 지역교회 연대를 통하여야만 바람직한 결과를 도출해 낼 수 있다.

제2절 한국교회의 사회복지 활동을 위한 방법론 모색

지금까지 한국 교회는 그 동안 세계 교회에 교회 성장의 대명사로 불릴 만큼 교회 수가 급격히 늘어나는 급격한 교회의 부흥을 경험하였다. 그러나 1990년 들어 이제 각 교단마다 그리고 각 교회마다 교인 수의 감소로 선교적 위기를 맞고 있다는 우려의 목소리가 높아져 가고 있다. 노치준의 연구 역시 한국교회의 선교적 위기 및 신도의 감소를 정확하게 밝히고 있다. 그의 연구에 의하면 1990년대 한국교회 성인 신도의 경우 정체 및 감소의 경향이 54.1%, 증가의 경향이 45.9%로 나타나고 있어서 전체적인 감소 및 정체의 현상을 보이고 있다. 심각한 것은 미성년 신도의 경우 감소 및 정체가 68.8%, 증가가 31.3%로 감소로 성인에 비하여 미성년 신도의 감소 폭이 훨씬 크다는 것을 밝히고 있다.[417] 이러한 한국 교회 둔화의 가장 심각한 문제는 중 · 고교

417) 노치준, "90년대 한국교회 교인증감추세 연구", 『목회와 신학』(1997년 11월호), pp.121-122.

생과 주일학교의 급격한 감소라고 할 수 있다. 중·고생교인이 감소하는 데
는 어느 정도 한국 사회의 인구 변화가 영향을 미친 것은 사실이다. 그러나
문제되는 것은 그 편차가 전반적 인구구조 변화 추이보다 훨씬 크기 때문에
그 심각성을 감지하지 않으면 곤란하다는 것이며, 이러한 청소년과 어린이의
감소는 교회 교육을 등한시하는 교회 내적인 원인도 상당히 크게 작용하였다
고 볼 수 있는 것이다.[418]

그러나 다행히 이러한 우려의 목소리가 높아 가는 가운데서도 2000년대에
들어 교회의 사회복지 활동이야말로 이러한 전도의 위기를 타파할 수 있는
중요한 방편이라는 사실에 인식을 같이하면서 교회의 봉사에 대하여 전혀 관
심을 보이지 않았던 보수 교단들까지도 대단한 열정으로 이 사역에 동참하고
있는 일은 참으로 고무적인 일이 아닐 수 없다.

그럼에도 불구하고 이러한 교회의 사회복지 운동이 진정한 복음 전파의
진정한 수단으로서가 아니라 과거 1980년대 철저히 훈련되지 아니한 제자화
운동이 그 효력을 발휘하지 못했듯이 한국 교회의 사회복지활동 역시 '다른
교회가 실시하기 때문에 우리 교회도 실시한다'는 식의 유행으로 인식되는
작금의 상황에 대해서는 우려를 금치 못하는 것이다. 분명히 말해서 철저히
훈련되고 준비되어 조직적으로 운영되는 봉사가 되지 못한다면 이것을 통하
여 1970년대의 경이적인 교회 성장의 영광을 재연하려고 하는 생각은 하나의
망상에 불과할 뿐 아니라 교회의 사회복지활동이 교회 성장을 가져다주는 도
깨비 방망이가 될 수 없다는 사실을 분명히 해 둘 필요가 있다고 본다.

한국의 교회는 이제 전문화된 사회에서 전문화, 다양화의 길을 모색해야
한다고 본다. 사회의 사회복지 활동에 있어서도 오늘의 목회가 현재의 개별
교회나 교단에서 지역사회의 욕구나 문제를 해결하고 고난당하는 사람들을
효과적이고 효율적으로 도와주고 성경적 목표를 달성하기 위해서는 봉사의
체계적인 방법론과 조직적인 기술, 인력, 재원, 그리고 교회의 복지활동을 위

---

418) 노치준, *Ibid.*

한 법적, 제도적 장치에 대한 이해와 활용 등에 대한 기준과 모형 등의 체계
적인 지식, 이론 구축이 요청되는 것이다. 다시 말해서 열정만으로 교회의 봉
사활동이 성공적으로 이루어지는 것이 아니라는 것이다.

오늘날의 사회는 과거의 그 어느 시대보다도 다양화·전문화 되어가고 있
고 또한 사회의 모든 방면에서 전문화에 대한 시대적 요청이 강하게 대두되
고 있다. 그럼에도 불구하고 교회는 과거의 전통만을 고수한 채 이러한 시대
적 변화의 요청을 인식하지 못하고 선교적 측면에서 과거의 구태의연한 방식
을 탈피하지 못할 뿐 아니라 오히려 관념적인 목회만을 고집함으로서 시대의
변화에 부응하지 못하고 있다는 강한 비판의 소리를 접하고 있다. 또한 교회
내부에서도 말씀선포의 전문성, 행정의 전문성, 음악의 전문성, 교육의 전문
성 등 교회의 전문화·다양화에 대한 요구가 증대됨에 따라 이에 대한 대책
과 개혁을 시도하고 있는 것이 사실이다. 그러나 이러한 교회 내적 문제보다
는 오히려 교회의 존재문제와 직접적인 관련을 맺고 있는 지역사회 선교의
중요성에 대해서는 아직도 바람직한 인식의 변화가 일어나고 있지 않을 뿐
아니라 지역사회 선교를 실시한다 하더라도 그 방법론에 있어서는 아직까지
초보적인 수준에 머물러 있기 때문에 새 시대, 새 선교를 향한 전문적인 방법
론의 도입이 시급히 요청되고 있다.

이러한 문제점을 바탕으로 이 글에서는 이 조직적인 봉사의 한 방편으로
서 교회가 사회복지 활동을 위한 프로그램을 실시하는데 있어서 어떤 과정을
거치며 또 어떤 단계로 준비하며, 구체적으로 어떻게 조직을 구성함으로서
프로그램이 실시되어야 하는지에 대한 좀더 세부적인 사항을 제시함으로서
교회의 사회복지 활동이 보다 전문적이고 구체적인 장으로 나아갈 수 있는
여건을 마련해 보려고 하는 것이다.

지역사회 선교를 위한 교회의 사회복지 활동을 감당하는 데 있어서 가장
큰 문제와 걸림돌은 대부분의 목회자들이 지역사회 봉사가 전적으로 프로그
램에 기인한다고 착각하는 데 있다. 오늘날의 많은 목회자들이 지역사회의
특성이나 봉사의 원리를 숙지하지도 않은 채 다른 교회에서 실시하는 각종

프로그램을 여과 없이 도입하며 실시함으로서 허다한 실패를 경험하고 있다.

실제로 중요한 것은 결코 프로그램의 도입이나 프로그램 개발이 아니다. 성공적인 지역사회 적응형 프로그램 개발을 시도하기 이전에 반드시 전제되어야 할 요소가 있는데, 이러한 전제가 충분히 숙지되지 않고 프로그램 개발에 임한다면 이는 틀림없이 또 다른 연쇄적 문제가 야기될 수밖에 없는 것이다.

이러한 문제를 해결하기 위하여 교회의 사회봉사 프로그램 실천 이전에 반드시 전제되어야 할 일로서 차기천은 ① 교회의 지역사회 선교관이 확립, ② 목회자의 지역사회 봉사에 대한 깊은 인식과 전문적인 교육을 통한 적극적 추진, ③ 적극적 목회행정과 평신도들의 적극적 참여유도 및 봉사자 발굴과 교육, 조직, ④ 효과적인 재정 정책의 수립을 들었다.[419]

한편 박종삼 교수는 효과적인 사회봉사 프로그램 개발의 전제로서 10단계를 설정하였다.[420] 또한 새로운 측면에서 유의웅은 사회봉사의 방향설정에 있어서 고려해야 할 사항을 다음과 같이 열거하였다.[421] 이상과 같이 차기천과

---

419) 차기천, *Ibid.* pp.30-32.
420) 유의웅은 위에서 언급한 바와 같이 효과적인 교회의 사회봉사를 위하여 다음과 같이 전제하였다.
　　① 교회내의 사회사업 자원체계를 냉철하게 평가해야 한다.
　　② 지역사회의 사회복지욕구(사회문제)를 철저하게 조사해야 한다.
　　③ 어떤 형태의 사회사업 프로그램을 선택하여 프로젝트화할 것인지 결정해야 한다.
　　④ 봉사의 장을 교회 안에 둘 것인지, 교회 밖에 둘 것인지를 결정해야 한다.
　　⑤ 선택한 프로그램을 책임지고 집행할 특별한 조직의 구성이 필요하다.
　　⑥ 사회봉사 프로그램에 참여할 교인들의 훈련을 실시해야 한다.
　　⑦ 사회봉사 활동의 전반적인 면에 대하여 계속적으로 평가하고 조정하는 작업이 있어야 한다.
　　⑧ 지역사회내의 행정기관, 전문 사회사업기관과 유기체적인 협조체계를 유지해야 한다.
　　⑨ 지역사회의 복지문제해결을 위해 교회 밖의 재원을 찾아야 한다.
　　⑩ 교회는 실시하려는 사회사업 관련법규, 행정체계, 특히 재정체계를 확실히 알아야 한다.
　　박종삼, "사회사업의 시각에서 본 교회의 봉사 프로그램", 『사회 봉사의 신학과 실천』(숭실대학교기독교사회연구소, 기독교사회봉사 목회자 훈련 교재, 1992.), pp.128-129.
421) ① 사회 봉사체제로서의 교회의 구조 갱신이 우선되어야 한다.
　　② 지역주님의 민주 시민의식을 개발하는 사회봉사가 되어야 한다.
　　③ 시민운동을 조직하고 동기를 부여하며 지원하는 사회봉사가 되어야 한다.
　　④ 지역사회의 복지를 향상시키는 사회봉사가 되도록 힘써야 한다.
　　⑤ 지역내 교회와의 연대를 통하여 지역사회의 개발과 사회구조 개성을 도모하는 사회.
　　봉사가 되어야 한다. 유의웅, "교회의 지역사회 봉사", 제1회 교회와 사회봉사 심포지움 자료집(지역사회발전을 위한 기독교 연대, 1998.), pp.7-8.

유의웅의 사회봉사 방향설정을 종합해 보면 무엇보다 지역사회의 사회문제와 욕구를 명확히 파악할 것, 지역사회의 특성을 이해할 것, 그리고 교회가 가지고 있는 잠재성의 개발과 의식의 개발, 그리고 사회봉사를 실시할 수 있는 제도의 마련 등으로 볼 수 있다.

1. 프로그램 개발과 운영에 대한 일반적 전제

성공적인 교회의 사회봉사 프로그램을 개발하기 전에 반드시 전제되어야 할 요소가 있는데, 이러한 전제가 충분히 숙지되지 않고 프로그램 개발에 임한다면 이는 틀림없이 또 다른 연쇄적 문제가 야기될 수밖에 없는 것이다.

교회의 사회봉사를 전문적으로 연구하는 학자와 실천을 담당하는 전문가들은 한결같이 교회가 사회봉사 프로그램을 개발하여 실시하기 전에 충분한 준비의 과정을 거쳐야 하며 또한 몇 가지 전제되는 문제들을 적극적으로 검토하고 점검한 후 수행해 나갈 것을 제안하고 있다.

차기천은 이 문제에 대하여 먼저 교회의 지역사회 선교관의 확립, 목회자의 지역사회 봉사에 대한 깊은 인식과 전문적인 교육을 통한 적극적 추진, 적극적 목회행정과 평신도들의 적극적 참여 유도 및 봉사자 발굴과 교육, 조직의 갖춤, 효과적인 재정 정책의 수립이 필요하다고 하였다. 이와 더불어 그는 지역사회 봉사와 선교정책을 수립하고 검토하기 위한 협의회를 상설화 할 것을 주장하였으며 지역사회 봉사와 선교에 대한 일반적인 교육과 실무자의 양성에 힘쓸 것과 지 교회를 포함한 교회의 각 단위에서 에큐메니칼 정신에 입각한 선교봉사 협력을 적극 모색하여야 함을 권장하고 있고, 지역사회 봉사 선교활동을 위한 인력개발에 있어 여성인력과 청년 인력 및 전문인력 개발에도 관심을 가질 것을 촉구하고 있다.

2. 교회의 사회복지 프로그램 개발과 운영의 원리

이들이 제안한 사회봉사의 요소들은 한결같이 그들의 경험이나 이론적 바탕 위에서 설정된 것이기 때문에 대단히 유익한 정보와 통찰을 우리에게 제공하고 있다. 이에 더하여 필자는 필자 나름대로의 경험과 지식을 바탕으로 아래와 같은 전제를 추가하거나 부가함으로서 바람직한 지역 적응형 프로그램을 개발하는 데 도움을 주었으면 한다.

1) 교역자와 성도의 의식의 변화부터 실시하라.

한국교회는 이제까지 지역사회를 위한 사회에 있어서 선교적 차원보다는 구제적 차원으로 이해하려는 경향이 강했음을 부인할 수 없다. 이렇게 함으로써 성도들에게 지역사회선교는 단순한 사회적 구제사역으로 밖에 인식될 수밖에 없었다. 그러므로 교회 주위에 노인, 청소년, 빈곤 등 엄청나게 많은 사회문제들이 있다 하더라도 교회는 그들에게 구체적 선교적 관심은 기울이지 않았다. 다시 말해서 '사회란 교회와는 아무런 관련도 없는 집단이며 또 그러한 사회문제가 교회가 선교적 입장에서 관여해야 할 아무런 명분을 제공하지 못한다'는 인식이 한국교회에 만연해 있었던 것이다. 지역선교가 해외선교보다 훨씬 비중을 두지 않은 이유 중의 하나가 지역을 위한 사회적 선교사업은 선교의 중요한 부분이 아니라고 망설였기 때문인 것으로 해설할 수 있는 것이다. 결과적으로 지역을 위한 교회의 사회사업적 접근은 한국교회의 장기적 발전 차원에서 선교적 방법으로 인식되어야 할 일이지 구제적 차원에서 이해되어서는 아니 될 일인 것이다. 이러한 지역선교를 신교직 차원으로 끌어올리기 위해서는 교회 지도자들의 인식의 변환 및 지도자 교육이 절대적으로 필요한 것이라고 본다.

목회자가 바른 의식이 있을 때 사회봉사에 대한 기대치 또한 상승될 수 있다. 사회적 프로그램을 실시하는데 있어서 교역자의 역할은 대단히 중요하게 작용하며 교역자가 지역사회의 프로그램에 관심을 가지지 않는 이상 선교의 효과는 기대하기 힘들다.

그러나 목회자가 아무리 좋은 생각과 계획과 사명이 뜨겁다 할지라도 교회가 당회나 제직회 및 각 선교 기관 등, 평신도 지도자들이 협조하지 아니하면 실행하기가 어렵기 때문에 당회와 제직회 및 전체 교인의 이해가 필요하며, 이 일을 위해서 목회자는 기회가 있는 대로 지역사회 봉사의 필요성을 인식시키는데 최선을 다하고, 사명감을 가지고 온 교회가 힘을 합해 기도하고 신앙을 고백하며 지역사회 봉사자들이 될 수 있도록 목회자는 목회 계획과 교육훈련, 기도회, 토론회 등으로 교회 전반 활동에 깊이 반영시키고, 교인들로 하여금 직접 참여하게 하고 현장을 답사하며, 현장에서 도움을 필요로 하는 사람, 또는 전문가를 초청하여, 현실을 바로 알 수 있도록 유도해 나가야 한다.

이러한 교역자의 인식의 변화는 모든 교인의 인식변화를 가져오게 될 것이고 이것은 바로 교회의 인적자원을 극대화하고 조직화하여 지역선교를 활발하게 전개할 수 있는 동기를 제공하게 되는 것이다.[422]

---

422) 필자는 교회의 사회복지선교의 활성화를 위하여 다음과 같은 의식개혁을 전제하였다.
  A. 교회의 사회복지선교에 대한 일반적 의식의 개혁
    첫째: 구제적 차원에서 봉사적 차원으로의 의식 개혁
    둘째: 교회는 구원받은 백성들만의 전유물이라는 의식의 개혁
  B. 성도의 사회봉사 의식의 개혁
    첫째: 단순한 삶의 양식으로서의 그리스도인의 생활의 강조
    둘째: 의도적인 나눔의 실천을 통한 의식개혁
    셋째: 구체적인 자원봉사의 훈련과 현장을 갖게 함으로서 의식개혁
  C. 사회봉사를 위한 목회자 의식의 개혁
    첫째: 전통적인 구제관이나 자선관으로부터의 의식개혁
    둘째: 동반자관계로의 의식개혁 즉 말씀선포와 사회봉사는 동반자라는 의식의 개혁
    셋째: 직분자들이 교회 내적인 존재라는 사고로부터의 의식개혁
  D. 교회의 사회봉사를 위한 교회기구의 개혁
    첫째: 봉사체제로의 전환
    둘째: 재정체계의 전환
    셋째: 집사기능의 회복을 통한 의식개혁
    넷째: 실천기술과 인력의 개혁
    다섯째: 은사활용과 사모활용
  최무열, "교회의 사회복지 활동 활성화를 위한 의식개혁과 프로그램 개발에 관한 연구", 『교회와 신학』(영남신학대학교 교수연구논문집, 제15집, 2000.), pp.385-426.

2) 지역주민의 필요와 지역적 특성을 철저히 이해하라.

위에서 지적하였듯이 많은 교회들이 사회봉사를 실시하는 데 있어서 지역의 특성이나 지역주민의 필요와는 상관없이 프로그램을 실시하기에 급급함으로서 참된 사회봉사의 의미를 퇴색시키는 경우가 너무나 허다하다. 이것은 사회봉사의 동기가 교회 밖의 지역사회에 초점을 맞추기보다는 오히려 교회나 교역자의 입장에서 봉사를 실시하려는 의도가 있기 때문인 것이다.

무엇보다 중요한 것은 철저히 지역 중심, 그리고 주민 중심으로서 그들의 필요가 무엇인가를 인지하는 일이다. 이는 지역을 복음화 하려면 교회에 나오는 보이는 교인보다는 보이지 않는 교인이 훨씬 더 많은 것을 볼 수 있는 안목을 길러야 하고 이에 따라서 프로그램이 개발되어야 하는 것이다. 그들은 항상 지역 주민의 필요가 무엇인지를 알고 또 민감하게 반응하는 것이다.

예를 들면 서울 도심 한 복판에 위치한 서소문교회는 복잡한 업무로 기도할 수 없는 도시 직장인 교인들을 위하여 정오예배를 실시하고 10여 년째 지속하고 있다. 교회는 이들에게 예배의 장소를 개방하고 간단한 점심까지 제공함으로써 200여 명이 편안하고 은혜로운 점심시간을 보낼 수 있도록 배려하고 있다. 이러한 프로그램은 결국 지역사회가 어떠한 특성을 가지고 있으며 그들에게 어떠한 필요가 있는지에 대한 민감한 반응에서 비롯되었다는 사실을 기억할 필요가 있다.

이처럼 지역봉사 프로그램이 주민들의 필요에 따라 실시되어져야 한다는 원리는 성공적 봉사선교를 위하여 참으로 중요한 요소가 아닐 수 없다. 장례비가 터무니없이 비싸 고통받는 달동네에 교회 지하실을 영안실로 꾸며 지역주민들이 누구나 사용할 수 있도록 배려하고 교회는 이들의 장례를 극진히 모심으로서 지역사회의 칭찬을 받고 있는 교회나, 청소년들이 문화적 혜택을 볼 수 없는 곳에서 「청소년문화교실」을 개설하고 이 지역 청소년들을 문화의 창조자로 만들어 가는 것 역시 철저히 주민의 필요를 바탕으로 구성된 프로그램들이다.[423]

이러한 모든 프로그램은 프로그램을 개발하기 위하여 노력한 결과가 아니라 지역사회의 필요에 따라 자생적으로 발생하였다는 사실에 주목할 필요가 있다. 대부분의 성공적인 프로그램은 철저히 지역의 상황을 중시하고 지역적 특성에 기인하여 발생한 프로그램임을 기억해야 할 것이다.

보통 이러한 지역주민의 필요는 우연히 인지되기도 하지만 지역조사를 통하여 발견되는 경우가 허다하다. 예를 들면 도림 교회의 경우 지역조사를 실시하다 예상외로 그 지역사회에 문맹자가 많다는 사실을 발견하게 되었고 이 사실에 근거하여 한글반을 개설하게 되었다.

이처럼 지역사회를 알아간다는 것은 대단히 중요하다. 지역사회를 안다는 것은 단순한 통계 또는 지식적인 인지만을 의미하지 않는다. 이는 정밀하고 세밀한 조사를 통하여 보다 문제를 명확하게 파악할 수 있는 것이다.

3) 부분적인 봉사가 아니라 전 교인이 참여할 수 있는 신앙 성숙의 장으로 활용하라.

많은 경우 사회봉사가 명목적인 프로그램으로 전락하는 것은 이 봉사사업이 전 교우가 동참할 수 있는 신앙 성숙의 장이 아니라 목사와 몇몇 성도들의 참여의 장이 되기 때문에 오래 지속되지 못하는 경우가 허다하다. 그러나 참으로 이상적인 봉사를 실시하는 교회의 특징은 대부분 이 사업이 전 교우가 합심하여 이루어 나간다는 점이다. 특히 제천명락 교회의 경우와 도림교회, 덕수교회 등은 전 교우들이 이 봉사사업이 중요한 선교적 사업임을 인식하면서 전교우의 자원봉사자화, 전교우의 후원자화를 실시하고 있다.

부산 영도의 청학감리교회의 경우 주위의 많은 교회들이 결식사업이나 노인학교 등의 프로그램을 실시하다 포기하는 데 반하여 8년씩이나 지속적으로 사회봉사를 수행함으로써 지역사회의 인정을 받을 수 있었던 것 역시 부

---

423) "청소년 문화교실 개설", 국민일보, 1996년 8월 30일자 12면.

분적 봉사가 아니라 전 교인이 참여할 수 있는 신앙성숙의 장으로 만들었기 때문에 가능한 것이었다.

4) 선교의 열매만을 구하는 단기전을 피하고 장기전으로 돌입하라.

일반적으로 개교회에 사회봉사가 실시되는 절차는 일차적으로 교역자가 다른 교회의 프로그램에 영향을 받고 정밀한 계획 없이 일단 프로그램을 실시함으로서 시작되는 경우가 허다하다. 이럴 경우 선교의 열매만을 갈구하게 되고 또 단 시일 내에 선교의 열매가 맺히지 않을 경우 쉽게 포기해 버리거나 방치함으로서 대단히 어려운 상황에 몰입하는 경우가 적지 않다.

그러나 분명한 것은 결코 사회봉사를 통한 단시일의 열매는 기대해서는 아니 된다는 것이다. 이는 마치 과수를 키우는 것과 같아서 오랜 기간 동안 뿌리를 내리고 나무를 키움으로서 원하는 열매를 거둘 수 있는 이치와 동일한 것이다. 따라서 교회는 단기전을 피하고 지역사회에서 지역주민들이 교회의 공신력을 회복하고 교회와의 일치를 느낄 때까지 지속적으로 실시해야 하는 것이다. 다시 말해서 교회의 지역사회 봉사는 장기적인 교회의 행정적 정책적인 성격을 띠고 있으므로 먼 안목을 바라보는 교회 성장의 방안으로 연구되어서 교회 성장에 도움이 되도록 하여야 한다.

5) 목적이 분명하다면 예산은 하나님이 책임지신다는 확신으로의 출발하라.

물론 사회봉사를 통한 지역선교를 실시하는 데 있어서 재정적인 문제를 고려하지 않을 수 없다. 그러나 대부분의 경우 이 재정적 문제 때문에 지역사회의 필요가 분명함에도 불구하고 적합한 프로그램을 실시하지 못하는 경우가 허다한 것이다. 이럴 경우 프로그램을 거창하게 시작하기보다는 교회가 감당할 수 있는 작은 부분부터 실시하다 보면 상상할 수 없는 방법으로 이 프로그램이 확대되는 경우를 경험하게 된다.

따라서 예산의 문제보다는 오히려 지역 주민들의 필요에 초점을 맞추다 보면 언젠가는 그들의 필요도 채워지면서 프로그램도 정착되어 나갈 수 있는 것이다. 그러므로 예산은 우리의 목적과 목표가 분명하다면 하나님께서 해결 하신다는 확신으로 출발하는 것이 무엇보다 중요한 것이다.

6) 반드시 그 교회에 적합한 프로그램을 전문화하라.

교회는 지역사회 특수성과 교량의 역할을 고려하여 한두 가지라도 전문적 이고 선도적이며 모범적인 사업을 실시함으로 국가와 지역사회가 자극받고 따라올 수 있도록 "스승"의 역할을 해야 할 것이다. 교회의 지역 봉사는 상처 를 싸매 주고, 갈라진 틈을 메우며, 공동체의 건강을 회복시키는 행위이다.

최근 사회복지 서비스 정책의 기본 방향이 수혜대상자의 욕구에 부응하여 시설보호에서 재가 보호로, 요보호, 대상자의 선별적 서비스에서 일반대상의 보편적 서비스로 사후 대책서비스에서 사전 예방적 서비스로 전환되고 있다. 공동체성의 상실에 대하여, 정체성의 상실에 대하여 소외감과 고립감에 대하 여 교회는 영적이고 정신적인 사회봉사를 실천할 수 있는 강력한 기관이 될 것이다.

7) 반드시 전문가의 조언과 자문을 구하라.

지역사회 선교에 실패하는 또 하나의 중요한 원인 중의 하나는 숙달되지 않은 교역자들의 직감 또는 유행처럼 번지는 사회봉사에 대한 단순한 동경에 있다는 사실을 아는 사람은 그리 많지 않다. 각 교회의 사정과 지역사회의 특 성은 각 지역마다 현저하게 나타나기 때문에 다른 교회에서 효과가 있는 프 로그램이라고 해서 이 교회에서도 반드시 효과가 있다는 보장은 결코 할 수 없는 것이다. 지역의 특성과 지역민의 필요를 분명하게 수용하고 조사되지 않은 상태에서의 프로그램의 실시는 참으로 어려운 결과를 가져올 가능성이 있다는 사실을 직시하고 가능하면 프로그램을 개발하기 전에 전문가의 도움을 받는 것이 좋을 듯 하다. 예를 들어 덕수교회의 경우 대외적으로 교회의 사회봉사 사업을 체계적으로 감당하고 있다는 정평이 나 있음에도 불구하고 강남대학교의 고양곤 교수와 숭실대학교의 박종삼 교수가 사회봉사를 위한 자문위원으로 봉사하고 있다는 사실을 기억할 필요가 있다.

3. 효과적인 지역선교를 위한 교회 사회복지 활동 과정

위에서 언급한 프로그램 개발의 전제는 프로그램의 실제적인 개발에 결정적인 방향을 제공해 줄 것이다. 여기에는 분명한 목표와 철학, 그리고 실제적인 방법론까지 전제되어 있어서 총체적으로 사회봉사 선교를 실시하는 데 있어서 신학적인 준거틀을 제공해 줄 것이다. 이에 더하여 실제적인 지역사회 적응형 프로그램을 개발하는 데 있어서는 사회과학적 준거를 이용한다. 따라서 이 부분에 있어서는 사회복지 프로그램 개발을 중심으로 지역사회 적응형 프로그램을 개발할 수 있다.

1) 교회의 사회봉사를 위한 실제적 프로그램 개발의 단계 및 과정

서론에서 잠시 언급하였듯이 교회의 사회봉사는 결코 준비가 부족하거나 주먹구구식의 비조직적인 형태를 취하거나 또는 다른 교회의 봉사를 모방하는 식의 유행성 행사가 되어서는 안 된다. 왜냐하면 사회봉사에 대한 이러한 태도는 결국 사회봉사의 정신을 약화시켜서 중도 포기하게 되며 나아가 사회봉사를 실시하지 못한 것보다 못한 결과를 초래할 수 있기 때문이다. 그러나 철저하게 준비하고 훈련된 사회봉사는 해를 거듭할수록 그 진가를 발휘할 수 있기 때문이다.

물론 교회의 사회봉사의 프로그램 개발은 전문적인 사회복지적인 접근과는 그 맥을 달리하고 있다. 그럼에도 불구하고 전문적 사회복지가 추구하는 프로그램 개발 방법 또한 교회 사회봉사의 프로그램 개발에 많은 통찰력을 제공해 줄 수 있는 것이다. '사회복지 프로그램 메니지먼트'라는 책을 저술한 정덕근은 그의 책에서 프로그램 개발의 과정을 문제의 발견, 자료의 수집, 문제의 정의, 목적과 목표의 설정, 프로그램의 계획(규모의 설정, 전문적 기술 또는 이론의 적용, 목적과 목표, 프로그램의 내용, 조직, 인적자원의 구성과 역할의 부여, 예산의 구성), 그리고 조정과 수정의 과정을 거쳐 최종 평가와 환류로 보았다.

① 문제의 발견 단계

어떠한 프로그램을 계획하는데 있어서 가장 우선적으로 고려해야 할 사항이 바로 문제의 발견(단서의 발견)인 것이다. 이것은 지역사회에서 발생했거나 발생하고 있는 사회문제에 대하여 우연히 중요한 단서를 발견하였거나 아니면 의도적인 과정을 통하여 문제를 발견하는 과정을 말한다. 이 문제의 발견을 통하여 모든 프로그램이 계획되고 또한 조정되게 되는 것이다. 우연히 발견된 단서에 대해서는 보다 구체화 과정이 필요하며, 의도적으로 문제를 발견하려 할 때에는 조사방법론을 사용하게 되는 것이다. 사회조사란 결국 지역사회의 문제나 단서를 발견하는 데 있어서 가장 유용한 도구로 사용될 수 있을 것이다. 발견된 단서와 좀더 정밀하게 수집된 자료를 통하여 정확하게 무엇이 문제인지를 인식하고 정의하며, 이에 따른 목표를 설정한 후 다음 단계인 계획 및 개발 단계로 나아갈 수 있는 것이다.

② 프로그램의 계획과 프로그램 개발 단계

위에서 발견된 문제 또는 단서, 이에 대한 문제의 정의, 그리고 목표의 설정 단계가 끝나면 다음 단계인 구체적으로 프로그램을 계획하고 개발하는 단계로 옮겨지게 된다.

이 단계에서 구체적으로 생각하고 기획해야 할 것은 그 프로그램의 규모나 인원 그리고 자원봉사자 및 담당자의 규모가 어느 정도 되는지에 대한 이해가 있어야 하며 이에 대한 규모를 설정하는 일이 중요하다.

이러한 규모설정의 단계가 끝나면 구체적으로 이 프로그램이 어떠한 이론적 바탕에 의하여 실시되어야 하는 가에 대한 전문적 기술 또는 이론의 적용과정을 거쳐야 하는 것이다. 다시 말해서 이러한 프로그램이 프로이드의 정신분석학에 근거할 것인지 아니면 학습이론, 또는 생태이론에 입각하여 구성할 것인지를 구성하고 이 이론적 바탕 위에 전체적인 프로그램을 전개해 나가야 하는 것이다.

이러한 과정이 순조롭게 진행되고 설정되었다면 구체적인 프로그램의 내용을 구성하고 어떠한 프로그램이 개설되어야 하는지에 대하여 고려해야 하는 것이다. 특별히 이 과정에서 사전단계에서 발견된 문제에 대한 가장 보편적이고 효과적인 프로그램을 구성할 수 있어야 하는 것이다. 이러한 구체적 프로그램은 결국 조직과 인적자원의 구성과 부여에 따라 좀더 면밀한 계획과 개발의 단계로 나아가게 된다. 이 단계에서는 구체적으로 인적자원을 어떻게 구성하며 배치하고 어떻게 활용할 것인가를 생각해야 하는 것이다.

무엇보다 중요한 것은 이러한 프로그램이 개발되었다 하더라도 구체적으로 실시할 수 있는 예산의 편성 문제가 따르게 되는 것이다. 예산의 확보 방법, 활용도 등이 구체적으로 논의되어야 할 것이다.

개발 및 계획의 마지막 단계로서 구체적인 진행의 과정을 소상히 밝히는 것이 중요하다. 좀더 구체적으로 말하자면 얼마동안 이 프로그램이 지속될 것이며 어떠한 방향으로 나아가야 할 것인가를 결정하는 것이다. 명확한 시간표를 작성하고 이 시간표에 의하여 모든 프로그램이 구성되고 실시될 수 있도록 배려하는 것이다.

③ 조정과 수정 단계

프로그램의 조정은 계획된 전문적 프로그램의 진행과정에서 나타날 수 있는 외부적 방해요소들로부터 프로그램에 지장이 없도록 그리고 보다 효율적인 진행이 가능하도록 개입하는 단계를 의미한다. 사실 프로그램을 개발하고 진행하는 과정에서 발생한다고 예측하기 불가능한 많은 사안을 접하게 되므로 이 경우 본래의 사항을 그대로 고수할 경우 문제해결은 불가능하게 된다. 이 때 조정과 수정의 단계를 거쳐 방해를 제거하고 보다 원활한 프로그램을 진행할 수 있도록 하는 것이다.

④ 최종 평가와 환류 단계

프로그램이 의도한 목적과 목표를 효과적으로 또는 효율적으로 달성되었는지에 대한 측정은 프로그램의 운영을 위한 필수적인 과정이라고 볼 수 있다. 프로그램을 개발하는데 있어서도 이 최종 평가와 환류의 과정은 반드시 포함되어 있어야 한다. 그리고 어떤 방법으로 평가할 것이며, 평가에 사용할 자료들은 어떠한 것이며, 이 평가로 인한 보고서를 어떻게 작성할 것인지에 대한 세밀한 배려가 필요한 단계인 것이다. 이 때 프로그램 운영자는 보다 효과적으로 기록할 수 있는 대안을 제시하고 그 기록된 내용을 잘 정리하여 보고하는 것이 바람직하다. 평가는 참으로 중요한 것이다. 평가는 평가의 내용, 평가 계획의 수립, 평가의 시간, 평가에 필요한 자료수집, 평가자료의 분석, 평과 결과의 해석, 평가결과의 사항에 대한 보고, 환류 등의 과정을 포함하게 된다. 이 평가의 방법도 다양하기 때문에 평가에 대해서는 별도의 장을 마련하는 것이 바람직하다고 생각된다.

4. 교회의 사회복지 활동의 종합 과정

교회의 사회복지 활동을 위한 프로그램을 개발하고 실행하는 데 있어서 반드시 일반 사회복지적인 접근을 추구해야 할 필요는 없다고 본다. 그러나 일반 사회복지적 접근방법을 중심으로 교회의 사회봉사 프로그램을 개발하면 훨씬 조직적이며 체계적인 방법을 그 효과를 기대할 수 있을 것이다. 이를 중심으로 구체적으로 교회의 사회봉사를 위한 실제적 프로그램을 개발하는 과정 및 단계를 소개할 필요가 있는 것이다. 먼저 박종삼은 프로그램 실제에 있어서 동기의 유발, 교인들의 능력 개발, 교인들에게 봉사기회를 어떻게 창출할 것인가에 대하여 고려해야 한다고 하였다. 그리고 그는 사회봉사 프로그램 개발을 개발하는데 있어서 다음과 같은 10가지 과정을 거쳐야 함을 피력하였다.[424]

위에서 언급한 박종삼의 사회봉사 단계를 조금 더 구체적으로 설명한다면 먼저 교회 내에서 사회봉사를 실시할 수 있는 가용 및 잠재적 자원을 조사하고, 지역사회가 요구하는 프로그램이 무엇인지를 인식한 후, 어떤 프로그램을 선택할 것인가를 결정하고, 교회가 실시할 구체적 사회봉사를 설정하는 것이다. 그러나 이를 책임 있게 운영할 조직이 필요함으로 조직을 설정하고, 교인들을 구체적으로 현장에 투입하기 전에 충분한 훈련을 실시하고, 실제적 투입을 통한 평가의 작업이 요청되며, 가능하면 행정기관과 사회복지기관과의 연대를 유지함으로서 효과를 극대화하고, 교회 밖의 복지재원을 확보함으로서 봉사의 재정적 기능을 강화하며 교회가 구체적으로 사회사업 관계법과 행정체계를 이해함으로서 광의의 봉사를 실시하는 자리로 나아가야 할 것을 제안하였다. 실로 그의 이런 제안은 대단히 구체적이며 대단히 실제적이라고

---

424) 사회봉사 프로그램 개발을 개발하는 데 있어서 10가지 과정.
  ① 교회 내의 자원체계 사정
  ② 지역사회의 사회복지 욕구조사
  ③ 교회사업 프로그램의 최종 선택
  ④ 교회의 사회봉사의 장
  ⑤ 선택된 프로그램을 책임질 조직
  ⑥ 교인들의 봉사활동을 위한 훈련
  ⑦ 사회봉사 활동에 대한 평가 작업
  ⑧ 행정기관, 사회복지기관과의 유대
  ⑨ 교회 밖의 복지재원 확보책
  ⑩ 사회사업 관계법, 행정체계의 이해

평가할 수 있다.

필자는 교회의 사회복지 활동을 위한 프로그램과 실행의 전 과정을 다음과 같이 설정하였다.

〈표9-1〉 교회 사회봉사 프로그램 개발 과정

위에서 설정한 단계를 보다 명확하게 이해하기 위하여 부가적으로 설명한다면 다음과 같다.

- **문제의 발견 과정**: 지역사회의 문제에 대한 가설의 설정
- **목적의 설정 과정**: 왜 사회봉사를 실시하는가에 대한 분명한 정의
- **의식의 변화 과정**: 당회원 및 교인들의 인식을 변화
- **자료수집의 과정**: 문제에 대한 일반적 자료 수집
- **지역조사 과정**: 설문지 등을 통한 구체적 지역조사
- **교회 내 자원 조사 과정**: 프로그램을 실시할 수 있는 구체적 자원의 검토
- **조직의 구성 과정**: 사회봉사를 실시할 수 있는 구체적 조직을 구성
- **정책 및 예산수립의 과정**: 프로그램을 실시할 수 있는 예산의 수립
- **구체적 프로그램 개발 과정**: 지역조사 내용을 중심으로 구체적 프로그

램 개발

- **봉사자 및 후원자 모집과정**: 프로그램에 투입될 수 있는 봉사자 및 후원자 모집
- **프로그램 실행의 과정**: 준비된 프로그램의 실행
- **프로그램의 수정과정**: 프로그램 실행 중 발생하는 문제에 대한 수정
- **평가의 과정**: 실행된 프로그램에 대한 평가

필자가 설정한 위의 내용을 종합해 보면 먼저 교회가 왜 사회복지 활동을 실시하는가에 대한 분명한 정의를 위한 목적의 설정과정이 가정 우선되어야 한다는 것이다. 이는 목적없는 사회봉사란 그 효력을 발휘할 수 없을 뿐 아니라 자칫 방향성 설정에 심각한 문제를 야기할 수 있기 때문이다.

설교나 교육을 통한 필요성 인식을 통한 동기화 과정으로서는 위에서 언급한 대로 사회봉사 사업은 결코 전 교인들의 의식의 전환 없이는 결코 성공적인 봉사사업을 수행할 수 없기 때문에 필수적으로 겪어야 하는 중요한 단계인 것이다. 이러한 의식개혁으로 말미암아 사회봉사가 원활하고 또한 한 방향으로 나아갈 수 있다. 또한 교역자와 당회원의 인식을 변화함을 목적으로 의식의 변화 과정을 재삼 실시해야 한다는 것이다. 왜냐하면 사회봉사 추진에 있어서 가장 관심을 가져야 할 부분이 바로 이 의식의 개혁작업이기 때문이다.

프로그램을 실시할 수 있는 구체적 자원의 검토를 통한 교회 내 자원 조사과정 역시 그 어떤 과정보다 중요하다고 하겠다. 성공적인 사회봉사 사업의 실시를 위해서는 일단 교회 내에 어떠한 자원들이 있고, 그 자원들이 어떤 특성을 가지고 있으며, 또한 이 자원들을 어떻게 동원해 나갈 것인가에 대하여 심각하게 고려해야 한다. 이 과정은 교회의 사회봉사 사업을 추진하는 데 있어서 잠재성을 내포하는 문제이기 때문에 교회는 깊은 관심을 기울여야만 한다.

지역사회 문제에 대한 가설 설정을 위한 문제를 발견하는 과정은 그야말

로 지역사회에는 어떠한 문제가 있는가를 밝히는 단계로서 일단 겉으로 나타
난 현상만으로도 가설을 설정할 수 있다. 예를 들면 노인들을 길 거리에서 많
이 접할 수 있다면 그 지역사회는 노인으로 인한 많은 문제들이 잠재적으로
존재할 가능성이 많기 때문에 이러한 문제를 중심으로 가설화 작업을 실시할
수 있을 것이다.

그 다음의 과정으로는 문제로 인한 발견, 문제에 대한 일반적 자료를 수집
하기 위한 자료수집의 과정을 거치게 된다. 이 때에는 설문지 등을 통한 구체
적 지역조사를 실시하거나 전화 조사, 기타 다른 방법의 조사방법을 동원하
여 구체적으로 문제 발견의 작업에 나아가게 되며 이 과정이 성공적으로 수
행되었을 경우 지역조사 과정에 대한 분석과 해석을 위한 분석 및 해석 과정
을 거치게 된다.

이 분석 및 해석하는 과정에서 그 지역사회를 이해할 수 있는 역사나 다른
자료를 동원하여 가능하면 깊이 있게 그 문제에 접근하도록 노력하는 것이
다. 이 과정을 거친 후 사회봉사를 실시할 수 있는 구체적 조직을 구성하는
조직의 구성 과정을 거치게 된다. 이는 위에서 발견된 교회 내 자원을 동원하
고 교육하는 작업과정을 의미하는 것이다. 교회의 사회 정책을 수립하기 이
전에 먼저 자원동원을 잘 구성함으로서 실제적인 사업에서 당황하지 않고 차
분하게 일을 처리할 수 있는 여건을 형성하게 되는 것이다.

조직 또는 당회 차원의 정책을 수립하는 정책 수립의 과정에서는 위에서
발견된 문제들을 중심으로 구체적으로 문제를 해결하기 위한 정책적 배려의
과정을 거치게 되는 것이다. 이는 곧 지역 조사 내용을 중심으로 구체적 프로
그램 개발을 위한 정책수립의 과정을 과정을 의미하는 것이다.

이 과정의 다음 과정은 프로그램을 실시할 수 있는 예산 수립 과정이다. 아
무리 훌륭한 사회 정책을 수립하였다 하더라도 구체적이며 적절한 예산의 반
영이 이루어지지 않는 한, 대 사회봉사 프로그램의 성공은 장담할 수 없는 것
이다. 따라서 이 과정에서는 당회와의 긴밀한 협조 아래 예산을 구체적으로
반영할 수 있어야 하는 것이다. 이 과정을 거친 후 프로그램에 투입될 수 있

는 준비된 봉사자 및 후원자 모집 과정을 거치고 또 이들이 구체적으로 봉사할 수 있는 장에 대한 충분한 오리엔테이션을 실시하는 것이다. 프로그램 투입에 필요한 봉사자의 구체적 교육 과정과 준비된 프로그램의 실행 과정은 모두 이 과정에서 재차 강조되어야 할 중요한 사안이 되는 것이다.

마지막 과정으로서 프로그램 실행 중 발생하는 문제에 대한 수정 과정, 실행된 프로그램에 대한 평가 단계를 거치게 될 때 교회의 사회봉사는 가장 효과적으로 이루어지게 될 것이다.

위에서 언급한 대로 교회의 사회봉사는 철저한 준비의 과정과 완벽한 훈련의 과정을 거쳐 끊임없는 노력을 체계적 실시를 통해서만 그 실효를 거둘수 있는 것이다. 위에서 설정한 사회봉사의 단계가 다소 복잡하고 어렵게 느껴질지 모르나 차분히 이 단계를 거쳐 준비하고 진행하다 보면 구체적인 준비 없이 사회봉사에 임하는 교회보다 훨씬 좋은 선교적 열매를 거둘 수 있을 것이다. 그러나 무엇보다 중요한 사실은 효과적인 교회의 사회봉사 프로그램개발을 통하여 단순히 선교적 열매를 거두겠다는 생각보다는 이러한 과정을 통하여 철저히 한 영혼을 구원하겠다는 구령의 열정을 갖는 일이다. 왜냐하면 하나님은 우리의 선한 동기를 통하여 역사하시기 때문이다. 아울러 많은 주님의 교회들이 이러한 프로그램 개발을 학습함으로서 교회가 부흥되고 지역사회의 칭찬을 받는 참된 교회로서 자리매김하기를 기대해 본다.

제3절 사회복지 수행과 성도의 검소한 생활을 위한 훈련

한국교회가 실제적인 사회복지 선교를 실시함에 있어서 지역사회에 대한 새로운 인식을 개발하고 목회자와 성도의 의식을 증진시키는 일, 그리고 지역사회가 구체적으로 요구하는 프로그램을 개발 및 운영하는 것만 중요한 것이 아니라 실제적으로 이러한 복지활동에 참여하는 모든 성도들의 기본적인 삶의 변화가 병행되지 않는다면 진정한 효과를 바랄 수 없을 것이다. 실제로 오늘날의 세계는 기아와 빈곤으로 고통을 받고 있음에도 불구하고 하나님의 의도를 위임받은 교회는 이러한 세계적 빈곤문제뿐 아니라 교회와 그리스도 인들이 속한 지역사회에서 아무런 대책을 마련하지 못하고 있다. 오히려 아무런 저항도 없이 세속적인 소비풍조에 휩쓸려 오히려 성도들이 더욱 무절제한 삶을 살고 있다는 비판의 목소리가 높다.

앞서 밝힌 바와 같이 그리스도인의 삶은 철저한 근검, 절약 정신에 그 바탕을 둔다고 하겠다. 이렇게 그리스도인의 삶이란 근검, 절약함으로서 우리의 도움을 필요로 하는 이들에게 나눔의 삶을 실천하는 것이라고 정의한다면 사실 이러한 나눔의 삶이 없이 살아가는 그리스도인들의 삶이란 열매 없는 신앙의 삶이라고 정의하더라도 무리가 없을 것이다. 이런 의미에서 이제는 한국교회의 사회복지적 지향과 더불어 오늘을 살아가는 그리스도인들의 삶의 문제 역시 중요한 문제로 떠오르지 않을 수 엇다. 따라서 오늘을 살아가는 그리스도인들이 이제는 자신만의 유익을 위하여 살아가던 과거의 구습을 벗어 버리고 그리스도께서 그러한 삶을 사셨듯이 우리도 어떻게 구체적인 나눔의 삶을 실천할 것인가를 고민하며 살아가야 할 시점에 이르렀다고 본다.

무엇보다 먼저 풍요한 환경에 살고 있는 우리들은 로잔협정이 체결한 바와 같이 안락한 생활과 복음전파를 균등히 나누기 위해 좀더 검소한 생활 방식으로 바꾸는 것이 우리의 임무임을 자각해야만 한다. 그리고 부유한 그리스도인들은 가난한 이들이 검소한 생활을 꾸려나갈 수 있게끔 스스로 검소한 생활을 해야만 하는 것이다. 이런 관점에서 그리스도인의 삶은 단순한 삶이어야 함을 강조하면서 그리스도의 나눔의 삶을 살아가는 그리스도인들은 어떠한 태도를 견지해야 하는가를 살펴 볼 필요가 있다.

1. 성도의 검소한 삶의 중요성

요한 웨슬레는 마태복음 6장 19-23절을 인용하면서 "너희 재물을 땅에 쌓아 두지 말라"고 역설하였다. 믿는 이들은 "이 생에서 필요한 것" 외에는 모두 주어야 한다고 말했다. 즉 일상적인 것과 음식, 깨끗한 옷 몇 벌과 사업에 필요한 돈 외에 모두를 나누어야 할 책임이 있음을 역설하였다. 그러나 유감스럽게도 '예수님의 명령에 순종하는 사람은 500명이 되는 기독교인 중 한 사람도 없다'고 웨슬리는 말했다. 이 사실은 가장 신앙 있는 신자들까지도 "살아 있는 인간일 뿐 신자로 죽은 사람"이라는 사실을 잘 반영해 주고 있다.

웨슬레는 "생활에 필요한 것" 이상을 소유하는 신자들은 주님을 습관적으로 부인하고 있는 셈이라고 꼬집어 말하였다. 실제로 웨슬리는 자신이 남을 가르친 대로 살았다. 그가 쓴 책의 인세로 매년 1,400파운드가 들어왔지만, 그는 그 중 30파운드만을 자기를 위해 사용했을 뿐 나머지는 모두 남에게 주었다. 그는 언제나 값싼 옷을 입었고, 간단한 음식을 먹었다. 언젠가 이런 글을 쓴 적도 있었다. "내게 10파운드가 남는다면, 여러분 모두가 나를 도둑이며 강도로 살아갔다고 증언해도 좋습니다"

예수께서 우리에게 요구하시는 것은 우리가 가진 모든 것을 팔라는 것은 아니다. 그분이 원하시는 것은 그분께 완전히 복종하는 것이다. 왜냐하면 우리의 가장 흔한 우상은 부와 재산이라는 사실을 더 말할 나위가 없기 때문이다. 또한 우리는 물질의 유혹이 얼마나 교묘하며, 그 구실이 얼마나 그럴듯한지 잘 알고 있다. 하나님의 은혜와 성실한 노력만이 우리 그리스도인들의 열정을 억누르는 사치의 홍수로부터 도망칠 수 있게 해 주는 것이다. 이런 의미에서 우리는 우리 자신에게 심각하게 질문해 보아야 한다. 유행의 물결에 신경을 씀으로써 굶주린 이웃을 도울 수 없게 되더라도 그것을 좇겠는가, 그리고 우리는 더 큰집, 더 번창한 사업, 더 호사스런 가구를 놓는 것이 인생의 목표인양 생각하도록 세뇌교육을 당하고 있지는 않는가를…. 그 결과 우리가 터무니없는 물질주의적 사고방식에 사로잡히지 않고 그리스도께서 가르쳐 주신 대로 청지기의 삶을 살아갈 수 있도록 최선을 다하여 검소한 삶을 유지해야 하는 것이다.

2. 그리스도인들의 단순한 삶 체험하기-의도적인 가난

어떻게 하면 하나님이 기뻐하시는 삶을 살아 드릴 수 있을까? 무엇으로부터 낮아질 수 있을까? 그것은 바로 우리의 정신적 측면이 아니라 물질적 측면에서부터 먼저 낮아짐의 훈련이 필요한 것이다. 그리스도께서도 의도적으로 낮아지셨듯이 우리도 의도적으로 물질을 아껴 쓰고 이것을 가난한 이들과 함께 나누는 것이야 말로 그리스도인에게 있어서 가장 요청되는 기본적인 삶이 아닐 수 없다. 이 뜻있는 일이 원활하게 추진되기 위하여 뜻이 맞는 형제·자매들과 또는 교우들과 어떤 목적을 가지고 모임을 가지는 것이 바람직하다고 하겠다. 물질을 나누는 일은 결코 나 혼자서는 감당할 수 없는 일이며 뜻을 같이하는 소수의 가정만 모이면 얼마든지 바로 시작할 수 있고 또 엄청난 사업을 전개할 수 있다. 되도록이면 선한 사업은 머뭇거림이 없이 즉시 실시함이 좋다. 그리스도인들이 의도적으로 가난한 삶을 유지하기 위해서는 다음과 같은 삶의 지혜가 필요하다고 본다.

1) 이삭나누기

이삭나누기는 구약성서의 가난한 자들을 위하여 '이삭을 남겨 두라' 는 말씀에 근거한다. 물론 하나님이 우리에게 위임하신 물질들을 우리의 임의대로 다 사용할 수 있으나 하나님은 그러한 삶을 결코 기뻐하시지 않으신다. 오히려 구약성경을 실천하는 의미에서 작은 부분 부분에서 절약하여 이것을 통하여 도움을 필요로 하는 형제들에게 나눔을 실시할 수 있는 것이다. 의도적으로 절약한 부분을 기록하고 저축하여 이를 나눔으로서 나눔의 은혜와 기쁨이 얼마나 큰지 경험할 수 있다.

이삭나누기 일지				
번호	실천내용	남긴 금액	사용처	느낀 점
1	좌석버스대신 일반버스	1,000원	힘들어하는 친구에게 아이스크림 사줌.	친구가 기뻐하는 것을 보고 나도 기뻤다
2	갈비탕 대신 우동	2,000원	거택보호 할머니 방문	작으나 힘이 되어 드린 것이 대견하다
3				
4				
5				
6				

2) 십이조

연약한 형제들에게 나눔을 실시하기 위하여서는 교회에 드리는 십일조로 선한 사업에 임하지 않는다. 자신의 삶이 다른 사람에 비하여 조금이라도 넉넉하다고 생각하는 그리스도인들은 자진하여 10의 2를 분별하여 약한 형제들을 섬기게 된다.

3) 기타 수입에 대한 십이조

자신의 형편이 여러 가지 사정으로 정기적 수입에 대한 십이조를 드리기에는 힘이 들지만 기타 수입이 있을 경우 기타 수입에 대해서는 십이조를 적용하여 나눔을 실천하는 방법을 의미한다. 이러한 기타 수입에 대한 십이조 역시 많은 사람을 도울 수 있다는 이점이 있기 때문에 그리스도인들에게 적극적으로 권장해 볼만한 방법이라고 본다. 기타 수입에 적용되는 항목은 다음과 같다.

기타 수입에 대한 십이조 기록부			
번호	수입내역	금액	누계
1	강의(부산수안교회 특강)	2만 원(10만)	2만 원
2	강의(사회복지세미나 특강)	4만 원(20만)	6만 원
3			
4			
5			
6			

4) 누진적 십일조

누진적 십일조는 정기적 수입은 십일조를 적용하고, 예상치 못했던 추가수입 또는 기타수입에 대해서는 매 10만원이 늘어날 때마다 5%씩 늘려서 예를 들면 10%, 15%… 로 누진율을 적용하는 헌금방식을 말한다. 이를 도표화하면 다음과 같다.

수입	누진세율(%)	헌금액
100만 원	10	10만 원
10만 원 가산	15	1만 5천 원
10만 원 가산	20	2만 원
10만 원 가산	25	2만 5천 원
10만 원 가산	30	3만 원
10만 원 가산	35	3만 5천 원
총계 150만 원		계 22만 5천 원

검소한 생활은 성도들이 자발적으로 그리고 자신을 통제하지 않으면 결코 이루어질 수 없는 것이다. 이 누진적 십일조를 실행하려는 사람은 첫째로 가족과의 상의가 우선되어야 한다. 예수 그리스도의 참 제자가 되기 위하여 결단하고 온 가족이 실행할 때 하나님이 기뻐하실 뿐 아니라 자녀들도 깊은 영향을 받게 된다. 둘째로 신앙이 깊은 신자 혹은 검소한 생활에 관심이 있는 부부와 그 계획을 의논할 수 있다. 셋째로 기본 생활비와 총 지출액을 줄이도록 해마다 노력해야 한다.

5) 광고로부터 자유함을 얻는 그리스도인

이 검소한 생활운동이 참 그리스도의 방법임을 깨닫고 믿음으로 시행해 나갈 때 다른 사람의 눈치를 살피지 않게 되어 마음의 자유를 얻게 되고 주관적이고 주체적인 그리스도인의 삶을 살아갈 수 있는 것이다. 자유함을 얻은 가정은 광고에 대한 마력을 깨달아 이를 물리치고 생필품 외의 물건들을 가능하면 구입하지 않는 것이다. 특히 충동구매에 마음을 빼앗기지 않는다. 물건에 대해서도 계속해서 새로운 것을 구입하기보다는 고쳐 쓸 수 있는 것은 고쳐서 쓰며, 빌려서 함께 사용할 수 있는 것은 빌려서 사용함으로 절약하여 철저한 절제 생활을 유지해 나가는 것이다.

또한 오락이란 것이 돈이 드는 사치이기 때문에 값싼 영화나 연극, 뮤지컬 등을 신문에서 찾아보고 가능하면 그러한 곳을 이용하거나 친구들과 얘기하고, 가능하면 돈이 많이 들지 않는 운동(배드민턴, 테니스 등)의 취미활동을 하며, 친구들을 식사에 초대하는 것 등이 훨씬 좋은 효과를 거둘 수 있다. 실제로 외국의 경우 많은 돈을 들여 문화 활동을 하기보다는 친구들을 초대하여 간단한 식사와 차를 준비하여 훌륭한 교제를 갖기도 한다.

이렇게 의도적인 가난을 위하여 나눔을 실시하는 사람들은 한결같이 "돈이 생길 때마다 우리는 수입이 늘어가는 만큼 생활수준을 높이지 않을 것입니다. 우리는 이제 나눔을 통하여 자유함을 얻습니다"라고 말하는 것을 들을 수 있다. 이는 곧 마음의 자유, 즉 한없이 나눔으로써 얻는 그 신령한 영적인 축복을 더 사모하며 이것을 취하겠다는 의미인 것이다.

6) 공동생활

공동생활은 거룩하고 단순하게 살아가기를 원하는 외국의 그리스도인들이 실제로 실시하고 있는 프로그램이다. 공동생활이란 자신의 수입을 공동체에 전액 헌납하고 공동체에서 지급하는 금액으로 검소한 생활을 영위하는 것을 말한다. 자동차나 기타 기구들을 공동 구입하여 절약하며 이 절약된 물질을 통하여 연약한 형제들을 초청하여 함께 살아가는 그리스도인의 공동체로서 이곳에서 발생하는 수익전체를 가난한 나라의 형제를 섬기는 데 사용하게 되는데 특별히 단순한 구제적 차원이 아니라 사회개발 활동에 투여하게 된다. 예를 들어 식수로 인하여 질병이 만연한 곳에는 지하수를 개발한다든지 부락단위에 농기구를 원조함으로서 생산성을 높이는 전략적 프로그램에 참여하고 있다. 실제로 이 운동은 현재 미국이나 영국에서 나름대로 부유하면서도 경건하게 살아가기를 원하는 그리스도인들 사이에 활발하게 진행되고 있으며 이 생활을 통하여 깊은 형제의 사랑과 그리스도인으로서의 자부심을 느낀다는 것이다.

7) 헌혈운동, 장기기증과 사후 시신 기증

그리스도인들이 구체적으로 의도적 나눔을 실시할 수 있는 방법중의 하나로 장기기증과 사후 시신기증을 들 수 있다. 실제로 이 운동은 그리스도인들이 실시할 수 있는 사랑의 운동으로서 함께 참여할 수 있는 좋은 장이라고 생각된다. 사고나 기타 이유로 사망하는 경우 장기 일체를 기증하여 다른 사람에게 광명을 주는 운동으로서 많은 성도들이 이 일에 동참하고 있다. 사후 기증뿐 아니라 신장이식을 위한 기증은 현재에도 많이 진행되고 있다.

또한 자신이 축적해 놓았던 재산을 자녀에게 상속하지 아니하고 사회사업 기관이나 교회에 헌납하여 이 유산이 구체적으로 연약한 형제들을 위해 사용되는 것을 의미한다. 보통 그 자산의 규모가 크기 때문에 나눔에 있어서 효과적으로 사용될 수 있다.

8) 입양운동

오늘날의 사회보다 더 심각한 가정문제로 인하여 고통 받은 시대는 없었다고 본다. 미혼모, 이혼, 그리고 결손 가정의 발생으로 인하여 너무나 많은 어린 생명들이 위협을 받고 있다. 이러한 측면에서 입양운동은 우리 그리스도인들이 솔선수범해야 할 운동이며 이는 참으로 하나님께서 기뻐하시는 일이 아닐 수 없다. 결국 입양운동은 우리가 구체적으로 복음의 빚을 갚는 행위라고 생각할 수 있는데 이는 그리스도께서 조건 없이 우리에게 구원과 생명을 베풀어 주셨기 때문에 우리가 다른 사람의 생명을 돌보는 일은 참으로 아름다운 일이 아닐 수 없는 것이다. 입양운동을 통하여 버림받은 한 생명이 영적으로 구원 받을 뿐만 아니라 어린 생명들이 가장 안전하게 양육 받고 교육받기 때문에 이보다 더 귀한 일은 없다.

그러나 안타깝게도 이러한 입양실적은 외국에 비하여 우리나라가 너무나 미역하기 때문에 너무나 저급한 상황이다. 그리스도인들이 먼저 이 일에 기쁨으로 동참하게 될 대 고아 수출국이라는 불명예가 사라질 뿐 아니라 신실한 그리스도의 제자로서 살아갈 수 있을 것이다.

9) 나눔을 위한 조직 운동

얼마 전에 10년간 매해 6명에게 장학금을 지급한 한 회사원에 대한 기사가 신문에 게재되었다. 일개 회사원으로서 어떻게 이런 일이 가능할 수 있었을까? 그 내막은 이 회사원과 그의 가족 전체가 나눔을 위하여 결성하였기 때문이었다. 사실 한 가족이 근검절약함으로서 이러한 일을 가능하게 한 것이다. 마약 한 가족의 힘으로도 6명에게 장학금을 지불할 수 있다면 이러한 사업에 뜻을 같이 한 사람들 5가정 정도만 모여도 엄청난 사업을 구성할 수 있는 것이다. 절약함으로서 나눔을 실시하기 원하는 사람들을 중심으로 조직하게 될 때 훨씬 효과적으로 나눔의 운동을 확산할 수 있는 것이다.

10) 교회의 온전한 십일조 운동 확산

거룩하게 살아가기를 희망하는 성도들만 십일조를 실시할 것이 아니라 구약성서에서 이미 실시되었던 교회의 십일조 역시 시급하다. 교회는 교회의 건물유지와 인건비에 총력을 기울일 것이 아니라 이 주어진 십일조에 대하여 바르게 행사할 때 그리스도께서 바라시는 사회를 이룩할 수 있을 것이다. 따라서 교회의 온전한 십일조 사용하기 운동 역시 나눔을 효과적으로 실시하는 지름길이 될 수 있을 것이다.

11) 성도들의 자원봉사 훈련

교회는 성도들을 오직 전도요원으로만 훈련시킬 것이 아니라 지역사회와 사회적 약자를 돕는 자원봉사자로 교육을 실시하고 구체적으로 지역을 섬길 수 있도록 제도화 하는 것을 말한다. 그리하여 동회의 사회복지와 긴밀한 연결을 꾀하면서 지역사회 전체를 섬기며 선교할 수 있도록 훈련하는 것이다.

12) 검소한 삶을 위한 기본적 제언

- 식품비를 줄여라
- 이웃이 아닌 자신의 생활양식을 주님 앞에서 진지하게 반성하라
- 가까운 거리는 가능하면 걸어 다니도록 하라

- 가끔씩 텔레비전의 광고를 보고 현혹되지 않는다는 뜻으로 웃을 것
- 소모를 억제하고 사야 할 항목에 대하여는 리스터를 작성하라(구매충동 억제)
- 유행을 탈피하라
- 아이들에게 물질적 풍족보다는 사랑과 시간을 투자하라.
- 자신을 통제함으로 우리의 나눔을 필요로 하는 사람들이 행복함을 생각 하라
- 형제를 섬기기 위한 검소한 삶은 자녀 교육에 가장 유익한 점을 기억하라
- 의도적 가난은 예수님의 방법임을 기억하고 지속적으로 그리고 열정적 으로 수행하라.

제10장 한국교회의 사회복지 사명

하나님의 구원 의도는 이스라엘 민족을 모형으로 세상의 모든 민족을 구원의 빛으로 인도하는 데 있었다. 그것은 하나님과 이스라엘 민족, 그리고 땅이라는 개념으로 함축되었으며, 곧 신학적, 사회적, 경제적 관계성을 유지하면서, 이스라엘 민족이 하나님의 거룩한 백성과 제사장의 나라로 사명을 감당할 때 하나님의 영광을 나타내주셨다. 그러나 이러한 하나님의 의도는 결국 인간의 이기심과 하나님에 대한 반역으로 어려운 난관에 부딪혔을 뿐 아니라, 모든 민족이 공평하게 하나님의 사랑을 누릴 수 있도록 제정된 법률 또한 인간의 손에 의하여 파괴되고 말았다. 인간은 땅의 소유권도 하나님이시며, 경제적인 소유권도 하나님이시라는 사실을 철저히 망각하게 되었다. 결국 하나님의 공평의 원칙은 무너지고 억압과 착취와 무력을 통하여 인간의 죄성은 더욱 가난한 이들을 착취하고 고통의 늪에서 헤어날 수 없게 하였던 것이다.

그러나 하나님의 의도는 이러한 인간의 죄성과 도덕적 타락에도 불구하고 중단되지 않았다. 그는 아들 그리스도를 이 땅에 보내심으로, 친히 그 백성들을 먹이시고 고치시며 '하나님의 거룩한 백성'이며 '제사장 같은 민족'임을 보여 주셨다. 그리스도는 친히 공의와 공평을 이루시려는 하나님의 의도를 세상에서 실현하셨다. 그리스도는 이 사명을 이제 교회라는 그의 사랑의 매개체를 통하여 실현하시기 원하시며, 교회를 통하여 하나님의 구원 행동이 계속되도록 제도적 장치를 마련하셨다.

이제 우리는 이러한 위임을 인식하고 이 땅의 교회가 본연의 역할을 수행할 수 있도록 새롭게 반성하고 다짐해야 할 것이다. 교회의 사회복지 사명은 교회를 변화시킬 수 있는, 그리고 하나님의 복지 의도를 실현할 수 있는 가장 합당한 방법이 될 것이다. 과연 교회가 사회복지 사명을 잘 감당하기 위해서는 어떠한 준비와 변화가 필요한지, 본 장에서는 교회성장의 새로운 발판으로, 무엇보다도 하나님의 뜻을 이 땅에 실현하려는 새로운 의지로 교회 사회복지가 추구해야 할 바를 조명해 볼 것이다.

제1절 하나님의 복지 의도와 한국교회

1. 복지 의도의 위임

구약과 신약을 통하여 그리고 초대교회를 통하여 지속되어진 하나님의 복지 의도가 이제 교회로 위임되었다는 사실은 아무도 부인할 수 없는 확실한 교회의 명제가 되었다. 그러나 여전히 문제는 대부분의 한국교회가 이러한 통전적 의미에서 성경을 해석하기보다 오히려 영적인 차원이나 전도 차원에서 그리스도의 사역을 이해하고 있다는 것이다. 이는 사회와의 괴리 현상을 초래하게 되었다. 하나님의 의도는 결국 영적인 차원이나 선교적 차원에서만 위임된 것이 아니며, 그리스도의 사역이 교회에 위임될 때, 역시 위의 두 가지 차원에 국한되지 않았다는 사실을 인지할 필요가 있다.

예수 그리스도 사역의 교회의 위임에 대하여 공관복음에서 명확하게 기술하고 있지만 마가복음은 이 사실에 대하여 보다 명확하고 정밀하게 표현하고 있다. 단순히 병든 자를 고치는 사건에 한정되지 않고 이스라엘 민족의 삶 전체에 관심을 가지고 계신 그리스도의 모습을 발견해야 하는 것이다. 막 6:37에는 "너희가 먹을 것을 주라"고 말씀하신다. 또한 막8:5에는 "너희에게 떡 몇 개나 있느냐?"고 물으시면서 그것을 근거로 축복하시고 백성들을 먹이신 것을 볼 수 있다. 이 그리스도의 사역이 정확하게 오늘날 교회에도 위임되었음을 알아야 한다. 비록 제자들의 떡을 사용하셨으나 결국은 그리스도께서 일하시며 그리스도의 능력으로 그의 사역을 감당하신 것이다. 그리스도께서는 교회가 이 사명을 감당하는데 있어서 교회의 능력을 결코 과소평가 하시지 않는다. 그것은 교회를 통하여 결국 그리스도께서 일하시기 때문이다. 귀신들린 자를 예수께 데리고 왔을 때, "할 수 있거든이 무슨 말이냐 믿는 자에게는 능치 못할 일이 없느니라"고 말씀하신 것은 교회가 믿음으로 감당할 때 그리스도가 의도하는 사업을 충분히 감당하고 남음이 있음을 말씀하고 있는 것이다. 교회가 그리스도의 능력을 의지하고 사명을 감당한다면 결코 불가능한 일은 없다. 왜냐하면 교회가 사명을 감당하는 것이 아니라 교회를 통하여 그리스도께서 친히 사명을 감당하시기 때문이다. 교회가 진정한 그리스도의 모형이라면 불가능할 일은 결코 없다. 그리스도의 사역의 전환은 여기서 끝나지 않는다. 영생을 구하는 청년에 대하여 그리스도께서는 분명하게 말씀하신다.

"네게 오히려 한 가지 부족한 것이 있으니 가서 네 있는 것을 팔아 가난한 자들을 주라. 그리하면 하늘에서 보화가 네게 있으리라. 그리고 와서 나를 좇으라"(막10:21).

오늘 우리는 이 말씀을 교회에 적용하여야 한다. 교회는 그리스도의 사역을 왜곡하고 있다. 하나님의 의도, 그리고 그리스도에게 위임된 하나님의 의도, 그리스도를 통하여 교회에 위임된 하나님의 의도를 읽고 실행하는 교회야말로 살아있는, 참된 교회이다.

2. 약자보호의 원리

약자보호에 대한 성서적 입장은 교회의 원리가 되어야 한다. 그러나 여전히 한국교회에서는 이러한 약자보호에 대한 성서적 원리를 찾아보기가 참으로 힘들다. 급격한 교회성장을 이룬 한국교회는 그 처절함 가운데서 회복시켜주신 하나님의 섭리와 은혜를 철저히 망각하고 오히려 '한국교회의 성장은 한국 기독교인의 노력의 결과'로 치부하지 않는지 생각해 보아야 할 것이다. 한국교회의 심각한 문제는 비록 그들이 부를 축적하였다 하더라도 그들 자신이 하나님의 청지기로 인식하지 않고 있다는 점이다. 이것이야말로 한국교회가 계속적으로 개인주의적인 교회성장만을 목적으로 요보호자의 요구를 무시하거나 그들을 돕는데 주저하고 있는 주된 이유이다.

한국교회가 진정으로 기억해야 할 것은 교회성장은 하나님의 은혜의 결과이며 이 축복은 하나님의 청지기로 나눔의 자세를 실현할 때 완성된다는 사실이다. 크리스 라이트는 "하나님은 이스라엘에게 4배의 자유를 허락하셨다. 정치적으로는 외세의 폭정으로부터 자유케 하셨고, 사회적으로는 그들의 견딜 수 없는 가족생활의 방해로부터 탈출하도록 허락하셨으며, 경제적으로는 노예로부터 탈피하여 땅을 통한 경제적 번영을 확보하였고, 영적으로는 하나님과의 계약을 맺음으로 우상으로부터의 자유를 주셨다"고 말하였다.[425]

이스라엘 백성을 하나님께서 온 나라의 대표로 축복하셨듯이 한국교회도 그리스도의 사랑을 실천하고 그들을 여러 환난에서 구원해 주신 하나님을 기억함으로, 사람들이 사랑이 있는 그리고 능동적인 기관으로 보여지도록 노력해야 한다. 로날드 사이드는 그의 책 *Rich Christian in an Age of Hunger*에서 이렇게 질문하고 있다. '만약 크리스천이 가난한 자를 억압하면서도 정말 하나님의 자녀라고 할 수 있는가? 만약 교회가 억눌린 자를 해방하지 않고서도 진정 하나님의 교회라고 말할 수 있는가?' 이러한 질문은 필연적으로 한국교회에도 동일하게 던져져야 한다. '한국교회가 억압당한 자에게 관심을 가지지 않으면서 하나님의 자녀라고 말할 수 있는가? 한국교회가 억눌린 자에게 관심을 갖지 않으면서도 하나님의 교회라고 자처할 수 있는가?'

사실 이제까지 보수진영과 진보진영의 문제는 성서가 가르치고 있는 사회를 구원하기 위한 관심이 적당한 해결책이 되지 못한다고 생각하는 데 있었다. 그러나 위에서 언급한 대로 성서적인 입장에서 조명된 사회적 관심은 양 진영에 정확하게 연결되고 있다. 다시 말해서 만약 그들이 진정으로 통전적인 선교와 하늘나라 신학(Kingdom Theology)을 확립한다면, 보수교회가 보존하기를 원하는 하나님 나라의 건설과 지역사회의 선교를 통한 교회성장을 이루는 성서신학의 토양을 확보할 수 있다. 아울러, 진보교회는 하나님의 공동체 안에서 이 사회를 하나님의 공동체로 전환하기 위하여 사회 문제의 중

---

425) Wright, *op. cit.*, p.74.

요성을 일깨우는 신학으로서 자리매김할 수 있다.

제2절 교회의 사회복지 개입의 필요성

1. 사회복지의 한계

사회복지는 결국 하나님의 의도가 이 땅에 분명하게 구현되기 위하여 그리스도의 정신과 삶을 바탕으로 시작된 학문이라고 말할 수 있다. 이러한 실천학문은 이론정립 과정을 거치면서 그 원천적 의도를 상실하고 철학화되면서 많은 문제점들을 내포하게 되었다. 인간의 존엄성, 자기 결정권, 균등한 기회, 사회적 책임을 강조하였으나 이것만으로는 인간의 문제를 전체적이고 포괄적으로 다룰 수는 없다. 인간의 삶이란 이러한 사회적, 정신적 요소 외에도 영적인 부분이 대단히 중요하기 때문이다. 이러한 면에서 현대 사회사업은 인간의 문제에 능동적으로 대처하지 못하고 있다는 지적을 받는다. 또 현대 사회복지 발달의 동기와 운영에도 많은 문제점을 안고 있다. 예를 들어 공리주의의 영향을 받아 사회사업은 지배계급의 착취 또는 작업의 능률을 올리기 위하여 형성된 부수적인 형태로 발전되어 시혜적 효과만이 강조되었다. 또 운영면에서 재정과 인력이 충분하게 지원되고 합리적이고 효과적인 사회사업이 될 수 있다고 하는 방법론에도 문제가 있다. 아무리 시설이 좋아지고 기술을 갖춘 인력이 투입된다고 하더라도 일반 사회사업은 그 한계성을 극복하지 못하고 있다.

현대 사회사업의 문제점을 다양하게 거론할 수 있겠지만 그 중에서도 가장 심각한 문제는 철저한 희생과 사랑을 바탕으로 하지 않고, 인본주의적 그리고 기술 중심의 사역을 실천한데서 오는 사명감의 결여라고 말할 수 있다.

이 사명감의 문제는 일반 사회사업이 감당하지 못하는 가장 큰 맹점중의 하나이다. 예를 들면 실제적으로 많은 사회복지사들이 대학을 마치고 시설이나 기관에 투입되고 있지만 그 환경을 극복하지 못하고 중도에 포기하고 만다. 결국 그들은 패배감에 휩싸여 탈락하거나 아니면 직업적 사고를 가지고 자신들의 생계를 잇기 위한 한 수단으로 사회사업을 인식하게 된다. 이것은 사회사업의 원칙인 인간의 존엄성에 대한 문제까지도 상처를 입힐 수 있다. 이것은 곧 예수 그리스도의 진정한 희생과 사랑을 바탕으로 하지 않음으로써 오는 현상, 즉 사명감의 결여로 밖에는 볼 수 없다.

기술을 중심으로 한 직업의식만으로 복지 사명을 감당하려는 생각은 지극히 위험한 일이다. 비지니스 차원에서 사회사업을 수행할 경우 클라이언트를 경제적 가치의 대상으로만 생각할 위험은 언제나 도사리고 있다. 이처럼 개인을 자신과 동일한 영적인 존재로 보는 것과 단순한 문제 해결의 차원에서 이해하는 것에는 엄청난 차이가 있다. 인간의 삶이란 단순한 사회적인 요소로서만 구성되지 않는다. 도리어 철저히 영적인 존재로서 일반 사회사업은 이러한 영적인 면을 간과하고, 사명감의 결여로 분명한 한계를 갖게 된다. 이러한 상태에서 인간문제 해결의 통전적 접근은 불가능하게 된다. 왜냐하면 그리스도의 사랑과 희생을 바탕으로 하지 않은 인간성 회복은 언젠가는 변질될 수밖에 없기 때문이다.

사회사업의 맹점인 사명감의 문제와 그 한계성은 사회사업의 기원 즉 하나님의 의도를 이해하고 그의 뜻대로 살아가려는 그리스도인의 삶에서 해결될 수 있다. 기술적 측면에서만 인간을 이해하려는 인본주의적 접근은 근본적으로 문제를 해결하지 못한다. 그리스도의 정신, 즉 사랑과 희생을 바탕으로 한 사명감과, 영적인 부분을 포함하여 인간을 전인적으로 치료할 수 있는 기술을 바탕으로 한 기독교 사회복지는 일반 사회사업이 감당하지 못하는 것을 해결할 수 있다. 이런 의미에서 기독교 사회복지의 필요성을 다음과 같이 제시할 수 있다.

1) 신학의 파트너로서의 사회복지

그리스도의 사역은 말씀의 선포와 나눔과 섬김의 삶으로 요약할 수 있다. 그의 생애는 결코 영적인 삶만도 그렇다고 해서 사회적인 삶만을 고집하신 것도 아닌 균형 있는 삶을 사셨다. 그러나 오늘날의 신학은 그의 삶의 문제를 배제하고 영적인 삶만을 주장하면서 심각한 양극화 현상을 초래하게 되었다. 그러면 과연 신학을 중심으로 한 영적인 접근만으로 다양화된 인간의 문제를 해결할 수 있는가? 결코 그렇지 않다. 오늘날의 사회는 많은 상처가 있기 때문에 단순히 영적인 치료만으로 해결할 수 없으며, 사회복지학의 기술적인 접근이 필요하다.

지금까지 교회는 이 동반자적 자세를 배격하고 영혼 구원을 중심으로 한 전도문제에만 열을 올렸던 것이 사실이다. 그러나 로쟌 대회를 중심으로 더 이상 사회적 관심은 주종의 관계도 아니며 철저한 동반자 의식으로 자리잡고 있다. 예수 그리스도의 사역을 살펴보더라도 어느 한 면이 우월하다고 표현할 수 없으며, 말씀을 전하고 가르치시는 일과 사람들을 섬기는 면에서 오히려 섬김의 삶을 강조하고 계심을 부인할 사람은 없을 것이다.

초대교회에서도 말씀과 나눔의 사역은 하나였음을 기억할 필요가 있다. 하루에 3천 명 내지 5천 명이 주님 앞으로 나아왔을 때 그것은 단순한 말씀의 역사뿐 아니라 성도들의 나눔과 집사들의 열성적인 섬김의 결과요, 즉 온전히 통합적인 신앙의 형태임을 기억할 필요가 있다.

신학과 사회복지는 새의 양 날개와 같다. 새는 어느 한 쪽 날개만으로는 날 수 없다. 전도만으로 사회를 치료하기를 고집한다면 의사는 있으되 도구 없이 수술을 하겠다는 것과 다를 바 없으며, 또한 사회적 책임만을 강조하고 복음을 소유하지 않는다면 그물 없이 고기를 잡겠다는 것과 무엇이 다르겠는가?

신학과 사회복지는 그리스도 안에서 완벽하게 맺어진 부부이다. 부부는 하나이지만 기능은 달리한다. 건강한 가정이란 아버지와 어머니의 기능이 분명하게 형성될 때 가능한 것이며, 기능의 정지 또는 장애는 결국 심각하게 그

가정을 파탄시킬 수 있음도 알아야 한다.

신학과 사회복지는 조개의 양면이다. 조개는 어느 한 면만 없어도 썩고 결국은 생명을 유지할 수 없게 된다. 아름다운 보석과 같은 조개의 모습을 유지하기 위하여 어느 한 쪽도 배제되어서는 안 된다.

이처럼 그리스도의 과업을 완수하기 위하여서는 신학과 사회복지는 철저히 협조하며 동반자적 의식으로 그리스도의 복음의 토대 위에 서야 할 것이다. 신학과 사회복지는 서로가 서로를 필요로 하는 완전한 파트너요, 잃었던 예수의 사역을 함께 세우는 작업이다.

2) 사회문제 해결로서의 사회복지

앞에서 잠시 언급하였던 것처럼 신학과 사회복지는 결혼한 부부라고 표현할 수 있다. 부부는 자신에게 주어진 책임과 역할을 성실하게 감당할 의무가 있다. 그러나 권위주의적 남편은 그 아내의 기능마저도, 어머니의 기능마저도 송두리째 빼앗아 버리고 만다. 어머니의 기능-사회를 위로하고 약한 부분을 치료해 주는 기능—이 남편의 강압에 의하여 제대로 발휘되지 못하고 남편의 주장, 즉 전도만을 줄기차게 요구함으로써 사회는 그 심각한 문제를 해결하지 못한 채 표류하게 된다. 이처럼 부부의 기능이 마비되면 가정 전체가 마비될 수밖에 없고 결국은 가족 해체에 이를 수밖에 없는 것처럼, 한국 교회의 대 사회적 기능이 마비되면 교회는 물량주의의 노예가 되어 결국은 부패할 수밖에 없으며 개혁의 의지는 상실되고 만다. 사회적 관심을 배격한 교회성장은 결국 물량주의, 이기주의, 상업주의에 따라 물질이 다스리는 교회가 되어 사회발전의 장애물과 지탄의 대상이 될 수밖에 없다. 그러므로 교회의 사회적 기능은 교회를 교회답게 하고, 개혁을 가능하게 하며, 사회에 눈을 감지 않고 열린 눈과 마음으로 도전하는 귀중한 역할을 감당하게 된다.

자신의 성장에 도취해 대 사회적 치료를 외면했던 한국교회, 이런 교회를 대하여 이제 사회는 적대시하고 있다. 이런 상황에서 한국 사회는 교회의 어머니로서의 역할 회복을 기대하고 있다. 자녀가 기능을 제대로 하지 못할 때 야단치는 부모보다는 싸매고 아파하는 부모가 훌륭한 부모인 것처럼, 사회는 이처럼 잘못되었다고 야단치는 교회보다는 사회의 아픔이 우리의 무관심의 결과임을 깨닫고 함께 아파하는 살아있고 역동적인 교회를 기대한다. 우리의 사회가 아파하고 있는데 교회의 유익만을 고집하고 교회의 성장만을 고집한다면 하나님이 기뻐하시는 공동체가 결코 될 수 없다.

몇 년 전, 자신에게 주어진 삶의 짐이 너무나 무거워 어린 동생을 남겨두고 스스로 목숨을 끊은 김윤진 학생의 죽음은 참으로 교회가 얼마나 사회의 문제에 무관심하였는지를 단적으로 보여주는 좋은 예가 될 수 있다. 김윤진 학생이 살고 있는 동네에는 5개 이상의 교회가 있었지만 아무도 그 소년의 아픔에는 관심이 없었다. 오로지 교회성장에만 관심을 쏟았던 것이다. 이는 신학이 그 역동성을 잃고 죽어가고 있다는 사실을 단적으로 말해주고 있다. 참된 신학은 삶의 실천을 바탕으로 발전 또는 전개되는 것이지 교회성장에 눈이 어두워 사회의 문제를 보지 못하는 그런 근시안은 결코 아니다.

또한 우리의 주변에는 우리의 상상을 초월하는 많은 사회문제들이 존재하고 있음을 기억해야 한다. 이러한 사회문제들이 전도와 아무런 상관이 없다고 애써 부인하려 하여도 결국 이것을 해결하지 않고서는 올바른 선교를 감당할 수 없음이 명확하게 드러날 뿐이다. 문제를 가진 그들도 동일하게 구원받아야 할 대상이며 그들에 대한 하나님의 사랑은 더 강렬함을 이해하여야 한다. 이혼, 탈선, 청소년 비행, 십대 미혼모, 노인, 인신매매 외에 이루 헤아릴 수 없는 문제들, 그 어디를 둘러보아도 사회가 정상적으로 기능하는 곳을 쉽게 찾아 볼 수 없다. 오늘날 사회는 총체적 문제에 봉착하여 총체적 파멸의 위기를 맞고 있다.

이 엄청난 사회문제를 방치하며 배격하고도 교회가 온전할 수 있을까? 우리가 말씀을 전하고 인도해야 할 사람들이 사회 문제로 고통당하고 있음에도 불구하고, 교회는 언제까지 침묵만을 강요할 것인가?

기독교 사회복지는 바로 이러한 사회 문제들을 어떻게 기독교 정신과 사회사업의 기술과 방법으로 치료할 것인가를 고민하는 학문이다. 또한 기독교 사회복지는 어떻게 하나님의 축복으로 주신 교회의 물질과 인력을 활용하여 그들을 잘 섬길 것인가를 진지하게 생각하고 행동하는 학문이다.

3) 교회개혁으로의 사회복지

너무 많은 영양분을 섭취하여 성인병에 걸린 사람은 다이어트는 물론 반드시 거기에 상응하는 치료가 필요하다. 그러나 그들에게 가장 훌륭한 치료법은 자신의 가진 것을 나누어 마음의 평안과 기쁨을 얻는 것이라고 심리학자들은 말하고 있다. 성장 제일주의로 비대해질 대로 비대해진 한국교회에 새롭게 요청되는 치료는 철저한 나눔, '아낌없이 주는 나무'의 정신이다.

교회개혁의 첫 번째 요소는 더 가지기 위하여 안달하며 나누지 않으려고 발버둥쳤던 과거의 모습을 부끄럽게 여기고, 주신 것에 대한 감사와 나눔이 있을 때 가능하다. 물론 다른 중요한 개혁의 방편들이 있겠지만 사회의 공신력을 회복하고, 우리의 정신을 단순하게 하며, 그리스도의 삶의 방식을 따라 살아가는 참 개혁은 바로 나눔의 역사를 통해서만 가능하다. 이러한 면에서 사회복지 - 그것은 사회개혁의 중요한 방편이다.

4) 생명구원 차원에서의 사회복지

일반 사회사업이 인간의 존엄성에 근거한다면, 기독교 사회복지의 바탕은 사랑이다. 이 사랑은 그리스도의 희생적 사랑의 표현이며, 이러한 그리스도의 삶을 가장 잘 표현할 수 있는 것이 기독교 사회복지인 것이다. 기독교 사회복지는 '생명구원'에 목적을 두고 있다. 생명구원의 개념은 사회적 육체적 생명만을 의미하는 것은 결코 아니다. 일반 사회사업의 손길이 닿지 않는 영적 생명구원까지 포함한다. 이 영적 생명구원은 정확하게 신학의 목적과도 일치하는 것으로, 이것은 또 그리스도께서 이 땅에 오신 뜻과도 일치한다. 선교가 인간의 상황과 삶을 변화시키고 영적인 구원을 이루는 것이라면, 기독교 사회복지는 정확히 이와 일치한다. 사회복지가 인간의 외적인 삶에 관심을 두는 것으로 이해하고 있으나 인간의 외적인 삶은 철저히 내적인 삶과 연결되어 있으므로, 그리고 복지를 통한 영적인 삶의 구현이 기독교 사회복지의 근본이기 때문에, 이러한 면에서 신학과 사회복지는 일치한다.

사회복지, 이는 생명구원의 차원에서 이해되어야 한다. 예수 그리스도의 사역 역시 이 생명구원 차원에서 이행된 것이며, 결코 부수적이며 부차적인 삶이 아니었음을 분명히 인지할 필요가 있다.

제3절 교회성장의 새로운 대안
- 기독교 사회복지의 과제

한국교회는 전체적으로 대단히 심각한 전도의 문제에 봉착한 것으로 나타났다. 교파를 초월하여 약 85%의 교회가 더 이상의 성장을 기대할 수 없을 뿐 아니라 새로운 전도의 돌파구가 없어 극심한 어려움에 직면하고 있음이 지적되었다. 이것은 한국교회가 풀어야 할 가장 위급한 당면과제가 되고 있다.

사회적으로 부정적인 현상이긴 하지만, 도시 밀집화는 한국교회 성장에 중요한 요소였음을 부정할 수 없다. 대부분 이것을 주요한 성장 요인으로 언급하지 않았으나, 이 요인이야말로 다른 요인들 즉 기도와 전도에 대한 열심, 정치적, 사회적, 문화적 요소와 함께 한국교회의 획기적 성장을 이룬 요인 중 가장 주목해야 할 부분이다. 그러나 이제 도시밀집 현상도 끝이 났으며 또한 탈냉전의 시대를 맞아 독재주의와 공산주의의 위협도 더 이상 지속되지 않는다. 이러한 급진적 변수가 없어짐으로 이전과 같은 급속한 성장을 기대하기는 어렵다. 또한 경제적 안정과 오락문화의 급증은 교회를 끊임없는 하락의 길로 이끌고 있다. 따라서 이에 대한 분명한 대책과 대안이 절실히 요청된다.

1. 선교위기의 극복

앞장에서 언급한 대로 오늘날의 한국교회는 일반적으로 심각한 전도의 위기를 맞고 있다. 한국교회 전체의 약 80%에 달하는 교회가 전도가 상당히 어렵다고 호소하고 있을 뿐 아니라, 이 근본적 전도의 위기극복을 위한 새로운 선교 전략이 강력히 요청된다. 교회란 본질적으로 지속적으로 성장해야 한다는 명분과 논리에 입각한다면, 전도의 위기극복은 한국교회가 반드시 해결해야 할 위급한 과제인 것은 틀림없다.

비록 교회성장 연구가들이 거론하지 않았다 하더라도 한국 상황에서 도시집중화는 교회성장의 주요한 역할을 하였다고 생각한다. 물론 교회성장이 도시화 및 경제개발로 인한 사회현상의 부정적인 결과의 산물이었으며, 다른 부차적 요소, 즉 정치적, 사회적, 철학적, 그리고 문화적인 측면들과 함께 한국교회 성장에 지대한 영향을 주었다는 데 대해서는 부인할 수 없다. 그러나 한국교회 성장을 가능케 한 이러한 다양한 요소들은 사회가 정치적, 사회적 안정을 회복하면서 점차 그 기능을 상실하게 되었다. 1970년대 사회문제의 주역으로 떠올랐던 도시집중화는 1980년대 들어서 더 이상 그 위력을 발휘하지 못하고 있다. 또한 현재는 박정희 군사정권처럼 강력한 군사독재나 1970년대처럼 강력한 북한 공산주의자들의 위협도 존재하지 않으며, 이런 정치적, 사회적 정황과 맞물려 기독교인들과 사람들의 마음을 뒤흔들어 놓았던 70, 80년대 영적 운동, 즉 전도의 열기도 서서히 막을 내리고 있다. 이와는 대조적으로 경제 안정과 발전으로 인한 쾌락주의 문화가 급속도로 교회를 위협하고 있는 상황에서 교회는 과거처럼 급격한 성장을 계속할 것으로 보이지 않는다. 이러한 선교적 위기상황 가운데서 한국교회는 과연 어떻게 자리매김할 것인가? 그리고 어떻게 교회 본연의 사명인 성장을 지속적으로 도모해 낼 것인가? 이것이 한국교회의 고민이며 또 해결해야 할 긴급한 과제이다.

거시적 입장에서 한국교회 문제해결의 방법은 크게 둘로 나눌 수 있다. 첫째는 한국 개신교의 일치를 이루는 일이며, 두 번째로 교회가 위치한 지역을 중심으로 사회복지적 '나눔의 선교'를 실시하는 일이다. '한국교회 일치'라 함은 조직적인 일치를 의미하는 것은 결코 아니다. 그 동안 분열의 원인이 되었던 교단적 이념, 신학, 사회문제에 대한 과거 지향적, 폐쇄주의적 사고를 탈피하여 서로의 장점을 인정하고 수용함으로써 교회성장을 위한 '협조체제'로 나아간다는 의미를 포함하고 있다. 사회복지적 '나눔의 선교'라 함은 그 동안 한국교회가 축복 중독증과 사랑 비만증에 빠져서 이기주의를 바탕으로 한 개교회주의 입장을 고수해온 것을 회개하고, 그 동안 외면했던 지역사회 문제에 관심하며 선교하는 나눔의 선교를 의미한다. 복잡하고 다양화된 사회 문제에 대하여 지금까지 보수하여왔던 구태의연한 방법으로서의 선교 또는 구제 차원에서의 선교가 아니라, 인간을 다루는 기술과 보다 인간을 이해할 수 있는 전문적인 선교 기술을 도입하여 체계적으로 선교적 사명을 감당해야 하는 것이다. 그렇게 하기 위하여 우선 고질화되었던 양극화를 탈피하고, 서로를 인식하며 수용하고, 그 결집된 능력으로 사회의 고통을 안고 나아가는 한국교회의 모습을 보여줄 수 있어야 한다.

2. 양극화 현상의 극복

한국교회는 사회로부터 지금까지 진보와 보수의 끝없는 이념 논쟁에 휘말려 교회의 명분을 저버렸다는 비판을 받고 있다. 보수진영은 진보진영이 사회구원에 관심을 두고 정책을 추진하는 동안 철저한 독자적인 개인구원에 치중함으로써 두 진영은 철저한 대치관계를 형성하게 되었다. 예를 들어 진보진영은, 정치적 투쟁이 그들의 궁극적인 임무이며, 그들이 사회선교를 실시하기 이전에도 끝없이 이러한 정책발표를 감행하였고, 그들의 이런 지나친 사회행동은 타교단과의 관계를 무너뜨렸다. 반면 보수진영은 사회참여는 자유주의와 공산주의의 부산물이라고 생각하였기 때문에, 사회문제에 관심을 표명하는 일에는 아예 참여하지 않거나 관여하지 않은 것이다. 이러한 의미에서 양 진영은 정치적 투쟁이나 교회성장에만 관심을 두었지, 진정한 나눔을 실행하는 사회사업 또는 사회복지적 측면에서는 양측 모두 이렇다 할 업적을 남기지 못한 것 같다. 보수진영의 경우 신학적, 사회적, 정치적 또는 문화적 차이로 사회문제에 관심을 표명하지 않고 사회사업적인 측면까지도 무시한 것은 그래도 어느 정도 이해할 수 있는 일이나, 진보진영에 의해 추진된 사실상의 사회적 서비스 역시 '만약 정치적 문제가 해결되면 사회 참여문제는 자동적으로 해결될 수 있다' 는 정치투쟁에 우선권을 두었기 때문에 실제적 사회 서비스에 대하여서는 보수진영의 경우와 마찬가지로 부차적인 관심으로 끝날 수밖에 없었다. 이는 '사회 및 정치투쟁을 중심한 사회참여는 개인 구원을 동반한다' 는 정책적 이념에 기초한 것이기 때문이었다.

이러한 공격적이고 과격한 이념과 회피적이며 폐쇄적 이념 모두가 교회가 당연히 직시해야 할 심각한 사회문제나 지역사회 안에서 존재하는 사회문제를 긍정적으로 해결하는데는 아무런 도움을 주지 못한다는 것을 밝히고 싶다. 이러한 이념적 투쟁의 실제적 결과는 오히려 지속적 교회성장의 방해요소가 되었고, 또 진정한 교회성장 없는 사회구원은 많은 문제를 수반할 수밖에 없다는 사실을 지적하고 싶다. 그 한 예로 교회성장을 이룩하지 못한 진보교단은 사회 프로그램을 운영하는 데 있어서 경제적 어려움에 처해 있으며, 아울러 이러한 현상은 보수교단이 이룩해 놓은 교회성장 자체를 신학적으로 무시해 버리는 경향으로 이어질 수 있기 때문에 조심스럽게 조명해 보아야 한다. 이러한 사실은 이념만으로는 온전한 사회 프로그램을 구성하는 데에는 한계가 있다는 사실을 분명하게 서술해 주고 있다. 이념적 투쟁은 사회정책에 있어서 그 교단의 목사들 사이에도 불만족을 야기했을 뿐이었다. 예를 들어 약 30%의 교역자들이 그 교단의 지나친 사회적 정책에 불만족하고 있다고 대답하였다.[426]

또한 보수진영 역시 강한 딜레마에 빠진 듯하다. 앞에서 여러 번 언급하였다시피 보수진영은 개인구원을 강조하면서 철저하게 교회성장 중심의 정책을 펼쳤다. 그러나 "만약 내적 신앙이 성숙되면 사회는 자동적으로 변화된다"는 신학적 이념 또한 허구였음이 판명되었다. 그 이유는 대체로 인구의 약 30%에 이르는 사람들이 보수주의 기독교인이지만, 기독교의 성숙된 문화를 양산하여 사회가 안정되고 질서가 유지되기는커녕 오히려 갈수록 더 심각한 사회문제로 고통을 받고 있으며, 교회가 그 본연의 책임을 감당하지 못하고 있다는 사회의 비평에 결코 시원한 해답을 제시하지 못하고 있기 때문이다. 오히려 개인주의적 교회성장에 바탕을 두었던 보수교인들의 신앙은 '행함과는 아무런 관계없이 오로지 자기들만의 유익만을 추구하는 집단' 정도로 인식되어 교회의 신뢰성과 사회적 공신력의 상실을 자초하고 말았다.

1970년대의 교회성장 폭발은 90년대 들어서 급격한 하향곡선을 그리고 있으며, 교회의 사회적 역할에 관심을 가진 사람들은 개신교의 당파적 이념논쟁에 회의를 느끼고, 이 사업을 제대로 수행한다는 로마 가톨릭 교회로 전향하는 사태가 늘고 있다. 솔직히 말해서 한국사회에는 진보진영의 공격적 정치투쟁과 보수교단의 지나친 개인구원과 경쟁주의적 교회성장에 혐오감을 느끼는 부류가 아직도 많다.[427] 이러한 사실을 통하여 우리는 정치적 투쟁 또는 교회성장 등의 편협된 이념만으로는 더 이상 온전한 교회를 이루는 데는 역부족이라는 사실을 교훈으로 받아들일 수밖에 없다. 따라서 성서를 바탕으로 한 복음전도와 사회에 대한 관심 간에 의도적으로 균형을 유지하려는 통전적 접근 없이는 교회의 선교란 묘연한 것으로 남을 수밖에 없다.

그러므로 이 저술을 복음전도와 사회에 대한 관심, 이 둘 사이의 균형유지가 선교에 있어서 얼마나 중요한 것인가를 밝힘과 동시에 교회가 사회참여와 복음전도를 통합적으로 실시할 때에만 바람직한 선교 결과를 도출해 낼 수 있다는 것을 강조하고자 한다. 이러한 균형유지는 교회성장과 온전한 사회적

---

426) 최무열, *op. cit.*
427) 노치준, "한국교회 분열의 정치사회적 배경", 『복음과 상황』(1991년 5-6월호), p.98.

관심은 물론 교회의 사회복지 토대를 만들어 줄 수 있을 것이라고 확신한다. 이것은 결국 교회의 정책수립자가 선교를 실시하는 데 있어서 사회참여나 교회성장 등의 이원론적인 분리된 개념으로 접근할 것이 아니라 오히려 이를 상호보완적인 관계로 보고 추진해야 함을 의미한다. 지금까지 한국교회의 각 교단은 자신들만이 옳고 이것만이 성서적인 것이라고 주장해 왔다. 그러나 한국교회는 피차의 약점을 보완하기 위한 수단으로서 타 교단의 강점을 받아들일 수 있는 여유와 관용을 배워야 할 때이다.

3. 타 교단과의 협력

이제까지 한국의 보수교회와 진보교회는 사회적 관심에 대하여 상이한 접근을 도모함으로써 적대적인 관계를 형성하였다. 그러나 다른 교단에 대한 비우호적 태도에도 불구하고 양 진영은 타 교단으로부터 신학적, 그리고 사회적으로 상호 영향을 받는 것으로 드러났다. 보수교단의 사회적 관심은 진보교단으로부터 영향을 받았고, 또한 진보교단은 복음을 선포하는 보수교단의 열정으로부터 영향을 받는 것으로 나타났다. 이 두 진영 모두 자신들의 신학과 사회적 관심의 철학을 철저히 견지하면서도 서로에게 잠재적으로 또는 가시적으로 강한 영향을 주고받고 있다. 근자에 진보교단의 사회의식은 정지되어 있거나 오히려 감소하는 추세라고 할 수 있다. 그들의 주된 관심은 정치적 투쟁에서 사회봉사적 측면으로 빠르게 변하고 있다. 진보교단은 지금까지 민중신학과 해방신학이라는 신학적 준거틀을 의지하여 사회참여를 강력하게 추진하여 왔다. 그러나 지금의 진보진영은 교회성장의 파도를 타면서 상당한 영적 기류가 형성되고 있음을 부인할 수 없다. 이와는 대조적으로 비록 지금까지는 보수교단이 교회성장을 중심으로 교인과 교회 수 확장에 지속적인 관심을 기울였다 하더라도 전도에 심각한 어려움을 느끼면서 사회봉사 측면에서의 해결점을 모색하고 있다. 이것은 지금까지 교회성장의 틀만 고집하던 보수교단이 서서히 진보교단과 마찬가지로 개인구원이라는 한 극에서 통전적 접근이라는 중앙점을 향해서 이동하고 있다는 것을 암시하고 있다. 사실 그 동안 한국교회는 오랫동안 서로 양극을 고수하여 왔고, 교회의 일치를 이루지 못하였다. 그러나 이 두 극은 바야흐로 서로의 문제점을 서서히 인식하기 시작하였고, 서로의 약점을 상호보완하기 위한 협조의 장으로 나아오지 않을 수 없는 시대적 요청에 몸부림치고 있다. 예를 들어 진보교단의 경우 사회 프로그램을 추진하기 위해서는 경제적 문제의 해결이 가장 큰 과제로 지적되었으며, 보수교단의 경우 경제적 문제보다는 사회적 인식과 교회 지도자들의 의식 부족, 그리고 사회를 다루는 기술의 문제를 극복하는 것이 관건으로 남아 있다. 이로서 진보교단은 교회성장에, 보수교단은 사회적 관심을 다루는 기술과 방법의 축적에 관심을 둘 수밖에 없는 상황이 되었다. 따라서 각 교단은 상호 협조체제를 구축해야 한다. 진보교단은 사회참여에 대한 이념과 방법론을, 그리고 보수교단은 교회성장의 기술을 각각 보유하고 있기 때문에 서로가 그들의 잠재적 능력과 기술을 함께 공유하며 나누도록 노력해야 한다. 만약 양자가 진심으로 타 교단으로부터의 배움의 필요성을 인식하고 노력한다면 한국교회의 가장 큰 앙금으로 남아있는 양극화 문제는 자연스럽게 해결될 것이다.

불행하게도 아직까지도 한국교회의 각 교단은 협조체제나 공조체제 보다는 개별적인 사업에만 관심을 가지고 있다는 생각을 떨칠 수 없다. 한국교회는 로마 가톨릭 교회처럼 행정적 측면에서 일원화 되어있지 않다. 그럼에도 불구하고 보수교단이 지속적인 교회성장의 연장선에서 사회문제에 관심을 갖고 정책적 배려를 해나가는 일은 고무적인 일이며, 진보교회 역시 전도의 기술과 영성 운동, 그리고 효과적인 사회봉사를 가능하게 할 교회성장과 영혼구원의 열정에 관심을 보이는 것 역시 고무적인 일이 아닐 수 없다. 피차가 서로에게 잠재적, 가시적 영향력을 행사하고 있다는 사실을 인식하는 것 자체가 커다란 가능성을 내포하고 있다. 만약 이러한 양극의 문제들이 서로의 인식을, 수용하고 또한 상호 협력의 단계로 나아가기만 한다면, 첨예하게 대립된 사회적, 신학적인 문제까지도 통일성을 이룩할 수 있을 것이다. 다시 말해서 위에서 언급한 대로 서로를 인식하고 수용하고 협조를 위한 행보를 계속한다면 지금까지 대립의 관계를 유지해 온 보수와 진보의 간격을 상당 부분 메울 수 있는 구체적인 해결점을 찾을 수 있다. 그렇다면 과연 양 진영의 관심을 동시에 충족할 수 있는 공통적 관심은 어디에서 찾을 수 있을까?

보수교단이나 진보교단의 공통적 이념의 바탕이 되는 성서에서 그 출발점을 찾을 수 있다. 이러한 성서적 측면에서 사회적 관심을 추론해 보는 일은 참으로 의미 있는 일이다.

4. 보수교회의 사회복지활동 참여

지금까지 보수교회들은 사회참여는 '불가능한 집단'으로 인식되어 왔다. 실제로 보수교회들은 사회문제에 대하여는 그렇게 관심을 기울이지 않았고 오히려 반사회적인 관심에 몰두하는 편이었다. 그러나 근자에 이르러 사회참여 경향이 상당히 두드러지게 나타나고 있다. 또한 인적, 재정적, 그리고 시설 면에서 어마어마한 가능성을 예시하고 있다. 특별히 보수교회들은 사회적 관심을 실현할 수 있는 기초를 마련한 상태이다. 사실 교회성장을 통한 재정적 뒷받침 없이 맹목적으로 사회 프로그램을 실행한다는 것은 대단히 어려운 일임에 틀림이 없다. 이런 면에서 보수교회들은 인적, 재정적, 그리고 시설적인 면에서 기초를 다져 놓았다고 해도 과언이 아니다.

보수주의 교회들이 단순히 과거의 감정을 누그러뜨리고 있다는 것에 더해 사회 서비스에 대한 기대감, 즉 참여하고자 하는 의지와 개방성에서도 진보교회보다 높다는 사실에 주목할 필요가 있다. 일반적으로 고신은 합동보다 훨씬 더 보수적이라고 알려져 있다. 그러나 고신의 사회에 대한 관심은 어느 교단보다 앞서있다. 실제로 초창기부터 고신교회는 다양한 면에서 사회문제에 적극적인 태도를 견지해 왔다. 비록 아직은 사회참여에 대한 합동의 관심이 낮다고는 하나, 그들 역시 사회에 관심을 돌리기만 한다면 인적, 재정적, 시설적인 면에서 고신보다는 훨씬 나은 활동을 할 수 있다. 비록 사회 서비스 기술에 대한 여러 가지 문제점이 있을지라도 보수교회는 교회성장으로 엄청난 자원을 확보하고 있어 적당한 동기가 주어지기만 한다면 사회 서비스에 대한 엄청난 공헌을 기대할 수 있다.

복음의 신실한 증인이 되기 위한 통전적 선교의 입장에서 볼 때 두 집단의 어떤 요소가 방해요인이 되었는지를 분명히 살펴 볼 필요가 있다. 답은 두 집단 모두 통전적인 입장에서 선교를 바라보지 않았다는 것이며, 오히려 그들의 정책과 철학 그리고 방법론을 지나치게 고집하였다는 데 있다. 보수교회는 복음의 사회적 변화의 관점은 무시하고 대신 가난한 이들이 하나님의 자녀가 되도록, 정체성 확립을 가능케 하는 복음의 능력만을 지나치게 강조했다. 하나님의 자녀로서의 정체감이 가난한 자들로 하여금 그들의 절망을 극복하게 한다고 보았다. 그러나 보수교회는 사회를 변화시키고 정의를 세우며 억눌린 자를 자유케 하는 복음의 다른 면은 경험하지 못하였다. 따라서 오직 복음만을 강하게 외치고, 전 인구의 30에 육박하는 성도를 갖고, 교회가 엄청나게 성장함을 경험하면서도 많은 이들은 보다 더 심각한 사회문제로 고통을 받지 않을 수 없었다.

보수교회와는 대조적으로 진보교회는 가난한 자를 부유하게 하시는 복음의 능력을 인식하지 못하고 정치적이며 사회적인 투쟁에 비중을 두면서 그들이 이 시대의 선지자라고 자처하였다. 그들이 가난한 자들, 노동자 그리고 억눌린 자들에게 관심을 기울이고 사회정의와 민주주의 실현에 앞장서서 지대한 공헌을 한 것을 부인할 수 없지만, 가난한 자들의 삶의 질 향상이라는 차원에서는 그리 큰 성과를 이루지 못한 것 같다. 그들이 가난한 자들과 노동자들의 삶의 개선에 초점을 맞출수록, 보수주의 교회와 보수교단의 교인들이 더 부유하게 된다는 사실을 경험하지 않을 수 없었다. 다시 말해서 진보주의 교회는 복음에 대한 열정이 가난한 자들을 부유하게 한다는 하나님의 방법에 기초를 두기보다는 인간의 힘으로 사회개혁과 삶의 질을 향상시키려고 노력

함으로써 인간능력의 한계에 부딪힌 것이다.[428]

　한국 초기선교에는 복음의 양면적인 능력을 무시하지 않았다. 이로 말미암아 사람들의 삶이 향상되었고, 교회는 성장하였으며, 사회는 변혁되었다. 이렇게 볼 때, 양 진영은 모두 진정한 통전적 선교의 의미가 무엇인지를 깨달을 필요가 있다. 또 과연 그들의 약점은 무엇이며, 성서적 입장에서 무엇을 지나치게 강조함으로써 실패하였는지를 조명해 보아야 한다.

5. 지역사회 요청에 대한 대응

　교회가 성장하고 교인의 수가 증가할수록 교인들이 사명을 잘 감당하여 사회문제는 감소할 수밖에 없다는 보수주의의 논리와는 별개로 사회문제는 교회성장과는 아무런 상관없이 더욱 증가했으며, 또한 보다 심각한 양상을 띠고 있다는 사실은 이미 지적한 바 있다. 따라서 한국교회는 더 이상 교회 담장 밖에 존재하는 사회문제에 대하여 침묵만을 지킬 수는 없는 상황에 이르렀다.

　한국교회가 긴급하게 사회복지 서비스에 관여할 수밖에 없는 이유는 정부가 실시하고 있는 사회복지 프로그램들이 실제로 지역사회 주민요구에 적합하게 부응하지 못하고 있기 때문이다. 따라서 교회는 단순히 선교적 차원에서뿐만 아니라 그리스도의 사랑을 실천한다는 차원에서 지역사회의 실질적 문제에 동참할 필요가 있다. 둘째 보수교회의 경우 개인전도가 교회성장의 중요한 요소로 채택되고 발전되어 왔다. 그러나 현재 이 전략의 한계점이 분명하게 노출되고 있다. 이에 반하여 지역사회 봉사에 참여하는 교회는 그렇지 않은 교회보다 전도에 있어서 훨씬 효과적으로 대처한다는 사실을 언급한 바 있다. 이러한 면에서 볼 때 한국교회가 이 시대에 선포해야 할 강력한 메

---

428) 사무엘상2:8, 누가복음4:18, 고린도후서 8:9을 참조하라

시지 중 하나로 '사회봉사가 지속적 성장을 위한 한국교회의 선교전략' 임을 부인할 수 없다. 한국교회가 지금까지 고수해온 전통적인 전도 전략도 중요하겠지만 이것만으로는 복잡, 다양해져 가는 사회에서 효과적으로 복음을 전하고 또한 사회문제를 해결하는 데에는 다소 무리가 있다. 사회 문제 해결에 대한 개입 없이 교회의 재도약이란 결코 있을 수 없다. 만약 교회가 지역사회의 요구를 선교의 중요한 접점으로 삼는다면, 그리고 그 문제를 해결하기 위하여 지속적인 해결책을 강구한다면 선교에 대한 새로운 전략은 얼마든지 수립할 수 있다. 이러한 면에서 교회의 사회봉사는 교회성장을 위하여 필요한 요소라기보다 오히려 필수적 요소로 간주되어야 한다. 사회에서 신뢰받고 성장하는 성숙한 교회의 장으로 나아가기 위해서는 사회봉사적 선교전략이 바탕이 되어야 한다. 교회의 떨어진 위상과 권위를 회복하고 사회에서 소외되고 아픔을 지닌 사람들, 즉 예수 그리스도의 궁극적 선교의 관심이었던 사회의 약자들이 위로 받고 새로운 삶을 능동적으로 시작할 수 있도록 하여 '가난한 이를 부유케 하시는 하나님의 능력'을 체험하게 할 수 있는 유일한 방법은, 바로 지금까지 중산화 일로에 있던 교회의 문턱을 낮추고 겸손한 마음으로, 그리고 종된 마음으로 지역사회로 들어가 복음을 나누고 그들의 현실적 고통에 동참하는 길 이외에는 아무런 방법이 없다. 한국교회는 가능하면 빨리 1970년대의 급속한 성장의 허황된 꿈을 버리고 이삭을 줍는 심정으로 지역사회를 위한 사회복지적 선교를 감당함으로써 진정한 교회의 사명을 다해야 할 것이다.

6. 바람직한 교회 모델

일반적으로 성도 수가 500명 정도 되는 중형교회가, 대형교회나 소형교회보다 전도에 어려움을 덜 느낀다는 연구결과에서, 앞으로 한국교회발전 특히 사회복지 활동을 통한 하나의 모델을 제시할 수 있을 것 같다. 한국교회는 이제까지 대형교회를 성장의 본보기로 삼았고, 또한 대형교회에 대한 꿈을 아직 버리지 못하고 있다. 특히 이러한 경향은 교회 지도자들에게 여전히 팽배해 있다. 그러나 대형교회는 성도들이 서로 알지 못하고 친교 관계를 형성하지 못할 뿐 아니라 진정한 성도의 교제 또한 불가능하다. 반면 소형교회는 친교적 측면에서는 대단히 유리한 면이 있으나 교회사업을 추진하거나 대 사회적인 사업을 전개하는데 경제적 문제가 항상 장애가 되고 있다. 중형교회가 이상적이며 바람직한 교회로 부각될 수 있는 것은, 많은 장점을 갖고 있기 때문이다. 교인 수가 500명을 넘어서면, 교회는 그들이 목적하고 추구하였던 선교적 사업들을 추진할 수 있는 저력, 즉 세 가지의 중요한 자원인 경제적, 인적, 그리고 시설 면에서 자원을 골고루 확보할 수 있게 된다. 경제적 측면에서 목적된 사업을 추진하기에 적합하고, 인적자원도 대형교회보다는 고루 활용할 수 있다는 점에서 유익하다고 볼 수 있으며, 사업추진을 위한 시설 면에서도 고루 갖추었다고 볼 수 있다. 이러한 면에서 중형교회는 대형교회보다 오히려 지역사회를 섬기기에 더 효과적인 교회라고 할 수 있다. 예를 들어 목사는 잡다한 행정보다 지역교회의 가장 중요한 부분인 지역사회 선교활동을 계획, 추진하고 집중할 수 있으며, 보다 신실하게 그리고 다정하게 돌볼 수 있다는 이점이 있다. 또한 목회활동에 직접적인 관련이 없는 많은 일들로부터 자유함을 얻을 수 있다. 교회 자체로서도 더 많은 신도들을 확보하려는 소모전에서 탈피하여 참 교회 상이 무엇인지를 성도들에게 인식시킴으로써 지역과 함께 공존하는 교회로서의 자부심을 갖고 참된 교회의 자유함을 누릴 수 있을 것이다. 경쟁주의는 한국교회를 어둡게 하는 부정적 요소이다. 심지어 이것은 타 교단이나 교회의 성도들을 탈취하는 행위로까지 확대되고 있어 그 심각성을 경고하지 않을 수 없다. 한국교회가 허황된 대형교회의 꿈을 던져 버리고 지역사회에 걸 맞는 중형교회로 정착하게 된다면 자연적으로 그 영혼들을 구원하기 위하여 지역사회에 대한 관심과 노력을 집중할 수 있을 것이다.

또 하나 중형교회가 얻을 수 있는 장점은 그 지역의 타 교회와 연대하여 그 지역사회 문제를 해결하는데 연합할 수 있는 가능성이 그만큼 크다는 것이다. 대형교회는 그들의 경제적 능력과 인적 자원을 동원하여 지역사회 사업을 전횡코자 하기 때문에 중형교회로서는 지역문제에 개입하기란 쉽지 않다. 중형교회를 지향할 때 지역의 교회들은 대등한 위치에서 연합의 필요성을 느낄 것이며, 지역문제에 대한 공조체제 형성은 그만큼 쉬워질 뿐 아니라 그 지역사회의 긴급한 현안문제를 해결하는 데도 훨씬 쉽게 접근할 수 있다.

7. 한국교회 사회복지 발전을 위한 방법

한국교회의 각 교단 사회부에서 실행하는 대부분의 프로그램들이 그 지역사회에 실제적으로 도움을 주지 못하고 있으며, 또한 개교회에서 실행하는 프로그램도 사회부의 지원이나 자문 없이 개별적이고 독자적으로 진행되고 있다는 사실을 지적하지 않을 수 없다. 이는 보수교회에서 더욱 두드러지게 나타나고 있다. 보수교단의 사회부는 단순히 국내외의 구제사업에만 관심을 기울일 뿐, 지역사회의 요구가 점차 증가함에도 불구하고 개교회를 위한 사회 프로그램 개발에는 관심을 갖지 않고 있는 듯하다. 실제로 사회봉사를 실시하는 50 이상이 아무런 지역조사를 실시하지 않거나 선교적 계획 없이 사업에 착수하고 있는 것으로 나타났다. 사회조사와 교회 지도자들을 위한 훈련 프로그램은 사회봉사를 실시하는데 있어서 절대적인 요소로, 훈련 프로그램에 참여한 지도자들은 교육기간 동안 사회에 대한 책임과 전도의 새로운 전략을 새롭게 얻을 수 있었다고 밝히고 있다. 만약 사회조사와 조직적인 훈련 프로그램이 각 교단의 사회부에서 제공된다면 한국교회 선교는 새로운 전기를 맞게 될 것이다. 프로그램의 효과성에도 불구하고 교회가 사회조사를 실시하지 않는 이유는, 지역조사 실시방법을 알지 못한다는 데 연유한다. 이 사실은 각 교단의 사회선교정책의 부재를 의미하는 것뿐 아니라 사회부의 전문성 결여를 반영한다. 각 교단의 사회부는 개교회가 요구하는 사회복지 프

로그램이나 사회조사 방법론을 거의 제공하지 못하고 있으며, 개교회의 사회
문제 해결을 위한 지침을 제공해 주지 못하고 있다. 보수교회의 경우 위에서
밝혔듯이 단순히 구제사역에 의존하고 있으며, 반면에 진보교회는 총회가 설
립한 자선기관 유지에 열을 올리면서도 실제적으로 가장 필요한 지역에 위치
한 개교회의 요구를 수용하지 못하고 있다. 따라서 양 진영의 사회부 모두 개
교회와 지역교회를 위하여 적절한 프로그램을 제공하는 실질적 지원체계로
전환되어야 한다. 특별히 사회부는 개교회가 사회 프로그램을 진행하는 데
있어서 많은 어려움에 직면해 있다는 사실을 인식하여야 하며, 이러한 문제
를 해결하기 위하여 총회차원에서 사회부내에 '사회조사연구원' 같은 연구
기관을 설립하여 진정한 지원체계를 구축함이 바람직하다.

한국교회는 이제까지 지역사회 봉사에 있어서 구제차원에서 이해하려는
경향이 강했음을 부인할 수 없다. 성도들에게 지역사회 선교는 단순한 구제
사역으로 밖에는 인식될 수 없었다. 그러므로 교회 주위에 노인, 청소년, 빈
곤 등 많은 사회문제들이 있다 하더라도 교회는 그들에게 구체적 선교적 관
심은 기울이지 않았다. 한국교회에는, '사회란 교회와는 아무런 관련도 없는
집단이며 또 교회는 그러한 사회문제에 선교적 입장에서 관여해야 할 아무런
명분을 제공하지 못 한다' 는 인식이 만연해 있었다. 해외선교보다도 지역선
교에 훨씬 비중을 두지 않은 이유도 지역을 위한 선교사업은 중요하지 않게
판단하고 망설였기 때문이다. 결론적으로 지역을 위한 교회의 사회사업적 접
근은 한국교회의 장기적인 발전차원에서 중요한 선교방법으로 인식되어야
한다. 지역선교를 선교적 차원으로 끌어올리기 위해서는 교회 지도자들의 인
식의 전환과 지도자 교육이 절대적으로 필요하다.

한국교회의 또 하나의 문제점은 해외선교와 개교회 성장에만 관심을 갖는
소위 편협한 선교관을 갖고 있다는 사실이다. 이런 불균형의 선교현상은 결
국 농어촌 교회의 몰락을 가져올 수밖에 없다. 도시교회의 모판의 역할을 감
당했던 농어촌 교회에 대해 그 중요성을 재고할 필요가 있다. 또한 지속적으
로 농어촌 교회가 유지될 수 있도록 지원할 책임이 있음을 인식해야 한다. 다

시 말해서 도시교회는 농어촌 교회와 균형 있는 성장과 발전을 위하여 사회 개발 프로그램을 농어촌 교회와 연계하여 실시해야 한다. 만약 한국교회가 해외선교에만 지나치게 치중한다면 언젠가는 농·어촌 교회의 몰락은 물론 한국교회 전체가 치명적인 타격을 입을 수도 있다. 실제로 보수교단의 경우 해외선교에 대한 투자가 위험수위에 육박했다고 평가되는데, 해외선교에 대한 동기가 그들 교회의 능력 또는 교단적 능력을 나타내기 위한 수단으로 전락되었기 때문이다. 이렇게 농촌교회의 몰락은 한국교회 전체의 몰락을 의미한다고 볼 때, 도시교회의 사회봉사 서비스가 한국교회의 농·어촌 교회에 보다 강력하게 그리고 구체적으로 실시되어야 한다.

한국교회는 1970년대에 사회와 지역에 대한 관심을 배제한 채 성장하였다. 이것은 선교의 영적인 측면과 사회적 측면이 맞물려 진정한 교회성장의 축을 이룬다는 성서적 입장에서 이해할 때 기형적이며 돌연변이적인 현상이 아닐 수 없다. 이러한 기형적인 교회성장 현상은 결국 오래 지속되지 못하고, 급기야 1990년대에 들어와 다양한 사회, 정치, 문화적 요인 등으로 인해 사회 문제를 언급하지 않을 수 없게 되었고, 봉사적 의미에서의 새로운 선교전략을 구상하게 되었다. 이러한 현실에도 불구하고 사회구원과 개인구원의 갈등과 대처방안은 여전히 존재한다. 비록 보수교단의 사회봉사에 대한 동기가 어느 정도 변화하고 있더라도 교회는 아직 사회봉사의 진정한 의미가 무엇인지, 그리고 무엇을 어떻게 실천해야 할 지 여전히 방향을 설정하지 못한 상태에 있다. 만약 한국교회가 이 혼미한 선교적 시기에 교회의 사명을 분명하게 확립하고 대처해 나가지 못한다면, 역사의 창조자가 아닌 역사의 장애물로 남게 될 것은 자명한 일이다. 한국교회는 사회 참여적이며 봉사적인 교회가 되어야 한다. 철저한 사회 참여는 모든 교회에 의하여 추진되는 진정한 복음의 원리에 기초해야 한다. 보수진영과 진보진영 모두 과거에는 철저히 대치하며 적대시하였고 분열과 갈등을 조장하였다. 성서적인 면에서 볼 때 이것은 필연은 아니었다. 만약 두 진영이 함께 한국교회 발전을 위하여 보조를 맞추고 민족을 위해 협조의 단계로 나아간다면 한국교회의 장래는 대단히 밝다. 보수교회는 개인구원에 대한 열정과 열성이 대단히 강하다. 만약 그들이 복음의 진정한 균형을 유지하기만 한다면 한국교회는 보다 큰 복음의 결실을 맺을 수 있다. 아울러 진보교회는 사회참여에 대한 강한 열정을 가지고 있다. 만약 그들이 가난한 자들을 부유케 하시는 복음의 순수성을 수용한다면 한국교회는 다시 한번 부흥할 수 있을 것으로 확신한다.

한국교회는 아직까지 방치되어 있는 지역사회 선교에 눈을 돌려야 할 때이다. 오늘날 많은 교회들과 지도자들이 한국교회의 성장이 저조한 것에 대하여 염려하고 있다. 그러나 오히려 방치된 지역사회 선교에서 또 다른 교회 성장의 가능성이 있음에 기뻐해야 할 것이다.

참고문헌

1) 외국문헌

Clark, A.D. History of the Church in Korea, C.L.S.K, Seoul, 1971.
Eckert, Carter J, Korea:Old and New History, Ilchogak, Seoul, 1990.
Fukuyama, Fransis, Trust, Hamsh Hamilton, London, 1995.
Gale, J.S, Korean in Transition, Friendship Press, New York, 1909.
Grayson, J. H, Early Buddhism and Christianity, Leiden, Oxford, 1985.
Grayson, James H, Korea:A Religious History, Clalendon Press, Oxford, 1989.
Kinsler, "Instruction Text", Korean Youth Bible Club.
Macdonald, Donald S, The Koreans: Contemporary Politics and Society, Westview Press, Oxford, 1990.
Martha, Huntley, Caring, Growing, Changing, Friendship Press, New York, 1984.
Martha, Huntley, To Start a Work: The Foundation of Protestant Mission in Korea, Presbyterian Press, Sydney, 1975.
Matthew Henry, Deutronomy Commentary, 박근용역, 『성서주석시리즈 신명기』(서울: 교문사, 1977.)
McCune, Shannmon, Korea's Heritage -A Regional and Social Geography, Van Nostrand Company, New Jersey, 1966.
Nelson, Marlin L. Korean Church Growth Explosion, Word of Life Press, Seoul, 1983.
O, Chae-Kyoung, Handbook of Korea, Pagent Press, New York, 1958.
Padilla, Rene and Chris Sugden, Grove Booklet on Ethics, No.58.
Paik, George L. G, The History of Presbyterian Mission in Korea, U.C.C Press, Seoul, 1929.
Samuel, Vinay and Chris Sugden (ed.), A.D. 2,000 and Beyond, Regnum Books, Oxford, 1991.
Samuel, Vinay and Chris Sugden, Church in Response to Human Need, Regnum Books, Oxford, 1987.
Sider, Ronald J. Rich Christians in an Age of Hunger, Hodder and Stoughton, London, 1990.
Sugden, Christopher, Goodnews to the Poor, and Good News to the Rich, unpublished text for Kyemyoung University summer school, July, 1995.
Wells, Kenneth M, New God, New Nation - Protestant and Self-reconstruction Nationalism in Korea, 1896-1937, University of Hawaii Press, Honolulu, 1990.
Wright, Christopher, Living as the People of God, Inter-Varsity Press, England, 1983.
Yi, Ki-baek, New History of Korea, Ilchogak, Seoul, 1982.

2) 정기간행물

Korean Repository, Vol. I, (February, 1892)
Korea Mission Field., Vol. 3 (July, 1896)
Korean Repository, Vol. 4, (June, 1987)
The Korean Review, Vol. 6, No. 2, (February, 1906)
The International Review of Korea, (1961, July)

3) 국내문헌

고재식, 『사회선교와 기독교 윤리』(서울: 대한기독교서회, 1991.)
고춘섭, 『경신80년사』(서울: 경신중고등학교, 1966.)
기독교대백과사전, 『기독교대백과사전』(서울: 기독교문사, 1980.)
김기원, 『기독교사회복지학』(서울: 대학출판사, 1999.)
김덕준, 『기독교와 사회복지』(서울: 한국기독교사회복지학회, 1985.)
김덕준, 『신사회사업개론』(서울: 한국 사회복지연구소, 1970.)
김양선, 『한국기독교해방10년사, 1945-1955』(서울: 장로회총회교육부, 1956.)
김태열, 『현대사회문제와 구세군 사회사업』(서울: 유풍출판사, 1996.)
김흥수, 『일제하 한국 기독교와 사회주의』(서울: 한국기독교역사연구소, 1992.)
민경배, 『교회와 민족』(서울: 대한기독교출판사, 1992.)
민경배, 『한국기독교 사회운동사』(서울: 대한기독교출판사, 1992.)
민경배, 『한국기독교교회사』(서울: 대한기독교출판사, 1992.)
민경배, 『한국의 기독교』(서울: 세종대왕기념사업회, 1975.)
민은식, 『장애자와 교회』(서울: 광야, 1987.)
박아론, 『보수신학은 어디로 가고 있는가』(서울: 총신대학출판부, 1990.)
백낙준, 『한국개신교사』(서울: 연세대출판부, 1973.)

서명원, 『한국교회성장사』(서울: 대한기독교서회, 1989.)
성규탁 외, 『한국교회의 사회복지 참여에 관한 연구』(서울, 연세대학교 신학대학부설 한국기독교문화연구소, 1991.)
염필형, 『한국교회의 새로운 선교』(서울: 이문출판사, 1989.)
이덕주, 『태화기독교사회복지관의 역사』(서울: 태화기독교사회복지관, 1993.)
이만열, 『한국기독교사특강』(서울: 성경읽기사, 1987.)
이영헌, 『한국기독교회사』(서울: 컨콜디아사, 1978.)
이원규, 『한국교회와 사회』(서울: 도서출판 나단, 1996.)
이원규, 『한국교회의 사회학적 이해』(서울: 성서연구사, 1992.)
이장식, 『한국교회의 어제와 오늘』(서울: 대한기독교출판사, 1990.)
전택부, 『인간 신흥우』(서울: 대한기독교서회, 1972.)
전택부, 『한국교회발전사』(서울: 대한기독교출판사, 1992.)
정희경, 『정신75년사』(서울: 정신여자고등학교, 1962.)
최광선, 『한국장로교회성장사』(서울: 칼빈서적, 1991.)
프리데릭 쿠츠, 권성오 역, 『구세군 발전사』(서울: 대한기독출판사, 1981.)
한국기독교사연구회, 『한국기독교의 역사 I, II』(서울: 기독교문사, 1991.)
한국기독교사회문제연구원, 『진통하는 한국 교회』(서울: 한국기독교사회문제연구원, 1988.)
한국기독교 사회문제 연구원, 『한국교회 100년 종합조사 보고서』(서울: 한국기독교사회문제연구원, 1992.)

4) 논문

공주사범대학 논문집 (1975, 제13집)

5) 정기간행물

교육교회(1990년 1월호, 1990년 9월호)
기독교사상(1967년 2월호, 1984년 12월호, 1985년 6월호, 1988년 10월호, 1989년 10월호, 1984년 5월호, 1989년 4월호)
기장회보(1988년 9월호)
복음과 상황(1991년 5-6월호, 1992년 5-6월호)
사목(1975년 11월호)
사회복지(1978년 가을호, 1982년 겨울호, 1985년 가을호, 1985년 겨울호, 1986년 가을호, 1986년 겨울호)
신앙생활(1935년 1월호)
월간고신(1989년 2월호)
월간목회(1992년 3월호, 1992년 4월호)
의료와 선교(1992년 겨울호),
지도자(1971년 3-4월호)
청년(1921년 9월호, 1926년 5월호)
협성회보(1898년 1월호)

교회연합신보, 1984년 5월 13일자.
국민일보, 1995. 12. 12일자.
국민일보, 1995. 12. 9일자.
국민일보, 1995년 9월 28일자.
그리스도신문, 1901년 4월4일자, 1901년 6월 20일자.
기독신문, 1916년 11월 13일자.
기독신보, 1915년 2월 15일자, 1924년 8월 20일자, 1927년 3월 16일자, 1930년 1월22일자, 1934년 8월 22일자.
대한매일신문, 1932년 5월20일자, 1935년 2월 15일자
독립신문, 1906년 11월 4일자.
영남일보, 1997년 7월 16일자.
조선일보, 1943, 11월 29일자, 1995년 10월 5일자 27면.
크리스챤신문, 1984년 6월 9일자.
한겨레신문, 1996년 8월 21일자 23면.

조선장로교 회의록, 1913, 1914.
한국장로교회의록, 1928.
대한예수교장로회회의록, 제 36, 37, 38회 참조.